国家社科基金项目 12XMZ106

云南省社会科学院
中国（昆明）南亚东南亚研究院 研究文库
何祖坤 主编

外资扶贫对云南省民族地区的影响与可持续研究

WAIZI FUPIN DUI YUNNANSHENG MINZU DIQU DE
YINGXIANG YU KECHIXU YANJIU

张惠君 著

中国社会科学出版社

图书在版编目(CIP)数据

外资扶贫对云南省民族地区的影响与可持续研究 / 张惠君著 . —北京：中国社会科学出版社，2017.4

ISBN 978 - 7 - 5161 - 9941 - 1

Ⅰ.①外… Ⅱ.①张… Ⅲ.①扶贫 - 外资利用 - 影响 - 民族地区经济 - 区域经济发展 - 研究 - 云南 Ⅳ.①F127.74

中国版本图书馆 CIP 数据核字(2017)第 042055 号

出 版 人	赵剑英
责任编辑	任 明
特约编辑	乔继堂
责任校对	张依婧
责任印制	李寡寡

出　　版	中国社会科学出版社
社　　址	北京鼓楼西大街甲 158 号
邮　　编	100720
网　　址	http：//www.csspw.cn
发 行 部	010 - 84083685
门 市 部	010 - 84029450
经　　销	新华书店及其他书店

印刷装订	北京市兴怀印刷厂
版　　次	2017 年 4 月第 1 版
印　　次	2017 年 4 月第 1 次印刷

开　　本	710×1000　1/16
印　　张	18.75
插　　页	2
字　　数	342 千字
定　　价	80.00 元

凡购买中国社会科学出版社图书，如有质量问题请与本社营销中心联系调换

电话：010 - 84083683

前　言

　　外资扶贫作为国际社会的一项崇高事业，自第二次世界大战后迅速获得发展，遍布全球。中国政府曾经拒绝有着西方资本主义背景的国际援助组织进入中国开展扶贫活动，随着中国改革开放的深入，领导层意识到，中国的贫困问题是世界贫困问题的一部分，在扶贫领域开展国际扶贫交流与合作是党和国家的责任和义务，于是欢迎国际社会在西部贫困地区，特别是云南、广西等这样的边疆民族贫困地区实施扶贫项目。自20世纪80年代中期以来，中国在扶贫理论和实践方面逐渐与国际社会接轨，吸收了国际上先进的扶贫理论、理念、经验、方式、方法，同时也通过国际援助组织①向世界贡献出中国行之有效的扶贫经验。虽然中国自50年代起就开始援助第三世界国家，但是并未突出扶贫主题，未与联合国的发展主张相衔接，未采用世界上普遍采用的方式方法，而是独往独来。2010年以后，中国吸收了世界上先进的扶贫理念和广泛采用的方法，向更为贫困的国家伸出援手，并与联合国千年发展目标相衔接，得到了国际社会的欢迎，希望中国在世界反贫困事业中发挥更大的作用。

　　从中国的扶贫实践看，解决贫困取决于两个方面：一方面是经济发展；另一方面是对扶贫投入的力度和扶贫政策、理念、模式、方式是否切合贫困地区和贫困人口发展的需要。中国的扶贫是在国家主导、社会参与、自力更生、全面发展的指导思想下进行的。中国政府和社会对扶贫投入的强度是世界上最大的，外资扶贫作为社会扶贫的一部分对中国的扶贫事业产生了积极的影响，作出了特殊的贡献。如今，中国农村的贫困程度已得到了非常大的缓解，从普遍贫困转变成了局部贫困、从绝对贫困为主转变为相对贫困为主，扶贫政策已完成了从理论到实践的系统化构建，形成了一套完整的扶贫

---

　　① 这里指的国际援助组织包括国内进行人道主义救援、发展、扶贫的国际多边、政府双边、国际非政府组织。为了便于表述，在本课题里把在国内实施扶贫项目的境外多边双边组织、机构和非政府组织，统称为国际援助组织。关于国际援助组织，本著作将在第一章详细阐述。

政策体系，其中就有外资扶贫的贡献。

在中国，云南不是国际援助组织最早进入的地区，但却是重点地区。云南省是中国贫困面最大、贫困人口最多的地区。由于自然、历史、社会的种种原因，少数民族地区和少数民族人口的贫困问题特别突出，长期以来都是扶贫的重点，也是国际援助组织的重点扶贫对象。

20 世纪 80 年代末期，一些国际援助组织陆续到云南省开展扶贫活动，但一方面由于国家对外开放政策和对外开放的思想还较为保守，限制了国际援助组织进入和开展扶贫项目，大部分项目都集中在知识、技术援助的层面，硬件项目非常少；另一方面国际社会对封闭了 30 余年的新中国缺乏了解，限制了进入中国开展扶贫的步伐。

进入 20 世纪 90 年代，随着中国改革开放力度的加大，国际社会对中国了解的加深，进入中国的国际援助组织逐渐增多，投入也随之增加，投入结构也发生了变化，经济基础和产业发展的援助有所增加。

1995—2005 年，有 250 多家国际援助组织在云南省实施了数千个外资扶贫项目（含分项目），是云南省获得国际援助最多的时期。在这一时期，国际援助组织突出了可持续发展、生态环境保护、基础设施建设、农村综合发展及减贫、产业开发、提供和改善公共服务品、人权等主题。

随着贫困人口下降和中国经济实力的增强，以及云南省的快速发展，2006 年以后，进入云南开展扶贫项目的国际援助组织明显减少。迄今，国际援助组织进入云南省开展扶贫已有 20 余年，至 2013 年，投入的资金约 30 亿元人民币（含扶贫贷款）。20 余年来，云南省 129 个县（市、区）中都分布有外资扶贫项目，但少数民族贫困地区较为集中，实施的项目和投入的资金、持续的时间都要长一些。

云南既是一个民族贫困地区，中国扶贫攻坚的主战场，也是一个与缅、老、越三个发展中国家接壤的边境地区，相应承担着国家帮助这三个国家发展与脱贫的国际义务，因此总结国际社会对云南民族贫困地区和少数民族贫困人口的帮扶，很有意义，必将起到推动国内扶贫工作和参与国际扶贫的积极作用。

云南外资扶贫真正产生作用和影响是从 20 世纪 90 年代中期开始的，很快云南省政府和各部门，以及社会各界的有识之士们就意识到：外资扶贫项目投入的不仅仅是资金，也带入了先进的扶贫理论、理念、扶贫技术、方法，以及在世界各地取得的宝贵经验。在实践中，外资扶贫项目带入的先进理论、理念、方法、经验，甚至比资金发挥的作用更重要，于是省政府和省级外资扶贫项目管理人员转变了利用外资扶贫的初衷，从以引进资金为重点，转变为以引进资金和理论、理念、方法、经验并重。

进入 2010 年，中国已成为世界经济大国，GDP 总量超过了德国，超过日本指日可待，引起了发达国家民众对于中国是否是发达经济体和是否应该继续援助中国的讨论。事实上，国际社会从 20 世纪 90 年代末就调整了对中国扶贫的重点，逐步减少了投入的资金，并且要求中国与国际援助组织一道对非洲、亚洲等一些发展中国家进行援助，帮助更为落后的国家发展、改善人权状况和生产生活条件、保护生态环境。

2000 年以后，国际社会对于中国的扶贫投入呈减少的趋势，但由于云南的特殊性，2006 年以后进入云南省的国际援助组织和投入的扶贫项目才明显减少，同时扶贫项目申报的门槛越来越高，实施的难度越来越大，影响了县乡政府利用外资扶贫项目的积极性，同时国家对扶贫的投入越来越多，且没有更多的申请附加条件，在实施管理上更易操作、简便，因此县乡政府宁愿把力气花在争取国内扶贫资金上，对于外资扶贫项目不热心、不积极，甚至采取拒绝的态度。

云南是中国使用外资扶贫较多的省。外资扶贫在云南少数民族贫困地区产生了很大的影响，得到了政府和民间的肯定，但也存在着对于外资扶贫的一些误解，在民间普遍存在着放大外资扶贫贡献与作用的情况，不乏夸张成分，同时也有一部分人把外资扶贫项目中存在的问题放大，反对继续使用外资扶贫。全面总结 20 余年来外资扶贫对云南少数民族地区和对少数民族的扶贫实践是一件非常有意义的事情，可以避免以偏概全，用个别项目或个别国际援助组织的作为来判断外资扶贫在云南省的贡献、作用、影响，以及存在的问题，通过全面、系统、连续的分析和归纳 280 多个国际援助组织开展的数千个项目①，能够实事求是地评价外资扶贫项目的贡献、影响。外资扶贫对云南省的扶贫事业起到了多方面的积极作用，这已是不争的事实，虽然出现了一些小问题，但可以通过协调、调整来解决。

2011—2020 年的新 10 年扶贫时期中，按照国家部署的 14 个"集中连片特困地区"扶贫新战略重点，云南涉及乌蒙山、滇桂黔石漠化、滇西边境和迪庆藏区 4 个片区 15 个州（市）91 个县，加上东川和富源 2 个国家级贫困县，共有 93 个扶贫开发工作重点县，扶贫开发重点县居全国第一②，是今后扶贫开发的主攻区、主战场。2011 年，全省农村贫困人口达到了1014 万人，扶贫工作的形势非常严峻，是否继续利用外资开展扶贫，中央

---

① 该课题所指的数千个项目，包括了 280 多个国际援助组织先后进入云南实施的分项目。
② 该数字由省扶贫办提供。

给予了明确的回答，国家颁布的《中国农村扶贫纲要（2011—2020年）》提出："通过走出去、引进来等多种方式，创新机制，拓宽渠道，加强国际反贫困领域交流。借鉴国际社会减贫理论和实践，开展减贫项目合作，共享减贫经验，共同促进减贫事业发展。"

除反贫困大业需要外资扶贫外，从国家对外开放战略和云南发展战略看，不仅需要继续引进世界上多年探索与总结的先进理念、模式、方式、经验，广泛地运用于云南的反贫困事业中，而且仍然值得云南省继续学习和共同交流、创新，为配合把云南省建设成为丝绸之路上的对南亚、东南亚辐射中心，促进国家、云南省对外经济合作与交流，树立大国形象，维护国家利益，扩大云南影响服务。

在省内使用外资扶贫积极性下降、进入中国的国际组织减少，以及国际社会要求中国向更为贫困国家加大扶贫的形势下，如何实现可持续利用外资扶贫和利用外资成功做法向外输出慈善和中国的扶贫理念，是一个亟待解决的难题，需要认真研究。

目　　录

第 一 章

外资扶贫概况及研究简述

外资扶贫起源于国际援助。国际援助是指政府间（官方）双边和多边发展援助以及由非政府组织（非官方）提供的援助，包括所有货币形式或者类似形式的官方赠予和优惠贷款，它的起源旨在帮助欧洲战后重建的马歇尔计划以及支持战后新兴独立的民族国家恢复发展的四点计划①。外资扶贫在中国的实践是国际援助延伸的结果。外资扶贫在中国的实践进一步完善了国际扶贫理论，取得了丰富的非常有价值的经验，对于中国的反贫困作出了特殊的贡献。虽然外资扶贫自 1979 年首次进入中国以来，伴随着中国从普遍贫困向全面小康社会迈进，走过了小规模进入的试水阶段，到较多进入了规模化阶段，又到大幅度减少的阶段，但至今外资扶贫对于大部分国人来说仍是一个十分模糊的事情，即使在理论界也存在着认识上的偏差，有必要对外资扶贫概念、研究现状、难点进行一些简要的梳理。

第一节　外资扶贫的含义

外资扶贫是一个具有特殊含义和丰富内容的专用名词，鉴于很多人对外资扶贫了解不多，以下将进行详细论述。

一　外资扶贫的概念

虽然外资扶贫在中国活动了 30 余年，在云南省也有 20 余年的经历，但很多人对外资扶贫不了解，存在着一些不准确的错误理解。有一些人认为，外资是境外或外部的投资，资应该是资本，资本的天然属性就是追逐利润，怎么会扶贫呢？有些人认为，外资在中国指境外投资主体，一般是指境外的公司、法人，在国内投资办实体，有独资、合资等形式，以此类推外资扶贫是不是境外企业在中国扶贫。总之，对于外资扶贫，如果从字面上理解，难免产生误解，需要特别说明。

---

① 见《中国农村减贫研究》，中国财政经济出版社 2009 年版，第 203 页。

　　"外资扶贫"是为了区分于国内的扶贫而使用的名词。外资扶贫这一称谓在中国内地使用较为广泛，也可以说是中国内地的一个具有特殊含义的统称，特指利用中国内地以外的扶贫资源，即资金、物资、技术、智力等进行的以扶贫为目的活动。这些扶贫活动往往以各种各样的扶贫项目的形式存在。

　　外资扶贫也是一个笼统的概念，除了扶贫资源来源区别于国内的扶贫资源外，还有许多区别于国内扶贫的地方，如扶贫的目标、理论、理念、方法、方式、技术、工具、经验、实施主体，可以说，外资扶贫是一整套有别于国内扶贫的体系。一般来说，国际援助组织都有自己的理念、宗旨、追求的目标，在开展扶贫活动中，往往结合自身的宗旨、性质、资金来源，把联合国的发展目标或其中的分目标作为本组织的主要目标，运用世行、亚行、联合国，以及国际上有影响的机构长期积累的反贫困理论、方法、工具，结合项目区的实际，设计反贫困项目，所有的国际组织都力求在中国做出成就，传播理念，并获得可以在其他发展中国家复制的模式、方法。

　　由于外资扶贫是为了穷人的福利与发展，所以中外扶贫组织能够在反贫困的主题之下求同存异。大部分国际援助组织都力求在项目实施中完成本土化的过程，产生好的影响，并采取很多有效的方式，促使一些先进的理论、方法、经验为中国政府和项目区的民众所接受。在最近的30多年间，外资扶贫对中国扶贫的影响是全方位的，在中国扶贫政策中可见外资扶贫的理论、理念、方法的烙印，在西部贫困地区留下了许多外资援助的小型的基础设施和熟知外资扶贫的人士。可以这样说，外资扶贫融入中国的反贫困大业之中，占有了一席之地，得到了联合国、世行、亚行等国际权威机构的赞扬，认为中国是全球反贫困最有成效的国家。

　　从外资扶贫的主体来说，大多是国际多边双边组织、境外非政府组织（英文简称 NGO），也有国际友人，它们与国内具有法人资格的政府机构、事业单位、群众组织合作，在内地开展扶贫工作。外资扶贫项目是依据投资方和中方协商确定的，实施方法主要采用国际上广泛运用的方式方法，与中方的方式方法形成了非常大的区别。从中方来看，利用外资扶贫资源和学习其先进的理论、理念、经验、方式、方法，是中国愿意接受外资扶贫的动因；从国际社会看，在中国开展扶贫项目的意图，不仅仅是帮助中国反贫困，复制成功的扶贫模式，而且也力求在中国扶贫领域进行创新，然后向其他国家推广，所以又把外资扶贫称为在扶贫领域方面的国际交流与合作。

　　二　外资扶贫资源

　　扶贫必须进行投入，所有针对贫困地区和贫困人口摆脱贫困产生作用的有形与无形的资源，我们称为扶贫资源。来自境外的外资扶贫资源，不仅仅有资金、物资、先进的理论、技术、管理、经验、智力，也包括国际社会反贫困的共识和反贫困人士的热情、干劲、智慧。外资扶贫的资金、物资主要来自捐赠、贷款、经营所得，渠道非常复杂，主要有外国政府拨款、贷款和赠款、企业和个人捐款、国际金融机构贷款和赠款、境外非政府组织经营所得和募捐，等等。

不同国际援助组织获得扶贫资源的渠道不同，政府机构的拨款一般主要来自本国的财政；世行、亚行等国际金融机构有较为稳定的筹资渠道，往往来自各种存款、经营利润、财团和政府的拨款；非政府组织主要来自普通公众的捐款，也有少部分来自经营所得和企业捐赠。捐款大部分来自发达国家，但近年来捐款所占 GDP 呈下降的趋势。在所有个人捐赠中，大多数不是来自很富有的人，主要来自普通公众，而这些普通公众大多信奉基督教①。20 世纪90 年代以后，国际援助组织已逐步与教会剥离，但并不排除有一些援助组织带有宗教意图。国际援助组织对于捐款持谨慎态度，担心捐款与环境破坏、宗教有关，有损组织的声誉，不是所有的捐款都会受到欢迎②。

对于进入中国的外资扶贫资源，有关部门把关是非常严格的；特别是在少数民族地区，如果带有政治宗教倾向、破坏政府的发展战略或规划、传播与传统文化相抵触的外来文化、不利于民族团结等的扶贫资源，将不可能被接受。是否能够在中国内地开展扶贫，达成合作与交流关系，不仅取决于资金来源、实施者的背景，也取决于项目是否真正适合和满足贫困地区和贫困人口的脱贫与发展的需要。

国际援助组织在云南省的扶贫项目分为贷款项目、无偿援助项目。对于云南省扶贫力度最大的是世界银行、国际农发基金，其次是联合国机构、外国政府、欧盟，第三是国际非政府组织。世界银行的贷款扶贫项目必须还本付息，而且还要政府财政担保，并以财政资金进行配套，也要求受援群体投工投劳，世行在项目中也有很小一部分赠款。世行、国际农发基金的扶贫贷款分为软贷和硬贷。世行规定人均年收入超过 800 美元就不可获得软贷。国际援助组织由于性质不同、资金来源不同，在扶贫工作中资金运作有很大的差异，一般来说，大部分联合国系统、非政府组织、外国政府的扶贫投资都是无偿的，但外国政府往往要求中方政府财政配套资金。从投入中国内地的外资扶贫资源看，主要是官方性质的贷款和捐款占了大头，其次才是国际

---

① 见 Nick Young《国际 NGO：不同的起源、变化着的性质和全球化趋势》一文，刊于《中国发展简报（2005 年 1 月）200 国际 NGO 在中国》，英国大使馆文化教育处。

② 同上。

NGO 和个人投入的资金。

三　外资扶贫项目实施者

外资扶贫项目的实施者更是复杂。外资扶贫项目的实施者主要是国际援助组织、中国内地以外的慈善人士，以及境内的合作部门、民间组织，等等。进入中国内地扶贫的国际援助组织、个人都必须与国内政府机关、事业单位、群众团体合作，得到有关部门的批准才可能开展项目。也可以这样说，外资扶贫的主体是中外双方的合作体。即使有一些拨款的基金会或者个人，它们把资金拨给信任的机构和个人，并要求由受款人全权负责，严格地说这也是一种合作关系，实施者虽然是中方的机构和人员，但内容、结果都要按资助方的要求进行。国际援助组织与国内合作伙伴是否协调，常常影响到扶贫项目的效果，如果双方关系搞不好，甚至会导致项目无法持续下去。

从外方来说，在中国内地开展扶贫项目的国际援助组织主要有：国际金融组织、联合国机构、欧盟、发达国家政府、非政府组织等；也有个人进入贫困地区开展扶贫的，但比重非常小。有的时候，又把国际援助组织分为多边、双边机构和国际非政府组织（以下简称为境外 NGO）①。多边机构如国际金融组织、联合国机构、欧盟；双边机构，如外国政府机构。境外 NGO是一个庞大的家族，它们的资金来源、理念、宗旨、目标非常复杂，但很多都加入扶贫行列，其中一些行业组织，医疗健康、动物和环境保护组织也加入到了反贫困之中，因为它们认为行业机构要维护成员利益和扩大影响，就要解决区域内的贫困问题；医疗健康、疾病、动物保护、生态环境都与贫困有因果关系。

从中方来说，与国际援助组织合作的主体有各级政府部门和与境外有业务联系的政府机关，大专院校、研究机构等事业单位，妇联、残联、工会、共青团等群众团体，以及国内一些基金会等。

进入中国内地参与反贫困最多的国际组织是境外 NGO，投入最多的依次是外国政府、国际金融组织、联合国机构、境外 NGO、欧盟、个人，但在云南省投入最多的是国际金融机构，其中以贷款为主。在中国内地开展扶贫项目的国际援助组织绝大多数在境外注册，只有少部分在中国国内获得了备案。例如，云南有超过 250 家境外 NGO 开展过扶贫项目，但目前共有 39家境外 NGO 成功备案（另有 5 家备案后已申请注销）。想在云南省备案的境外 NGO 远超过 39 家，省民政部门承认，2004—2014 年前来咨询备案的

---

① 境外 NGO 和国际 NGO 没有本质区别，主要是指在中国内地之外注册成立的非政府组织，为了便于表达，本著作统称为境外 NGO。

境外 NGO 有 500 家以上①。一些境外 NGO 反映在内地备案的门槛很高，获得信任是重要的条件之一。

在中国内地开展扶贫项目并不是想来就来，必须达到国家相关部门设定的条件，并且获得批准或者备案，而且还要有合作部门，即项目合作伙伴。合作也是国际援助组织进入中国扶贫的途径。在中国内地由于政治经济体制的特殊性，不允许国际援助组织和个人在国内独立开展项目，必须与国内政府机构、事业单位和政府批准的群众组织合作，并且要求有相关部门监管。相对于国际多边和双边机构而言，非政府组织在中国的扶贫活动的规模都很小，具有更多的独立性、创造性和灵活性，它们的贡献主要是非物质的思想、理念、方法。境外 NGO 的扶贫活动一般都会深入到基层社区，并且特别关注农民的组织和参与程度，它们更倾向于由农民自己组织管理项目，这样更具有创新性。一般来说，进入中国内地开展扶贫活动的境外 NGO 多是经过备案的，个人进入内地进行扶贫的也有，但大多要得到政府部门的允许。绝大部分个人资助者或是参与到扶贫组织中，或是把扶贫资源捐赠给能够贯彻本人扶贫意愿的组织、机构，通过它们来实现个人的意愿。

四　外资扶贫的合作模式与特点

国际援助组织是通过各种渠道与国内机构合作进入中国国内开展各种扶贫活动的。在中国，国际援助组织不可能不与任何单位或组织合作而单独开展工作。

一般来说，境外 NGO 的项目规模比较小，更具独立性、创造性、灵活性，往往自行确定扶贫项目的内容与方式，在国内独立寻找合作伙伴，既与地方政府部门的合作，也与国内民间机构合作，在扶贫项目的立项和实施中一般都亲力亲为，深入到项目区，寻找和动员贫困人口参与到项目之中，面对面帮助贫困人群制定扶贫的内容、目标、实现的方式等。为了探索与实验新的模式与方法，很多境外 NGO 甚至把项目交给贫困人群管理、实施、监督，NGO 人员全程起协助的作用。

联合国机构、世行、农发基金、欧盟、外国政府等国际多边双边组织在中国的减贫项目是在国家的扶贫政策框架下，与相关的政府部门共同协商形成的。每一个国际多边和双边援助机构都有一个对口的政府部门与之接洽，如世界银行和亚洲开发银行对口部门是财政部，联合国开发计划署对口部门是商务部，联合国粮农组织对口部门是农业部，联合国儿童基金会对口部门是妇联和共青团等，英国国际发展部与财政部、国家发改委、教育部、卫生

———————————
① 数字来源：云南省外事办公室。

部和扶贫领导小组合作。尽管扶贫项目往往由县级政府部门执行、实施，但对口部门起着重要的联系协调作用，有时甚至起到主导的作用，项目区、项目性质、内容、模式、方式都是由对口部门和国际多边、双边机构共同商定的。

国际援助组织进入中国开展扶贫活动的载体是项目。多数情况下，国际多边和双边的扶贫项目是由政府的业务部门来参与实施的，根据项目规模的大小分别在中央、省和县一级设立项目办公室，如世行在中国开展的共五期扶贫项目，从中央到省、市（州）县都设立过办公室。云南省实施的世行第一、第四期扶贫项目涉及云南省的6个州（市）16个县，云南省在省一级和项目市（州）县设立了办公室。一些境外NGO开展的社区综合开发和发展项目往往也设项目办公室。项目办公室可以完全由中方的政府工作人员组成，也可能包括外方的管理和咨询人员。一些投入规模较大和大的工程类项目，有严格的采购和招标程序并由专业性的公司来实施；对于非工程项目或小型项目主要由地方政府和村民委员会按计划组织实施。外资扶贫项目集中体现了国际的减贫经验、理念、方法。

进入中国参与扶贫的国际援助组织并不会因为开展项目的地区不同而改变其宗旨、理念，在广西、四川等地方和在云南省是一样的，不同的可能是本土化过程中的一些具体操作方案。

不同类型的国际援助机构，在开展扶贫项目时的意图没有重大区别，国际金融组织、外国政府机构与境外NGO，虽然建立的宗旨不同，获得资金渠道不一样，开展项目的内容有很大区别，但基本围绕着发展、扶贫、慈善的主题进行。几乎所有的发展型扶贫项目的意图都有一些共同的特征，如它们的目的是发展，但它们希望带来的新的想法、方式被中国采纳、变更和吸收，实现本土化。以发展为目的的境外NGO和官方援助机构通常对它们到中国来的机构本土化持支持的态度，并且积极把合作项目的"所有权"转交给当地的合作伙伴，希望它们创立的"模式"能被其他机构效仿，它们带来的"发展工具"能被接受和使用。从本质上讲，这是一种本土化的过程，居于核心的发展原则是可持续、参与和实现当地所有权，顺着这个逻辑延伸下去自然就是把工作通盘"转交"给完全拥有中国身份的机构。

虽然国际援助组织通过发展项目的实施把一些先进的理念、方式、发展工具带入了中国，也通过项目实施影响了项目区的贫困人群、政府官员、参与项目的工作人员，但反对声音也是存在的。

五　外资扶贫的对象

外资扶贫的对象也是非常复杂的，从国别看，不仅仅局限于发展滞后或处于由于战争、瘟疫、自然灾害、经济危机之中的经济倒退的国家，也对一些中等收入国家进行投入，甚至还会对一些发达国家的特殊人群进行扶持。根据世界银行提供的数字，在 20 世纪 90 年代约有 1/3 的捐赠款用在了中等收入及以上国家[①]。虽然国际社会的扶贫捐款不是完全用于发展中国家的贫困人口上，但仍然是用于不同发展程度国家的穷人身上，穷人是最大的受惠者，也是最主要的扶持对象。世界上许多著名的国际援助组织在长期的扶贫和调查研究中，发现在穷人之中还存在着不同程度的贫困，如少数民族群体、妇女、老人、儿童、病残人士，他们是穷人中的穷人，因此在对穷人进行帮扶的时候更要突出穷人之中的弱者。国际援助组织在扶贫项目中对妇女、儿童给予了特别的重视，在中国内地开展的扶贫项目几乎都突出了妇女和儿童，规定参与项目的妇女人数比例，一些扶贫项目把对象直接锁定为妇女、儿童，如小额信贷、妇女健康、女童教育，等等。

中国自 20 世纪 70 年代末才成为外资扶贫的对象。外资扶贫进入中国以后，在 20 世纪 80 年代主要在沿海地区，到 90 年代中期绝大部分外资扶贫都流向了最需要帮助的西部落后地区。西部是少数民族集中的地区，而西部贫困人口中少数民族的贫困问题又较为突出，因此外资扶贫在中国主要以西部地区为项目区，对象主要为国家级、省级贫困县，在项目的设计和实施中，又突出了少数民族和妇女、儿童，多数项目都强调少数民族在其中的比重。

六　外资扶贫的载体

外资扶贫的资金来源往往决定外资扶贫的内容和合作形式。外资扶贫大多以形形色色的项目出现，有针对社区发展的、贫困人口健康的、有帮助妇女减轻家庭劳动的、有宣传某种理念的、有帮助妇女创收的、有推广某种养殖种植的、有改善一些小型的社会服务设施的、有青少年助学的、有帮助教师提高教学能力的，等等，总之内容涉及非常广泛。也有部分国际援助组织针对极贫人口和灾区直接捐款捐物的，这种方式也可以视为项目，即捐赠项目。国际援助组织通过项目作为扶贫的载体和形式，与中国内地的官方和民间机构合作，进入中国内地开展扶贫援助活动。

在中国内地实施的外资扶贫项目，一般来说，至少需要满足这样一些要求：一是符合中国政府的要求，投入到农业基础设施建设、改良水土、产业扶植、环境保护、医药卫生援助、教育培训、环境保护、引进新的种植技术等；二是要满足捐款者和国际援助组织的宗旨和自身的发展要求，如果不能满足捐款者的要求就得不到捐款，而不同性质的国际援助组织有自己的宗

---

① 《2000/2001 年世界发展报告》，中国财政经济出版社 2001 年版。

旨，接收捐款也往往要符合组织要求，对于一些对环境不友好企业的捐款、具有政治文化附加条件的捐款，或是离本组织所从事的事业太远的捐款要求，往往也会被拒绝；三是要符合项目地发展要求和贫困人口的需求，才会得到较好的支持配合，项目才会具有可持续性；四是符合国际潮流，国际援助组织要在世界上立足，得到各国的接纳，产生影响力，往往也要符合世界的基本价值，因此很多国际组织把自己的目标与联合国的发展目标联系在一起。

外资扶贫项目不仅仅是进入中国扶贫的载体和形式，也是国际援助组织追求自身价值、目标的载体。不同的国际援助组织在满足各方面要求的同时，把自身的宗旨、理念、行之有效的方法、创新之处等设计在项目之中，通过项目的实施达到设计的目的。

20 世纪 90 年代以后，外资扶贫项目在全国所有的省（市、区）都有分布，但西部地区较多，而西部地区主要集中在较为落后的民族贫困地区。从内容上看，外资扶贫项目涉及的内容涵盖了国内扶贫项目所涉及的内容，而且还把扶贫延伸到更为广阔的领域，如法律知识普及、艾滋病等传染病防治、"村官"援助项目、贫困地区机构和贫困人口的能力培训、女童反侵害、农民工权益，等等。

七　外资扶贫的主要领域

在不同的历史时期，世界面临的问题不一样，各贫困国家和各贫困地区的表现情况也各有不同。外资扶贫的领域和内容从来都不是一成不变的，是根据不同时代的要求、不同国家的实际需要，以及国际社会反贫困的重点和国际援助组织的宗旨、性质确定的。云南民族地区的贫困情况与其他地区相比，有许多不同之外，形成的原因、贫困的类型和形式都有差异，因此扶贫的领域和重点也会有差异。进入云南省的国际援助组织基本都能很好地把世界发展和援助潮流、云南省的贫困现实、国际援助组织的宗旨结合起来，确定扶贫项目领域的具体内容和扶贫方式，创造了云南外资扶贫模式，取得了很好的效果，得到了国际社会的赞扬。①

在 20 世纪 90 年代，外资扶贫项目把帮助贫困人口改善生产生活条件、发展产业、提高可持续发展能力作为重点。2000 年，联合国千年发展目标公布后，一些国际援助组织选择千年目标中一项或者若干项作为扶持的内容和重点，环境保护、贫困人口的权益等内容逐渐成为了扶持重点。

---

① 2010 年亚洲政党扶贫国际大会，把云南扶贫模式称为"亚洲的财富"，外资扶贫是云南扶贫模式的组成部分，起到了特殊的作用。

从表面上看，外资扶贫项目涉及的内容非常丰富，有基础设施、教育、卫生、劳务输出、产业开发、环境治理、农村综合发展、提供和改善公共服务产品、机构能力建设和扶贫研究等多领域，但在中国政府的要求下，重点突出基础设施建设和产业扶持内容，与国内的扶贫投入重点基本一致。不过在项目实施过程中，国际援助组织把自身的理念、宗旨、目标、方式贯穿其中，更加重视提高对贫困人口的瞄准率和人力资源开发、机构建设，使项目更具可持续性。

国际援助组织在云南省实施的扶贫项目，既有综合性的项目，也有单个产业、产品项目；既有试验、试点、示范项目，也有合作研究项目。从云南省实施过的项目看，综合性的扶贫项目需要投入的资金、技术较多，管理和操作难度大，开展综合扶贫项目的一般是世界银行、亚洲开发银行、国际农发基金以及一些实力较强的境外NGO。在云南省实施的外资扶贫项目中，最有影响的是世界银行贷款中国西南扶贫项目（也称为世行第一期项目）和世界银行/英国国际发展部混合贷款"贫困农村社区发展项目"（也称为世行第四期项目），国际农发基金在云南开展过两期综合扶贫发展项目，其中第二期于2013年启动，总投资5.9亿元。外国政府机构和大部分非政府组织投入的项目主要是单项的。

从在云南省实施外资扶贫项目较多的昆明经验交流中心看，该中心成立后，协调、争取并参与执行的项目有57个，金额达1060.56万美元，项目地区遍布云南全省，项目内容有：卫生示范、扩大免疫、防疫、疾控、健康、儿童营养、教师培训、小学教育、青少年课外科技教育、残疾儿童康复中心、家庭与社区教育、女童教育、基础教育、非正规教育、儿童流动图书馆、儿童权利保护、妇女参与发展、保护儿童权利、儿童科技活动中心、儿童情况调查、计划生育服务、促进儿童早期发展、供水、艾滋病防治、打击拐卖妇女儿童等。

从政府的主渠道——云南省外资扶贫项目管理中心实施的主要项目可了解到外资扶贫的内容和重点，见表1-1。

表1-1　　云南省外资扶贫项目管理中心实施的外资扶贫项目内容

项目名称	实施内容
1. 世界银行贷款中国西南扶贫项目（国际金融组织贷款）	项目内容包括教育、卫生、劳务输出、基础设施、大农业、乡镇企业、机构建设和贫困监测等共计288个子项目
2. 世界银行/英国国际发展部第四期贫困农村社区发展项目——国际金融组织和政府混合贷款	以农村贫困社区发展为主要内容，包括教育、卫生、基础设施、可持续山地农业、社区能力建设、机构能力建设

续表

项目名称	实施内容
3. 欧盟—中国云南红河环保与扶贫项目（先导）——多边合作	以参与式社区发展项目、区域管理规划、能力建设为主要内容
4. 欧盟人权项目—多边合作	以麻栗坡和金平两县的妇女培训为主要对象实施法律知识、扫盲、卫生保健、实用技术培训
5. 中德合作扶贫项目——政府双边合作	以资助饮水、灌溉、改土、造林、可更新能源等建设为主，同时开展经济作物、卫生保健、实用技术培训活动的综合治理项目活动
6. 中英合作—云南环境发展与扶贫项目（政府双边合作）	以加强云南省制定和实施《21世纪议程》的能力；制定并实施总体战略；开展示范项目为主要内容
7. 西班牙援助医疗卫生项目——政府双边合作	以农村贫困社区发展、边境民族贫困社区医疗卫生建设为主要内容
8. 中国香港乐施会云南社区发展项目——国际民间组织	开展农村社区发展项目和救灾重建项目
9. 爱德基金会扶贫项目——民间组织（在中国成立，但95%以上的资金来自境外）	以农业综合开发和畜牧生态养殖为主要内容
10. 互满爱人与人合作项目——国际民间组织	以疾病预防控制和农村社区能力建设为主要内容

资料来源：云南省扶贫办外资扶贫项目管理中心。

尽管外资扶贫在不同的历史时期会因世界的发展潮流调整扶持内容和重点，但同时也会从项目区的实际出发，通过解决项目区最迫切需要解决的困难入手设计扶持的项目，始终坚持围绕解决贫困这个根本主题为出发点和落脚点。云南省贫困地区主要集中在少数民族地区，贫困人群主要是少数民族，因此外资扶贫项目非常注重把资源投向边远的民族地区和少数民族人群，同时基础设施和文化水平低是解决贫困的最大障碍，成为了外资扶贫投入的主要领域，也是政府引导外资扶贫的重点。

第二节　外资扶贫的起源与在中国内地的反贫困历程

一　外资扶贫的起源

外资扶贫作为一种国际的共识和行动是"二战"以后。"二战"后，美国实施了马歇尔计划，意在帮助欧洲从"二战"的破坏中迅速恢复过来，由于美国有意把苏联等国排斥在马歇尔计划之外，不久苏联也出炉了马歇尔计划在东欧地区的"替代计划"，该计划主要包括了对东欧国家的经济援助以及发展东欧国家对苏联的贸易，这就是著名的莫洛托夫计划（Molotov Plan），也就是后来经济互助委员会（COMECON）的雏形。虽然许多政治家和学者对于马歇尔计划所起的作用有许多不同的看法，但外资扶贫作为一种国际共识和一致行动的发端可以追溯到这里。

新中国成立不久就开展了对外援助，但对外援助的目的和方式、方法与外资扶贫仍有非常大的区别。从方式来说，在2012年以前，中国的对外援助都属于单边的，我行我素的行为，并且主要以官方的身份开展援助活动，援助的内容主要帮助受援国改善基础设施条件、救灾和提供医疗服务，并未突出反贫困这一主题。由于中国的援助主要以官方身份和使用国家财政资金对外援助，又不与联合国、世行等国际援助组织合作，不采用联合国、世行等援助方式、方法以及工具，虽然中国政府的对外援助没有政治、经济、文化的附加条件，但仍让国际社会不放心，也往往造成了许多诟病，同时与联合国和国际金融组织相比，缺乏对资金使用的全程监测评估，对项目的可持续性也没有开展跟踪评估，援助的效果不得而知。随着中国改革开放的深入，中国的经济发展越来越和国际社会联系在一起，已成为了全球化大潮中的一股洪流。由于中国的经济成就，20世纪80年代中期已经有了一定的财力解决农村贫困问题，1986年国务院成立了扶贫办，从组织和制度上保证了扶贫工作的开展。

中国改革开放以后，思想获得了很大的解放，中央政府率先认识到了中国的扶贫是世界反贫困事业的重要组成部分，在强调自力更生的同时，也积极开展反贫困的国际合作与交流。中国的改革开放得到了世界的认可，并被寄予了很多期望。1979年联合国开发计划署（英文简称UNDP）批准了对中国贫困的援助，标志着中国正式接受国际社会的扶贫援助，自此一些多边双边国际机构和境外NGO陆续进入中国开展扶贫项目。

二　外资扶贫在中国内地的历程

自1979年至1986年，中国已从普遍贫困中摆脱了出来，2011年超过日本，成为了仅次于美国的世界第二大经济体，至2014年末国内生产总值已突破了10万亿美元。在经济增长的同时，贫困问题已得到了迅速解决。伴随着中国经济增长和扶贫历程，外资扶贫在过去的30多年间作出了积极的特殊的贡献。30多年间，外资扶贫走过了以下三个阶段：

第一阶段是初期阶段，这一阶段应是1979—1993年。这一阶段从全国来看，国际援助组织开始进入，但数量并不多，资金投入也很有限，基层政府和民族地区对国际援助组织十分陌生，非常谨慎，限制了国际援助组织的进入和开展工作。这一阶段，国际援助组织进入国内主要与事业单位、社会团体、政府职能部门合作，开展一些教育、法律、市场经济的培训，对医疗、疾病防治等社会服务进行一些支持，以及开展一些发展和扶贫政策等方面的研究，直接参与到农村开展扶贫项目的国际援助组织在这个时期非常少。

第二阶段是外资扶贫的高峰阶段，这一阶段是 1994—2005 年。这一阶段是中国扶贫攻坚和第一个 10 年扶贫《纲要》的实施阶段。在这个阶段，国际援助组织进入较多，投入也较大。国务院决定从 1994 年至 2000 年集中国家的人力、物力、财力，动员社会各界力量，力争用 7 年左右的时间，基本解决全国农村 8000 万人口的温饱问题。为解决国内扶贫资金投入不足问题，利用国际上的资金和引进国际先进的扶贫理念及方式方法，以弥补国内扶贫资源不足，中国政府与世界银行合作进行了第一个直接扶持最贫困地区、最贫困农户的综合性扶贫项目——世界银行贷款中国西南扶贫项目（以下简称世行西南项目）。这一项目改变了以往扶贫单纯依靠国内资金的传统方式，开创了国内扶贫机构与国际援助组织相结合、国内扶贫资金与国际援助组织资源相结合的扶贫开发新格局。世行西南项目的准备与实施，拉开了国内有组织、有计划、大规模利用外资开展扶贫的序幕。1995 年 2 月，在世行西南项目办公室的基础之上，国务院扶贫办外资项目管理中心成立，具体负责扶贫国际合作项目的组织管理、咨询服务，开拓外资扶贫的领域，研究、探索、总结推广国际社会先进的扶贫理念和行之有效的项目管理模式和方法。云南、贵州和广西西南三省区在世行西南项目办的基础之上也相应成立了外资扶贫项目管理中心。为了帮助西部地区完成扶贫攻坚计划，国务院要求国际援助组织把援助重点放在西部贫困地区，这也正好符合国际援助组织到中国开展扶贫项目的初衷。国务院扶贫办外资项目管理中心成立后，打消了西部各省区利用外资扶贫的政治顾虑，形成了竞争之势，云南省委省政府以开放的心态欢迎国际援助组织，再加上云南省贫困问题突出且呈多样化类型的特点，受到了国际援助组织的重视，云南成为了中国境外 NGO 活动的热点地区。2000 年"八七"扶贫攻坚计划完成，中国的贫困问题得到了很大的缓解，中国政府宣布基本解决了温饱问题，国际援助的重点开始转移，进入中国的官方援助组织和境外 NGO 减少了对中国的投入，进入中国的国际援助组织比 2000 年明显减少，从有关部门的不完全统计看，投入金额在 2005 年后才有了较为明显地减少，这是因为项目周期较长，到 2005 年一些综合性的大型项目才完成。

第三阶段是大幅度减少阶段，这一阶段是从 2006 年开始至今。2005 年以后，由于一些规模较大的外资扶贫项目基本完成，外资扶贫投入呈明显地减少，除国际金融组织外，欧盟、外国政府双边组织合作大部分已基本停止了对内地的扶贫援助，境外 NGO 也逐渐离开了中国，留在中国和新进入的境外 NGO 已经非常少了。由于云南省的特殊性，在这一时期，仍然很重视外资扶贫工作，2009 年 12 月 29 日作为唯一与民政部共建的境外非营利组织观察点，云南省政府办公厅出台了《云南省规范境外非政府组织活动暂行规定》，对符合条件的境外 NGO 实行组织备案和项目备案的双备案管理模式。

　　三　不同时期外资扶贫的重点

　　外资扶贫的重点不仅仅受国际援助大形势的影响，也取决于国外国内的经济情况，以及发展政策。

　　从国际援助大趋势看，外资扶贫是国际援助的一部分，并随国际援助重点的变化而变化。国际援助体现着全球发展与和平的需要。20 世纪 50 年代以来，国际援助的主要领域是经济发展，通过可用于投资的国内和国外储蓄量的增长，实现产出和收入的增长；到了 60 年代，人力资本受到重视，援助扩展到教育、保健和社会服务；60 年代后期和 70 年代，援助重点包括了收入再分配、减轻贫困、满足基本需要，农村发展成为了国际援助的重要动因；80 年代和 90 年代早期，援助更多地关注宏观经济稳定和结构调整；随着发展中国家债务负担的日益沉重，90 年代中后期以后，债务减免成为援助的一项重要内容，2000 年联合国提出千年发展目标以后，反贫困成为主要国际援助机构的重点援助方向；进入 2010 年以后，由于全球环境气候恶化和人权问题突出，环境保护和人权成为了援助国的主要目标。

　　从外资扶贫看，在不同时期，外资扶贫的重点也不一样，一般来说，外资扶贫都会从自身的宗旨、理念、性质、目标、资金来源出发，结合世界援助重点和中国扶贫的重点、目标，制订扶贫计划，兼顾世界潮流、自身、项目区的要求。外资扶贫在不同时期主要呈现以下特点：一是从区域看，1979—1993 年，外资扶贫在全国都有分布，联合国和世行、亚行的援助、NGO 等国际多边组织主要在西部地区，而外国政府的援助东部更多一些。1994 年后，中国的贫困问题已发生了很大的变化，主要集中在西部地区，在国务院外资扶贫项目管理中心的要求之下，国际援助组织把扶贫的重点放在了西部地区。二是从内容上看，在 1994 年以前，国际援助组织把扶贫重点主要放在了教育、健康、法律、市场经济等知识培训和社会服务方面，也进行了一些中国问题的研究和实施了一些人才培养计划。1994—2005 年这段时期，项目的重点主要放在农村基础设施建设、能力建设、社会服务、产业扶持方面。2000 年，中国政府出台了《中国农村扶贫开发纲要（2000—2010 年）》（以下简称第一个 10 年扶贫《纲要》），宣布中国的贫困问题得到非常大的缓解，为了解决局部的贫困和巩固温饱，提高扶贫瞄准率和扶贫效率，实施了整村推进项目，并且整合扶贫资源，形成"大扶贫"的格局，在政府的主导和支持之下，外资扶贫成为了中国反贫困中的一支特殊力量，全面参与了中国的扶贫开发。从总体上看，在1994—2005年间，是国际援助组织进入中国参与扶贫最踊跃和投入较多的时期。2006年至今，中国成为了全球减贫最有成效的国家，提前完成了联合国千年发展目标，并且成为了世界经济大国，跨入中等收入国家行列，不再是国际社会反贫困的重点地区，国际社会反而要求中国加大对更贫困的国家进行援助，仍在西部地区开展扶贫活动的国际援助组织已把扶持重点向环境保护、人权、公民社会等方面转移。

第三节　外资扶贫的理论研究现状

一　国际反贫困理论的研究

应该承认，扶贫作为一种政府行为，或者说国家行为、政党行为，并不是从落后国家开始，而是从西方发达国家开始，源于宗教传统、文化传统、人文精神，逐步发展成为一种有理论、有方法支撑的国家、政党、全民的行为。

国际反贫困的理论研究始于马歇尔计划。国际援助组织以扶贫为主题和中心内容的研究主要始于"二战"后，对国际援助组织扶贫理论的研究和不断完善也是从"二战"后开始的。国际反贫困研究是随反贫困领域的国际合作与交流行动的需要而发展起来的，直到2000年才形成了较为完整的理论体系。国际反贫困理论的研究已经有半个多世纪了，参与总结研究的人和组织有许多，他们从各自的理解、认识、实践经验出发，不断丰富着扶贫的理论。几乎每一个援助项目都会有设计、计划和评估、总结，为国际援助事业积累着点滴的理论贡献；也有国际援助组织对援助国的贫困与发展政策进行研究，这些研究由于视角、方法的不同，给予了被研究者许多启发，也为国际扶贫增添了精彩的一笔，其中一些研究为研究国政府所采用；也有专门的非盈利的研究组织，它们对不同国家和民族的贫困本质、原因、如何识别贫困、摆脱贫困的途径和工具进行对比和分析，丰富了国际反贫困理论；也有以不同学科视角，如地理、文化、社会、经济、伦理等对贫困进行的研究，不仅运用了多学科的学理解析贫困，而且还提供了反贫困的工具。可以说世界上关于国际反贫困的研究如浩瀚的大海，折射出国际社会对贫困问题的重视与关怀，同时也综合了多角度、多层面、多学科关于扶贫的观点和成就，构建与丰富了这一领域的研究。

经过半个多世纪的研究积累，对于贫困定义、定性、定量、形成的原因、解决贫困的途径、工具等已成熟，并被广泛运用于实践。正是由于反贫困理论研究非常丰富的缘故，很难说谁是具有国际代表性的人物。在这里勉为其难地提出个别作出伟大贡献的人与组织。较有代表性的著作有诺贝尔经济学得主瑞典大家冈纳·缪尔达尔，他的《亚洲的戏剧》《世界贫困的挑战》等著作在全球产生了巨大的影响，尽管他的著作是从制度学和发展学的角度进行研究的，但对不发达国家的发展与贫困问题进行了深入的剖析，提出了非常有价值的建议与告诫。也有的理论是来源于个人扶贫实践的总结，如孟加拉国的尤努斯教授，他创建了为穷人服务的"乡村银行"，发展完善了小额信贷，基于乡村银行的模式发展成了一套帮助穷人脱贫的融资与发展生产的扶贫模式，丰富了反贫困的理论。当然还有许多扶贫理论来源于成功的实践与失败的教训，只是不著名而已，但对世界的反贫困产生了非常大的影响，如中国的以工代赈、大扶贫等。

对国际反贫困作出杰出贡献的国际援助组织、个人，往往也对扶贫理论研究作出了较大的贡献，如联合国机构，世行和亚行等国际金融组织和日本、德国、法国、西班牙、加拿大、澳大利亚、英国、瑞典等援助机构，以及一些著名的NGO，如福特基金会、乐施会、美国大自然协会等，这些组织对于国际反贫困的研究不仅身体力行，而且也资助受援国和研究机构对反贫困进行研究，帮助了一些国家制定发展与扶贫政策，同时也产出了理论研究的成果。

就组织或者机构的研究产出来说，联合国、世界银行、亚行等机构，它们汇集世界上若干国家著名的机构和专家，以及自身反贫困的实践经验和研究，总结完成了许多发展与反贫困的报告，体现了时代的要求和集当时有效的先进的理论与方法，并提出了目标和应对的政策，对世界反贫困产生了非常大的影响。

2000年9月，联合国峰会提出了千年发展目标，扩展了贫困概念，为多维度地衡量贫困程度和评价减贫效果提供了依据。千年发展目标包含和体现了世界反贫困理论的成果，一经提出就得到了国际社会的响应，很多国际援助组织把千年发展目标作为开展扶贫与发展项目的目标，同时也把千年发展目标作为衡量各落后国家反贫困成就的标准。

为了帮助各国实现脱贫和发展目标，世界银行在2000年集全球智慧编写完成了《2000/2001年世界发展报告：与贫困作斗争》。该报告的写作听取了世界上许多著名人士和世行内外部人士的宝贵意见，其中有主持《穷人的呼声》研究的DeePa Narayan、主持《增长的质量》的Vinod Thomas等著名人物，还与学术界、落后国家基层的领导、非政府组织、私营部门以及政策制定者进行了广泛的磋商，收到了来自 44 个国家的 424 份稿件，与 22 个国家进行了讨论。值得一提的是，作为该报告的背景材料之一，《穷人的呼声》，归纳了来自 60 个国家生活在贫困中的 6 万人的观点①。该报告可以说综合了贫困研究的成就，可以说代表着当今世界关于国际反贫困研究的最高水平。该报告对于中国的外资扶贫产生了很大作用，从 2000 年以来在中国开展的外资扶贫项目中，可以深刻地感受到许多国际援助组织在扶贫理念、方式、方法上，受到这个报告的影响。

二　中国扶贫的研究状况

中国扶贫理论研究自 1986 年成立了国务院扶贫办以后陆续增多，参与讨论和研究过扶贫的人员，也许是中国社科界规模最庞大的一支研究队伍了。国内关于贫困问题的理论研究成就和影响，相比起扶贫的成就来说要逊色得多。中国是世界上减贫人口和速度最突出的国家，提前达到了联合国千年发展目标，获得了国际社会的赞誉。中国的扶贫成就是政治、经济、社会发展的产物。中国的扶贫并不是理论界推动的，但不可能离开理论研究的贡献。扶贫理论研究使扶贫的实践更有针对性、思路更为清晰、目标更为明确，为提高扶贫效率、解决扶贫中的疑难问题、避免扶贫中的不公平不公正，提供了思路与工具。

中国扶贫理论的研究是伴随着扶贫实践的需要不断研究、总结、创新的，并且吸收了世界先进的扶贫理论、理念、经验、方法、方式，成功地实现了本土化，在实践中产生了较好的效果，这也是中国脱贫较有成果的原因之一。中国扶贫理论已经成为了世界反贫困理论的一部分。中国扶贫理论的研究不仅仅是基于发展与扶贫的实践需要，也出于社会安定团结与可持续发展的要求，因此中国扶贫理论也是发展经济学的一部分，运用于落后地区的发展，通过发展带动贫困地区和贫困人口脱贫，同时针对贫困人口采取一系列措施帮助其改善生产生活条件，从而达到脱贫与发展的目的。中国扶贫理论的研究虽然在世界上不是最早的，也不是最有影响的，但成效却是非常显著的，已被中国的脱贫成就所证明。

关于中国贫困理论研究，虽然有难以统计的理论研究专著，但形成重大影响和受到理论界和扶贫专业人士公推的人物和著作还未形成，很多成就是建立在某一方面，系统的研究并产生很大影响的理论成就还谈不上。在庞大的扶贫研究与队伍之中，有一些人相对出名一些，如：汪三贵对国内的贫困

---

① 见《2000/2001 年世界发展报告》前言，中国财政经济出版社 2001 年 3 月第 1 版。

研究走在了前列、朱玲等人在以工代赈方面做了研究工作、杜小山等人在小额信贷方面进行了本土化实践与研究、李小云等人在参与式方法和对扶贫系统总结方面做出了贡献等。实际上业内人士更推崇三部影响非常大，堪称决定中国扶贫进程的政策，即：《国家八七扶贫纲要》（以下简称"八七"攻坚计划）、《中国农村扶贫开发纲要 2000—2010》（以下简称第一个 10 年扶贫《纲要》）、《中国农村扶贫开发纲要 2011—2020》（以下简称第二个 10 年扶贫《纲要》），围绕这三部政策，还出台了一些补充的政策，以保证这三部政策设定的目标得以完成。可以说，这三部政策是集中国扶贫理论的大成，运用了当时国内外先进的扶贫理论和经验及方式方法，体现在对扶贫开发的目标、方针、扶贫开发的重点区域、领域和人群、扶贫开发的具体措施方面，完成了中国扶贫体系的构建，从制度、组织、资金上提供了政策保证。如果说"八七"扶贫攻坚是结合当时中外理论研究的成果，对中国扶贫体系进行了构建，第一、第二个 10 年扶贫《纲要》就可以说针对中国贫困的现实，运用了中外扶贫理论对中国扶贫体系的完善。

　　三　国内外资扶贫理论的研究现状

　　对于外资扶贫的专项研究在国内是非常薄弱的，至今未形成一部完整的系统的研究外资扶贫理论的著作。关于中国大陆外资扶贫的研究主要有几类：一是国内政府职能部门进行的研究，主要是针对自身工作进行的总结和对策研究，没有从理论上进行剖析、归纳、解释，带有一些功利主义的色彩。二是一些国际援助组织为了开展扶贫项目，在立项前、实施中、项目完成后，围绕项目进行的调查研究、总结、监测、评估，并且尽可能把世界上先进的扶贫与发展理论和理念、方法融入到项目的整个过程，虽然涉及一些理论总结和研究，但仅限于该组织项目的实施、推广效果，有很大的局限性。三是也有一些国际援助组织提供资金给中国研究机构研究中国问题，有的还要求研究者采用国际上广泛运用的研究方法和工具，但并不是以外资扶贫作为研究对象的，而是国际援助组织开展的中国问题理论研究。四是一些规模较大的国际援助组织为了复制和推广某种成功的扶贫模式，出资进行研究总结和实验，甚至投入过亿的资金，如世行一至五期扶贫项目，在项目结束后，主要项目区都会进行总结性研究，甚至一些省份在国际援助组织的资助下对项目进行系统的总结。福特基金会为了推广参与式扶贫方式，连续多年资助一些机构试验和扩大这一方式。孟加拉乡村银行资助中国内地实践和扩大小额信贷模式，等等。

　　目前，把外资扶贫作为研究对象进行的理论研究机构和人员都非常少，这些研究大多还局限于介绍或者是总结性的，已有的研究成果主要是在对外经济合作与交流、国际援助、扶贫研究等方面涉及，主要成果有：戴伦彰主编的《走向 21 世纪的中国对外经济关系》；国务院扶贫办外资扶贫项目管理中心编的《反贫困——国际合作在中国》；刘坚、李小云等主编的《中国农村减贫研究》；李小云、饶小龙等《外国对华官方发展援助的演变及趋势》；石林主编的《当代中国的对外经济合作》、周弘等著的《外援在中国》等。关于外资扶贫的专门理论研究在国内可以说还没有出现完整的、有分量的成果。

　　四　关于外资扶贫对云南民族地区和少数民族影响的研究

　　"九五"和"十五"期间，云南民族地区成为了境外 NGO 和国际多边和双边组织开展扶贫项目最多的地区。云南有一大批专门从事贫困研究的人士，其中有不少人对外资扶贫进行过一些研究，具有理论含量的成果有：《PRA 在社区发展和环境恢复中的实践与探索》《农村小额信贷：扶贫攻坚成功之路》等。大部分涉及外资扶贫的研究是国际援助组织出资资助的，如 80 年代末福特基金会资助的参与式扶贫方式研究，是全国第一次较全面地对该问题进行研究；德国政府资助的《流动的贫困——中德合作——云南城市贫困研究报告》；国际农发基金资助的《贫困与发展》；美国大自然保护协会资助的滇西北保护与发展系列研究等。关于云南省外资扶贫的研究往往停留在事物的表面和工作层面，大多局限于中外扶贫理论、方法的介绍、对比，以及为外资开展项目服务，再加上外资项目的实际效果未能得到完全显现，很多研究不可能深入和全面、系统地进行。2010 年，云南省外资中心与云南省社会科学院合作，第一次把外资扶贫机构和外资扶贫项目作为研究对象进行系统研究，但由于资料和理论依据不足，以及研究视角的局限，未能做量化分析。

　　云南是一个贫困问题非常突出的省，也是外资扶贫项目较多的地区。由于云南贫困地区主要是少数民族地区，贫困人口中少数民族占主要比重，因此外资扶贫项目主要在少数民族地区实施，重点人群也是少数民族，除外资扶贫项目在基线调查、项目设计和评估中，特别强调少数民族地区和少数民族贫困人口外，研究机构很少把外资扶贫对少数民族的影响进行过梳理，更谈不上研究。外资扶贫虽然在云南省只有 20 多年的历史，但是产生了非常大的影响，越是外资扶贫项目分布多的地方，影响越大越深，对外资扶贫项目的评价越高。由于云南省开展的外资扶贫较多，一些特大型项目，如世行第一和第四期项目，总结出了许多可复制的方法和经验，并向全国其他地区和其他发展中国家推广。2010 年，在昆明召开的亚洲政党扶贫专题会议认为"云南扶贫经验是亚洲的财富"。

第四节　课题研究的重点与难点

一　课题研究的原因

少数民族稳定，云南稳定；中央不稳，云南必乱。这已被上千年来云南的历史所证明。少数民族地区和少数民族长期落后、贫困，在当今日益开放的社会环境之下，就不可能长治久安。帮助少数民族地区发展，使少数民族摆脱自古以来的贫困生活，享有改革开放的成果，不仅仅是经济发展问题，也是关系到安定团结的政治问题。

为什么要进行该课题的研究，关系到外资扶贫这项人类高尚事业是否有必要在云南少数民族地区持续下去。

由于自然、历史、政治、社会、文化、生态的种种复杂因素，近代以来，云南民族地区和少数民族一直都是境外各种势力渗透的重点，加剧了民族地区宗教文化和民族关系的复杂性。一些人由于不了解外资扶贫，从而担心一些怀有政治、宗教企图的境外组织，借助扶贫这一冠冕堂皇的路径向少数民族地区渗透，对少数民族地区和少数民族群众产生不利于安定团结的负作用，从而对外资扶贫这一事业过分谨慎，限制了云南在扶贫领域开展国际交流与合作。

外资扶贫进入云南20余年里，一直都把民族地区和少数民族作为扶贫的重点，产生了许多议论，一些议论夸大、美化外资扶贫；一些不屑一顾，或诋毁、怀疑。这些议论都会影响对外资扶贫做出不理智的判断。由于大众能够接触和了解外资扶贫的机会很少，一些不正确的观点很容易流行，并且会影响大部分人的判断，甚至会影响部分政府部门和县乡决策者的判断，特别是县乡政府使用外资扶贫的积极性。县乡政府是扶贫任务的主要承担者、实施者、责任者，面对着贫困人口，它们的态度是利用外资扶贫的关键环节之一。

进入21世纪，随着贫困人口的减少，国力的增强，国际援助组织扶贫门槛提高，使用外资扶贫难度增大，境外势力对民族地区渗透增加，以及民族地区社会矛盾凸显，外资扶贫的可持续性受到了挑战，是否继续利用外资扶贫，在扶贫领域继续与国际社会合作与交流，已成为云南扶贫领域中一个不得不研究的问题。

二　课题研究的重点

外资扶贫在云南民族地区是否能够持续下去，应该弄清楚几个重点问题。

1. 要弄清楚外资扶贫是怎么回事，为什么我国会接受外资扶贫

通过分析外资扶贫的起源、发展历程；投入主体的性质、类型、理念、方法、方式；扶贫资金的来源、投入规模、内容、类型；扶贫的目的、重点，等等，进行分析，找到特点，把握规律，全面弄清外资扶贫，这应该是利用外资扶贫的基本前提。

通过对项目的调研和对参与人员的访谈，可以肯定的是外资扶贫是一项高尚的事业，于人类的进步、发展、和谐有利无害，值得提倡、参与、完善、净化这一事业。只有参与，才能发展、完善。利用外资扶贫对于贫困地区来说，既是为了获得帮助，也是为了参与，在外资扶贫项目实施中学习、创新、复制、推广成功的外资扶贫模式，是对贫困地区的贡献。外资扶贫是一项高尚的事业，不应该对这一善行指手画脚，应深入了解，避免产生不正确的看法和怀疑，应该倡导、完善、弘扬帮助穷人的社会风气，使其造福于需要帮助的贫困人口。

2. 为什么中央把外资扶贫重点导向政治、经济、社会、文化、生态都较为复杂敏感的边疆民族地区

云南是中国的西南边疆地区，云南边境地区大多是民族地区，有 16 个民族跨境而居，与境外有着千丝万缕的关系。近代，西方传教士送来了基督教、天主教，与佛教、伊斯兰教、道教、民族传统宗教并列，增加了云南民族地区的敏感性。虽然云南边疆少数民族地区是一个敏感地区，但却不是一个一点就燃的火药桶，边疆民族地区在共产党的领导下，发生了翻天覆地的变化，树立了共产党的领导，人民政权享有很高威信，各族群众相信和依赖党和政府，不会轻易被某些不对的观点所左右，更不会被外国势力用蝇头小利所诱惑，应有自信。中央之所以把外资扶贫导向边疆民族地区，首先是党和政府对于民族地区的领导具有很强的自信心，能够正确把握边疆民族贫困地区的政治经济形势；其次是通过外资扶贫开阔民族地区干部群众的眼界，学会更先进的扶贫理念和项目管理方法，提高扶贫效率。

3. 对外资扶贫在云南民族地区的实践以及对少数民族影响进行公正、理性的评价，决定未来是否继续利用外资扶贫

对外资扶贫在云南民族地区的实践进行全方位的综合评价，关系到未来是否在民族地区继续利用外资扶贫。外资扶贫在云南民族地区实施项目已有 20 余年，对民族地区发展和脱贫的贡献是多方面的，可以说推动了云南省的扶贫工作，数百万少数民族贫困人口获得了帮助。外资扶贫项目实施中存在的问题大多是由于体制、文化背景不同所引起的，可以通过协调解决，未妨碍其发挥作用，中外双方在扶贫目的和方向上没有冲突，也不涉及政治、

宗教问题。外资扶贫在云南省民族地区所起的作用是正面的、健康的、有益的，受到项目区政府和群众的普遍称赞，继续与国际援助组织在反贫困领域进行合作与交流利大于弊。

4. 要弄清楚未来资助方和受助方的意愿，确定是否有必要继续利用外资扶贫

外资扶贫是你情我愿的事情，扶贫和被扶贫的关系是否协调、平等，是扶贫成功的前提条件，因此作为一个贫困落后的地区，要满足对方合理的要求，积极配合，同时援助方也应考虑被援助的实际情况，双方在共同的目标——帮助贫困人口摆脱贫困获得发展前提下，达成合作关系，制订切合贫困地区和贫困人口的扶贫计划，共同实施项目。从20余年外资扶贫在云南的实践看，由于省级政府持开明的态度并且能够积极配合，以及国际援助组织具有丰富的扶贫经验，中外双方关系一直都处于融洽之中，所取得的成就远比其他国家更显著。

在2006年以后，云南外资扶贫呈明显下降趋势，越来越多的国家对于是否在中国开展扶贫项目议论较多，认为中国已经是世界经济强国，不应再捐资和拨款对中国贫困地区和贫困人口开展减贫活动，大部分境外 NGO 和外国政府机构在完成项目后，也不再向中国投入新的资金和项目。2010年后，只有少数几个国际金融组织、联合机构和30多个境外 NGO 还在云南民族贫困地区开展减贫活动。

如今，利用外资扶贫的国内外情况发生了很大变化，中国已是世界第二大经济体，成为了世界最大的债权国，总体上成为了中等收入国家，广东、上海、江苏等沿海发达地区的人均产值已达到了发达国家的水平，国家和社会不断加大了对贫困地区的投入，出台了一系列惠民政策，总体上贫困人口的生活水平都得到了提高。从国际环境看，由于中国迅速崛起，国际社会在减少对中国扶贫援助的同时，也要求中国加大对更为贫困国家的援助，同时国际上民族主义抬头、文化冲突有增无减、宗教极端组织到处制造恐怖事件，2013年3月1日云南昆明发生了震惊世界的特大暴恐案，反水电开发和反 PX 项目都有境外 NGO 背景的人士起着推波助澜的作用，影响了社会安定、地方经济的发展。在这样的新形势下，国内反对外资扶贫的声音有所抬头，主要有这样几种情况：一是大部分贫困县乡政府嫌麻烦、不熟悉外资扶贫的申报和操作、害怕与境外组织交往犯错误，再加上近年来国家、社会对贫困地区投入大幅度增加，以及国内项目操作简便，较容易调整，大多就把精力放在国内资金的争取上，对于外资扶贫项目很不热心，影响了外资扶贫项目的申请；二是有一些人认为不应该用外国人的捐款解决中国的贫困，

因为中国已经很强大了，不应再要别国的钱来扶贫，否则太没面子了；三是有部分人认为中国贫困地区和贫困人口的脱贫要靠中国人自己，中国政府有能力解决自身的贫困问题，没有必要继续使用操作很麻烦的外资开展扶贫，再说中国正处于社会矛盾较多的时期，国际形势又十分复杂，国际民族主义、极端宗教组织抬头，云南边疆民族地区日益敏感，不能让一些别有用心的境外 NGO 和人士利用外资扶贫制造事端，因此不支持利用外资扶贫。

在新的形势下，云南民族贫困地区是否有必要继续使用外资扶贫成为了一个新问题。从云南的现实看，不能被情绪所绑架。中国的发展是开放型的发展，没有开放就没有中国的发展。在国家"一带一路"的战略布局中，云南省是面向南亚、东南亚的辐射中心，民族地区将建成重要的通道和结点、开放的前沿地区，杜绝外资扶贫不可能防止境外势力的渗透，这无异于掩耳盗铃。根据云南的现状和国家、云南对外开放的要求，以及中华民族复兴的伟业，云南民族地区有必要继续与国际社会合作开展外资扶贫，在外资扶贫项目的实施过程中学习、创新扶贫理论、理念、方式、方法，积极与国际社会一道对处于发展中国家的贫困人口伸出援手。从国际援助组织对中国的扶贫意愿看，虽然中国经济一直处于快速发展中，脱贫的脚步非常快，总体上外资扶贫呈下降趋势，但并不意味着外资扶贫会画上句号，因为在环境保护、人权、政策改善、防艾、社会公共服务等领域，有许多空间可合作与交流，现在仍有许多国际援助组织有在云南开展扶贫项目的强烈意愿，向省外办咨询的境外机构超过了 500 家，世行、联合国机构等仍表示愿意在云南继续实施扶贫项目。如果我们不积极、主动向国际援助组织争取合作与交流机会的话，外资扶贫这项事业将会越来越冷，难以维系。

5. 在新的时期，应提出既切合时代要求，又符合中外实际需求的对策建议

新的时期，国家对于外资扶贫提出了新的要求，重在交流，并且要求走出去扶贫。对于云南来说，要转变利用外资扶贫的重点，把云南民族贫困地区作为外资扶贫的重点地区，继续试验、探索、创新、总结，并与国际援助组织一道把云南成功的扶贫模式用于帮助处于贫困与痛苦之中的其他发展中国家的人们，以展示中国人的美德、传播中国人的扶贫理念和先进的扶贫模式、方法，实现共同发展、繁荣的愿景。为了达到上述目的，就要切合中外实际，改革现有的管理体制、制定中长远规划、落实配套资金和援助资金、培养人才和中国自己的 NGO。

三　外资扶贫研究的局限与难点

外资扶贫对于习惯于自力更生和帮助弱小国家的中国人来说，是一个新

鲜的事物，大部分人还未了解外资扶贫是怎么回事，外资扶贫就在中国内地大幅度减少了，留下的各种说法远比记载的多，这不得不承认是信息化、电子化时代的重大缺憾。由于以下原因，给本课题的研究造成了一定的难度，特别是数字与文字资料不全难以在宏观上进行量化分析。就近年来外资扶贫项目大幅度减少的现实来说，如今的研究有点像抢救性研究，因为外资扶贫在我们这个快节奏的社会里，似乎已经远去，越来越像一个曾经发生过的传说。在调查中我们发现，很多参与外资扶贫项目的人谈起曾经参与的项目，往往赋予了许多个人的情感色彩，弱化了项目的真实性。外资扶贫研究的局限和难点，主要反映在以下几方面。

1. 难以进行定量研究

自 1979 年中国接受外资扶贫至今已有 30 多年的历史，如今外资扶贫已经从高峰进入了大幅度减少的阶段，遗憾的是没有任何一个机构掌握完整的外资扶贫资料。目前，外资扶贫资料呈零星、分散状态。资料较为完整的是世行、亚行、联合国机构、欧盟、西方政府等官方机构的外资扶贫项目情况，这些机构开展项目都有政府的对口单位合作，操作规范，大多数项目都建立了档案，进行了监测评估，因此有完整的资料，除这些外资机构掌握本机构的资料外，合作单位也有一些。NGO 项目的资料主要掌握在合作者手中，不仅不全，其中还有部分丧失了，在中国合作单位是很多的，仅云南来说，有几百家，研究机构收集资料很难跑到每一家收集 20 多年以来的资料。对于庞大的境外 NGO，由于没有固定的对口部门，除了到省级民政部门和省级外办备案外，没有机构收集境外 NGO 以及它们实施项目的资料，境外 NGO 的资料主要由本组织掌握，只有少部分分散在众多合作者手中，其中大部分 NGO 没有留下资料，项目结束后就悄然离开了。由于没有完整、口径统一的统计数字，使外资扶贫的研究难以做到量化分析，只能就个案进行分析研究，但个案也有很大的局限性，可信的程度应打折扣，因为即使是世行西南项目，这个在世界也算得上投入最大的扶贫项目，虽然有完整的投入和监测资料，但由于在项目区的扶贫投入不仅仅只有世行一家，很难把全部功劳都归于其名下，因为中国政府对于扶贫是全方位的、综合的，倾其全部力量进行的。其实，对扶贫效果的定量分析是一个世界性难题，联合国《千年发展目标报告 2013 年》中指出，"对贫困的测量仍旧是有效政策制定的一项障碍。在很多国家，贫困监测数据的可获取性、频率以及质量仍然很低，特别在一些小国家和处境脆弱的国家及地区"[①]。

---

① 见联合国《千年发展目标报告 2013 年》。

外资扶贫项目效果和影响难以量化的原因还有，外资扶贫项目实施主体和内容、目标非常复杂。就项目实施主体来说，除官方组织外，境外 NGO 不仅仅是发展、扶贫、救援组织，也有环境、生态、动物、医疗、行业协会等，难以分类；内容远超过了国内的扶贫范围，凡是与贫困有关的都可成为扶贫的内容，难以进行归类；外资扶贫的目标并不以增加贫困人口的收入为最终和唯一的目标，往往更看重扶贫的过程和贫困人口的心理、自尊、人格，有些扶贫项目的目标是提高贫困人群的人格、社会受尊重的程度；使贫困人口获得公平对待和公平机会；提高妇女儿童教育和家庭受重视的程度，免于受到社会家庭的歧视等，这些目标都很难用数字进行量化。

2. 思维惯性带来的阻碍

新中国成立后，由于西方国家的封锁和自身的封闭，在改革开放之前的30 多年间，无论是官方还是民间对于西方的一切都加以防范，始终有一种无形的约束束缚着人们的思维与行动。外资扶贫对于中国来说是一件十分陌生而又敏感的事情。陌生往往让很多人产生畏惧，无论是实际工作部门，还是理论界，都担心国际援助组织借扶贫输入意识形态和搜集情报等，对此有抵触；也有一些人担心与外籍人士接触把握不住分寸惹麻烦，因此不愿涉足外资扶贫的事情。这种思维惯性不仅在一定程度上阻碍了外资扶贫工作的开展，也影响了理论的研究。在调查中课题组碰到这样的情况：如果没有政府主管部门打招呼或直接安排，往往得不到有关部门和项目区的配合协助，无法了解情况和得到资料，甚至出现驱赶调查人员的情况，给调查研究造成了很大的困扰；有时即使有政府部门的工作人员陪同，得到的情况往往是面上非常简单的情况介绍，难以深入了解到全方位的情况。

3. 至今管理混乱仍未改变，增加了调查和收集资料的难度

1994 年，国务院扶贫办外资项目管理中心成立，标志着外资扶贫管理走上了规范化程序，有了统一管理的部门。1997 年，云南省外资扶贫项目管理中心成立（以下简称为省外资中心）。国际援助组织进入到大陆开展项目，主要是与国内各级政府、部门、事业单位、群众组织等联系和合作开展项目，没有一个统一的机构掌握国际组织开展项目的详细情况，绝大多数国际援助组织项目结束后就撤出了中国，没有留下项目资料给有关部门，而有关部门也没有重视收集和积累有关资料。实际上，多头管理的情况在外资中心成立后仍然存在，外资扶贫项目管理中心的工作重点都放在与国际组织的项目合作方面，参与到具体项目的实施与管理之中，并未对总体的外资扶贫项目进行有效的监管，不同性质的国际援助组织仍然与对口的部门进行合作，每一个官方国际多边和双边援助机构都有一个中央政府的对口部门，如

世界银行和亚洲开发银行对口财政部，联合国开发计划署对口商务部，世界粮农组织对口农业部。项目的类型、项目地点的选择和项目执行的方式等都是由对口部门和国际多边双边机构共同商定，很多情况下，政府的对口部门甚至起到主导作用，外资中心成为配合者，有时候甚至不知道某些项目的存在。大部分境外 NGO 往往有意识地选择国内政府部门、事业单位、国内NGO 合作。这种多渠道合作实施的现实，客观上造成了管理分散，资料难集中、难统一、难掌握、难获得。

4. 研究体制的制约使理论界反应迟钝

外资扶贫虽然在中国取得了远比其他落后国家显著的成就，并且产出了许多可以复制的方法和模式，其中一些方法和模式通过本土化的成功运行成为了国家扶贫措施与手段的一部分，产生了非常好的效果，这其中虽然有一些理论研究者参与其中，但起主导作用的仍是中国政府和世行、亚行、联合国机构，以及一些影响非常大的境外 NGO 等。作为国内的科研部门来说，难以参与到各种社会实践与政府决策之中，对现实需要研究的问题反应很迟钝，往往处于被动之中，如果没有政府主动要求研究外，研究部门一般很难启动涉外的研究项目，也很难获得资料。如果是研究人员主动申请研究的话，获得资助和部门配合的概率也很小。理论界对外资扶贫的研究比起国内扶贫研究来说，显得非常薄弱，而且反应迟钝，处于被动之中，有时职能部门也请一些理论界的专家参与到综合性的大型项目的设计之中，但主要是为了听取专家的建议和意见，并不涉及理论研究，也有一些国际援助组织邀请理论工作者承担基线调查和评估的工作，如果想深入调查了解进行理论研究的话，就面临着没有资金和部门支持的窘境。

5. 参与外资扶贫项目的人员很不稳定

从国际援助组织方面看，除世行、亚行、农发基金、部分联合国机构，以及极少数 NGO 在中国内地坚持开展扶贫项目外，数百家境外 NGO 和外国政府机构完成项目后不再继续开展项目，相继撤出了中国内地，即使长期坚持在内地开展项目的国际援助组织，中外双方的项目官员变动也较大，为全面了解扶贫项目造成了一定的难度。从参与项目的农民看，大部分项目都存在农民很难从头至尾地坚持完成项目，一有机会就外出打工了。项目完成，就更难找到曾经参与项目的人了，一些参与项目的人家甚至全家都外出打工了，这样的情况使调查很难深入，问卷调查往往失去了真实性。从中方管理项目的人员来看，中方项目管理人员往往是临时指派的，或是兼职，或是暂时抽调，项目一结束就回到原来的岗位上，几年过后一些管理人员或者淡忘了项目的细节，或是已退休难以联系到。在调研中，课题组发现，很多参与项目的人对于项目的陈述已出现了很大差距，具有很强烈的感情色彩，由于没有可靠的文字资料，让人对项目的真实性产生了怀疑。

6. 外资扶贫项目非常庞杂增加了研究难度

要把外资扶贫项目进行梳理和分类是非常难的，因为它涉及的内容非常复杂，组织形式五花八门，资金来源千差万别。从内容来讲，外资扶贫项目不仅仅涉及国内的扶贫内容，跨若干领域，甚至包括政府没有涉及的内容，但对提高贫困人口的生活质量是很重要的，如医疗保健援助、妇女儿童权益保护、创办幼儿班、太阳能安装等。外资扶贫项目的内容远超出了中国政府扶贫的内容，一些国际援助组织除积极参与中国政府主张的扶贫项目外，还通过改善贫困人口的生计以提高收入，从而达到环境、动物保护目的，或者改善环境而提高生活品质，缓解贫困。从外资扶贫项目的资金渠道来说，也是十分复杂的，有来自金融机构的贷款，分为软贷和硬贷，也有赠款；还有外国政府的拨款；有个人的捐款，也有非营利组织自营的收益、利息等。从扶贫的形式来说，有的只提供资金援助；有的委托国内的政府部门、事业单位、非营利组织实施；有的与对口单位合作，参与或者委托实施，总之形式是多样的。由于外资扶贫项目的多样性，也增加了研究的难度。

第二章

云南民族地区和少数民族的发展与贫困情况

云南是全国贫困面最大、贫困人口最多的省，也是贫困程度最深的地区，其中民族地区和少数民族的贫困问题非常突出，也较为复杂，扶贫的难度非常大。民族地区和少数民族的贫困问题一直都是国家、省、社会扶持的重点。经过20世纪80年代中期至90年代初国家、省对贫困地区的帮扶和国家"八七"扶贫攻坚计划、《中国农村扶贫纲要（2001—2010年）》、西部大开发战略的实施，云南省民族贫困地区和少数民族的贫困问题得到了非常大的改变。自1996年以来，民族地区的经济增长速度超过了全省平均水平，2005年以来，重点扶贫开发县的农民人均纯收入增长水平也高于全省平均水平。2012年，云南省仍有804万贫困人口，其中少数民族地区和少数民族贫困问题仍然十分突出，国家和省的重点扶贫开发县仍以少数民族地区为主，国家在新10年扶贫《纲要》中划定的14个集中连片的新扶贫攻坚主战场，云南85个片区县中少数民族自治地方占了71.8%。少数民族地区和少数民族的贫困问题仍将是云南省扶贫的主战场和主要对象。

第一节 云南少数民族地区和少数民族的特殊性

少数民族贫困地区和少数民族贫困问题是云南省扶贫的重点和难点。造成少数民族地区和少数民族贫困的原因是多方面的，但为什么云南省的少数民族地区和少数民族贫困人口的比重特别高、贫困程度特别深、贫困原因特别复杂，这与云南民族地区和少数民族的特殊性相关。

一 关于云南民族地区的界定

云南省共有16个地级行政区，其中8个民族自治州、8个州级市。云南省相对于全国来说是一个民族省区，但在云南省内部，民族地区又有所指，主要是民族自治地方。全省8个民族自治州，8个州级市中有20个自治县，共29个自治县，全部自治地方有78个县，全省还有152个民族乡（镇），以及居住在云南省非民族自治地方的4376个散居民族聚居的村委会。

8 个民族自治州是：楚雄彝族自治州（简称为楚雄州）、红河哈尼族彝族自治州（简称为红河州）、文山壮族苗族自治州（简称为文山州）、西双版纳傣族自治州（简称为西双版纳州）、大理白族自治州（简称为大理州）、德宏傣族景颇族自治州（简称为德宏州）、怒江傈僳族自治州（简称为怒江州）、迪庆藏族自治州（简称为迪庆州）。

29 个民族自治县是：峨山彝族自治县、澜沧拉祜族自治县、江城哈尼族彝族自治县、孟连傣族拉祜族佤族自治县、耿马傣族佤族自治县、宁蒗彝族自治县、贡山独龙族怒族自治县、巍山彝族回族自治县、石林彝族自治县、玉龙纳西族自治县、屏边苗族自治县、河口瑶族自治县、沧源佤族自治县、西盟佤族自治县、南涧彝族自治县、墨江哈尼族自治县、寻甸回族彝族自治县、元江哈尼族彝族傣族自治县、新平彝族傣族自治县、维西傈僳族自治县、禄劝彝族苗族自治县、漾濞彝族自治县、金平苗族瑶族傣族自治县、普洱哈尼族彝族自治县、景东彝族自治县、景谷傣族彝族自治县、双江拉祜族佤族布朗族傣族自治县、兰坪白族普米族自治县、镇沅彝族哈尼族拉祜族自治县。

二　云南是一个特殊的民族地区

云南省不仅是一个民族地区，与全国其他省（区）相比，云南省还是一个具有许多特殊性的民族地区，表现为以下几点。

1. 少数民族种类和人口居全国前列

云南省是中国民族较为集中的民族八省（区）之一。民族八省（区）指的是少数民族人口相对集中的内蒙古、广西、西藏、宁夏、新疆五个自治区和贵州、云南、青海三个省份。中国有 55 个常住人口超过 5000 人的少数民族，云南省就有 25 个，位居全国第一，其中独有的少数民族有 15 个，也位居全国第一。15 个独有民族是傈僳族、哈尼族、阿昌族、基诺族、傣族、景颇族、白族、普米族、怒族、独龙族、布朗族、德昂族、纳西族、佤族、拉祜族。根据第六次人口普查，全国有少数民族人口 11379 万人，占总人口的 8.49%，云南省少数民族总人口为 1533.7 万人，仅次于广西壮族自治区位居全国第二，占全省总人口的 33.37%。

2. 民族自治地方居全国前列

全国有自治州 30 个，云南省就有 8 个，居全国各省区的首位，占全省市级行政区的 50%，如果加上享有部分民族自治政策的少数民族人口较多的丽江市、临沧市、普洱市，云南省就有 11 个州（市）享有和部分享有民族自治政策，占全省州级行政区的 68.75%。全国有自治县（旗）120 个云南省就有 29 个，排名第一。全国有 1256 个民族乡（镇）云南省就有 152 个。全国民族自治地方行政区域的面积占全国总面积的 64%，云南省占 70.2%。全省少数民族人口比例占 30% 以上的村委会有 6533 个，辖 63808 个自然村。

3. 少数民族主要居住在山区和边境地区

云南省少数民族居住地区具有大杂居小聚居的特点，并以山区、边境一线为主。云南省山区面积达国土面积的 94%，但生活在高寒山区、石漠化山区、青藏高原的大多是少数民族。云南省有国境线 4060 千米，8 个自治州有 5 个州与境外接壤，有 25 个县与缅、老、越三国相连，25 个边境县中有 22 个县是民族自治地方。生活在边境一线的少数民族中有 16 个民族与境外居民同属一个民族，分别跨中国与越南、老挝、缅甸边境而居，与境外同种民族有着文化同源、血缘同宗、宗教相同、物品互通有无、相互通婚等特点。由于边境一线主要居住者是少数民族，因此云南省的民族问题往往具有国际问题的色彩，边境少数民族的贫困问题也关系到中国的国家形象。

4. 民族文化多样性突出

民族的特征就是文化特征。云南省 25 个少数民族有各自不同的民族文化，基本上都保持着本民族的语言、服饰和风俗习惯，相互区别，总体上呈大杂居小聚居，交错分布状态，各民族散居、杂居和聚居并存，全省没有一个单一的民族成分县级区域。彝族、苗族、回族几乎在全省各县（市、区）均有分布，白族、壮族、纳西族、傣族、傈僳族则分布在全省 90% 以上的县。在一定地域范围内，杂居的各民族之间互相影响，在长期交往中形成了你中有我、我中有你、相互交流、互通有无的关系，用费孝通先生的话来说，就是多元一体。各民族在各自生活的自然生态环境中创造出农业、牧业、渔业、林业等生产文化，并在此基础上形成了各自的生产生活方式、自然宇宙思想、传统知识系统、特色文化、文学艺术、宗教信仰。云南省的各少数民族都有自己的传统宗教，宗教信仰多元并存，是云南省文化当中的重要现象。世界上的五大宗教——佛教、基督教、天主教、伊斯兰教、道教在云南省都有，其中佛教的三大体系——藏传佛教、南传上座部佛教、大乘佛教并存于各民族地区和民族间。云南省民族文化是全国最丰富多彩的。

5. 资源富集与生态环境脆弱并存

云南省被誉为"植物王国""动物王国""有色金属王国""中国水电基地""旅游天堂"等，这些"王国""基地"和"天堂"都分布在民族地区。新中国成立以来，资源得到开发利用的地区，经济、文化、社会均获得了发展，部分少数民族贫困人口得以脱贫，一些能够直接参与到资源开发中的少数民族得以致富。至 2012 年还未得到开发的少数民族地区大多是生态环境十分脆弱与恶劣的地方，地质、气候等自然灾害频发，具有无灾不成年的特点，如乌蒙山区、滇桂黔石漠化区、滇西边境山区、云南滇西北藏区。

第二节　民族地区和少数民族长期以来都是重点扶持开发对象

在 1950 年前，云南省民族地区经济处于极端落后之中，除部分彝族、白族上层人士外，广大的少数民族没有任何政治、经济、社会地位，被统称为南蛮，其居住的地方被称为化外之地，蛮荒之地，一些民族甚至得不到基本的尊重，连民族身份都得不到认同。在中国共产党的领导之下，少数民族在政治上获得了承认与尊重。由于八成以上的民族地区基础设施和物质财富的积累非常少，因此社会、经济、政治等建设都是在国家的支持下进行的，至今民族地区仍处于追赶之中，财政不能自给，各种基础设施靠国家的投入。20 世纪 80 年代中期，中央政府已经有了一定财力帮助贫困地区发展和改善贫困人口的温饱问题，开始有意识地帮助贫困地区脱贫。自 1986 年至今，云南省一直都是国家扶贫的重点。由于云南省的贫困地区主要是少数民族地区、贫困人口中少数民族的贫困问题尤其严重，成为了扶贫的重点。与此同时，国家、省在区域发展战略、产业布局、生态环境恢复与保护方面，特别强调对少数民族地区的照顾和倾斜。总之，从新中国成立至今，云南省少数民族地区和少数民族一直都是党、国家、社会的帮扶对象，在扶贫开发方面更为突出，如果没有国家的投入和帮扶，民族地区就不可能获得如今的快速发展。

一　20 世纪 50—80 年代初国家对民族地区和少数民族的扶持

在 20 世纪 80 年代以前，在党和国家的领导和支持下，实现了各民族当家作主并形成了平等、团结、互助的新型民族关系，消除了几千年来民族间的歧视与隔阂，在政治上提供了促进各民族经济的共同发展、共同繁荣的保证。世界上任何一个国家经济发展战略都不可能是均衡的，在生产力布局方面会考虑多种因素，其中投入产出效益是必须考虑的重要因素，由于大部分民族地区底子太薄，交通、电力、通信、教育等都难以支持重大的生产力布局，尤其是大中型工业的发展，因此在民族地区国家和省的重大生产力布局微乎其微，但在有条件的地方国家的投入是非常大的，如红河州个旧市、开远市这两个交通、自然、资源、人口素质较高的少数民族地区，投资力度和密度，城市化进程高于省会昆明，在 20 世纪 50 年代国家就把苏联援建的项目布局在开远，至80年代末开远的总投入达到了70亿元。20世纪50—80年代，云南省少数民族地区一直都是国家、省的扶持重点，虽然当时的国家和省的财力非常有限，人均财政投入水平却超过全省平均水平，弥补了民族地区的若干空白，所有的县城和重要的乡镇都已实现了通公路通电；提供了80%的小学生受教育的条件，大部分小学生可以升至初中；建立了县乡医院和卫生所，以及电影院、图书室等文化场所。但由于少数民族地区积累太少，基础设施实在太薄弱，总体仍处于非常落后的状态，有70%的少数民族人口处于温饱线附近及以下水平。

二　20世纪80年代以来对民族地区的投入与扶持

有些人认为：民族地区经济发展落后是国家长期"欠债"造成的。这种观点有失公允。从国家的财力和投入产出等多种因素看，国家对民族地区的投入是非常巨大的，是世界上其他国家做不到的。国家对少数民族地区的投入与扶持是在重点照顾的指导思想下进行的，也就是在同样的条件下，优先投入少数民族地区。

从国家投入与扶持的层面看，20世纪80年代以后，中央和各部门除专项安排民族地区的经济建设项目外，还在国家的各项重大经济政策中明确要求对民族自治地方给予重点扶持。进入90年代，中央明确，民族地区的全民所有制单位固定资产投资总额要高于"六五""七五"期间的实际水平和所占的比重；在少数民族地区投资兴建一批国家重点建设项目，并坚持在同等条件下大中型项目要优先安排在少数民族地区；增加"支援不发达地区发展资金"，新增资金大部分用于少数民族地区；各类银行在信贷规模和资金投放上，对少数民族地区予以照顾，加大贴息贷款发展加工业；进一步加强发达地区对民族地区的对口支援，大力开展多形式、多层次、多渠道的横向经济技术联合与协作；优先和加大了农业综合开发重点扶持的范围。2000年，国家实行了西部大开发战略。西部大开发是为了缩小西部地区经济发展与东中部的差距，以及恢复和保护西部的生态环境，使全国协调发展。这一战略处处体现了对少数民族地区的照顾。在西部大开发的过程中，中央实行了积极财政政策、"两免一补"政策、环境保护政策、民生政策等，都向民族地区进行了倾斜。国家大力支持在民族地区布局重点工程，云南省被列为了国家水电开发基地，实施了"西电东送""云电外送"的产业发展战略，主要布局在少数民族非常集中的澜沧江、金沙江、怒江中上游地区；国家实施的退耕还林政策，做到了优先安排民族地区，受惠最多的也是民族地区；积极财政政策实施过程中，云南省争取到的国债资金大部分花在了民族自治地方；扶贫政策更是向民族自治地方和少数民族倾斜，国家和省，以及社会扶贫资源大部分用在了民族自治地方和少数民族贫困人口头上；2008 年，受世界金融危机的影响，中央采取了扩大内需保增长的政策，给予了西部民族地区适当的照顾，云南省对民族自治地方又做了进一步的倾斜，从中央到地方都把少数民族地区作为投资扶持的重点。

从省的层面看，在全省的基础设施建设和生产力布局方面，做到了只要具备开发条件的民族自治地方，都会优先考虑进行基础设施建设和生产力布局。自"八五"以来，云南省多个"五年计划"中明确了扶持民族自治地方经济建设的内容；云南省实施的对外开放战略，都把民族地区作为开放的前沿进行扶持打造。2000 年，云南结合国家西部大开发战略，提出了"两省一通道"的发展战略，努力把云南省打造成民族文化大省、绿色经济强省、云南通向东南亚南亚的国际大通道，把民族自治地方作为建设重点，其投入的增长速度超过了非民族地区。

10 年来，云南省围绕"大通道"目标全面推进公路、铁路、航空和水运交通建设，交通基础设施累计投入 2500 多亿元。在公路方面，云南省已经形成了"七入省四出境"的交通网络，全省公路通车总里程 20 多万公里，居全国第三；高等级公路通车里程 2500 多公里，位居西部第一；中越公路通道、中老泰公路通道、中缅公路通道和南亚公路通道的国内段全部实现了高等级化，七条出省通道除滇藏线外基本实现了高等级化。铁路方面，"四进省一出境"的格局已经形成，"八入省四出境"的铁路网络已经纳入国家规划，目前滇藏、昆沪、渝昆、云桂 4 条新的线路正在抓紧建设，中越、中泰、中缅、中国经缅甸至南亚的铁路正在开展前期工作。2009 年 9月，连接大理和丽江的大丽铁路开通运营，使滇西北这个民族最为集中的地区"天堑"变"通途"。在航空方面，全省民用机场开通了 12 个，其中 8个民族自治州就有 5 个州通航，覆盖面超过全省平均水平。在水运方面，"两入省三出境"的水运通道大部分都通过民族自治地方，出境的码头也都在自治地方。近 10 年来，民族自治地方的对外通道建设、口岸建设、铁路建设、航空建设、公路建设、水运航道的投资增长速度十分快，在这些建设中民族自治地方得到的实惠是最多的。现在，基础设施已不是制约民族自治地方经济增长的第一瓶颈了。近 10 年来，云南省坚持"绝不让一个兄弟民族掉队"，扎实推进"兴边富民""扶持人口较少民族发展"等特殊政策措施，民族自治地方呈现出持续健康快速发展的良好势头。1996 年以来，云南省民族自治地方经济发展连续十余年高于全省平均水平，各族群众生产条件显著改善，生活水平显著提高，自我发展能力显著增强，呈现出持续健康快速发展的良好态势，成为历史上发展最快的时期。

三　民族贫困地区和少数民族贫困人群是国家和省的扶贫开发重点

由于云南省的民族地区和少数民族的贫困现实，国家、省、社会均把民族地区和民族贫困人口作为扶贫开发的主要战场和主要对象。1986—2012年，国家相继出台了《国家八七扶贫攻坚计划》《中国农村扶贫开发纲要（2001—2010年）》《中国农村扶贫开发纲要（2011—2020年）》等一系列重要的扶贫政策和文件，云南省也相应出台了一系列扶持贫困地区和贫困人口的政策，并且在所有的扶贫政策中明确提出了对民族地区和少数民族贫困人口的重点扶持。中央政府在1986—2009年间，财政投入资金就达到了1500多亿元[1]。中央和云南省财政资金以及各级政府的配套资金、专项资金、社会投入的扶贫资金，加上来自其他各方的扶贫资源，大多投向了民族地区和少数民族贫困人口。

在"七五"期间，云南省对原定41个贫困县投入扶贫资金20多亿元，分配了大量的扶贫物资，安排实施扶贫开发项目7000多个[2]，对温饱尚未解决的农户继续给予减免农业税的照顾，减免国家粮食定购任务，对国家级贫困县进行了减免能源交通重点建设基金，免除贫困地区贫困户购买国库券。

中央在《八七扶贫攻坚计划》中确定了云南省73个国家级贫困县，云南省确定了5个省级贫困县，并在省《七七扶贫攻坚计划》中列入了506个攻坚乡，这些贫困县乡大部分分布在民族地区。在这一时期，实施了"五小工程"、扶贫贴息贷款、以工代赈、财政扶贫、社会参与扶贫等政策，国家确定上海、交通部和外交部等中央单位帮扶云南。在国家"八七"扶贫攻坚、省"七七"扶贫攻坚中，云南省委和省政府把优势的扶贫资源向民族自治地方倾斜，主张实力雄厚的上海帮扶红河州等自治地方，中国交通部帮扶怒江州，外交部帮扶文山州的麻栗坡县、红河州的金平县；省委省政府主要领导亲自挂钩扶贫独龙江乡、者米乡等一些特困民族乡。

2001年，国家出台了《中国农村扶贫开发纲要（2001—2010年）》进一步加大了对贫困地区的扶持力度。在2001—2010年间，仅专项财政资金，云南省就获得了216亿元[3]。在第一个10年《纲要》期间，云南省正式启动实施"兴边富民"工程，仅2005—2008年各级财政累计投入资金54亿元，在25个边境县实施通水、通电、通路、安居工程、安全饮水、清洁能

---

①　刘坚、李小云主编：《中国农村减贫研究》，中国财政经济出版社2009年版。

②　参见《云南省七七扶贫攻坚计划（1994—2000）》1994年8月15日省政府第十次常务会议通过。

③　数字来源：《云南省农村扶贫开发纲要（2011—2020年）》。

源、村卫生室等一批建设项目。在实施"兴边富民"行动中，云南省采取了"3＋1"对口帮扶机制，即1家大型企业、1家科研院所、1家金融保险机构对口帮扶1个边境县。2008年，新一轮"兴边富民"行动中"3＋1"对口帮扶机制动员了社会资金1.27亿元用于边境地区建设，金融机构发放贷款约38亿元①。边境一线的少数民族自治地方成为了最直接的受益者。据云南省民委提供的情况，2010年以来云南省投入各级财政资金10亿元，从基础设施、产业培育、社会事业和劳动者素质提升等方面，对全省1407个人口较少民族聚居的自然村实行"整村推进"扶贫，使每个自然村实现了"四通、五有、三达到"，即通水、通电、通路、通广播电视，有住房、有学上、有水喝、有产业、有病可医治，年人均占有粮食量、年人均纯收入、九年制义务教育普及率达到国家扶贫开发纲要和"两基"攻坚计划的要求。个别少数民族已告别了贫困，生产生活条件得到彻底改变。例如，基诺族有了稳定的经济支柱和收入，生活水平得到了较大的提高，正在向小康迈进。近年来，上海市累计投入2864万元的资金，云南省配套投入了800多万元，实施了63个德昂族自然村的整村推进，使德昂族群众生产生活条件得到显著改善②。2001—2003年，开展了基诺山、布朗山人口较少民族综合扶贫开发，随后又开展了苦聪人、莽人、克木人综合扶贫开发。2009年启动了对僰人、瑶族山系支系的重点帮扶。2008—2010年，云南省对人口只有600人的莽人和3100人的克木人投入了1.66亿元，帮助他们整体脱贫③。2010年又启动了独龙江乡整乡推进，独龙族整族帮扶。2003—2009年，云南省实施茅草房改造，改造了42.2万户破烂茅草房，民族自治地方中的民族贫困人群占了改造户数的绝对比重。为了改善丧失生存条件的贫困农民的生产生活环境，中央和省开展了易地扶贫，实施了64.44万人的易地开发扶贫，从根本上解决了这部分人的生产生活条件，其中大部分人是少数民族贫困人群。省政府和社会扶贫进行的乡村道路、小型农田水利、人畜饮水、水土保持、江河治理和水毁工程恢复建设也主要集中在民族地区。在全省609个村委会4938个自然村开展了"统筹政策、整合资金、整村推进"的连片开发试点④，2010年，又开展了20个乡扶贫开发整乡推进试点，这些试点地区的绝大多数属民族自治地方。

---

① 参见《多种困难和问题交织　云南扶贫还需完善机制》，载《云南领导参考》2010年8月10日。

② 数字由省扶贫办提供。

③ 数字由省民委提供。

④ 数字由省扶贫办提供。

在第二个国家 10 年扶贫《纲要》中，中央提出了更高的要求，并加大了扶贫的力度，制定了更为具体的扶贫目标，在保持原有的 73 个国家重点扶贫开发县外，在新制定的 14 个集中连片特困地区中，云南省涉及 4 个片区，85 个县，共有 93 个片区县和扶贫开发重点县。一方面说明了云南省贫困形势依然很严峻，另一方面说明国家对云南贫困的扶持力度将进一步加大，并且将继续延续和完善以往的扶贫体系。同时在新 10 年扶贫《纲要》中，中央强调"加大对革命老区、民族地区、边疆地区的扶持力度"，"把少数民族扶贫开发纳入规划，统一组织，同步实施，同等条件下优先安排，加大支持力度"。云南省在本省第二个 10 年扶贫《纲要》中也强调："瞄准贫困对象，突出重点区域，锁定扶贫开发目标，把边远、少数民族、贫困地区深度贫困群体作为重点，在资金项目、政策措施方面给予优先支持、重点倾斜。"有理由相信，现在至 2020 年，云南省民族地区发展的步伐将会更大，民族贫困人群的收入增长幅度和生活质量的提高幅度将会保持在全省的平均水平之上。

第三节 少数民族地区的发展状况

在国家和社会长期的强势投入之下，云南省民族地区发生了翻天覆地的改变，现在已经建成较为完善的基础设施和产业，生产生活条件获得了非常大的改变，贫困程度大大缓解，早已今非昔比。

一 经济总量和生产能力获得了突飞猛进的增长和提高

云南省民族自治地方的经济发展历程虽然比非自治地方曲折艰辛，仍存在着较大的差距，但已建立起了较为完整的工农业发展体系，生产总量和生产能力得到迅猛的增长。1952—2012 年，工农业总产值从 13 亿元增加到了 2617.16 亿元，人均国内生产总值已达 17655 元，超过了 2500 美元；财政收入从 0.6288 亿元增加到了 746.21 亿元，财政支出从 0.2834 万元增加到了 1378.83 亿元，民族自治地方的经济总量是各产业发展的结果。1996—2012 年，云南民族自治地方的地区生产总值年平均增速达到 10.2%，比全省同期平均增速高 0.9 个百分点[1]。民族自治地方发展的历程也是新产业、新技术、新产品不断出现和发展的过程。

二 基础设施得到了前所未有的发展和完善

在过去的半个多世纪中，云南省民族自治地方的基础设施走过从无到

---

[1] 《云南省统计年鉴 2013 年》，中国统计出版社 2014 年版。

有、从薄弱到完善的过程，基础设施落后对国民经济发展的瓶颈制约已得到了大大缓解。1952 年，民族地区没有民用航空，现在大理州、西双版纳州、迪庆州、文山州有了民用航空；铁路运输里程从解放初期的 545 公里发展至 2012 年的 2350 公里，红河州、楚雄州、大理州已有了铁路；所有的自治州都有了高速公路，所有的民族乡都通了公路、电、水、电讯、网络，实现了广播电视的全覆盖，民族自治地方的公路通车里程从 1952 年的 2328 公里增加至 2012 年的 21.91 万公里。基本上解决了农村人口的吃饭问题，总体上来说，达到了人均一亩高产稳产农田。

三　城镇化步伐越来越快

2012 年，云南省有 8 个省辖市、8 个民族自治州、7 个州辖市、12 个市辖区。7 个州辖市是楚雄市、个旧市、开远市、景洪市、大理市、瑞丽市、潞西市。一批小城镇也在 80 年代后迅速发展起来，现在所有的州城、县城、乡镇所在地都成为了本行政区域的经济文化中心、交通枢纽，县城一级的城市设施基本齐全，城市对乡村服务的功能也基本具备，可以起到带动乡村、辐射全县的作用。楚雄州被云南省委省政府纳入了滇中城市群建设规划之中，在交通、物流、文化等产业发展方面给予了一定的倾斜；红河州将建设"个、开、蒙"城市群，使其成为滇南经济发展的重镇，欲打造成连接昆明、带动滇南和辐射东南亚的城市群，同时也是中国通往东南亚国际大通道上的重要枢纽；怒江州的兰坪白族普米族自治县欲打造成有色金属工业城市；大理州欲建成滇西集交通、旅游、文化为一体的经济中心，面对印缅孟等南亚国家开放的重镇。按城市化发展的规律，人均国内生产总值在 1000 美元时，城市化率将不会超过 30%，人均生产总值超过 1000 美元后，城市化率会加速。云南省民族自治地方近 10 年来经济发展速度加快，超过非自治地方，步入了城市化加快的轨道。预计今后 20 年将一直是民族自治地方城市建设和城市化的高速发展期。

四　各族人民收入和生活水平得到了前所未有的提高

云南省民族自治地方的绝对贫困发生率由解放前的 70% 左右下降至 2009 年的 14% 左右。按 2300 元贫困标准，2011 年有 1014 万贫困人口，2012 年末仍有 804 万的贫困人口，其中有 70% 的贫困人口是少数民族，有 160.2 万人处于极端贫困状态①，由于实施了最低保障制度，已不存在吃不饱、穿不暖的情况，重点在于帮助他们提高自我发展能力，提供他们发展的条件。2012 年，全省民族自治地方的人均占有粮食 434 公斤，高于全省人

---

① 数字来源：云南省扶贫办。

均 376 公斤水平；人均猪牛羊肉都高于全省平均水平；农民人均纯收入高于全省 5417 元的有楚雄州、红河州、西双版纳州、大理州。未解决温饱的人口主要是生活在自然环境差的边境地区、深山区、石山区、泥石流多发区。国家对这些地区的贫困人口采取了开发式移民、救济扶贫相结合的方式，帮助他们改善生产生活条件和提高收入。在对贫困人口进行扶贫的同时，云南省逐步加大了救济的力度，还优先在自治地方建立了低保等制度、新农合制度，实行了"两免一补"政策，保障了没有生存能力的穷人能够生活，减少了中低收入者看病、上学的支出。

民族自治地方大部分群众的住房质量得到了较大的提高，住房条件得到了大大的改善，大部分住宅实现了通电、通水、有厕所，部分农户还建有沼气池，大部分群众所住的房子是钢筋混凝土结构和砖木结构，已消除了叉叉房、茅草房。

为了方便自治地方群众的买卖和享受到商业文明，国家实行了"万村千乡"市场工程，支持建立针对广大农村的区域性工业品配送中心，引导农民走合作化的道路，提升农民的组织化程度，以增加抗风险能力和来自农业的收入，农业生产资料配送的覆盖率已达到了 90% 以上[1]。

第四节　民族地区和少数民族贫困问题较为严重

云南省民族地区和少数民族的贫困问题是历史的遗产，虽然新中国成立以来有了改天换地的变化，但至今也未能把这笔沉重的遗产消化掉。云南省是全国的贫困大省，民族地区和少数民族的贫困问题尤其突出，一直都是国家、省、社会扶持的重点。20 世纪 80 年代中期以来，国家、省、社会的扶贫资源主要投向了民族贫困地区和贫困人群，贫困地区的发展水平和贫困人群的生活生产条件发生了根本的改变，但是由于民族地区和少数民族贫困人群的特殊性，至今贫困问题仍然较为严重。

一　贫困人口多

据云南省扶贫办提供的数字：1986 年，云南省贫困人口达到了 1400 万人，是全国最多的；到了 2009 年，按农民人均纯收入 1196 元的贫困线，还有 540 万贫困人口，贫困发生率为 15.2%；2010 年底，按农民人均纯收入 1274 元的贫困标准，有贫困人口 325 万人，贫困发生率为 8.6%；按新制定的农民人均纯收入 2300 元（2010 年不变价）的贫困标准，2011 年云南省

---

[1]　见张惠君《二资创业——云南供销合作事业的实践与发展》，云南民族出版社 2014 年版。

贫困人口仍是全国最多的，达到了 1014 万人，农村贫困发生率达到了
35.86%，其中少数民族贫困人口占贫困总人口的 70% 左右，超过了 700 万
人，少数民族贫困发生率达到 45% 以上，高于少数民族人口 33.37% 的比
重。云南省有超过 1170 万少数民族居住在山区，有 25 个人口超过 5000 人
的世居少数民族，独有民族有 15 个。2010 年，15 个独有民族的贫困发生率
超过了 60%，其中独龙、德昂、基诺、怒、阿昌、普米、布朗、景颇 8 个
人口较少民族，贫困发生率为 74.2%。景颇、拉祜、佤、傈僳 4 个民族被
定义为特困民族，共有 171.5 万人，其中景颇族 14.9 万人、佤族 41.7 万
人、拉祜族 47.4 万人、傈僳族 67.5 万人。12 个从原始社会末期、奴隶社
会和封建社会初期直接过渡到社会主义社会的"直过民族"，有贫困人口
138 万人，贫困发生率达到了 91.1%①。云南省有"10 种人"，即：僰人、
勒墨人、昆格人、本人、俐米人、普标人、八甲人、老品人、阿克人、山瑶
人也基本处于整体贫困状态。在一些民族自治地方仍然存在着"贫困死
角"，例如，在红河州这样经济发展不算最落后的自治州，南部和中部仍有
一些少数民族村寨处于极度贫困之中，他们的贫困程度甚至超过了一些政府
认定的特困人群，2010 年，笔者对红河州元阳县沙拉托乡 280 户农户的基
线调查问卷显示：该乡人均收入不足千元的人口占总人口的 70%。再如，
2011 年，笔者对经济较为发达的玉溪市元江哈尼族彝族傣族自治县曼莱乡
的基线调查得出，坝区经济与山区经济有非常大的差距，生活在坝区的傣族
已经脱贫，较为富裕，生活在山区的哈尼族、彝族较为贫困，贫困发生率超
过了 30%。

　　二　贫困面大

　　国家第二个 10 年开发《纲要》重新确定的全国重点扶贫开发县为 592
个，其中云南省仍有 73 个县，位居全国第一，加上云南省政府确定的 5 个
扶贫开发重点县，共有 78 个重点扶贫开发县。在 73 个国家重点扶贫开发县
中有民族自治地方县 56 个，占整个民族自治地方（78 个县）的 71.8%，
占国家和省的重点扶贫开发县的 70%。另外，在集中连片特困地区中云南
省涉及 4 个片区 85 个县，也位居全国第一，其中民族自治地方县有 61 个，
占 71.8%。集中连片特困地区覆盖县加未覆盖的重点开发贫困县，云南省
共有 93 个扶贫开发重点县，占全省 129 个县（区、市）的 72.1%。

---

　　① 参见云南省扶贫办、云南农业大学经济管理学院《云南省新阶段扶贫开发思路研究》，
2010 年 10 月。

三　贫困程度深

按照农民人均纯收入 2300 元（2010 年不变价）新的国家扶贫标准，2011 年云南省贫困人口有 1014 万人，人均纯收入低于 785 元的深度贫困人口还有 160.2 万人，其中边远少数民族贫困地区有 153 万人，分布在 105 个县的 1.37 万个特困自然村，是云南省扶贫攻坚的"硬骨头"[①]。

在国家划定的新的扶贫攻坚主战场有 14 个连片特殊困难地区，其中涉及云南省的有乌蒙山区、石漠化地区、滇西边境山区、云南藏区。这四个连片特殊困难地区是云南省区域协调发展最为薄弱的环节。这四个连片特困区地形复杂多样、山高谷深、自然条件十分恶劣，生态环境脆弱，自然灾害发生频繁，人口素质相对较低，使得扶贫工作难度大、成本高、返贫现象严重。这四个片区也是云南省农田、水利、交通、能源、通信、教育、文化、卫生等基础设施和公共设施，以及社会服务最薄弱的地区。2010 年，云南境内的四个连片特困地区仍有 26860 个自然村不通公路，8679 个自然村不通电，165 万户住房困难，124 万人未解决人畜安全饮水问题，深度贫困人口有 90% 以上集中在片区县中[②]。

四　边境一线的民族贫困问题严重

云南省边境一线有 8 个州（市）25 个县与缅甸、老挝、越南接壤，基本上以自然形成的高山江河为分界线，自然环境较为恶劣，发展经济的难度较大，而且在历史上时常受到战争、匪患等人祸的侵扰。在新中国成立之前，中外统治者除了军事需要进行一些交通、哨所、界碑等微不足道的投入外，从未在边境一线进行过基础设施建设投资，因此生活在边境一线的居民生活贫困，人文发展水平非常低，陷入了贫困的恶性循环之中，脱贫的难度非常大。在边境一线的居民大多是跨境而居的少数民族。在 25 个边境县中有 22 个属于民族自治地方，只有临沧市的镇康县、保山市的腾冲县和龙陵县不是自治地方，但腾冲中缅边境一侧仍是傈僳族乡，90% 以上的居民是傈僳族。在镇康县中缅边境一线的居民仍然以少数民族为主。25 个边境县中有 160 多个乡镇与邻国接壤，有 16 个民族跨境而居。2010 年，边境一线的总人口为 654.8 万人，按人均纯收入 1274 元的贫困标准，贫困人口达到了114.84 万人，贫困发生率达到 45.2%，其中深度贫困人口有 64.5 万人。2012 年，如果按 2300 元贫困标准，边境 25 个县中农村人均收入低于 2300

---

①　参见云南省扶贫办、云南农业大学经济管理学院《云南省新阶段扶贫开发思路研究》，2010 年 10 月。

②　数字来源：云南省扶贫办。

元的贫困人口达到70%左右①。

五　贫困情况复杂

有人从收入的角度，把贫困分为相对贫困、绝对贫困、深度贫困；有人从致贫的原因出发，把贫困分为环境型贫困、素质型贫困、基础型贫困、制度型贫困。还有从贫困的本质进行剖析，认为贫困不仅仅是收入的高低，而是能否享有基本的公共产品，能否具有话语权，以及能否获得公平的发展机会，获得起码的尊重等。

从云南省贫困的现实去看，如今仍处于贫困之中的人口，无论从贫困的本质上看，还是从贫困的表现形式看，或是从致贫的因素看，几乎包含了所有的贫困内容、表现形式、致贫因素，情况十分复杂，呈复合型贫困，因此脱贫的难度非常大。早在90年代，就有专家和官员提出，要采取综合扶贫的方式才可能解决那些处在自然环境恶劣、偏僻、社会发育程度又很低的贫困人群脱贫，特别是对处于整体贫困和深度贫困的少数民族人群要采取特殊的、分类指导的扶贫方式。从20世纪90年代至2010年第一个10年扶贫《纲要》结束，云南省针对不同的贫困情况，创新实践了10余种扶贫方式，多管齐下，每年至少解决几十万至百余万人脱贫，这些极度贫困人口多集中于自然环境恶劣地区、边境一线地区、高海拔地区和少数民族地区。

2009年和2010年贫困标准进一步调整至1196元和1274元。2011年中央大幅度提高了贫困线，调整至2300元，比2009年的标准就提高了92%，比2010年的标准提高了80.5%，使得贫困人口骤然增加，从2010年的325万人增至2011年的1014万人。在这1014万人中，有800多万贫困人口属于生活水平还很低，温饱尚需巩固的人群。云南省无论是极度贫困人口，还是处于尚需巩固温饱的人群，都具有复合型贫困的特征，这是云南省贫困问题迄今仍然很突出的重要原因。

六　返贫问题突出

云南省自然环境在全国属于较为脆弱的地区，山地、高原、丘陵面积占国土总面积的94%，境内高山河流纵横交错，气候和地质灾害频发，有无灾不成年之说。近20余年来，云南省的自然灾害的发生频率和程度超过了有文字记载的以往年代。从2009年入秋至2012年的三月，云南省遭遇了历史上罕见的旱灾等自然灾害。2010年，云南省小春播种面积3700万亩，受灾面积3148万亩，已种多年生的经济林木大面积枯死。预计全省小春粮食将因灾减产50%以上，甘蔗减产20%以上，因干旱新增缺粮人口331万，

①　数字来源：云南省扶贫办。

需要救助的缺粮人口 714.78 万人。2012 年 2 月 26 日，由于干旱，已有 15 个州（市）770 多万人受灾，319 万人、158 万头大牲畜不同程度地存在饮水困难。此外，由于三年连续干旱，库塘蓄水不足，江河来水减少，全省耕地土壤缺水失墒迅速蔓延并呈日益加重的发展态势，农作物受旱面积达到 822 万亩，林地受灾面积 200 多万亩。至 2012 年返贫人口比上一年增加了 130 万[①]，贫困程度大大增加。在许多干旱严重的地区要恢复生产需要 3 年以上。大灾之后，会导致更多的人因灾返贫，需要几年才可能恢复。据地质学家和气象学家预测，未来云南省的天灾将有增加的趋势，意味着返贫的可能性增加，同时加重了云南省扶贫的任务。

云南省还有一个重要的特点，大部分少数民族居住在自然环境较为脆弱的高寒山区，遭遇气候、泥石流、滑坡、地震等自然灾害的频率更高一些，受灾的程度也往往要大一些，对本来已处于经济发展水平不高的民族地区和少数民族来说，陷入贫困和加深贫困程度的概率都要高于同时受灾的其他地区。这也是多年来，少数民族贫困人口返贫率居高不下的重要原因之一。

七 经济发展不平衡日渐加重

云南省是全国的落后省（区），国民经济中的许多重要指标都落后于全国。2012 年，云南省生产总值排在全国第 24 位，只有 10309.8 亿元，相当于全国 519322 亿元的 2%；人均生产总值 22195 元相当于全国 38449 元的 57.7%，居全国的第 30 位；农村人均纯收入 5417 元，相当于全国 7917 元的 68.4%，居全国第 28 位。云南省的经济发展差距与全国平均水平有如此大的差距，如果与发达地区相比就更大了，农村人均纯收入只相当于上海 117804 元的 30.43%[②]。

云南省内部的发展差距也不小，从城乡差距看，2012 年农民人均纯收入为 5417 元，城镇居民人均可收入为 21075 元，农民人均纯收入与城镇可支配收入的比率为 1∶3.89，而全国为 1∶3.10。从地区差距看，人均生产总值最高的玉溪市红塔区是 112702 元，最低的昭通市镇雄县仅为 6131 元，相当于红塔区的 5.44%，相差 18.38 倍；农民人均纯收入最高的是昆明市官渡区为 11946 元，最低的是怒江州贡山县为 2209 元，只相当于官渡区的 18.5%，相差 5.4 倍。从贫困地区与省内发达地区的经济发展差距看，更是不平衡。73 个国家扶贫开发重点县的人均产值是 12866 元，与玉溪红塔区 112702 万元相比相差 99836 元，相当于红塔区的 11.4%。从民族自治地方

---

① 数字来源：省扶贫办提供。
② 数字来源：《云南省统计年鉴 2013》，中国统计出版社。

与全省的经济发展差距看，虽然自 1996 年以来云南省民族自治地区经济发展速度超过了全省平均水平，但由于民族自治地方经济发展的基数过小，仍与全省平均水平和省内发达地区的水平有巨大的差距，并呈逐年拉大的趋势，详见表 2 - 1。

表 2 - 1　　　　云南省民族自治地方的人均生产总值与省内的差距　　　　单位：元

年　份	全省民族自治地方	全省平均值	与全省差距	与红塔区差距	与五华区差距
2010	12723	15752	3029	77294	49889
2011	15377	18957	3580	87704	55407
2012	17655	22195	4540	95047	67229

资料来源：《2012 年云南领导干部手册》、《2013 年云南领导干部手册》。

由于云南省发展条件极不平衡，发展差距带来的收入差距将呈不断扩大的趋势，缩小贫困地区与发达地区的差距是中央扶贫工作的要求，对于云南省来说，任务非常艰巨。日益扩大的经济发展差距，也从另一个角度说明了民族自治地方的发展困难较大，在市场经济发展中很难与发达地区形成经济互补，还有可能被边缘化。

第五节　民族地区和少数民族的贫困原因

为什么云南省的贫困问题会集中于少数民族地区和少数民族人口方面？根据调查和文献，原因可以归纳为以下几点。

一　边疆与历史的特殊性

由于云南省特殊的省情，贫困的原因与内地有很大区别。除了与全国一样的致贫因素外，还有一些更为复杂的地理区位和历史因素。在新中国成立以前，历朝历代中央政府把边疆视为蛮荒之地，作为阻挡外部袭扰的屏障，长期得不到投入，是造成边疆持续落后的根源，同时中国传统的文明观把边疆地区作为"化外"与"文明"的缓冲地带，也是造成边疆文化碎片化、落后的根源。

云南省山区占国土总面积的94%，自然环境较为恶劣，自然灾害频发，5000 人以上的少数民族有 25 个，有 16 个民族跨境而居，有边境线 4060 公里，中缅边界 1997 公里，中老边界 710 公里，中越边界 1353 公里，还与泰国、柬埔寨、孟加拉国、印度等东南亚南亚国家相邻。新中国成立至改革开放前，云南省一直处于反蒋、反帝、反各种境外反动势力的前沿，并且承担着援越抗法抗美和帮助缅共争取解放，以及援助老挝发展的任务。在 20 世纪 60 年代发生了中印边境之战影响了云南省边境地区发展，70 年代又发生了中越战争，云南省成为了战争和战备的前沿阵地。与此同时，在与云南省接近的老挝、泰国、缅甸"金三角"一带还有数万计以毒品种植为生的国民党军残部，云南省成为了国民党反攻大陆的前线。在英美等西方国家支持下的一些反华势力，利用种种手段向云南边境一带渗透，长期受到了无孔不入的侵扰。"文革"期间，云南省还成为国内各种人士外逃的通道。由于长期处于战争、战备、国防、反渗透、反毒品的状态，承担着援助东南亚各国的政治任务，云南省无暇把主要精力放在经济建设上，造成经济发展迟缓，特别是边境地区人类发展指数非常低，在 20 世纪 70 年代甚至不如非洲的一些国家。这些特殊的原因导致了云南省的贫困情况较为严重，贫困面较大、贫困人口较多、贫困程度较深，特别是处于边境一线的少数民族地区和少数民族人群更为贫困。改革开放以后，边境贸易在民间得到了恢复，90 年代初边境一线成为了对外开放县，边境贸易受到了国家公开的承认与支持，一些边境口岸地区获得了前所未有的发展，一些边境民族率先脱贫，少部分人富了起来。随着云南省改革开放的推进，边境一线成为了对外开放的前沿，2012 年已建成了 17 个国家一类口岸，7 个国家二类口岸，基础设施获得了根本的改变，连接昆曼昆河等国际大通道相继通车，对外经贸与合作获得了前所未有的发展，边境一线商机无限，但处于边境一线经济发展程度较低的一些少数民族在市场经济中被边缘化，难以获得发展的机会，自我发展能力低，贫困如影随形。

二　自然环境恶劣

自然环境恶劣是云南省少数民族地区和少数民族致贫的第一因素，也是根本原因。在 90 年代初期，云南省一些自然环境较好、资源丰富、有一定基础设施条件、与城镇相近、条件较好的对外开放口岸地区，市场经济获得了较好的发展，少部分农村人口率先富了起来，贫困问题得到了解决和缓解，基本上消除了体制型贫困。自 1986 年以后，作为国家扶贫开发重点地区的云南省，在国家主导下的扶贫经历了从输血型扶贫向开发型扶贫转变、国家"八七"扶贫攻坚计划、第一个 10 年扶贫《纲要》实施、西部大开发，具有一定生产条件的贫困地区和贫困人口基本上已经脱贫。至今仍处于贫困之中或者贫困线附近的人口主要集中于自然环境较为恶劣的地区。

在第二个 10 年扶贫《纲要》实施期间，国务院大幅度提高了贫困线至 2300 元，云南省的贫困人口由 2010 年的 325 万人增加至 2011 年的 1014 万人。这一调整把更多的低收入人口纳入到了扶贫范围中，体现了党和政府对贫困人口和处于贫困线附近的有可能再返贫人口的关怀，同时在第二个 10

年国家扶贫《纲要》中，中央明确指出：我国扶贫开发已经从以解决温饱为主要任务的阶段转入巩固温饱成果、加快脱贫致富、改善生态环境、提高发展能力、缩小发展差距的新阶段。贫困线的提高强调了新的扶贫任务和目标。第二个 10 年扶贫《纲要》确定了 11 个集中连片特困地区和实施特殊扶持政策的 3 个藏区省，重点加强了对自然环境和基础条件差的贫困地区的扶持。

在自然环境恶劣地区，无论是汉族还是少数民族大多处于贫困状态，只是贫困的程度稍有不同。云南省自然环境恶劣的地方，居住者大都是少数民族。自然环境恶劣的地区经济发展难度非常大，自古以来就与贫困相伴。在云南省即使是同一种民族，由于所处的自然环境不同，社会经济发展程度也不同。越是自然环境恶劣的地方，地质灾害、气候灾害发生的概率越高，生活就越贫困。自然环境恶劣是未来云南省扶贫的最大难题，虽然云南省采取了异地开发方式解决了一批由于生态环境恶劣脱贫无望的人，但仍然由于这个原因，云南省仍有上千万没有脱贫和在贫困线附近徘徊的贫困人群。自然环境恶劣是一个非常难以克服的困难，也是云南省扶贫中面临的重大障碍。

三　底子薄

底子薄是一个综合的概念，几乎涉及了与社会经济发展相关的所有基础设施。在这里着重叙述对民族贫困地区经济发展相关的基础设施、公共产品和公共服务。云南省贫困地区基础设施均较薄弱，主要反映在交通、教育、农田水利、医疗卫生等基础设施非常落后，公共产品和公共服务十分短缺并且水平低下。底子薄并不是一时半会儿犯的错，而是历史的沉淀，是新中国成立前几千年的遗产。

新中国成立前，云南省除县城外，大部分地区没有中学，更谈不上大专院校了。在少数民族聚集的地区，文盲半文盲人口比重甚至高达 80% 以上。在一些边远民族县，甚至一个县里也很难找到几个大学生。新中国成立至今，云南省各县对教育的投入居财政支出的首位。2010 年，云南省实现了"普九"，小学入学率达到了 98% 以上。全省 8 个民族自治州都有了专业学校，大理州、楚雄州、红河州、西双版纳州、德宏州、文山州有了高等教育。

新中国成立前，在西双版纳州、怒江州、迪庆州、文山州除人马驿道之外，没有一寸公路，除州（市）一级所在地和一些滇越铁路沿线城镇外，70% 以上的县城不通公路。1951 年，马帮和人畜力运输占整个社会运输的比重高达 64.4%。1952 年，全部民族自治地方的公路通车里程 2328 公里，大部分公路等级很低，断头路多，晴通雨阻。全省 8 个自治州 29 个民族自治县，除红河州有铁路外，其余的自治州均无铁路。1952 年，全部自治地方中只有大理祥云县有一个军用机场。水运只在金沙江、澜沧江、怒江、红河下游和滇池、洱海、抚仙湖等通航，全省可通航的江河线路总计不到 500公里，运力非常有限。2010 年，8 个民族自治州都通了高速公路，全省所有的乡镇都通了公路，只有少部分贫困地区的行政村没有通公路。虽然少数民族地区的交通条件有了根本的改变，但在 2010 年境内的四个连片特困地区中仍有 26860 个自然村不通公路，这些不通公路的自然村大多是民族居住的地方。总体上来说，公路基础设施落后是制约云南省很多贫困地区发展的因素，这一致贫因素虽然发生了根本的变化，但却是造成云南省落后贫困的根源之一。

在 20 世纪 50 年代初期，云南省通电的城镇更是寥寥无几，农村到处是一片黑暗。到 2010 年，全省行政村实现了通电，没有通电的都是非常偏远分散的自然村落。行政村基本上都已实现了农网改造，城乡实现了电价统一。目前，还有 8679 个自然村不通电，这些不通电的地方主要集中在连片特困地区，其中民族贫困地区又占主要比重。现在，虽然绝大部分贫困地区都已通电，但云南省贫困人群至今仍然未脱贫，与曾经不通电有直接的关系。

新中国成立初期，水利设施主要集中在自然环境较好的坝区，但都是一些水沟水渠等小型水利设施。20 世纪 50 年代以来，国家、省及以下政府一直都致力于水利建设和农田改造，至 2010 年全省各县区都建有水库，共计5500 多座，其中大型水库 8 座，库容达到了 108 亿立方米；塘坝窖池已达182.24 万处，总容积 5.39 亿立方米；共有地下水取水井 910920 眼，取水量共 2.97 亿立方米；农村有效灌溉面积达到了 2399 万亩，水利化程度达到了34%。虽然水利设施有了非常大的发展，但水利化程度仍然很低，不能满足农村发展的需要，是农村经济发展的重大制约因素。2012 年，云南省还有124 万人未解决人畜安全饮水问题。

由于底子薄，云南省贫困地区一直都在追赶的路上，在追赶的过程中失去了历史赋予的一次又一次发展的机遇，这也是造成贫困地区发展滞后的不可避免的后天因素。

四　起点低总量小

云南省在历史上就是中国抵御南部外侮的屏障，化外之地、中华文明的缓冲地带，社会经济发展长期得不到中央政府的重视，军事和政治的地位高于经济发展的地位，自古就是中国的一个落后地区。由于长期得不到应有的发展，云南省成为了中国最落后、最贫困的省（区）之一。由于历史上的积贫积弱，到 20 世纪 50 年代，云南省存在着原始社会、奴隶社会、封建社会、资本主义萌芽等各种社会发展形态，但占主导地位的是自给不能自足的封建地主经济，注定云南省经济发展的起点较低。经过 60 余年的发展，云南省仍然是中国的落后地区、贫困地区，凡是处于原始社会、奴隶社会的少数民族地区和少数民族如今大多仍处于深度贫困之中和成为特殊贫困人群，贫困发生率有的仍在 70% 左右，有的仍处于整体贫困之中。半个多世纪以来，虽然各民族在政治上取得了平等，一些民族的干部比例甚至超过了人口比重，但经济上的跨越式发展并未发生。经济发展起点低不仅表现在生产关系方面，还表现为经济基础、经济结构、生产力水平、劳动者素质、经济总量等方面。

新中国成立以后，民族地区的经济发展速度超过了历史上的任何时期，也是最快的并且是持续的。在国家、省的强势投入之下，1996 年以来，云南省民族自治地方的经济发展速度已超过了 10%，高于全省的平均水平，但由于基数太小，发展差距仍在拉大，主要经济指标离平均值越来越大，参见表 2-1。在第二个 10 年扶贫《纲要》实施中，云南省不仅面临着深度贫困人口脱贫的问题，也面临着巨大的相对贫困问题，形势十分严峻，是云南省扶贫面临的重要挑战。

五　人口素质低

人的因素是同一区域内为什么不同的群体经济发展存在差距的原因。在云南省同一区域、同一经济环境中，不同的民族经济发展水平是有差距的。这种差距往往是由于不同群体的受教育的程度、文化、思维造成的。

教育是提高人口素质的重要途径。教育的形式有多种多样。有学校教育、在职教育、技能培训、远程教育，也有家庭教育、社会教育、自我教育等。在 20 世纪 50 年代初期，学校教育还是一种很陌生的事物，除在经济较为发达的县城设有公立小学和中学外，只有少部分乡镇有公立小学，广大的乡村主要以私塾、寺庙、教堂教育为主，除纳西、白等民族外，受到学校教育的人口比重不足 10%。20 世纪 50 年代后，教育事业成为县级政府的首要工作之一，占了县级政府财政支出的首位，国民受教育的年限逐步提高，1990 年 6 岁以上的人口受学校教育的年限达到了 4.75 年，2000 年达到了 6.32 年，2010 年云南省已实现了"普九"，但成年人受教育年限只有 7.6 年，少数民族平均受教育年限为 7.01 年。如今，中国已经进入了一个混合社会中，传统的农业与现代工业、高度发达的现代信息产业并存，同处于市场经济中，如果一个地区没有一定数量的具有较高文化知识的国民就难以获得发展，一个人如果不接受一定年限的教育也难以获得较好的收入。从目前少数民族贫困的情况看，贫困与教育相关，接受学校教育少的民族，贫困人口就多，贫困程度就深，贫困与受教育的年限成正比。例如，处于整体贫困的"直过区"32 个县的少数民族受教育年限仅 4 年，金平县的苦聪人（拉祜族支系）文盲率达到了 80% 多。在 2010 年，云南省少数民族人口中仍有约 600 万人不通汉语，14 个少数民族用 20 种文字或拼音扫盲，有 11 个少数民族小学生使用 14 种文字，教师授课必须采用双语教学①。教育水平上不去，人口素质就不可能提高。

　　生活环境和传统观念对人口的素质也会产生影响。改革开放以来，随着经济和交通、通信的快速发展，云南省民族地方的封闭才被逐步打破，但传统的生产方式仍然很难改变，到 20 世纪 90 年代以前，云南省大部分民族地区，特别是民族贫困地区，仍处于传统的农业社会中，自给自足和自给不能自足，祖祖辈辈只有简单的商品交换，还存有耻于从事工商业的传统，这种传统思维一直束缚着大部分少数民族的经济发展。大部分少数民族安于传统社会，习惯于按祖宗传下来的生活方式和生产方式生活，不愿接受新的事物、新的种植方式、新的生计，科技对农业的贡献率很低，收入难以提高。

　　六　社会发展层次低

　　在 20 世纪 50 年代初期，云南省民族地区社会发育程度较低，大部分民族地区的自然环境很脆弱，发展难度较大，而且内部发展很不平衡，从原始社会末期、奴隶社会、封建领主和封建地主社会、半殖民地社会，到资本主义萌芽都存在。基诺族、独龙族、傈僳族、怒族、拉祜族、佤族等全部和一部分处于原始社会；宁蒗县小凉山地区的彝族、迪庆州部分藏族处于农奴社会。全省处于原始社会末期和奴隶社会的地区有 32 个县 206 个乡镇。1956 年国家采取"直接过渡"和民主革命方式，使处于不同社会发展阶段的各民族逐步进入了社会主义。通过 30 年的计划经济后，至 1980 年几乎所有的民族自治州都建立了工农业体系，但经济结构非常不合理，除开远、个旧等少数民族地区外，大部分民族地区仍处于农业社会，70% 多的农村人口生活在贫困线以下，平均受教育年限不足 5 年，文盲率居全国第二。80 年代后，商品经济由城市、交通沿线、工矿企业聚集区、对外口岸向农村渗透延伸，通过市场经济的涓滴效益带动一部分有生产能力的农村人口脱贫，同时国家的扶贫资源主要向民族地区，特别是社会发育程度低的民族地区倾斜，但是 50 年代以前社会发育程度越低的民族地区和民族，如处于原始社会末期的怒江、澜沧江沿岸的傈僳族、怒族，红河州金平的拉祜族（苦聪人），处于

---

　　①　数字来源：云南省民委提供。

农奴社会的宁蒗县的彝族等，贫困程度虽然有所缓解，但贫困问题没有发生根本改变，扶贫的难度依然非常大。

社会因素不是单一的因素，而是由多种因素构成的集合体，属文化、经济、政治、心理、人文、宗教等多个范畴。在市场经济的环境中，市场经济的涓滴效应，对于社会发展程度较低的民族地区和民族贫困人群来说难以产生作用，而且还造成了边缘化的结局。处在边缘化的贫困人群不仅缺少必要的生产要素，也缺乏影响促进生产生活提高的社会资本，外出打工等增加收入的机会减少，获得较高报酬的可能性更是微乎其微。社会资本是由各种社会关系组成的。没有社会资本，在当下社会就等于贫困人群难以获得就业、贷款、优质的就学、就医机会，生活质量低下，得不到尊重，精神非常痛苦。

上述的因素是云南省少数民族地区和人群目前致贫的主要原因，也是扶贫的主要障碍，云南省要消除上述致贫的因素，困难非常大，不仅仅需要增加投入，更重要的是要进行扶贫开发的机制体制创新，探索更有效的方法。

第三章

国际援助组织进入云南省扶贫的回顾

20 世纪 80—90 年代中期，云南省对于外资扶贫持谨慎的态度。随着国家改革开放的深入，对于外资扶贫的态度发生了根本的改变，外资扶贫成为了改革开放的组成部分，同时中央对于各省（区）脱贫给出了时间表，并把脱贫作为考核各级地方政府和部门主要领导的重要指标。在改革开放和脱贫的压力之下，各级政府为了获得更多的扶贫资源，对国际援助组织参与扶贫总体上持积极的态度。进入 2005 年以后，国家出台的惠民政策越来越多，来自中央和地方政府，以及社会的扶贫投入力度也在加强，扶贫资源不再像过去那样稀缺，对于国际援助组织扶贫项目的种种严格要求和实施操作的复杂性以及处处要求创新的压力，无论是地方政府、扶贫部门，还是贫困人群，对于外资扶贫的热度大大降低，甚至出现了部分地方政府和部分贫困人群拒绝接受外资扶贫的情况。但是为了完成国家和省下达的扶贫任务，推进云南省在扶贫领域的国际合作与交流，在政府的主导下，外资扶贫仍然作为今后一段时间的扶贫途径，得到政府的支持与鼓励。

第一节　云南省接受外资扶贫的心路历程

外资扶贫是两相情愿的事情。在 1979 年，联合国开发计划署正式批准援助中国计划，标志着国家正式同意国际社会参与中国的扶贫，同时国际社会也陆续进入中国各地参与到反贫困、救灾、救难、解除特殊人群痛苦等慈善事业的活动之中。在 20 世纪 90 年代，中央明确希望有国际援助组织到西部贫困地区进行扶贫领域的国际合作与交流。云南省自 20 世纪 80 年代末至今，对国际援助组织参与扶贫的态度并不是始终如一，也不是对于所有的国际援助组织都是持同样的态度。对于外资扶贫这一外来事物，云南省经历了几个心路历程，对于国际金融组织、联合国机构和外国政府的态度，与对于不同背景的境外 NGO 是不同的。总之，心态影响到态度，态度影响到行动。从历史上看，云南省对外资扶贫的心态经历了以下几个阶段。

一　20 世纪 80 年代以前对外的心态

云南省作为中国边疆、西南门户和屏障，以及中国的化外之地，中外文化的交会之地、过渡地带，曾被视为蛮荒之地，长期处于经济发展的洼地，与落后、贫困为伍，接壤的越南、老挝、缅甸三国，也是落后国家，发展水平比云南低，更为贫困，因此云南地方政府和民众相对周边国家自古就有自信心，更不可能对外产生过多的戒备之心，而且边境一线有 16 个少数民族跨境而居，与境外同种民族有着语言相通、信仰习俗相同、相互通婚、互通有无的割不断的血肉联系。

在 20 世纪 50 年代以前，云南省封闭的主要原因是自然屏障，大山和大江的阻隔。与云南接壤的越南和缅甸，曾经是云南接触西方文明的通道，也是云南自汉唐走向东南亚、南亚、甚至欧洲的必经之地。到了近代，越南、缅甸还是内地人进入云南的便捷路径，内地人从沿海进入越南，或者缅甸，再到云南。

自鸦片战争至今，很多中国人都有着来自西方列强入侵的痛苦记忆。这种痛苦的记忆一直影响着中国许多人的思想，对西方、对来自西方的一切均持有非常谨慎的复杂心态。随着 80 年代初的开放，虽然对外的心态有所改变，但谨慎、复杂的心态并未消失。

外资扶贫在中国人的观念中，一直都是一个十分敏感的事情。这种敏感源于外来资金进入中国是否带有政治、经济、文化的企图，这是饱受西方列强入侵的中国大部分人持有的正常心态。

云南人，特别是少数民族地区的民族群众，对于西方列强的痛苦记忆远不如中国北方、沿海和内地那样深刻。在民族地区，特别是边境民族地区，一些少数民族群众甚至对西方人怀有好感，这与西方传教士长期的宗教传播有关。国际援助组织进入云南省进行各种政治经济活动可以追溯到很久远。云南省虽然是一个边疆民族地区，即使在近代中国被沦为殖民地半殖民地时代，云南省相对于周边的殖民地国家来说，仍处于相对强势的地位。

对于云南人产生深刻记忆的是滇越铁路、来自西方的传教士、抗战时期以美国为主的西方援华人士，这些外籍人士对云南产生了巨大的影响，至今影响仍在延续。滇越铁路由越南河内进入中国云南省河口县，穿越红河哈尼族彝族自治州到昆明，虽然在云南省境内爆发了反法护路运动，但并未在民间播下仇视法国人士的种子。滇越铁路的修建改变了云南省的经济格局，提高了经济战略地位，带动了地方经济发展，引入了西方文明，由于这条路的修建让民间感到了方便，沿路经济发展非常快，提供了一系列的经济机会，沿着这条铁路带入的许多西方文明，至今仍为一些老人津津乐道。

　　传教士不仅仅传播宗教，也带来了西方的新式教育和西医西药，对一些无医少药的穷苦人进行救治，特别是在边境一带外国传教士有效地防止了疟疾的传播，救治了许多濒于死亡的疟疾病人，收养了许多孤儿，对灾民进行救助，让民族贫困地区的穷苦人对传教士产生了好感。远在怒江州、德宏州、西双版纳州、临沧地区、保山地区、红河边境一线，近到昆明禄劝、安宁等地，只要是少数民族居住的地方，都留下了传教士们的足迹，越是贫困的少数民族乡村，越是传教士愿意传播福音的地方。在云南省广大的少数民族地区，特别是最为落后偏僻的边境地区、藏区、深山区，许多少数民族贫困群众普遍对西方传教士怀有深深的敬意，有许多少数民族皈依了基督教和天主教，教徒人数超过了汉族。

　　在抗战期间，日本侵略者被挡在怒江以西，以美国为主的西方抗日援华人士浴血奋战抗击日本侵略者，给云南人留下了较好的印象，至今云南人仍然自发地纪念帮助中国抗日的西方人士。为了帮助中国人抗日，许多美军牺牲在驼峰航线上。在对待西方人士方面，云南民间人士特别是少数民族感性往往胜于理性，大多持宽容、友好的心态。

　　云南省真正的封闭是20世纪50—80年代末。在这一时期西方对中国实行了全面封锁。在20世纪50—60年代期间，滞留在"金三角"一带的国民党军残部经常窜入云南边境一带搞破坏活动。70年代，发生了对越自卫还击战，云南省受到了非常大的影响，成为军事堡垒，时时提防着境外的一举一动，经济建设受到了很大的影响。在10年"文革"期间，以阶段斗争为纲，要求所有的人都要讲政治，政治至上，否则就会犯政治错误，一些不堪忍受"文革"迫害的人士把云南省当成了逃往境外的通道，使得云南不得不把边境一线建成"政治边防"，把大量的人力物力用于严加把守云南4060公里的边境线上。

　　在20世纪50—80年代初，云南省不仅是国家的军事要地，也是国家的"政治边防"，自古以来对外没有防备之心的云南省民众逐步产生了较强的戒备心理，对于外来的一切持谨慎态度，从一个对东南亚、南亚开放的地区成为了一个极端封闭的堡垒，几乎与世界隔绝了，偶然接触往往都绷紧神经，担心触碰了"里通外国"这根政治高压线而陷入到灾难之中，对于来自西方的一切往往不问青红皂白一概给予拒绝。

　　二　20世纪80—90年代中期对外资扶贫的心态

　　对于外资扶贫，民间、中央政府、省级政府、县乡政府的心态是有区别的，因此态度也不一样。尽管民间与政府对外资扶贫的心态不一致，但在外资扶贫中，占主导支配地位的是政府，在没有政府支持之下，国际援助组织在云南省贫困地区就不可能顺利开展扶贫项目。

对于民间人士，特别是受助的贫困人群来说，大部分人并不区分国际援助组织是什么机构、性质、背景、资金来源、国别等，在他们的眼里，国际援助组织大致是一样的，都是国际慈善组织、从事崇高的扶贫事业。在 20世纪 80—90 年代中后期，外资扶贫获得了民间超乎寻常的热烈欢迎，很多人把能够与来自西方、港澳的人士接触为荣，境外人士只要不违反国家的法律法规均会得到民间人士的热情接待。云南省民间对于国际社会参与扶贫大多持欢迎的态度，感性超出了理性，对国际援助组织的要求大多数贫困村民往往都能给予力所能及的配合，并对国际援助组织的扶助行为给予了远比国内同样项目高的赞誉。民间对进入中国扶贫的外籍人士之所以会形成非常高的评价：一是被国际社会的人道主义善举所感动；二是进入云南的外籍人士吃苦耐劳、兢兢业业的敬业精神得到了民间人士高度的赞扬，并把外籍人士与干部作比较，具有抬高外籍扶贫人士和贬低一些干部的情况，值得某些干部反思；三是国际援助组织严格的财务制度和外资扶贫项目严谨的管理模式，杜绝了外资项目中的吃喝现象，给民间产生了外资项目比内资清廉的印象；四是外资扶贫项目更强调从人性出发，给予了贫困人口应有的尊重，采取了参与式方法，使处于弱势地位的贫困人口有发言权而倍感亲切；五是除世界银行项目外，外资扶贫项目一般都很小，由于资金规模较小，很难投入能够彻底改变贫困地区生产生活条件的大中型基础设施和实施综合性扶贫项目，只能选择一些贫困人口最需要、最贴近生产生活的小型项目来改善小规模人群的生产生活条件，这些项目却起到了四两拨千斤的作用，使贫困人口感到外资扶贫解决了他们的问题，并与政府项目进行比较，得出政府的项目是政绩工程、面子工程的结论，甚至一些偏激的人指责政府的项目不像外资扶贫项目让穷人参与、投票决策、财务公开，由此推断政府扶贫项目有猫腻；六是国际援助组织对贫困的理解更为全面、更为先进，采取的手段非常适合贫困人口的素质，这是政府承认的，并认真学习引入到国内的扶贫之中，但民间不了解政府引入外资扶贫的意图，把国际援助组织的先进理论和方法用做指责政府与部门的理由，认为地方政府不踏实；七是外资扶贫作为一种新事物、新面貌，像一股清风吹进了封闭了几十年的云南省贫困地区，云南民间对此非常好奇而热切，人为放大了外资扶贫的正面效果。

在 20 世纪 80 年代末至 90 年代中期，中央政府批准国际援助组织进入中国参与扶贫的目的是非常明确的，扩大在扶贫领域的交流与合作，除了引入世界先进的理念、方式外，引入扶贫资金是当时的首要意图。政府相对于民间来说，较为理智，省级政府比县政府更为开明。这是中国从上而下的政治制度的必然，也是省级政府政治视野更开阔和敏感度更高的体现。县级政府只在上级政府的政策框架内行事，特别是对于外资扶贫的事宜，只要上级政府同意的，也就是等于上了政治保险，即使有政治外交问题，由上级负责。对于境外的人与事，如果没有上级政府或者是相关部门明确的指示，一般来说县乡政府往往不予配合。

在政府的眼里，国际援助组织是什么机构必须弄清楚。联合国机构、世界银行、亚洲开发银行等国际金融机构、欧盟、外国政府等官方扶贫机构，进入云南省扶贫都必须获得国家发改委、财政部、国务院扶贫办外资中心等相关部委批准，需要政府相关部门的配合，一般来说，国际金融机构贷款必须还本付息，并且要求配套和垫付资金；外国政府扶贫有的要求配套资金，有的不需要，对受援政府一般都要求具备某些条件；联合国机构一般不需要配套资金，但也要求政府配合。对于具有官方性质的扶贫机构，特别是由上级政府和部门选定合作的外资扶贫机构，下级政府都会一心一意支持配合。由于境外 NGO 的多样性、复杂性，各级政府对于一些世界著名的、口碑良好的境外 NGO 一般持放心、欢迎、支持的态度，但对于一些不了解的境外 NGO 非常谨慎。如果境外 NGO 要是触犯了中国政府的政治、宗教、文化等一些禁区，就不可能获得政府的支持，如果政府不支持，一般来说，也不会得到贫困人口的支持。

在 20 世纪 90 年代，县乡政府对于外资扶贫项目存在着一定的盲目性。为了完成 1993 年云南省制定的《七七扶贫攻坚计划》提出的脱贫目标，县乡政府成为了脱贫责任和具体工作承担者。为了获得更多的资金以便完成脱贫任务，县乡政府积极争取各种途径的资金，包括外资扶贫资金，为了获得上级政府把过关的外资扶贫资金，县级政府非常积极，向省和省级部门申请，一些县级扶贫办积极与境外 NGO 合作，大部分县政府都能很好地配合外资项目的实施，包括按时足额地提供和拨付配套资金，但也有一些贫困县政府在没有能力的条件下，一味迁就外方，对外方提出的要求一口应承，待项目进入实施，承诺却难以兑现，一些项目有头无尾，成了"烂尾工程"，一些项目中途撤资，造成了不好的影响。

三　2000 年至今对外资扶贫的心态

2000 年后，大部分在云南省实施的投入较大的外资扶贫项目陆续结束，新进入的国际援助组织和新开展的外资扶贫项目逐渐减少。这时云南省各级政府、部门和民间对于外资扶贫已不陌生。熟悉了外资扶贫项目运作的民间和各级政府较之过去，理智的程度增加了，热度降低了，一些了解外资扶贫项目运作的县级政府甚至拒绝申报外资扶贫项目，一些未接触过外资扶贫项目的县级政府因为申请外资项目的过程非常漫长，同时程序烦琐复杂，因而不愿意涉足，但作为省级扶贫部门仍然坚持接受国际社会对贫困地区和人群的援助。之所以会形成这样冷热不均的情况，是因为民间、县级政府和省级政府各自的想法和出发点不同，因此行为也就产生了差距，省级政府是从大局、长远出发，县级政府是从自身的工作出发，因此态度有所不同。进入新世纪，中央政府和省一级政府对于外资扶贫的态度与县级政府有较大的差距，中央和省一级政府主要是从学习、交流的角度出发，对扶贫资源的需求已经不是主要的动机了，县乡一级政府更倾向于使用国家的资金，对外资扶贫的热情不高，很不积极。进入 2000 年后，云南省使用外资扶贫的心态逐渐发生了变化。

1. 学习外资扶贫理念、方法成为了利用外资扶贫的出发点和重点

2010 年，虽然中国基本上解决了温饱问题，但在云南省等西部地区仍然有一部分人未能解决温饱，即使解决温饱的贫困人口也是处在低水平上，很不稳定，很容易返贫。为了解决剩余的贫困人口和巩固刚刚脱贫人口的温饱，国务院出台了《中国农村扶贫纲要（2001—2010 年）》，其中仍然把国际合作与交流作为重要途径，要求在新的时期中要"发展扶贫开发领域的国际交流与合作，继续争取国际援助组织和发达国家援助性扶贫项目"，"通过多种渠道、不同方式争取国际非政府组织对我国扶贫开发的帮助和支持"。要"加强与国际组织在扶贫开发领域里的交流，借鉴国际社会在扶贫开发方面创造的成功经验和行之有效的方式、方法，进一步提高我国扶贫的工作水平和整体效益。"

2000 年后至 2012 年，云南省各级政府和民间有识之士对于外资扶贫的心态发生了很大的变化，把以前已获得资金为主要目的，变为以获得国际先进理念，先进扶贫模式、方式为出发点和主要目的。原因主要有：一是扶贫资源的稀缺程度已大大缓解。中国贫困状况和对外格局已发生了非常大的变化，成为了一个具有一定经济实力的全方位开放的国家。作为扶贫攻坚"上甘岭"的云南省民族贫困地区，在国家的强势扶贫投入之下，贫困程度缓解，经济发展迅速，财力有所增加，对于外资扶贫资源的需求程度有所减轻，再加上中央政府、挂钩扶贫单位对贫困地区投入的扶贫资源不断增加，一些贫困地区对操作较为复杂的外资扶贫资金热度降低。二是除世界银行、国际农发基金、外国政府等资金量较大外，大部分外资扶贫资金额都较小，这也是地方政府对外资扶贫热度大减的重要原因之一。三是世界银行、联合国机构、一些外国政府、境外 NGO，以及外国友人在云南开展了一系列扶贫项目，使各级政府和扶贫干部、贫困人群意识到：国际援助组织关于贫困

的理论和理解更为科学、全面，外资扶贫项目中使用的各种扶贫工具，有许多值得学习的地方，如小额信贷模式、参与式方法、科学的项目管理方法、贫困监测、社会性别优先意识等。经过 20 余年外资扶贫的实践，云南省各级政府、部门，以及民间都意识到了外资扶贫不仅仅是资金、物资的帮助，更为有效的是观念、思想的改变，以及一些先进的经验、方式。省政府扶贫部门逐渐把学习外资先进的扶贫理念、方法，与国际援助组织构建反贫困领域的国际合作与交流，作为争取和接受外资扶贫的出发点和首要目的，但是一些县级政府嫌麻烦和"要贴钱"[①]对外资扶贫的接受度降低了。一些贫困地方政府和部门认为外资扶贫项目的申请程序烦琐、项目运行操作复杂、管理难度大，而且还必须有一笔额外的资金来协调外资扶贫事项，失去了对外资扶贫项目的热情，还有一部分县级政府要在上级政府承诺配套一部分资金，并且帮助协调有关事项后，才愿意与国际援助组织进行扶贫合作。

2. 民间对外资扶贫的感性程度仍然占上风但热度有所下降

从民间来看，很多人以感性为主，对于外资扶贫的评价非常高，对外籍人士充满好感与感激，习惯于把外籍人士及国内雇员与政府的干部相比，得出外籍扶贫人士和国内雇员的工作作风好于国内干部的结论，之所以会得出这样的结论，主要是认为政府扶贫是应该的，干部理所当然要为群众服务，而外资扶贫却是高善的、仁慈的，但对于是否与国际援助组织开展扶贫合作，一些曾经参与过外资扶贫项目的贫困人口变得理智起来，他们更多地是从自身的需要出发决定是否争取外资项目，而不是像对待国内项目那样来之不拒；一些未参加过外资扶贫项目的贫困人口了解到外资扶贫资金的数额、管理和要求后，往往失去了积极性；一些贫困人口认为外资扶贫项目资金太少，解决不了自身的贫困问题，而且要花太多的精力时间，不值得去做；一些贫困人口对于国际援助组织的要求和管理不适应，不愿意参加没完没了的培训、遵守严格的财务制度、接收多次验收检查，即使参加了项目很快又退出了，认为耗不起。

3. 县乡政府对于外资扶贫项目出现了畏难情绪

从县乡政府来看，县乡政府是扶贫的直接责任人、管理者、协调者、实施者，经过 10 余年的发展和与国际援助组织打交道，贫困县乡政府对于外资扶贫的态度不再积极，热度大减，甚至抵制外资扶贫项目，原因主要有：

---

① 外资扶贫项目的实施往往不含政府的工作费用，为了协调和配合外资扶贫项目的实施，县乡政府往往要付出交通、人工费用。外资扶贫项目一般都安排在交通闭塞、生活生产条件较差、自然环境恶劣的地方，交通、人员出差等费用较高，往往会加重县乡的负担。

一是来自国内的各种扶贫资金越来越多，对资金的需求不再像 90 年代中期那样迫切了；二是由于惠农政策不断增多，如免除农业税、农村义务教育实行"三免两补"、种粮补贴、新农合、农村最低保障制度实施，以及大型农机具补贴、电器下乡优惠等惠民政策的出台，减少了农民的支出，增加了农民收入，对于贫困人口的脱贫起到了作用；三是外资扶贫项目对于县级政府来说，要求高，资金使用严格，管理死板，缺乏灵活性，远不如内资项目好做，需要协调的工作量非常大，协调工作中的支出没有保障；四是某些外资扶贫项目的内容和理念难以让县级部门接受，县级政府喜欢基础设施、种植养殖技术推广等看得见摸得着的实物，不喜欢也不太理解能力建设等项目；五是怕承担政治风险，因为县级政府担心外资扶贫项目有政治背景和政治文化意图，扶贫只是其达到某些目的的手段，而县级政府没有能力了解国际援助组织的背景，在少部分地区发生过境外 NGO 组织或个人在扶贫过程中宣传宗教、干涉国家水电建设、为国外一些民族主义分子牵线搭桥、涉足地方选举等，这些行为已经偏离了扶贫本身。正是由于担心某些国际援助组织利用扶贫做与扶贫不相关的事，县乡政府往往采取多一事不如少一事的态度，对未得到上级政府部门把关的国际援助采取拒绝和不配合的做法。

4. 参与国际扶贫活动积累经验成为扶贫部门的动机

从省级政府来看，省级政府对于外资扶贫已完全回归到理智，明确表示在以后仍要支持在扶贫领域中加强国际合作和交流，继续支持和争取国际援助组织在云南省参与扶贫开发活动，但重点也不是以获得扶贫资金为首要目的，而是要保持和构建反贫困领域的国际交流平台，一方面通过接受外资扶贫项目丰富完善省内扶贫理论、吸收世界先进的扶贫经验、促进省内扶贫模式方式创新；另一方面学习外资扶贫项目在世界上的各种扶贫做法，获得世界上最新的信息，为下一步帮助接壤与相邻贫困国家摆脱贫困积累经验。在国际社会的要求下，中国将与国际社会合作，按国际通行的方式对贫困国家输出慈善。云南省作为中国面向西南开放的桥头堡，对东南亚、南亚辐射中心，在今后若干年里，云南省政府仍然会支持国际多双边组织、企业、个人到云南省参与扶贫，省扶贫部门将会参与到国际社会的各类援助组织中去，并且运用国际上先进的扶贫理念、方法到周边更为落后的邻国进行扶贫。近年来，缅甸的密松水库被叫停事件、民众阻止缅北铜矿开发等，说明学习国际先进的扶贫理念、方式很重要。虽然中方企业在项目区做了大量的工作，投了数以几十亿计的资金进行开发，并对当地民众生产生活需要的交通、水、电等基础设施进行了投入，帮助项目区民众改善了生产生活条件，但是并未得到民众的理解，这与我们传播的慈善理念、扶持方式不完善有关。在高昂的中缅油气管道的建设中，也有许多反对的声音，中国政府做了大量的工作，包括安抚管道沿线居民。云南省走出去扶贫势在必行，但要取得好的效果必须吸收国际通行的好的做法。

第二节　云南接受外资扶贫的原因与变化

云南接受外资扶贫的原因不是一成不变的，随着国情省情以及国际形势的变化而变化，但万变不离其宗，只要贫困还存在，中国的改革开放不变，在反贫困领域进行国际扶贫交流与合作就会继续。除了贫困还存在的前提外，云南省接受外资扶贫的原因有以下几方面。

一　有中央政府的明确支持

20世纪80年代初，由于国务院把外资扶贫作为开放的一部分，并且认为中国的贫困是世界贫困的一部分，在扶贫领域进行国际合作与交流是一个负责任国家的义务和权益，因此对于国际社会的援助，中央政府持开明的态度，欢迎各类国际援助组织参与中国的反贫困事业，共同探讨和积累反贫困理论和经验。在中央政府的支持下，云南省政府一改过去30年间对境外的提防与排斥，把外资扶贫作为了云南开放与扶贫的重要内容，为国际组织在云南开展扶贫活动提供各种条件和协助外资开展项目。1992年，在国务院扶贫办的支持下，云南被确定为世界银行西南扶贫项目区之一，并在省扶贫办设立了西南世行贷款扶贫项目办公室。

1993年，党和国家出台了"八七"扶贫攻坚计划，明确支持在扶贫领域展开国际合作与交流，提出："积极开展同扶贫有关的国际组织、区域组织、政府和非政府组织的交流，让国际社会及海外华人了解我国贫困地区的经济发展状况和扶贫工作。要积极扩大和发展与国际社会在扶贫方面的合作，广泛地争取对实施'八七'扶贫攻坚计划的支持。""八七"攻坚计划是中央第一个关于扶贫的纲领性文件。这个文件标志着中国建立了扶贫理论与政策体系。中央明确了外资扶贫是中国反贫困的一个途径、手段，主要目的是让国际社会了解中国的贫困问题，支持中国的扶贫。在中央的支持下，云南省在"七七"扶贫攻坚计划中，也提出要"争取国际援助，多渠道筹集资金，较大幅度的增加贫困地区的开发建设资金"。中央政策可以说给地方使用境外扶贫资金吃了定心丸。在中央的政策鼓励下，90年代，联合国机构、世行、亚行、欧盟、一些西方政府，还有大量的国际NGO进入云南参与扶贫，云南省各级政府和部门对于国际援助组织和境外NGO给予了充分的支持，在当时的国内氛围中属较为开明、开放的省，因此成为了境外

NGO 进入国内最多的省份。

二　贫困的压力

贫困是人类面临的共同敌人。中国的贫困问题是世界贫困的一部分。只要贫困还存在就应该帮助处在贫困之中的人群改善他们的生产生活条件，提高他们的自我发展能力，使他们在摆脱贫困造成的痛苦的同时，获得尊严和尊重。云南省的贫困问题是中国贫困问题的一个组成部分，接受外资扶贫是中国政府对自身贫困问题的正视，积极主动争取来自国际社会的扶贫资源是云南省委省政府实是求是的体现，是对人民负责的态度。只要贫困问题存在，反贫困的国际合作就有必要，这是 20 世纪 80 年代中国政府向国际社会表明的态度。

20 世纪 80 年代，云南省贫困人口有 1400 万。在 1993 年国家拉开"八七"扶贫攻坚序幕时，云南省有 783 万贫困人口；2000 年有 1022 万贫困人口；2010 年，有 325 万贫困人口；2011 年底，由于大幅度提高了贫困标准到 2300 元，云南省贫困人口又增至 1014 万人。即使是贫困线达到了 2300元，每人每天只有 6.3 元，不足联合国公认的同期人均每天 1.25 美元的新标准，新的贫困标准仍是很低的。从贫困面看，在 20 世纪 90 年代，国家确定的 592 个重点扶贫开发县中，云南省有 73 个。在第一、第二个 10 年国家扶贫《纲要》中，确定的重点扶贫开发县云南省仍保持了 73 个，全国第一。2012 年，云南省片区县和贫困县 93 个，仍是全国第一。严峻的贫困形势，意味着云南省的扶贫任务非常繁重，应该利用一切条件和途径帮助贫困人口。虽然省以下的地方政府在 2000 年后对外资扶贫的热度下降，但作为省一级政府仍然坚持把外资扶贫作为重要的途径之一。利用外资扶贫资源解决省内严重的贫困问题，在国家和省的第二个 10 年扶贫《纲要》中都有体现，也就是说，外资扶贫仍然是云南省扶贫工作的重要途径。

三　开放的压力

有人把中国改革与开放的关系归结为：以改革促开放，以开放促发展。从中国改革开放以来的历程看，中国的经济发展正是由于改革开放推进的结果。在 20 世纪 80 年代，只要是经济发展快的地区都是开放力度大的地区。80 年代中期后，中央加大了开放的力度，从沿海向沿江、沿边、内地推进，凡是开放程度大的地区，经济发展就很快。90 年代，中国已全面对外开放，开放不仅意味着经济发展，还标志着这个地区领导具有超前意识、眼界开阔、胆识过人、魄力超群。如果一个地方，特别是西部地区，不与外资有任何经济联系，无外资问津，就意味着领导思想不解放、改革不得力、没有胆识、没有魄力。开放不仅成为了经济发展的动力，也成为了衡量各级政府能力的尺度。到90年代，越是落后地区越渴望开放。云南民族自治地方除边境一线的边贸获得发展外，在广大的民族贫困地区，由于投资环境非常差，外商投资基本为零，很难找到开放的突破口。国际援助组织在云南省开展的扶贫项目是开放的组成部分，得到了广大民族贫困地区的欢迎，在2000年以前，各民族贫困地区争相获得外资扶贫项目。在云南省委和省政府的积极支持下，联合国的一些援助机构、世行亚行等国际金融组织、外国政府、国际NGO等进入云南省实施扶贫项目，并且把项目区和目标人群锁定为少数民族地区和少数民族贫困人群。由于有省委省政府的支持，云南省成为了国际NGO开展慈善和扶贫活动的沃土。许多涉足云南省扶贫领域的金融组织、联合国机构、外国政府，甚至是一些名不见经传的国际非政府组织都得到了云南省高层的接待和鼓励，主管副省长亲自参与到外资扶贫项目的实施中，与普通工作人员一起谦虚听取外资扶贫项目官员的建议，帮助解决外资扶贫项目在实施中遇到的困难。到20世纪90年代中期后，云南省对外开放发生了根本的变化，已从战争阴影和"政治边防"中摆脱了出来，恢复了云南省面向东南亚南亚的开放心态和状态，经济技术合作得到了长足的发展，通过口岸建设和国际大通道的建设，以及各种对外政策的制定与完善，打破了体制和自然环境的束缚，成为了开放的前沿，一方面让云南人感到被开放推动着走，另一方面也让云南人感到开放的压力很大，特别是那些不靠边境的民族贫困地区，对于国际资金的渴望非常强烈，争取不到外商投资，就争取国际援助组织的扶贫项目。

　　2010年后，开放仍然是云南省的重要发展动力和发展战略，但云南省开放的心态已经理智并且逐渐成熟起来。一些民族贫困地区投资环境已得到了根本好转，陆续受到了外商的关注，部分地区获得了外商投资，很多地方政府把开放的重点放在了吸引外商投资方面，对外资扶贫项目的热度大为降低。2009年7月，胡锦涛总书记提出了把云南省建设成为中国面向西南开放的桥头堡战略，标志着云南省的开放进入了一个新的时代，开放的模式和战略已走向了成熟，正在有条不紊地推进。2012年10月31日，《云南省加快建设面向西南开放重要桥头堡总体规划（2012—2020年）》获国务院批准。2011年5月，国务院下发《关于支持云南省加快建设面向西南开放重要桥头堡的意见》，对云南省的发展进行了全面部署，定位云南省是中国向西南开放的重要门户，是中国沿边开放的试验区和西部地区"走出去"的先行区，是西部地区重要的外向型特色优势产业基地，是中国重要的生物多样性宝库和西南生态安全屏障，是中国民族团结进步、边疆繁荣稳定的示范区。"桥头堡"建设全面启动一年多来，云南省经济社会发展呈现出投入力度加大、增长速度加快、质量效益提高、发展后劲增强的良好态势，"桥头堡"建设成效正在不断显现。

外资扶贫作为在扶贫领域的国际交流和合作的主要内容，如今在云南省改革开放的大格局中只是一枚小小的棋子，但云南省政府仍然认为应该走好每一步棋，使其发挥更多更好更积极的作用，并且鼓励各级地方政府与国际组织合作，积极探索实验更好的扶贫方式，并且做好"走出去"向周边国家扶贫的准备。

四　完成扶贫任务的压力

1986 年，国家在各级政府都设立了扶贫开发领导小组和扶贫办公室，标志着从此扶贫工作成为了各级政府的日常工作，而且有了组织、制度、资金保障。为了集中财力物力帮助那些没有自我发展能力的地区和人群脱贫，1986 年中央政府确定了农村贫困线，人均纯收入 150 元，少数民族自治县是 200 元，对革命老区放宽至 300 元，全国确定了 331 个贫困县，其中云南省有 26 个县，云南省扶贫领导小组根据省情又确定了 15 个县，共计 41 个贫困县。也是从 1986 年开始，国家的扶贫方式从救济式扶贫转向了开发式扶贫，即从输血式扶贫向造血式扶贫转化。在政府的主导下，通过扶贫开发领导小组，中央要求与扶贫有关的部门都参与到扶贫开发工作中。云南省扶贫领导小组组织了省级 57 个部门和单位对 41 个贫困县定点挂钩扶贫。到 1990 年省级已有 68 个机关单位对 41 个贫困县定点挂钩扶贫。1986—1994 年，云南省的贫困人口从 1200 万人减少到了 783 万人。

1993 年，国务院决定举全国之力打一场扶贫攻坚战，出台了"八七"扶贫攻坚计划，决定把扶贫资源主要投向重点扶贫开发县。在这个攻坚阶段，国家采取了大会战的方式，集中力量将绝大多数扶贫资金用于基础设施建设，解决贫困人口的温饱问题。云南省根据《国家"八七"扶贫攻坚计划》制定了《云南省"七七"扶贫攻坚计划》。为了完成"八七"攻坚计划，中央动员东部发达省（市）对口帮助西部省（区），部门定点帮助贫困县，上海对口帮扶云南省。中央共有 272 个单位定点扶持 481 个重点县。在国务院扶贫办的协调下，云南省争取到交通部、外交部、财政部、兵器工业部、中国船舶工业总公司、烟草专卖总公司等 10 多个中央单位到云南省定点挂钩扶贫。1995 年，全省共有 217 个部门和单位，参与了挂钩扶贫，其中 89 个省级机关、18 个大专院校、55 个科研院所、10 个驻昆中央单位、45 个学术部门和团体与 73 个贫困县挂钩扶贫。为了防止扶贫流于形式，中央在"八七"扶贫攻坚计划中，明确了各部门的责任，对所有与扶贫有关的部门都提出了明确的扶贫工作任务和责任，要求中央和地方党政机关及有条件的企事业单位都应积极与贫困县定点挂钩扶贫，不脱贫不脱钩。为了保证"八七"扶贫攻坚计划的完成，1996 年 6 月，中共中央、国务院做出了《关于尽快解决农村贫困人口温饱问题的决定》对农村扶贫政策和措施进行了必要的调整，进一步确定了农村扶贫的总原则是省对扶贫工作负总责，制定了"四个到省"的原则，即资金到省、权力到省、任务到省、责任到省。1999 年 6 月，中央为确保"八七"扶贫攻坚计划的完成，国务院召开了中央扶贫开发工作会议，做出了《关于进一步加强扶贫开发工作的决定》，强调坚持扶贫开发的成功经验，以贫困村为基本单位，以贫困户为工作对象，以改善基本生产生活条件和发展种养业为重点，坚持多渠道增加扶贫投入，坚持动员和组织社会各界参与扶贫攻坚。刚性的扶贫任务和扶贫责任，使参与扶贫的各部门都必须认真对待扶贫工作，国际社会作为扶贫的一个新的组成力量受到了各级党委政府和部门的重视。为了完成扶贫任务，各级政府和部门都积极争取各方面的扶贫资源，外资扶贫成为了竞相争取的对象。

2000 年，中央宣布基本上解决了贫困人口的温饱问题，只有一些扶贫难度非常大的地区和人群还未完全解决绝对贫困问题，如自然环境恶劣地区和边境一线、社会发育程度较低的少数民族人群。全国贫困人口降至 3200 万人，贫困发生率降至 3% 左右。2001 年，国家开始实施了新一轮的扶贫，出台了解决贫困人口进入小康的《中国农村扶贫开发纲要（2001—2010 年)》，再次确定了 592 个国家重点扶贫开发县，云南省仍有 73 个重点县。为了提高扶贫对象的瞄准率国家以村为单位进行扶持，国家确定了 15 万个贫困村，扶贫资源主要投向贫困村。

2001 年以来，云南省委、省政府出台了《关于加快新时期扶贫开发工作的决定》《关于加快"十一五"时期农村扶贫开发进程的决定》《关于实施"兴边富民工程"的决定》《中共云南省委农村领导小组关于对扶贫开发实施分类指导的意见》《关于完善省级机关企事业单位定点挂钩扶贫责任制度的意见》《关于采取特殊措施加快我省 7 个人口较少民族脱贫发展步伐的通知》等一系列加大扶贫开发力度的文件，初步构建了"党政硬化责任、部门整合资金、统筹各类政策、定点挂钩扶贫、沪滇扶贫协作、社会广泛参与、群众自力更生"的"大扶贫"工作格局；坚持"统筹规划、事先整合、各司其职、各负其责、各计其功、渠道不乱、用途不变、相互配套、形成合力"的项目资金整合原则，进一步创新专项计划扶贫、惠农政策扶贫、社会各界扶贫等多方力量、多种举措有机结合、互为支撑的"大扶贫"工作机制。在第一个 10 年扶贫《纲要》实施期间，虽然扶贫的任务没有减少，但是由于国家出台的惠民政策较多，贫困人口政策性减贫的效果非常明显，各地方政府和部门争取和使用国际援助组织的扶贫资源积极性降低，但中央和省一级政府从全局出发，一直把外资扶贫作为一个重要的途径和手段予以重视，坚持鼓励国际援助组织参与扶贫，同时云南省外资扶贫项目管理中心调整了利用外资扶贫的重点，加大对外资扶贫的配套力度，吸引和引导国际援助组织向最贫困的民族地区开展扶贫活动。

五　扶贫资源不足的压力

1993 年中国拉开扶贫攻坚序幕时，各级政府、党委、国有企业、事业单位、社会团体等，为了完成上级党委政府下达的扶贫任务，需要投入大量的资源，包括资金、技术、管理、理念、模式、方法等。为了获得扶贫资源，无论是政府，还是参与扶贫的社会各界，均积极从多方面筹集扶贫资源投入到挂钩扶贫地区和农户的脱贫之中，在攻坚期间中央的专项扶贫贷款、以工代赈资金、财政发展及新增财政扶贫资金达到了 1163 亿元，相当于当年财政支出的 5%—7%，力度虽然前所未有，但在 7 年间分布在 8000 万贫困人口头上，这笔钱并不多。在资金紧张和刚性的扶贫任务之下，全国各级党委政府和部门、国有企事业单位，为了完成扶贫任务，对于扶贫资源非常渴求，国际援助组织和国际友人的扶贫资源成为了争取的对象。

2000 年以后，很多政府部门和一些县乡政府对外资扶贫的热度下降，主要原因是：一是支农资金大幅增加，至 2007 年，国家财政支农资金达到了 3917 亿元。二是国家惠家政策使农民减少了支出增加了收入。2000 年，国家拉开了减免农业税的序幕，加大了转移支付的力度，2006 年，在全国范围内农业税获得了全面减免，同时国家取消了数百项针对"三农"的收费；2002 年，国家开始对种粮进行了直补试点，至 2006 年拓展至全国范围；2004 年，国家对农业生产机械购置进行补贴，补贴标准按机具价不超 30% 进行补贴；2006 年，实行了农业综合生产资料补贴，针对农民成品油价格调整支出，并适当考虑了化肥、农药、农膜等农业生产增支因素，对农民进行柴油、化肥、农药和农膜等生产资料购置补贴。除此，国家还实施了退耕还林、农网改造、农业综合开发、农村道路、电视广播覆盖工程、危房改造等。三是农村社会保障已有长足的进步，除延续以往的救济制度外，已实施了最低生活保障制度、新型农村医疗合作、农村义务教育阶段"两免一补"制度，农村养老保险正在试行等。四是国家和地方的经济发展战略有意识在贫困地区、民族地区布局，如国家实施的西部大开发战略把改善民族贫困地区的基础设施和生态环境作为重点，云南省"两强一堡（一通道）"战略中得到利益最多的是贫困地区、民族地区、边境地区，很多少数民族从建设中受益。1996—2012 年，云南民族自治地方的经济发展速度超过了全省平均水平，自 1994 年开始，民族贫困地区的农民人均纯收入的增长速度也超过了全省平均水平。

由于上述的惠民政策实施和扶贫投入增多，2000—2005 年，云南省的外资扶贫项目虽然资金投入处于高位，但大多是 90 年代中期立项的。2005 年后，进入云南省的国际援助组织和资金投入明显下降，同时云南省利用外资扶贫的渴求程度已发生了逆转，把外资扶贫资源作为接受外资扶贫的主要动机已变为了次要目的，相互交流、学习、实验、探索成为接受外资扶持的主要目的，外资扶贫作为国际合作与交流平台的意义，已超过了资金使用的意义。

云南省是中国贫困人口最多、贫困面较大、贫困类型最多、致贫原因十分复杂的省份，脱贫难度非常大，返贫的比重也较高，除有形的物质投入外，对于先进的扶贫理论、经验、模式、方法更是迫切。在国务院扶贫办外资扶贫项目管理中心的支持下，云南省委省政府对于国际援助组织进入云南省开展扶贫项目给予了力所能及的支持，使云南省成为了联合国机构、国际金融组织、外国政府机构参与扶贫较多的省份，也是境外 NGO 参与扶贫活动最多的省。云南省是国家扶贫的主战场，也是外资扶贫在中国的主要实施、实验、示范的地区。1995—2005 年，进入云南省的国际组织达到高峰，2006 年以后又逐步减少。自 90 年代至 2010 年，云南省接受的外资扶贫金额，通过云南省外资中心执行的项目有 17 亿元，总计约 25 亿元（包括贷款和赠款）。

六　对国际扶贫新理念与新方法的渴求

中国政府自 20 世纪 80 年代中期开始对自身的贫困问题进行了主动干预。1986 年各级均成立了扶贫开发领导小组和扶贫办后，各级地方政府和参与扶贫的各级部门针对贫困地区和贫困人群的致贫原因，创新了许多扶贫模式、途径和方法，例如，无工不富、要想富先修路、少生孩子多种树、治贫先治愚、穷政府也不能穷教育等。贫困地区和贫困人群对自身的贫困也进行了反思，提出了许多发展产业的思路、积极外出打工等。在实践中，中国政府根据国情、致贫因素、贫困理论等，形成了"政府主导，社会参与，自力更生，开发扶贫，全面发展"的扶贫指导思想、战略、模式，取得了非常显著的成就。但同时，扶贫开发也出现了许多令政府和扶贫部门困惑的问题，如："等、靠、要"思想固化；贫困代际传递难以打破；扶贫项目难以使受惠人群产生拥有感；扶贫项目帮得了富帮不了穷；扶贫项目社会和经济效益差强人意等。

为了解决扶贫效益不高、扶贫资源浪费大、扶贫瞄准率低、扶贫项目缺乏可持续性等突出问题，进一步提高扶贫经济与社会效益，中央和各级政府，以及参与扶贫的部门想要获得世界上先进的扶贫理论、理念、经验、方式、途径，以期通过引入国际援助组织获得学习交流的机会和学到世界先进的扶贫理论、理论与方法。

自 1979 年中国政府接受国际援助组织援华以来的 30 余年间，各类国际援助组织把多年总结、实践出来的先进理论、理念、模式、方法，通过开展扶贫项目引入到了中国贫困地区，例如，对贫困的理解、以人为本的扶贫理念、重视妇女在扶贫中的作用、参与式方法的应用、小额信贷、先进的项目周期管理体系等。国际援助组织进入贫困地区实施项目以后，国人很快就意识到了国际援助组织进入中国扶贫的最大贡献是对中国扶贫观念、政策、模式、方法的影响。

在云南省实施的国际援助组织的扶贫项目，把关于贫困的新理论、理念带入了极其封闭的民族贫困地区，开阔了人们的视野，打开了人们的扶贫思路，使贫困人口和政府扶贫部门以及社会都意识到了贫困不仅仅是温饱问题，也不仅仅是收入问题，赋予了贫困与扶贫更多的内涵，产生了非常好的效果；在国际援助组织的视野里，贫困人口不仅仅是帮扶的对象，也是合作伙伴，是人力资本应进行开发；特别重视社会性别，有妇女儿童优先意识；利用参与式方法提高扶贫的效益，并且使贫困人口对项目产生拥有感；通过小额信贷帮助贫困妇女，提高妇女的社会地位；学会对扶贫项目科学管理的方式等。国际援助组织通过实施项目把好的经验和方法在云南省实验推广，一些好的经验甚至对全国的扶贫产生了积极的作用，丰富和完善了国家扶贫开发理论体系建设，影响了国家政策的制定，如参与式村级规划、小额信贷、世行先进的项目管理科学，如提款报账等。

至 2010 年，具备发展条件的贫困人口基本上已经脱贫，但在一些自然环境较恶劣地方的人口仍处于贫困之中，农村人口收入水平还很低，达到小康生活水平难度非常大，为完成新阶段扶贫开发的任务，仍需要在扶贫理论、理念、模式、方法等方面的创新和引进国际先进经验，因此开展扶贫领域的国际合作与交流非常必要。在国家的第二个 10 年扶贫《纲要》中明确提出："开展国际交流合作，通过走出去、引进来等多种方式，创新机制，拓宽渠道，加强国际反贫困领域交流。借鉴国际社会减贫理论和实践，开展减贫项目合作，共享减贫经验，共同促进减贫事业发展。"云南省在第二个 10 年扶贫《纲要》中也把外资扶贫作为扶贫的一个重要手段，提出了："拓宽渠道，加强扶贫领域的国际交流与合作，争取国际金融组织和外国政府贷款赠款，规范与境外非政府组织的扶贫合作。借鉴国际社会减贫理论和实践，共享减贫经验，探索内外资合作扶贫新模式，提高外资扶贫水平。"

第三节 外资扶贫在云南民族地区的扶贫历程

云南省是中国最后向外国人开放的省份之一，直到 20 世纪 90 年代初全省所有的地方才完全放开，允许外国人进入从事经济文化交流活动。因此国际援助组织开展扶贫活动，是从先开放地区向后开放的民族地区、边境地区推进的。20 世纪 90 年代中期开始，民族地区成为了云南省开放较晚的地区，但很快边境一线的民族地区就成为了开放的前沿，并且民族地区成为国际援助组织扶贫的重点地区，少数民族成为了外资扶贫的重点人群。2010年以后，随着中国经济发展和中华民族复兴大业的推进，以及把云南省建设成为中国面向西南开放的桥头堡，云南省走出去帮助更为贫困的国家发展和更为贫困的人群脱贫，解除由于贫困导致的种种痛苦已成为云南省政府和社会义不容辞的责任和义务，因此与国际援助组织在扶贫领域进行合作交流，既有助于推进云南省的扶贫事业，也是积极为配合国家、省、大企业对外援助战略作准备，为不久的将来云南省扶贫部门、企业、慈善团体进入周边国家开展扶贫事业积累经验。以下根据国际援助组织进入云南省扶贫的时间和规模、特点，可分为三个阶段。

一 初期阶段

1979 年，联合国开发计划署（UNDP）批准了第一个援华方案，标志着中国正式开始接受国际社会的援助。20 世纪 80 年代中期至 1995 年是国际援助组织进入云南省扶贫的初期阶段。

这一阶段进入云南省的国际援助组织非常有限，规模也非常小，主要是联合国援助机构和一些国际 NGO，如美国福特基金会、英国儿童救助会、香港救世军、中国香港乐施会等。这些非政府组织对云南的援助非常有限，主要集中在研究、教育领域和一些小型的救助活动方面，其中对小学建设的资助项目较多。但这个时期较有影响的扶贫项目是 1988 年 12 月美国福特基金会在云南省开展的"云南省贫困山区综合开发试验示范与推广项目（YUM）"。该项目于 1990 年选择在怒江州的福贡县、普洱市的江城哈尼族彝族自治县、文山州的广南县、昭通市镇雄县的四个行政村实施。这四个村都是少数民族集中的村落，贫困问题非常突出和严重。1993 年 3 月，联合国开发计划署投入 30 万元，在金平苗族瑶族傣族自治县、文山州麻栗坡县选择了 2000 户农户进行了小额信贷扶贫试点，按照"无偿援助，有偿使用，资金在原地滚动"的原则组织实施。云南省不是全国最早实践小额信贷的地区，但在全国仍属于较早引入这种扶贫方法的，这对在全省及全国推广小额信贷起到了积极的实验示范作用。

这个时期的外资扶贫就像一缕清新的春风，带入了一些新的扶贫理念、先进的经验、好的做法，如小额信贷、参与式方法等，引起了扶贫部门和贫困地区政府的重视，也让受益群众产生了好感，小额信贷也被国务院扶贫办列为扶贫攻坚的有效方式之一。

二　大规模进入的阶段

1995—2000 年是国际援助组织在中国开展项目最多的年代。由于云南省经济社会发展方面的滞后性，云南省外资扶贫的峰值是 1995—2005 年。1995—2005 年跨中国最重要的两个扶贫阶段：一个是 1994—2000 年的"八七"扶贫攻坚阶段；另一个是第一个 10 年扶贫《纲要》的实施阶段。国家"八七"扶贫攻坚计划拉开了全国集中力量打扶贫歼灭战的序幕。时任国家领导人的江泽民向世界承诺 2000 年中国将基本解决温饱。为了兑现这一承诺，国务院把扶贫任务分解到各级政府、相关政府部门、企事业单位、社会团体，并实行了一把手负责制，层层落实，同时要求东部发达省（市）对口扶持西部落后省（区），中央部委挂钩国家重点扶贫开发重点县。云南省作为全国扶贫攻坚主战场获得了国家、社会的大力支持，国家有意识把扶贫资源向云南等西部贫困地区集中，确定了经济实力较强的上海市对口帮扶云南省，国家交通部、外交部挂钩扶贫怒江州和文山州、红河州。这三个州是云南少数民族最集中的地方，也是最贫困的地区，怒江州的少数民族比重达到了 93%，文山州达到了 57%，红河州也占 57%。

国家"八七"扶贫攻坚计划明确鼓励与国际社会在扶贫领域开展合作与交流。在"八七"扶贫攻坚时期，中国经济总量还不大，人均 GDP 未到 1000 美元，国际社会把中国列为重点扶持的国家，把云南省列入中国重点援助的对象。2000 年，中国总体上基本解决了温饱问题，农村贫困人口从 1993 年的 8000 万减少至 2000 年的 3200 万，农村贫困发生率下降为 3%，云南省贫困人口从 1995 年的 783 万人降至 405 万人，贫困发生率从 22.8% 减少至 11.3%[①]。2000 年，中国的贫困状况发生了很大变化，贫困人群日益集中在"老、少、边、穷"地区中生态环境恶劣、基础设施非常差的地区；极端贫困人口有相当一部分是丧失劳动力的人口或者是生活在生存环境非常恶劣的地区；刚脱贫的人群生产能力非常脆弱，返贫率居高不下，据国家贫困监测调查，贫困地区的低收入人口每年的返贫率在 30% 左右，云南

---

① 数字来源：《云南省扶贫开发志（1984—2005》，云南民族出版社 2007 年版。

省的返贫率高于全国平均水平，一些民族贫困县甚至超过了 50%。针对贫困人口呈现出的新变化、新情况，国家出台了第一个 10 年扶贫《纲要》，提出新时期中国扶贫工作的奋斗目标是：尽快解决贫困人口温饱问题，进一步改善贫困地区的基本生产生活条件，巩固温饱成果，提高贫困人口的生活质量和综合素质，加强贫困乡村的基础设施建设，改善生态环境，逐步改变贫困地区经济、社会、文化的落后状况，为达到小康水平创造条件。扶贫开发的对象是尚未解决温饱问题的贫困人口和初步解决温饱问题的贫困人口。扶贫的重点区域是中西部少数民族地区、革命老区、边疆地区、特困地区。云南省在第一个 10 年扶贫期间，仍有 73 个国家级重点扶贫开发县，按人均625 元的贫困标准，全省有 1022.1 万农村贫困人口，其中 70% 是少数民族，全省的贫困发生率达到了 29.63%，绝对贫困人口达到了 337.5 万人，按人均 865 元低收入线标准，云南省还有低收入人口 684.6 万人口。由于云南贫困形势严峻，国家对云南省给予了重点扶持，国务院扶贫办外资中心支持国际援助组织到云南开展扶贫交流与合作的项目，同时外交部也积极争取国际社会对云南省文山州麻栗坡县和红河州金平县扶贫。云南省国际援助组织和投入的资金 2000—2005 年虽然各年间的投入有所波动，但总的趋势仍在继续增加。2005 年以后，进入云南省的国际援助组织和投入的扶贫项目呈波动情况，但总的趋势呈双下降的情况。

在 1995—2005 年，世界银行、德国政府、英国政府、荷兰政府、欧盟、联合国援助机构，以及数以百计的境外 NGO、国际友人等，通过政府主管部门、民间途径、与国际援助组织有工作联系的机构等，来到云南省参与扶贫，其中境外 NGO 突破 200 多家，是全国最多的省份之一，2005 年英国大使馆文化教育处和福特基金资助的《200 国际 NGO 在中国》专辑中，介绍了 211 个国际 NGO，其中有 80 余个在云南省开展工作。云南省大部分贫困地区都有国际援助组织的身影。这一期间也是云南省获得国际援助资金最多的时期，来自国际援助组织的扶贫贷款、赠款突破了 20 亿元人民币。云南省成为了国际援助组织进入最多，投入较大的省（区）之一，除了云南省特别贫困原因外，这与云南省政府的重视有关，可以说云南省政府及政府部门、企事业单位大多做到了有求必应。在云南省全方位的支持下，大部分国际组织在云南省取得巨大成就，也是许多国际援助组织持续投入云南的动力所在。

　　三　逐渐减少的阶段

　　2006 年至今是云南省外资扶贫逐步减少的阶段。从全国外资扶贫的情况看，2000 年以后国际援助组织和投入就呈减少的趋势，而云南省是从

2005 年以后才开始减少的，这与云南省贫困的现实、云南省对外态度以及国际援助组织的扶持重点和投向有关。在这个阶段中，中国经济快速发展，国力不断增强，2011 年中国超过日本成为了世界第二大经济体，对其他不发达国家的援助和救灾投入也在增加，与此同时，国际援助组织开始调整扶贫援助的重点，转移至更贫困的国家，因此国际援助组织的数量和投入金额总体上呈减少的趋势，一些境外 NGO 积极争取在国内筹资，大部分外国政府项目在完成后就不再投入。

2005 年后，国家和省扶贫部门对于外资扶贫仍持欢迎的态度，给予了足够的重视，但重点不再是引入国际援助组织的扶贫资金，而是更加重视外资扶贫项目带来的先进理论、理念、经验、扶贫模式与方法，以及在扶贫领域搭建国际合作与交流平台。作为承担扶贫主要实际工作的一些贫困地区县乡政府，对于外资扶贫已失去了以往的热情，甚至一些贫困地区的县乡政府对外资扶贫项目产生抵触，明确拒绝外资扶贫项目。

2005 年后，云南省仍有一些国际援助组织进入云南实施扶贫项目，如互满爱人与人组织首次进入中国就选定了云南省，2008 年、2010 年分别在云南省临沧市临翔区、镇康县等少数民族边境地区和红河州元阳县开展艾滋病结核病防治、社区发展扶贫项目等。2007 年到 2013 年，云南省继续与中国香港乐施会、爱德基金会、香港救世军、温洛克基金会等数十家境外 NGO 开展扶贫项目，世界银行在云南等省（区）实施的第四期扶贫项目在 2012 年完工验收后，仍表示愿意继续在中国和云南省开展扶贫项目合作。2013 年，国际农发基金在云南省 9 个县投入 5.9 个亿开展贫困农村综合发展项目，这是继 1993—1999 年在云南思茅少数民族地区开展农业综合发展项目结束后再一次在云南省投入大型农村发展项目。

一些国际金融机构和境外 NGO 之所以仍然愿意在云南省开展扶贫项目，并且偏重于把项目区放在民族贫困地区，主要原因是虽然云南省经济总体上已经发展，贫困程度得到了较大程度的缓解，但是 2012 年末云南省农村仍然有 160 万的极度贫困人口，804 万低收入的农村贫困人口。与收入迅速增加的城市中心区域和资源富集的地区相比，农村地区的贫困问题越发得突出，呈现出越来越大的贫富差距。正是针对云南省贫困的现实，一些了解云南贫困情况的国际组织坚持下来，继续从事帮助云南省贫困人口的脱贫事业。

2006 年以后，继续坚持帮助云南省扶贫的国际援助组织在投入金额上总体上呈减少的趋势，对于中方配套条件和项目目标都相应提高，并且更加强调把贫困资源投向民族地区、民族贫困人口，在扶持的重点方面突出了公民社会建设、生态环境保护、贫困人口能力提高、可持续发展、贫困人口权益等方面。

从未来看，随着中国国力增长、人均 GDP 提高，外资扶贫项目的减少是总趋势，云南省走出去到更贫困的国家和地区参与国际人道主义事业将成为云南省"一带一路"建设中的一项重要工作。引入外资扶贫将成为云南省交流扶贫经验的重要平台，通过这一平台把云南省成功的经验、好的做法传播出去，把世界上新的更为先进的理念和做法吸收进来。

第四章

在云南的国际援助组织和扶贫情况

    云南省是国际援助组织在中国开展扶贫较多的贫困地区。世界上许多著名的国际金融组织、联合国发展援助机构、发达国家政府机构、非政府组织、国际友人等，曾经和正在云南贫困地区开展扶贫活动。在云南省开展扶贫活动的国际援助组织属于不同类型，有官方的也有民间的；有多边的也有双边的；有联合国的援助机构、欧盟、西方政府、国际金融机构，还有形形色色的非政府组织。在云南省民族地区开展扶贫项目的各类国际援助组织，相互独立，有着自己的筹资渠道、宗旨和理念，但却相互交流、借鉴、支持、竞争，共同尊重中国的政治、经济、文化，在云南省扶贫领域起到了特殊的作用，为云南省民族地区和少数民族的脱贫作出了独特贡献。由于扶贫资源投入的多少、管理水平、合作能力，以及采取的扶贫模式等的不同，各国际援助组织对少数民族地区和少数民族的影响也有所差别。通过了解外资扶贫机构和它们开展的扶贫项目，有利于更好更多地利用国际社会的力量，同时促进扶贫领域的国际合作与交流上到更高的层次。

第一节　在云南民族地区扶贫的国际援助组织

    云南省是中国国际社会开展扶贫活动较多的地区之一，涵盖了世界上外资扶贫的各种类型机构，所开展的项目基本上把世界上行之有效的先进理论、理念、管理方式、经验都引进来了，所涉及的内容基本上也与世界上其他国家开展的扶贫内容相同，但不同的是云南省所取得的扶贫成就要比其他国家更突出，特别是在大型的农村综合开发项目方面成就非常突出，这是得到世行、农发基金、联合国机构等一些国际援助组织所肯定的。

    一　进入云南扶贫的主要国际援助组织

    1979 年，中国政府正式批准国际社会对中国的反贫困活动进行援助。第一个进入中国扶贫的是联合国开发计划署，接着一些外国政府和境外NGO 进入以北京、东部沿海城市为主的东部地区开展帮助中国发展、反贫困、救助等活动。到 90 年代末，进入中国扶贫的国际援助组织有 50 多个，它们从不同的角度参与了中国的扶贫事业。2010 年，到中国的各类国际援助组织达到了 500 多个，而到云南省参与扶贫的有 250 多个①，在全国名列前茅。

自 80 年代中期以来，在云南省开展扶贫的国际援助组织主要有这样一些类型：

一是联合国系统，如联合国开发计划署（UNDP）、联合国粮农组织（FAO）、世界粮食计划署（WFP）、联合国儿童基金会（UNICEF）、联合国教科文组织（UNIESCO）、联合国妇女发展基金会（UNWDF）、联合国人口基金会（UMFPA）、世界卫生组织（WHO）等，都在云南民族贫困地区开展过项目。2000 年后，联合国系统在反贫困领域内开展工作的核心是围绕着推动千年发展目标的实现。

二是以世界银行（WB）、亚洲开发银行（ADB）、国际农业发展基金（IFAD）、日本协力银行（JBIC）等为代表的国际金融机构。在云南省投入扶贫资金最多的是世界银行、亚洲开发银行、国际农业发展基金等组织。国际金融机构对华援助的主要方式是采取贷款形式，辅之以赠款。迄今，对云南省影响最广泛、最深刻的是世界银行贷款扶贫项目。世界银行扶贫项目的影响是多方面的，这与世界银行的扶贫项目多为综合扶贫项目有关。世界银行的扶贫项目是从多方面支持贫困地区和贫困人群的发展，是综合性扶贫，再加上世界银行具有的丰富经验和有效的技术，因此扶持效果较好。

三是一些境外非政府组织，包括宗教团体、私人基金会、慈善组织、民间研究机构、志愿者、学术团体、环境保护组织等。境外 NGO 是志愿性组织，通过与受援国的基层组织合作进行发展与援助活动。不同的非政府组织都有着自己组织的宗旨和理念，但也会代表特定的国际集团或政府组织的利益。云南省是非政府组织参与扶贫最多的中国省（区）之一，自 80 年代末至 2014 年，累计有超过 250 个境外 NGO 参与了云南省的反贫困事业。在云南省较有影响的非政府组织有美国福特基金会、美国渐进组织、美国凯尔、世界自然基金会、美国大自然保护协会、中国香港乐施会、爱德基金会、世界宣明会、英国救助儿童会、国际鹤类基金会、加拿大 ADRA、无国界医生组织、香港救世军、美国国际专家扶贫组织、丹麦"明"协会、互满爱人与人等。

四是国际双边发展机构，如英国、德国、加拿大、澳大利亚、荷兰、比

---

① 含国际金融组织、联合国机构、欧盟等国际多边组织、外国政府机构、境外非政府组织。

利时、芬兰、瑞士、日本等政府机构都在云南省开展过扶贫援助项目。双边援助机构主要是在政府支持下开展扶贫项目，要求中方政府积极参与，体现的是双方政府间的合作。

此外，还有一些国际政要、企业家、友人等对云南省的贫困地区和特定的贫困人群进行捐赠，如香港同胞李蕙兰、美国前总统克林顿、日本友人等。

进入云南省参与扶贫事业的国际援助组织都有自己的宗旨、理念、模式、方法，与中国的政治、经济、文化和各项制度并不发生矛盾，因为进入中国的国际援助组织的目的是帮助项目区获得发展、减少贫困，与受援国的目的是一致的。国际援助组织是在尊重中方的政治、经济、文化的前提下，通过开展扶贫项目，在项目的制定和实施中贯彻自己的宗旨，实现自己的理念，实践自己的方式。国际援助组织进入云南20余年来，未由于双方不同的宗教信仰、理念、扶贫方式的差异发生冲突，而是能够相互协调，并且国际援助组织通过扶贫项目的制定和实施，把先进的理念和扶贫方式在项目区乃至全省全国推广，一些先进的理念和方式为项目区政府、省和国家所接受，并得到了推广应用，实现了国际援助组织的目的。

二　对云南影响较大的国际援助组织

自80年代中期迄今，虽然有280多家国际援助组织①到云南省开展各种扶贫项目，但由于投入的规模、理念、管理、模式、方式、运作方式、扶持时间等因素，项目的影响有大有小，例如，世行实施的第一、第四期扶贫项目的影响均超出了项目区和受助人群，波及全省甚至全国以及印度、越南、老挝乃至非洲等一些不发达国家。虽然进入云南省的国际援助组织能够产生较大影响的只是少数，但如果与国内项目相比，在同样投入的情况下，往往国际援助组织实施的项目影响要大一些，值得总结、学习、反思。项目实施的效果好，影响也就大，国际援助组织的名气往往随项目的影响而扩散。以下将对在云南省影响较大的国际援助组织进行介绍，主要是：

1. 联合国系统

联合国系统是最早参与中国扶贫工作的国际机构。1979年，联合国开发计划署（UNDP）在中国设立代表处，作为联合国系统在华机构的协调人。此后，联合国粮食及农业组织（FAO）、世界粮食计划署（WFP）、联合国儿童基金会（UNICEF）、联合国劳工组织（ILO）、联合国人口基金会（UNFPA）等机构陆续在中国设立代表处。联合国机构与云南省在反贫困领

---

① 含国际金融机构、联合国机构、外国政府、欧盟和境外 NGO。

域的合作是较多的。在华设置代表处的机构大多都在云南省开展过反贫困的合作项目。联合国不同的机构有不同的职责和工作重点。

联合国开发计划署作为联合国全球发展网络的一部分，倡导变革，并使各国共享知识、经验和资源，以帮助各国人民创造更美好的生活。2000年后，联合国开发计划署的网络将全球和各国为实现千年目标所作的努力联系起来并加以协调。目前，联合国开发计划署在云南省扶贫领域援助的基本原则和方向是：通过支持，为达成公平增长、社会性别平等、抵抗艾滋病和环境可持续发展的各项努力作出贡献。

联合国粮农组织既是一个国际粮农信息中心、国际粮农论坛，也是一个国际农业咨询与支持机构，现有180个成员国和一个成员组织（欧盟），是联合国系统里最大的专门机构，其援助的基本原则和方向是实现人人粮食安全，并以此为努力核心确保人们正常获得积极健康生活所需要的足够的优质食物，其职能是提高受援国或地区的营养水平，提高农业生产率，改善农村人口的生活和促进世界经济发展。

联合国国际农发基金宗旨是"筹集资金，以优惠条件提供给发展中的成员国，用于发展粮食生产，改善人民的食物营养，逐步消除农村贫困现象。"该基金对解决云南省农村的贫困问题给予了支持。该组织曾对云南省江城等县以优惠贷款开展了农业综合开发项目。2013年，该组织又在云南省9县开展了"云南农村综合发展项目"，总投资达5.9亿元。

联合国儿童基金会是联合国发展援助系统的重要筹资、供资机构之一，负责协调儿童领域的国际合作。在中国涉及的内容主要有基础教育与早期儿童发展、儿童环境与卫生、卫生保健与营养、贫困地区儿童规划与发展、自然灾害与备灾、儿童保护与社区服务、计划宣传交流与信息。主要的扶贫项目是扶持贫困地区的基础教育、远程教育、农村地区的安全饮水、妇幼营养、疾病控制与免疫、贫困地区社会发展行动。云南省是联合国儿童基金会援助的重点地区。1982年，联合国儿童基金援助的乡村赤脚医生培训中心和少数民族师资培训中心的启动，标志着云南省与联合国儿童基金会合作的正式开始。至2000年，该机构实施的项目共有47个主项目和11个分项目，涉及外经贸、卫生、教育、民政、水利、公安、统计、科协、妇联、残联等部门，项目内容主要是儿童保健、教育、残疾儿童康复等。

联合国人口基金会是世界上向发展中国家提供人口领域援助的最大国际援助机构，其援助的基本原则和方向是：向发展中国家、经济转型国家以及其他一些国家提供援助，协助他们解决生殖保健和人口问题，并且提高人们对相关问题的意识。工作重点主要集中在三个领域，即在2015年或之前，协助普及对所有夫妇和个人的生殖保健，包括计划生育和性保健；协助人口与发展战略，以便加强人口计划制订能力；提高人们对人口和发展问题的意识，并倡导调动资源和加强完成其各项领域工作所需的政治意愿。人口基金既遵循又倡导人口与发展国际会议行动纲领中的各项原则（1994 年），特别是人口基金申明致力于生殖权利、两性平等及男性责任、世界各地妇女的平等权益和增强妇女能力。人口基金会确认，维护和加强这些权利并改善儿童（尤其是女童）的生活条件本身即构成发展目标。每对夫妻和每一个人均有权以负责任的方式自由决定其生育子女的数量与间隔，并有权得到与此相关的信息和手段。

联合国世界粮食计划署是联合国负责多边粮食援助的机构，开展援助的资源主要来自各国政府自愿捐献的粮食、资金、服务，其宗旨是在全球范围内，在人道主义危机中提供粮食援助，拯救生命，改善最脆弱人群的营养和生活质量，帮助建设基础设施，提高贫困人口和社区的自力更生能力。

2000 年后，联合国系统在反贫困领域内开展的工作核心都是推动 2000年联合国大会提出的人类千年发展目标（MDGs）的实现。随着中国经济发展、国力增强、在反贫困方面所取得的成就，联合国机构的对华援助逐渐从减贫领域向环境保护和民主化领域转移。

2. 非政府组织（NGO）

这里讲的 NGO 指的是在云南省开展较多项目，有较大影响的境外NGO。什么是 NGO，有资深人士考证说：有一种稍可信的说法是一位联合国官员杜撰了这个词，因为在联合国的词汇中，各成员国的政府机构被统称为"政府组织"，这之外的其他类型的机构就被称为"非政府组织"（NOn-Government Organizations，NGO）。NGO 主要是相对于官方组织来说的，涵盖了数量众多又千差万别的非官方机构。NGO 拥有各自的历史，独立的价值观、想法、目标和工作方式。很多观察者认为：正是由于 NGO 的多样性成就了 NGO 发挥作用和体现价值。NGO 对全世界的发展和进步作出了巨大的贡献。

很多研究 NGO 的专家认同 NGO 最早起源于宗教、人道主义精神和传统。在没有 NGO 这个词汇时，就有了以宗教、人道主义为背景或为宗旨的慈善组织。大部分人道主义和近些年出现的环境保护 NGO 的资金主要来自普通公众的捐款。

无论是东方还是西方的宗教都有慈善的一面，救助、布施、教育、文化传承等是许多宗教团体的功能。战后许多有着宗教背景的慈善机构和人道主义机构基本上都与宗教剥离了，而且都走上了去宗教化色彩，专心于某一项和几项慈善和人道事业，近年来其中一些宗教团体成立了发展机构或对发展机构捐资等，对有需要的地区和人群提供帮助。宗教团体是最早提供慈善和人道主义救援的机构。

基于人道主义传统成立的 NGO 对人类社会的发展和进步起到了重要的作用。19 世纪，瑞士银行家享利·杜南亲眼目睹了法兰西和撒丁岛联军与奥地利军之间的激战，这场世界上最血腥的战争之一，导致伤亡数千人，其中很多伤员因为伤口得不到及时包扎而死。在战争中，杜南积极组织当地居民将伤员抬下战场救治。此后，在杜南的努力下，建立了红十字会，16 个欧洲国家于 1864 年签署了《日内瓦公约》，承诺"允许医务人员进入战场；允许医疗物品的供应；认可并尊重著名的白底红十字作为中立的象征"。再如：1919 年，第一次世界大战后，英国率先成立了紧急救助儿童基金（后来发展成为救助儿童会国际联盟），发起人之一的埃格兰泰恩·杰布女士因散发传单，谴责英国政府漠视德国儿童营养不良和饥饿，而被伦敦警方逮捕，审判这个案子的法官为这个基金捐了款，杰布撰写了《儿童权利宪章》被国际联盟采纳，成为 1989 年联合国《儿童权利公约》的基础。国际小母牛项目、无国界医生、乐施会、国际助残、美慈等组织都是在人道主义精神下，出于帮助战争中的遭受痛苦的人们而建立起来的。迄今，从事人道主义事业的 NGO 遍布世界范围。

基于慈善传统建立的 NGO 与工业资本主义飞速发展有关。19 世纪，由于工业资本主义发展，出现了一个新的企业家阶层，他们中的一部分捐出了部分财产创办了慈善性质的基金会，在美国这样的基金会已有 6.5 万多家，每年支出 300 多亿美元①。美国的世界钢铁大王安德鲁·卡内基 1901 年以 4.8 亿美元的价格将企业出卖，建立起了 2500 多家免费图书馆，捐助多家基金和基金会。汽车大亨亨利·福特捐资成立了福特基金会。销售早餐燕麦的富商威廉·凯·洛格创办以自己名字命名的基金会、石油银行业大亨洛克菲勒兄弟创造了几个慈善基金会。企业家慈善风尚一直延续到现在。近年来，惠普电脑的大卫·帕卡德、美国有线新闻网创始人特德·特纳、微软公司创始人比尔·盖茨都捐款成立了几个私人基金会。一些私人的基金会并不承认自己是 NGO，但在中国都把它们划为 NGO。

除宗教、人道主义、慈善机构外，环境保护组织在百年前就已出现，但发展的速度非常慢，直到最近 30 年，为应对全球环境压力和危机诞生了一

---

① 数字来源于基金会中心网站（www. fdncenter. org）。基金会中心是一家非营利机构，总部设在美国纽约。

大批环境保护组织。1895 年，为了管理美国大都市的公共动物园，纽约动物学学会成立，后发展成为野生生物保护学会，一直在全球范围内经营着保育和环境教育项目。1903 年，生活在非洲殖民地的一些自然主义者创立了大英帝国野生动物保护协会，后来发展成为野生动物保护国际。1915 年，美国生态学会逐渐演变成美国大自然保护协会。1961 年，世界自然基金会成立，成为了"自然界的红十字会"。1967 年，美国成立了环保协会，率先尝试使用法律手段终止杀虫剂在美国的使用。还有一些绿色和平、地球之友、国际河网等环境保护组织，基本上属于"倡导型"机构，即倡导和团结公众支持他们的事业。以生态环境保护事业为宗旨的 NGO 正处于快速发展之中，同样遍布整个世界。它们不仅仅从某一和某几个领域保护环境，也实施一些有助于环境保护的发展项目。

在人道主义、慈善旗帜下，还有一些技术型、专家型的 NGO 组织，以提供专业的、非营利性的咨询、培训和项目执行服务，它们的收入几乎来自政府援助方和基金会的拨款。

近年来，有宗教背景、致力于人道主义、遵循慈善传统、环境保护等 NGO 融合交叉，犹如多条不同的溪流归入大海，大多从事紧急救助和发展的人道主义 NGO——特别是那些关注长期发展的机构，已经开始强调环境保护是人类发展的一个必要条件；同时许多从某一环境问题入手的 NGO 也逐渐将人类发展视为环境保护的必要条件，一些 NGO 走出创始国到其他国家开展项目，这些走出创始国的环境保护 NGO 认为环境保护是全人类的事，帮助落后国家是保护地球环境的一部分。保护动物也是全世界的事，不是这个国家中的动物值得保护，其他国家就不保护了。

一些 NGO 是实施机构，一些是宣传机构，一些机构既实施项目也进行宣传，过去专注于实施的机构也把宣传作为一个重要的内容。

NGO 的形式实在是丰富多彩。如今在世界上每天都有 NGO 诞生。

在 20 世纪 60 年代，一些长期从事人道主义救援的境外 NGO 也试验性地开展了一些较长期的发展项目，旨在探索贫困的根本原因。越来越多的 NGO 积极地开展农村发展、培训、健康、教育、解决水问题和卫生等项目，并常常将上述内容结合起来纳入农村综合发展项目。到了 20 世纪 70 年代，许多 NGO 提倡"授人以渔，受用终生"，把发展援助作为一项重要的工作。NGO 在挑战对发展的传统认识和探索新的方式上扮演着重要角色。

随着中国的开放，境外许多 NGO 尝试进入中国开展活动。一些境外 NGO 不仅与政府合作，还支持中国的 NGO 建立与发展。迄今为止，到底有多少境外 NGO 在中国从事过救助、发展、环保活动等，有人推断是 500 家以上，有的认为是400多家，可以说只是境外NGO的沧海一粟，但其在中国的影响是很大的。近20余年来，云南省是境外NGO进入最多的中国省份，其中影响较大的境外NGO有几十个，其中福特基金会、乐施会、美国大自然协会尤其突出。

（1）福特基金会①

福特基金会有四条宗旨：一是促进民主的观点，强化民主的价值；二是减少贫困；三是促进国际合作；四是致力于人类发展，提高人类成就。福特基金会关注的重点领域为环境与发展、生育健康、公共政策与政府治理、法律和权利、教育。福特基金会根据中国的情况，在八个领域开展资助项目，云南省在这8方面都获得了一些资助：①法律与权利。一是刑法改革，希望通过资助对于现行刑法的改进有所帮助；二是法律援助，很多穷人由于经济原因没有办法诉讼，所以福特基金会资助一些民间或者政府的法律援助单位来做这件事情；三是法律教学，模拟法庭，就是帮助在大学学习法学的学生到法院参加判案。②教育文化。福特基金会考虑的是公平与入学机会问题，少数民族聚居地区的孩子，尤其是农村的女童上学存在困难，因此福特基金会在这方面资助了很多项目，帮助农村小学提高教学水平和办学管理水平，也资助西部地区的一些大学的贫困学生上学，不仅仅给予经济上的资助，比如提供贷款，也考虑在教育、心理和社会等方面提供资助。另外，还资助一些文化保护，特别是少数民族文化保护。③政府治理与公共政策。在福特基金会的专家看来，中国目前改革发展的重点不是经济而应是治理，政府部门的功能和政府部门的工作都还有待改善，才能最终形成一套好的公共政策。福特基金会在治理与公共政策领域资助了一些项目，主要包括两方面的工作，一是考虑国家在帮助弱势群体方面，在社会政策中应该起到什么作用。改革过程中，国家从很多领域退出来了，或者说弱化了国家的责任，比如说医疗，而目前医疗又存在很多问题亟待解决，所以就应该考虑国家在其中应该起什么作用，怎样为社会提供公共产品和公共服务，对此福特基金会一方面加强与学者合作，资助他们研究这个问题；另一方面也跟地方政府部门合作，帮助政府进行一些试点。二是公民权利与治理的方法。对村民自治、社区建设和妇女参与基层民主活动提供资助和培训。④性与生殖健康。主要资助两方面的工作，一是计划生育，包括帮助改善政策、发展新的方法、提供优质服务等，也包括计划生育与妇女有什么关系，对妇女有什么影响。福特

---

①　见福特基金网《福特基金会驻华首席代表Andrew Watson于2006年4月7日下午在西安交通大学介绍福特基金会在中国的工作开展情况》。

基金会与计生委、学者以及很多部门一起合作，对艾滋病的教育、歧视问题进行研究，组织艾滋病患者做一些社会活动并提供一些资助。⑤环境与发展。环境与发展的工作主要是在西部地区、贫困地区，目标是推进可持续发展，即考虑怎样帮助贫困地区利用他们的自然资源发展经济，同时保护资源，不以牺牲环境为代价，包括云南、贵州、广西和四川的一些山区和贫困地区，主要涉及森林和林业方面的问题。⑥国际关系。中国在将来要做什么样的世界公民，针对这个问题，福特基金会资助了很多项目。⑦小额信贷。在农村地区给贫困农户贷很少一点钱，帮助他们发展。⑧公民社会。主要是对民间组织提供帮助。20 多年来，中国的社会发生了很大的变化，社会结构越来越复杂，出现了很多民间组织、非营利组织等各种各样的社会团体。根据中国政府 20 世纪 90 年代提出的建立"小政府大社会"的口号，福特基金会在这方面进行了一些研究资助，主要包含：帮助改善法律框架；法律方面的能力建设，主要是针对法律机构存在的问题做一些培训；资助一些研究机构研究非政府组织。

（2）乐施会①

乐施会是一个独立的发展及救援机构，总部设在香港，宗旨是跨越种族、性别、宗教和政治界限，与政府部门，社会各界及贫穷人群合作，一起努力解决贫穷问题，并让所有人得到尊重与关怀，享有食物、居所、就业机会、教育及医疗卫生等基本权利，在持续发展中建立一个公平的世界。

中国香港乐施会于 1976 年由一群关注贫困问题的志愿者在香港成立。1988 年，在香港注册成为独立的扶贫，发展和救援机构，先后在全球超过60 个国家开展扶贫、救灾、综合发展、紧急援助、教育、卫生和水利等项目，帮助贫穷人群改善生活，自力更生获得发展。2004—2005 年，乐施会在 29 个国家和地区实施了包括经济发展，紧急救援和发展教育方面共 721个项目。乐施会是一个具有国际影响力的发展和救援组织，它由包括中国香港乐施会在内的 13 家独立运作的乐施会成员组成。各国乐施会目标一致，以"助人自助，对抗贫困"为本，虽互不统属，但互相合作。乐施会在中国的项目，由中国香港乐施会统筹，确保符合国情、社情。

从 1987 年开始，乐施会在中国大陆推进扶贫发展及防灾救灾工作，项目内容包括：社区组织发展、农村综合治理发展、增收活动、小型基础设施建设、卫生服务、教育、能力建设及政策倡议等。

1991—2006 年，乐施会在国内 27 个省（市）开展赈灾与扶贫发展工

---

① 资料来源：乐施会昆明办事处提供。

作，资金总额投入超过 3 亿元人民币，受益群体主要是边远山区的贫困农户、少数民族、妇女和儿童、农民工、艾滋病感染者等。

1992 年，乐施会在昆明开设了在香港以外地区的第一个项目实施机构，其后相继在北京、贵阳和兰州设立项目办公室，项目活动内容和规模也随之增加和扩大。中国大陆是乐施会的未来重点工作地区，目前一半以上的项目在中国，重点工作地区是云南、贵州、广西、广东、甘肃、陕西和北京。2005 年，中国香港乐施会中国部正式成立，专门管理日益扩展的中国项目。

乐施会扶贫理念是：每个人都有权得到尊重与关怀，享有食物、居所、就业、教育及医疗卫生等基本权利，在持续发展中建设一个公平的世界。基于这一信念，在中国国内开展了 9 个主题工作，主要是农村生计、农民工权益、基础教育、农村卫生、艾滋病防治、救灾防灾及环境保护、民间团体发展、两性平等、世界公民教育。

乐施会在中国开展援助项目的目标：一是享有可持续生活保障权利，包括贫困群体可以使用及掌握生产资源，有条件参与市场，并获得合理回报；贫困群体更大程度地保护及合理利用赖以为生的自然资源；农民工的生活和权利得到保障和改善。二是享有基本服务的权利，特别是支持贫困群体获得卫生及基础教育服务。三是享有生命安全受保障的权利，增强在灾害多发区贫困群体与当地政府抵御人为或自然灾害的能力。四是享有被聆听的权利，加强民间团体及贫困群体自助互助的能力，并能够对发展政策提供建议。五是平等的权利，包括促进两性平等，揭露及阻止性别歧视及其导致的暴力。六是做负责的世界公民，提升大众对贫穷问题的认识，以及对社会不公的理情的关注及批判。

乐施会在云南开展的项目较为广泛，涉及的地区也较多，仅扶贫与赈灾项目总投资达到了 6450 万元人民币，覆盖了 27 个贫困县，是云南省最有影响的非政府机构之一。

（3）美国大自然保护协会①

美国大自然保护协会成立于 1951 年，总部设在华盛顿，是目前世界上最大的非政府、非营利性的环境保护组织，在美国拥有 120 万会员，其机构的使命是通过保护土地和水体等栖息地的方式，保护代表地球上生物多样性的植物、动物和自然生态群落，提升人类福祉。应中国政府之邀，协会通过与中国的各级政府部门和机构合作，1998 年，在云南省的昆明设立办事处，随后又在丽江市和德钦县设立了办公室，开展项目活动。"滇西北保护与发

---

① 资料来源：美国大自然保护协会昆明办公室。

展项目"是美国大自然保护协会在云南省开展的最重要的保护工作，对于推动滇西北"三江"并流成功申报世界自然遗产起到了积极的作用。此外，还协助云南省在滇西北建立了4个国家公园，有效地开展了替代能源项目、绿色建筑项目、改善公众环境教育状况项目、绿色乡村信贷项目、自然保护区贫困社区可持续发展项目、可替代能源项目、生态旅游项目等。

美国大自然保护协会努力帮助中国履行生物多样性公约，在保护生物多样性宏观战略上提供科学依据。大自然保护协会非常重视基础研究工作，在项目开展之前，都会建立一套比较完备的信息数据库，为项目实施铺平道路。这些工作还推动了中国政府环境保护政策的制定。对中国国家政策影响较大的项目主要有：《保护区早期调研项目》《中国生物多样性保护远景规划》《外来入侵物种项目》《绿色采购与森林可持续经营》等。正是由于美国大自然保护协会在云南省的杰出工作，得到了前国家领导人江泽民的肯定，并希望大自然协会在中国的工作能从云南省拓展到全国。2002年，协会在北京设立了办事处。美国大自然协会进入中国的目标是将协会在全球其他地区获得的成功经验应用到中国更多的地区，促进中国建设资源节约型和环境友好型的社会，推动中国社会经济可持续发展，力争在2015年之前实现15%的重要生物保护区域得到有效保护。

（4）互满爱人与人国际运动联合会①

互满爱人与人国际运动联合会是一个非宗教、非政治性的国际发展机构，致力于国际合作发展，把团结的人道主义精神视为寻求国际发展努力的基础，在不同社会发展领域内，如教育、扶贫、农村发展、艾滋病防治等，开展项目。云南省是互满爱人与人进入中国的第一站，2001年在玉溪市建立了云南发展培训学院。在2007年云南省扶贫办外资项目管理中心和互满爱人与人组织联合组成了云南省互满爱人与人合作项目办公室，主要任务是设计项目，寻找资金支持，然后组织实施扶贫项目。

3. 世界银行

世界银行，即世界银行集团，简称世行。世行由五个机构组成：国际复兴开发银行（简称IBRD）、国际开发协会（简称IDA）、国际金融公司（简称IFC）、多边投资担保机构（MIGA）、解决投资争端国际中心（ICSID）。总部设在美国华盛顿特区，现在有成员国185个，并在100多个国家设有代表处，是联合国属下负责长期贷款的专门国际金融机构。

世行开发了各种不同的方式来满足发展中国家的需要。世行有两个主要

---

① 资料来源：云南省互满爱人与人组织合作项目办公室提供。

的贷款机构：国际复兴开发银行和国际开发协会。国际复兴开发银行主要向发展中国家提供中长期贷款，一般利率低于市场利率，成为中等收入国家实行改革和筹措公共服务资金的一种低成本选择。与商业银行相比，国际复兴开发银行贷款的还款期比较长，达15—20年，3—5年后才开始还款。国际开发协会向世界上最贫困的国家提供赠款和信贷，帮助它们减贫。信贷是无息的，还款期35—40年，宽限期10年。多边投资担保机构为投资者和贷款者在发展中国家规避金融和政治风险提供担保，承保战争和内乱等非商业性风险。这个协会成立至2010年，提供信贷和赠款已超过1810亿美元。

世行致力于在全世界减少贫困，主要通过促进增长，创造经济机会，并帮助贫困人口利用这些机会。世行着眼于帮助最贫困的人民和最贫困的国家，为实现这一目标，世行协助成员国政府投资兴建学校和医疗设施、供水供电、防治疾病、保护环境。世行利用资金、人员及其丰富的经验，帮助发展中国家减少贫困，加速经济增长，提高生活质量，建立公平的竞争环境，增强其对外资的吸引力。

世行已成为世界上最大的教育项目资助机构；世界上艾滋病防治的主要资助机构之一；在世界反腐败斗争中走在前列；支持对最贫困、负债最重的国家的债务减免；是世界上生物多样性项目的主要资助机构之一；与世界反贫困、环保、卫生、健康等多种组织建立了合作伙伴关系；为贫困人口提供清洁水、电力和交通服务；对支持公民社会组织的建立，并通过他们提供赠款，促进社区发展；帮助冲突后国家重建；倾听贫困人口的呼声。

世行也负责管理若干赠款机构，为农村发展、卫生、教育、经济政策、环境保护、私营部门发展等领域的项目提供支持。世行在发展经济学、反贫困、贸易、全球化、环境等领域是世界上最大的研究机构。世行还设有为卫生、教育、营养、金融服务、司法、法律、环境等领域提供咨询的专业部门。世行办有世界银行学院，专门提供教学和信息服务。

1980年5月，世行执行董事会正式恢复了中国在世行集团三个机构中的代表权，从此中国在经济建设和社会事业各领域相继引入了大批世界银行贷款，成为解决国内经济和社会发展所需资金的一个很重要的来源。在扶贫领域，世行与中国的合作最早，投入规模最大。至2012年，世行与中国已开展了五期项目，其中有两期项目覆盖了云南省16个贫困县。世行对中国扶贫的贡献不仅仅是资金，而且还有先进的方式、方法、管理、技术，对中国扶贫作出了特殊的杰出的贡献。世行在云南省实施的两期扶贫项目，对项目区的影响却是全方位的，对政府管理效能、思维方式的提高产生了积极作用。世行第一期扶贫项目从1995年开始至2002年，第四期项目从2005年至 2012 年，两期项目在云南省实施的时期共计 14 年，产生了深厚的影响，如今在国内实施的许多政府扶贫项目中都可见世行项目管理的影子。

在新千年里，世行把联合国通过的"千年宣言"八个发展目标作为发展路线图，据此确定工作重点，致力于帮助各成员国实现这些目标。

4. 欧盟①

欧洲联盟（简称欧盟，European Union，EU）是由欧洲共同体（European communities）发展而来的，是一个集政治实体和经济实体于一身，在世界上具有重要影响的区域一体化组织。欧盟对华援助是通过欧洲委员会驻华代表团进行的。欧洲委员会驻华代表团表示：欧盟以全方位、富有活力的合作项目，全力以赴支持中国的改革开放进程。根据 1998 年和 2001 年的文件，欧洲委员会已正式制定采纳了《2002—2006 年对华国家战略文件》，提出优先援助以下三个领域：第一是经济和社会改革。约 50% 的预算资金用于支持这一进程，尤其是在能力建设和加强机构建设方面，帮助中国履行加入世贸组织时承诺的义务。此外，该预算还资助中国社会保障体系的改革，以减少贫困，并最大限度地降低经济改革所带来的副作用。第二是可持续发展。预计 30% 的预算将用于帮助中国更好地实现环境保护、社会发展和经济增长之间的平衡。第三是高效治理。约 20% 的预算用于旨在促进法治、培育基层民主和公民社会、维护经济、社会、政治和公民权利等目的的项目。《2002—2006 年对华战略文件》拟定了一项 2.5 亿元的预算方案，指定用于支持 2002—2006 年期间的欧盟在华项目。这些项目巩固了欧盟的总体对华政策。这些政策包括：进一步将中国融入世界经济和贸易体系，并帮助中国向法治和尊重人权基础之上的开放型的社会过渡。欧盟对外援助也旨在加强欧盟成员国在欧盟外援和双边开支问题之间的协调，以更好地利用欧盟的资源，同时提高欧盟在中国的形象。欧盟和中国的合作正逐渐超越传统的发展援助范畴，进入诸如司法援助、社会改革、教育、环境等领域。

欧盟在中国已开展的主要扶贫项目有：西藏自治区白朗县农村综合发展项目、甘肃基础教育项目、中欧奶类发展项目、水牛发展项目，云南红河环保和扶贫项目。水牛发展项目旨在通过育种计划，开发中国南方的水牛资源，增加水牛的畜力，提高肉类和牛奶产量，改善农民，特别是少数民族和贫困山区农民的经济情况，项目内容包括提供肉牛和奶牛，通过杂交改良遗传特性，提高水牛的品质，项目执行期为 1997—2002 年，受援地区为云南省、广东省和广西壮族自治区。云南红河环保和扶贫项目，旨在帮助受援地

---

① 见国务院扶贫办外资项目管理中心《反贫困国际合作在中国》，2004 年。

区消除贫困，保护和改善生态环境，提高群众的环保意识，加强部门之间的合作，试验及推广跨部门的自然资源保护、农村发展及扶贫的方法。项目为技术人员和地方官员提供培训，支持农民投资，并进行水利资源管理等活动，项目执行期从1997年11月10日至2000年12月30日。中国—欧盟经济、社会和文化权利领域合作项目，是外交部代表中国政府与欧洲共同体签订的，项目覆盖金平和麻栗坡两个县，项目实施期为2003年7月18日至2004年7月17日，是迄今为止在云南省开展的最大经济、社会和文化权利领域合作的项目，也称为人权项目。

5. 英国国际发展部

英国国际发展部是英国政府负责援助发展中国家消除极端贫困的部门，2003年在北京成立了中国代表处，全权负责英国国际发展部在中国的发展战略和具体项目。英国国际发展部在中国将工作重点放在中央政府的扶贫计划，以及针对最为贫困的西部农村的扶贫项目，其援助的基本原则和方向是致力于支持中国政府实现"千年发展目标"，消除极端贫困，确保环境的可持续发展及提高教育和公共卫生水平，通过技术合作的形式提供理论知识及实践经验以帮助实现以下三个目标：一是使人们拥有生产和生存的能力——为私营部门发展、技能开发、自然资源管理，以及用水与公共卫生创造良好环境；二是使人们受教育、有文化——确保所有儿童，尤其是女孩，有条件享受并能完成高质量的基础教育；三是使人们更加健康——改善妇幼保健，HIV/AIDS和肺结核病的防治，改善医疗服务和医疗体制改革。英国国际发展部在云南省开展了艾滋病防治项目和环境发展与扶贫项目，还与世行在云南省实施农村贫困社区发展项目——世界银行与英国政府混合贷款扶贫项目，也称为世行第四期扶贫项目。

第二节　外资扶贫与云南扶贫工作的相互借鉴与交融

20余年来，国际援助组织参与了云南省所有的扶贫工作，涉及了政府主导的所有扶贫领域。从以下云南省开展的扶贫工作看，可以了解到国际援助组织所起的作用，足以证实国际援助组织成为了云南省一支特殊的扶贫力量，是云南扶贫开发的重要组成部分，起到了特殊的作用，作出了特殊的贡献。

一　积极促进云南省的发展

对云南省投入较多，影响较大的国际援助组织大多强调自己不是慈善组织而是发展组织，致力于帮助贫困地区的发展，通过帮助贫困地区和贫困人群发展而脱贫。世行、亚行、农发基金、联合国机构等国际多边援助组织把帮助发展中国家的发展作为宗旨和目标之一。一些在云南省持续多年从事发展与救援事业的境外 NGO，如福特基金会、乐施会等，都强调自己是发展组织，要求接受帮扶的项目地区和人群制订出发展计划，并按计划提供帮助，以实现发展的目的。

自 20 世纪 80 年代以来，云南省经济决策部门在生产力布局方面有意识向贫困地区、民族地区倾斜，在公路、铁路建设，旅游产业发展，大中型水利水电站建设等方面，都尽可能地把项目优先布局在贫困地区、民族地区，以大工程带动大发展。80 年代以来，国家、省在民族地区、贫困地区布局的重大工程是历史上最多的。1993—2012 年，贫困地区和民族自治地方的经济发展速度超过了全省平均速度，出现了追赶之势，除各专项扶贫投入外，重大工程建设对贫困地区经济社会发展的拉动是非常大的。国际金融组织和外国政府也积极参与到了云南的产业布局之中，对公路、铁路、自来水等工程提供了贷款，同时引入了许多先进的管理方式，如项目招投标、工程物资采购招投标、项目监测、评估等，促进了云南省贫困地区的项目管理水平，产生了非常好的效果。与此同时，一些国际援助组织主动与云南省产业布局相结合，在项目设计时有意识结合公路的改善和大型工程建设可能出现的商机，帮助项目区建立市场、发展有市场潜力的产业、培训贫困人群的产业发展技能、在公路沿线开展艾滋病防治宣传活动等。也有一些国际援助组织有意选择国家、省重大项目无法覆盖的地区开展项目，起到拾遗补缺的作用，在一定程度上帮助地方弥补了发展差异，扩大了项目的影响力。

二　尊重云南省的分类指导扶贫

对不同类型的贫困地区实行分类指导，量化工作标准，明确扶贫责任是云南省扶贫的重要措施与方式，能够较好地提高扶贫的针对性、瞄准率。云南省扶贫开发领导小组针对各地的资源条件、生产力发展水平、社会发展程度和扶贫开发工作的特点，按照高寒山区、山区、半山区、坝区和边境民族地区五种类型进行分类指导，分配扶贫资源。在政府引导下，高寒山区、民族地区、边境地区和少数民族贫困人群成为了国际援助组织的重点扶持地区和人群。国际援助组织进入云南省参与扶贫以来，按照分类指导原则，对少数民族地区和少数民族贫困群体进行了重点扶持，有 80% 的项目布局在民族地区，并根据不同的民族贫困群体制订出适宜的扶贫方案，有的放矢，产生了很好的效果。

三　以工代赈成为外资扶贫的有效措施

以工代赈主要是为了改善贫困地区和贫困人口的生产生活条件而进行

的。以工代赈投入的目标主要是乡村道路建设、农田改造、兴修水电站和水利设施、治理水土流失、环境保护、植树造林等小型基础设施建设。2001—2009年，云南省共投入以工代赈资金24.43亿元。世界银行两期项目和农发基金两期项目都采取了这一方式，把农民投入的工时折价计入配套资金中。一些境外NGO也把这一方式作为一项很好的扶贫方式进行实践。在基础设施建设中，外方投入建筑材料，贫困人口投入劳动力，解决了不少的水设施、能源设施、公路、桥梁等设施。在实践中，国际援助组织做得更细致和更扎实，采取参与式方法让农民决定最需要解决的项目，然后聘请专家进行设计和技术指导，增加农民的参与意识和归属感，使项目工程在完工后，仍能够得到较好的维护。国际援助组织这一做法得到政府和贫困人口的肯定，并把这一方式向一些贫困国家推广。

四 产业扶贫成为外资扶贫的重要方式

产业扶贫是通过扶持适宜贫困地区发展的产业，达到调整产业结构、增加收入、脱贫致富的目的。发展产业是扶贫的根本途径。云南省扶持贫困地区产业发展不仅是扶贫办的主要工作内容，而且已成了全省各级政府、各部门、各单位、各种组织的一致行动。扶贫的投入者均是从各自的角度和力所能及的范围，帮助贫困人口发展适宜的产业。云南省政府、省扶贫办和各部门、社会团体，以及国际援助组织等通过改善生产条件，注入资金、信息、科技等，除帮助贫困户发展种植业、养殖业等外，还帮助贫困地区开发具有比较优势的资源，如旅游业、矿产业、林业，农产品加工业，打造地方支柱产业、特色产业等，特别是对能够带动农民致富的龙头产业，政府和各部门，以及世界银行给予了财政、信贷支持。2001—2010年，全省共投入财政专项扶贫、贴息、互助资金等资金13.8亿元，扶持龙头企业251家，帮助370多万农户发展产业，贫困地区新增经济作物和林果近3000万亩，新增大牲畜出栏1000万头，经济增长速度超过全省平均水平。在产业扶持方面，世界银行、农发基金、外国政府、非政府组织参与较多，也是各类国际援助组织扶贫的重点之一。

五 科技扶贫成为外资扶贫的重点并进行了许多创新

云南省围绕生产活动和经济建设的需要，在贫困地区实施了科教扶贫，由各科研院所、大专院校、科委、科协带头对贫困地区开展科技扶贫。科技扶贫本着"实际、实用、实效"的原则进行，涉及的内容主要有基础教育、干部培训、实用技术培训、推广先进的种植方式和优良品种、选派科技干部到贫困地区挂职、贫困地区的干部交流到发达地区任职等。各类国际援助组织非常重视贫困地区和贫困人口的能力建设，在几乎所有的扶贫项目中都要进行培训，培训内容涉及的领域非常广泛，从项目规划、项目管理到项目涉

及的内容，以及帮助贫困人口提高生产技能、增进法律意识保护自身的权
益、增加疾病防治知识、掌握先进的生产技术等，受到了贫困人口的欢迎，
认为非常实用，特别是世行项目的培训内容和工作程序培养了一大批项目管
理人员和参与人员。欧盟的人权项目重点就是培训贫困妇女，特别是少数民
族贫困妇女，提高了妇女在各方面的能力，效果非常好。各类境外 NGO 进
入云南后，大多把各种能够增加贫困人口能力和知识、技能的培训作为重点
工作。经过 20 多年的科教扶贫，大部分农户掌握了 1—2 门的实用技术；地
膜覆盖和良种推广等先进的种植方式得到普及，使一些贫困地区形成了优势
产业和特色产业；贫困地区的干部素质和人口素质得到了提高，产生了一批
农民经纪人；政府公共服务能力得到了改善和提高。

六　教育扶贫是外资扶贫的重点之一

云南省贫困地区基础教育的办学条件非常差，针对这一情况，云南省委
省政府和教育部门，以及一些社会团体、中央国家机关、上海市等组织实施
了教育扶贫，实施了"希望工程""爱心成就未来特别助学行动""春蕾计
划"等活动，采取了"免、减、助、补、扶"多种形式，结合家庭经济困
难学生综合救助体系和机制，帮助贫困地区和贫困人口接受教育，提高素
质。在教育扶贫方面，世行在云南省开展的两期项目中都把教育项目作为了
扶持内容。在捐资助学方面，一直都是境外 NGO、企业、个人捐赠的重点，
全省各州（市）均获得过帮助，外资扶贫投入到贫困地区基础教育方面的
资源约占外资扶贫总投入的 1/4。

七　文化扶贫日益受到国际援助组织的重视

云南省人类发展水平较低，随着扶贫工作的持续，人们发现文化素质低
也是致贫的又一重要因素，影响着农村生产生活质量和水平的提高。针对文
化致贫和文化对提高生产生活质量及水平的重要性，云南省委省政府结合云
南建设民族文化大省的战略，省委宣传部、省财政厅、省发改委、省广播电
视厅、省文化厅等部门联合在全省开展文化扶贫，先后实施了广播电视
"村村通"、"千里边疆文化长廊"、贫困地区"两馆一站"建设等工程，各
政府部门、社会团体在云南省贫困地区组织了大量文化扶贫活动，送电影、
送演出、送电视，结合当地旅游发展开发民族文化用品、工艺品和饮食等。
在 90 年代中期，美国大自然保护协会就从保护民族文化方面帮助滇西北发
展旅游产业、帮助滇西各民族保护和建设民族文化、申报世界自然遗产，并
获得了成功。在 2010 年后，一些国际援助组织把保护民族文化作为资助的
内容，在红河州申报元阳梯田为世界农业景观遗产中，也得到了国际援助组
织的支持，并有专家始终参与其中。预计今后在文化领域开展扶贫的项目会

增加。如何与国际援助组织开展文化扶贫也是目前云南省需要进一步研究的课题。

八　卫生医疗一直都是国际援助组织的重点之一

因病致贫是云南省致贫、返贫的重要因素。在2000年以前，卫生与健康曾经在人们的观念里是卫生部门的事情，扶贫部门虽然把疾病作为一个致贫的因素，但扶贫部门未把贫困人口的健康问题作为扶贫的内容。改善贫困地区和贫困人口的医疗卫生条件主要是通过制度安排来解决。

在20世纪90年代，世行、外国政府机构、境外NGO就率先在云南实施了卫生扶贫项目，帮助贫困农村建立卫生院、捐赠药品和医疗器械、帮助贫困人口复明、防治结核、疟疾、妇女病等。一些国际援助组织把泰国预防艾滋病的先进做法推广至云南，率先在云南民族地区实验艾滋病宣传预防项目，并把成功的经验推向全国其他地区。世行、农发基金等国际援助组织实施的虽然是农村综合开发项目，但都把改善贫困农村的卫生条件作为重要扶持的内容，乐施会、互满爱人与人等都在农村发展项目中把卫生、健康作为重要内容。进入云南省开展医疗卫生扶贫的机构约占总数的20%。

2005年后，国家和省实施了新型农村合作医疗、加强了农村卫生服务网络建设、实施了农村初级卫生保健规划等，解决贫困地区基本医疗卫生预防保健问题，降低孕产妇和婴幼儿死亡率等，切实解决农民看病难、看病贵的问题。同时，省医疗卫生部门积极提高人均预期寿命，加大了对地方病的防治，降低传染病的发病率，建立重大传染性疾病和重大公共卫生事件预警机制。国家和省加大财政投入的同时，省级政府组织开展了万名医师支援农村卫生工程，完成了城市医师支援国家和省级扶持开发重点县县医院、镇卫生院项目，实施了健康复明工程使贫困失明患者重见光明。

外资扶贫项目在对卫生、医疗、艾滋病预防、儿童和妇女保健方面做了大量的工作，很多国际援助组织逐步把帮助贫困地区改善卫生医疗条件作为扶贫的重要内容，帮助贫困地区建卫生厕所、卫生室、捐赠药品等，一些组织和个人还向一些处于疾病之中的贫困人口捐资捐物。

九　易地扶贫方面取得卓越成就

云南省是一个自然环境复杂的省份，大部分地区生态环境非常脆弱，自然灾害频发。2000年，云南省丧失基本生存条件的贫困人口约为100万人，至2009年还有60多万人。对于这部分人，最有效的方法就是移民和劳务输出。世行西南扶贫贷款项目率先在全国开展了劳务输出项目，劳务输出项目是世行第一次在扶贫项目中的创新设计，难度和风险都非常大，但项目获得了很大的成功，推动了政府把劳务输出作为扶贫的重要措施，建立了劳务输出的培训基地和机构。

　　十　信贷扶贫是外资扶贫最有影响的扶贫方式之一

　　在云南省实施的信贷扶贫主要是解决贫困人口发展种植业、养殖业、加工业等资金问题。信贷资金主要分为中央扶贫专项贷款、中央贴息贷款和国家、省有关部门及上海市在云南省开展的小额信贷，还有国际金融机构、外国政府、非政府组织针对云南省贫困地区开展的扶贫贷款和小额信贷。云南省是各类国际援助组织率先在中国开展小额信贷的地区之一。小额信贷在云南省取得了许多宝贵的经验，经过本土化的实践，国务院扶贫办向全国贫困地区进行了推广，甚至还运用于扶持城镇下岗工人和大学生创业。小额信贷是国际组织较多采取的扶贫方式，无论是世行、农发基金等大规模综合开发扶贫项目，还是一些境外 NGO 开展的小规模项目，都采用了这一方式。进入 2010 年以后，虽然外资扶贫项目在云南省有了大幅度的减少，但一些新进入的国际援助组织和新开展的扶贫项目，仍然把小额信贷作为一项有效的方式，可见国际援助组织现在仍视小额信贷为一种具有生命力的扶贫方式。

　　十一　安居温饱工程是外资扶贫的内容之一

　　这个工程是针对全省居住条件简陋的特困户、部分解决温饱但基础条件较差的行政村开展的。在云南省直接参与到安居工程建设之中的有美国人类家园组织，至 2005 年，这个组织累计投入资金达 1341 万元，帮助了数百贫困农户改善了住房条件，提高了社区的互助能力。在 2005 年以前，在云南省开展的大部分外资扶贫项目直接或间接地与温饱工程有关。在云南省参与实施温饱工程项目的国际援助组织在政府的配合下，帮助一些贫困家庭和村寨改善了饮水、交通等设施条件，还引入了一些先进的种植、养殖技术和优良品种，帮助贫困人口增加产量和收入。

　　十二　劳动力培训是外资扶贫最为重视的方式和内容

　　国际援助组织对于劳动力的培训非常重视，程度远超过了中方。几乎所有的外资扶贫项目从始至终都把培训贯穿于始终。外资扶贫项目在云南省实施的 20 多年间，积累了丰富的培训经验，很多已应用于中方的项目之中，特别是在劳动力培训方面大量引入了外资普遍使用的参与式方法和社会性别优先意识的工具，取得了意想不到的好效果，如今在云南省扶贫部门的培训中能够看到外资扶贫项目带入的许多方法，提高了培训效率。

　　十三　"整村推进"利用了外资扶贫项目引入的新方法

　　2003 年，为了提高扶贫效率和覆盖更多的贫困人口，根据贫困人口的分布情况和贫困的特点，国务院决定采取"整村推进"的扶贫方式。通过整合扶贫资源，在较短的时间中使被扶持的村在基础设施和社会服务设施、生产和生活条件，以及产业发展等方面有较大的改善，并使各类项目能够相互配合以发挥更大的综合效益，从而使贫困人口在整体上摆脱贫困，提高贫困社区和贫困人口的综合生产能力和抵御风险的能力。全国确定了14.8万个贫困村作为整村推进村，其中云南省有11344个。云南省除扶持已列入重点村的自然村外，对未列入重点扶持村的贫困村逐批进行扶持。2006年，云南省委省政府《关于加快"十一五"时期农村扶贫开发进程的决定》，确定到2010年完成4万个30户以上贫困自然村的整村推进任务，出台了云南省"十一五"整村推进规划、《云南省关于加强整村推进扶贫开发工作的实施意见》《关于共同做好整村推进扶贫开发构建和谐文明新农村工作意见的通知》等重要文件。按照缺什么补什么的原则，重点建设乡村公路、电网、广播电视接收站、基本农田、小水窖、沼气池、小产业等，并且确定了"统一规划、统筹安排、各负其职、渠道不乱、用途不变、相互配套"的原则整合部门资金，形成"整村推进"的合力。值得一提的是，贫困村的划分借鉴了亚洲开发银行指标体系，"村级扶贫规划"是由世界银行扶贫项目中"典型村设计"引入，而后被广泛运用于国际援助组织在国内开展的扶贫项目中的村级发展规划。此外，云南省实施的"整乡推进、连片开发、特殊困难群体和区域重点帮扶"等方式，都是根据自身的贫困特点探索出来的，成为了云南省扶贫体系的重要组成部分。

国际援助组织主动与云南省的扶贫重点与方式相结合，积极把自己的扶贫理念、模式、方式植入到云南省扶贫工作的所有方面，并且要求在参与的过程中创新，尽可能产生更大的效益。虽然国际援助组织投入的扶贫资源很少，20年总计不到云南省财政扶贫投入的两个百分点，事实上国际援助组织的影响力超过了国内同等规模的项目。国际援助组织在整乡、连片开发中能够以自己的特长和优势，在某一方面起到帮助贫困地区和贫困人群改善生存状态的作用，以弥补政府扶贫方面的空白和遗漏为主，起到了四两拨千斤的作用。国际援助组织在云南省开展扶贫项目时，非常注重与云南省的扶持重点相结合，刻意把项目安排在特殊困难区域，同时对特殊困难群体给予最大限度的倾斜。根据扶贫部门的估计，80%以上的外资扶贫项目布局到了集中连片特殊困难区域，大部分项目覆盖了特殊困难人群。

第三节　外资扶贫投入的重点、规模与特点

一　民族地区和少数民族贫困人群是外资扶贫的重点

中央和省一级政府希望通过国际援助组织对真正贫困的地区进行扶持，

并且通过对贫困地区的扶持获得可以在更大范围内推广的成功模式、方法。只要国际援助组织能够真诚与政府合作，尊重中国的法律法规和少数民族地区的文化传统，都能够在省内任何民族地区开展扶贫项目。在过去的20余年间，在国际援助组织的要求、政府的支持下，外资扶贫在云南省呈现如下特点：

（1）与政府的扶持重点地区和重点人群重合；（2）与云南省的贫困现实重合；（3）突出扶持了项目区民族贫困人群。

进入云南省的国际援助组织，无论是官方，还是境外NGO，扶贫的目标地区和目标人群都是想办法瞄准云南省最需要帮助的贫困地区和贫困人群，给予这些地区和人群关怀与帮助，减轻由于贫困带来的痛苦。为了达到帮助最贫困人群的目的，在立项时国际援助组织往往主动听取专家和政府官员的建议，确定哪些地方是最需要帮助的地区和人群，并且这些需要帮助的地方和人群的需要与国际援助组织的专长更接近，才会确定项目区。国内的专家和政府官员往往会根据国际援助组织性质、宗旨、理念、资金情况等，建议国际援助组织到少数民族贫困地区开展项目，建议尽可能把扶持对象确定为最需要帮助的少数民族，即使项目不在少数民族地区，只要有少数民族贫困人口，项目仍然会把少数民族作为重点扶持对象，世行、联合国机构、欧盟、德国等政府以及若干境外NGO，大部分都把民族地区作为项目区，课题组收集到的数十项外资扶贫项目资料反映，有80%以上的外资扶贫项目把少数民族地区作为了项目区。同时，在确定需要帮助的贫困人口方面，因为国际援助组织有一套较为先进的识别贫困人群的方法，比国内项目做得好，同样内容同样规模的项目，贫困人口在外资扶贫项目中获得的帮助和尊重明显要高于国内项目。例如，云南省世行贷款西南扶贫项目，1992年项目区有113.08万贫困人口，少数民族人口29.2万人，参与项目实施的少数民族人口达18.85万人，占项目区少数民族总人口的64.04%。这个项目覆盖的少数民族以苗族、彝族为主，大多数居住在自然环境条件比较恶劣的边远山区，自我发展能力较差，生活贫困，经济收入低，粮食短缺，商品意识淡薄，没有能力改善人居环境，长期过着缺衣少食，住房简陋，人畜混居的贫困生活。加上出门难、就医难、上学难、吃水难，因病致贫、因灾致贫的情况普遍存在。世行有意识地加大对少数民族的扶持，采取参与式等方法激发少数民族贫困人群参与到项目之中，使之获得帮助、提高、体验。通过7年的项目实施，监测评估证明：项目区少数民族群众的生产生活和精神面貌有了很大的改变，科技意识增强；基础设施条件改善，生产生活水平提高；扩宽了农业生产领域，农民收入有了较大幅度增加；教育投入增加，教学设施得到改善，小孩上学难的情况全面缓解；医疗卫生设施的改善，看病难的状况基本解决；参与劳务输出的少数民族占劳务输出的 13.1%。

世行和英国政府混合贷款贫困农村社区发展项目（PRCDP），云南省项目区涉及的 6 个县都是国家重点扶贫开发县，即：昌宁、龙陵、永德、沧源、西盟、孟连，而且都是少数民族人口较多的地区，其中沧源、西盟、孟连是少数民族自治县。项目区内主要居住的少数民族有彝、佤、傣、布朗、白、傈僳、苗、拉祜、爱伲等。项目覆盖的少数民族人口从项目开始的22.36 万人增加到结束时的 25.22 万人，占项目区总人口的 57.34%，并有76.27% 的贫困农户及其劳动力参与了生产性活动。项目结束时，少数民族贫困群体的贫困发生率从 2004 年的 70% 下降至 2011 年的 47.6%，其中项目区佤族的贫困发生率从 56.3% 下降到 31.2%，拉祜族的贫困发生率从51.6% 下降到 37.9%，彝族的贫困发生率从 76.1% 下降到 39.6%，苗族的贫困发生率从 81.3% 下降到 65%，布朗族的贫困发生率从 61% 下降到11.0%，傣族的贫困发生率从 23.9% 下降至 10.5%，其他少数民族的贫困发生率从 31.2% 降至 19.2%①。

欧盟与省扶贫办外资扶贫项目管理中心合作实施的两个项目，也是完全覆盖了民族地区和少数民族贫困人群，即：欧盟—中国云南红河环境保护与扶贫项目、欧盟人权项目。这两个项目都是在民族自治地方实施的，受助人群是少数民族为主，其中特别强调少数民族妇女参与。在人权项目中，明确了通过项目的实施提高少数民族妇女的经济社会地位，改善她们的生产生活条件和增强她们个人能力。

中国香港乐施会一进入云南省就特别强调在民族地区，开展扶贫活动，受援的重点人群确定为少数民族，如楚雄州南华县雨露白族乡铅厂村委会项目社区，是彝族州中的白族居住地；昆明市禄劝县项目社区是彝族苗族自治县；大理州剑川县象图乡、鹤庆县的六合彝族乡、金墩乡、松桂乡都是自治地方，项目尽可能兼顾了自治民族中的其他民族。此外，中国香港乐施会在昭通、兰坪、丽江、保山等民族地区还开展了大量的洪涝、冰凌、雪灾、地震、泥石流、虫灾等救灾活动，受援者中少数民族占了主要比重。

爱德基金会的项目也主要在民族地区开展。项目主要集中在德宏州的陇川县陇把镇、章凤镇，这两个镇的少数民族人口比重超过 55%，主要以傣族、景颇族、德昂族为主；丽江市华坪县的爱德基金会项目主要集中在石龙

① 见云南省外资项目管理中心《世界银行/英国国际发展部贫困农村社区发展项目评估报告》，2012 年。

坝彝族傣族乡的两个村委会，是傣、彝、傈僳等民族居住的地方，而且偏僻、交通不便；爱德基金会双江拉祜族佤族布朗族傣族自治县项目主要布局在忙糯乡，项目在实施过程中强调傣族贫困人口参与的比重。在项目设计和实施、监测评估和验收中都非常重视贫困人群特别是傣族等少数民族的需求，需要是否获得了满足，满足的程度如何。镇康县项目区的少数民族占总人口的比重32%，主要有佤、傣、彝、傈僳、德昂、苗、布朗、拉祜等，扶持的重点人群也是少数民族。

互满爱人与人的项目主要分布在临沧市的镇康县、临翔区、耿马县、沧源县，其中耿马和沧源都是民族自治县；红河州的元阳县也是自治地区，项目区沙拉托乡99.3%的人口是哈尼族、彝族。

2013年，实施的国际农发基金"云南农村综合发展项目"，仍然突出了对民族贫困地区和少数民族贫困人口的扶持。这个项目区域主要分布在云南省曲靖市的富源县、师宗县、沾益县，玉溪市新平县，德宏州芒市，怒江州泸水县、福贡县、贡山县、兰坪县等9个县（市），其中新平、芒市、泸水、福贡、贡山、兰坪都是少数民族自治地方。在项目区人口中，少数民族人口占到了60%以上，其中福贡、贡山、泸水占到了90%以上。项目要求少数民族的生活水平、生产环境、卫生、婴幼儿死亡率都必须有一个改善，并且把少数民族贫困人口的各项扶持指标专列为监测内容。

二　投入的规模

外资扶贫投入的资金相对于政府和中国社会来说，只是很小的部分，但却起到了四两拨千斤的作用。外资扶贫资源不仅有资金、物资的投入，也有理念、技术、方法、服务等的投入。由于国际援助组织的性质、宗旨、资金来源、管理方式等不同，投入的方式、方向、内容各有不同。

自20世纪80年代至2012年末，国际援助组织在云南省的扶贫已进行了20余年。在1994年以前，外资扶贫投入的资金主要以境外NGO的赠款为主，据不完全统计约有1亿元人民币。当时对资金匮乏的云南省反贫困领域来说，是一笔不小的资金投入。1997年，云南省外资扶贫项目管理中心成立，成为了云南省政府利用外资扶贫的管理、协调、对口、实施单位。至2012年，通过云南省外资扶贫中心实施的项目累计资金达到了约17亿元人民币。1995—2012年，与省内州县地方政府、省级政府部门、社会团体、事业单位、民间机构合作实施的外资扶贫项目数千个，项目覆盖了云南省大部分州（市），涉及了几乎全省所有的民族贫困地区，受惠人口达数百万之多。从90年代初到2012年，全省外资投入的扶贫资金累计有28亿元左右，在云南省不到财政投入扶贫资金的2%，但是作用和影响远远超过了国内同等资金的同类项目，从一定程度上证明了外资扶贫项目具有比国内项目更为先进的地方。

三　投入的特点

1. 不同的国际援助组织有不同的投入方式

云南省外资扶贫资金主要来自世界银行、联合国机构、外国政府，其次是境外 NGO 和个人。国际金融组织主要是低息贷款，贷款分为软贷和硬贷，其中一些贷款是有限制条件的，如必须采购指定的物资，当然不乏引入先进的技术和先进管理的贷款。世行也有一些赠款，但只是很小的一部分。无偿援助有资金、物资、技术、人力等资源。国际金融组织和政府援助往往需要财政资金配套，贷款资金需要还本付息，外国政府和境外 NGO 的援助资金大多是赠款无须偿还。从全省的情况看，只有20%左右的外资扶贫资金是境外 NGO 投入的，其中在国际上影响较大的福特基金会、中国香港乐施会、香港救世军、国际宣明会等组织投入较多。

2. 投入的领域非常广泛

与国内扶贫项目相比，外资扶贫项目涉及的范围要比国内项目广，因为：一是由于国人对贫困的理解较为狭窄，认为贫困问题是温饱和收入问题，贫困人口存在的难题是增收难、上学难、就医难、行路难，因此国内项目大多投入到这些项目之中。二是由于国内项目大多是政府主导社会参与，资金主要来源于政府，因此对于扶贫的投资方向和用途必须名正言顺，不能授人口实或产生疑义，基本上都投入到国家提倡的扶贫项目之中。三是体制的原因，中国是一个"小社会大政府"的体制，越是贫困地区，政府越强势，贫困人口的自我发展能力较弱，而政府部门有着严格的事权，农业部门不能管工业的事情，工业部门不能管医疗卫生行业的事情，因此参与扶贫的部门只能管理部门分内的事情。四是长期以经济效益为中心的思想制约。长期以来，在中国各级决策者和干部的思维中，评价扶贫效果好不好往往与增加了多少收入和建立了多少学校公路等基础设施挂钩，这就会造成扶强不扶弱的情况，真正的贫困人口没有获得帮助。

3. 投入的方式较为灵活

相对于国内项目来说，由于外资扶贫项目的资金来源非常宽泛，对于贫困的理解是从广义的角度，而不仅仅从物质方面看贫困，也从权益、精神、生活环境、社会机会、安全保障，甚至从代际方面去看，只要与贫困有联系的事和原因都可以关注，并且提供帮助。例如，一些动物保护组织并未把眼光集中在动物的权益上，有的通过帮助栖息地的居民改善生活生产条件，提供新的生计方式，减少对动物的干扰；一些环境保护组织，通过帮助社区发展手工业等，减少对野生动物的猎杀；有的建立保护区，减少对环境的压力，达到环保的目的。

虽然一些国际援助机构并不是发展组织，也许是卫生组织，或者动物、环境保护组织，但它们往往根据贫困人群的需要开展项目，并不局限于组织的性质，而是忠实于自身的宗旨、理念，因此一些环保组织也开展农村综合发展项目、教育卫生项目、能力培训项目；一些为某种疾病建立的组织也往往加入到扶贫之中，通过改善病人的生产生活条件，而减轻贫困的痛苦等。

4. 强调实验性、创新性、参与性、可持续性

在云南省实施的外资扶贫项目，特别是世行、农发基金、联合国机构的项目，很多都是试验性的，并强调实验成功后进行示范、推广，如中英合作—云南环境发展与扶贫项目（政府双边合作），意图就是加强云南省制定和实施《21世纪议程》的能力，制定并实施总体战略，开展示范项目。欧盟—中国云南红河环保与扶贫项目（先导）和欧盟人权项目都是具有试验、探索性的项目。一些项目则是在其他一些发展中国家较为成功，在云南实施成功后，提供给其他扶贫项目学习、仿效，通过一个或者几个项目的实施带动一片，在项目实施的过程中很注重试验与总结，既可使项目能够取得较好的社会效果，也能通过项目的实施带动其他地方扶贫，还能获得更多的支持，特别是捐赠。

许多外资扶贫项目在投入之前、之中，都一直强调创新性。创新才会产生更大的效益、更大的影响、才会具有更强的可持续动力。创新也让一些合作部门感到了压力，甚至不愿合作。几乎每一个国际援助组织在实施项目中非常看重创新。创新可以获得更好的效果和产生较大的影响，提升扶贫机构的扶贫能力。大部分进入云南省的国际援助组织都极力在运用国际先进的方式和方法的过程中，尊重本土经验，在本土化进程中处处重视创新，这一点云南省项目区各级政府在扶贫工作中感触很深。例如，在整村推进中，为了解决长期困扰国内多年的贫困人口对于扶贫开发项目参与度不高、拥有感不强、项目难以持续的弊端，云南省扶贫办同意国际援助组织通过扶贫项目引入社区主导型发展模式（Community Driven Development，CDD）。社区主导型发展模式的核心是把资源的决策权、控制权、使用权和监督权交给社区，通过激发社区潜在的社会资本和提高地方治理水平，在社区建立一个自我组织、自我管理、自我发展的可持续机制，同时促进政府向服务型政府转变。虽然这种方式在中国早已得到广泛运用，如"走群众路线""发动群众""从群众中来，到群众中去"等，但在项目的操作和效果上却有着本质的区别。不可否认的是国际援助组织已完善

了社区主导型发展模式中的方式、方法、手段和赋予了许多新的理念，如加强了社区农民的自身能力建设、赋予社区对扶贫资源和项目的决策权和处置权，让贫困人口的意愿和主体地位得到应有的尊重等方面都为贫困群众所接受。

参与性，几乎所有的外资扶贫项目都强调贫困群体的参与，尽可能地通过参与式方法，识别出真正需要帮助的穷人，使项目的实施者了解到贫困地区和贫困人群的真正需求，使贫困人口通过参与项目表达自己的需求从而得到最大限度的满足。参与式方法还能提升社区的凝聚力、组织能力，使参与者通过参与项目在能力上获得提高，并且对项目产生认同感，让项目在结束后尽可能持续下去。参与式项目具有很多直接和间接的积极效应，得到了几乎所有的国际援助组织的推崇。

可持续性，外资扶贫项目从立项时就会考虑到项目的可持续性。项目不具有持续性是中外扶贫项目中存在的重大缺陷，由于国内扶贫项目是自上而下和外部一厢情愿投入的项目，项目区民众对项目没有归属感，认为是政府的工程，与自己关系不大，不主动维护项目所建的公共设施；对于一些扶贫项目扶持的新产业，只要扶持一结束，也就不再投入和管理。为了解决项目的可持续性，外资扶贫机构往往采取参与式扶贫方法和社区主导型扶贫模式，使贫困社区和农户意识到所有的项目都是自己的，是我们要发展，于是愿意建立制度和出资出力做好项目的后续管理，在项目结束后继续维护已建的设施、把扶持的产业坚持下去；同时项目本身的一些好的方法在其他项目或非项目区也可以得到更好的推广和复制，使得项目本身也具有了可持续性。但在实践中，许多小型的、项目实施周期较短的外资扶贫项目却很难做到可持续性，往往项目实施结束之时，也就是项目损坏的开始。

第四节　在云南较有影响的外资扶贫项目

自80年代末期至2014年，参与云南省减贫活动的国际援助组织累计达280多家，但产生较大影响的只是少数，这里着重选择介绍在云南产生较大影响的一些扶贫机构和它们实施的项目。

一　福特基金会实施的项目

美国福特基金会是最早进入云南省实施扶贫的境外 NGO 之一。1988年，美国福特基金会驻北京办事处首席代表盖思南一行，在中国驻世界粮农组织首席代表孔灿东及国务院扶贫办有关人员陪同下到云南考察，决定由福

特基金会资助开展"云南省贫困山区综合开发试验示范与推广项目
（YUM）"。该项目于 1990 年在怒江州福贡县、普洱市江城县、文山州广南
县、昭通市镇雄县的四个行政村实施。迄今，福特基金会在教育、资助贫困
大学生能力建设、林业可持续发展、艾滋病防治、扶贫研究、女童保护、民
族文化保护等领域给予了云南省许多资助，扶持的项目上百个，每个项目的
资金不同，高的达到上千万元，少的几千元。

福特基金会在参与式方法的推广方面起到了突出的作用，首次把参与式
方法引入云南省，并且为推广参与式方法进行了多年持续的投入。参与式方
法在云南省实验总结，并向全国扩散，可以说对全国的扶贫理论与实践作出
了无形的巨大的贡献。针对云南省生态自然环境脆弱和艾滋病高发的情况，
福特基金会在生态环境保护与建设方面，福特基金会资助了一些研究部门致
力于环境保护的研究，提供一些环境保护专家学习深造的条件。在云南省艾
滋病防治方面给予了重点资助。2002 年 8 月至 2005 年 7 月，福特基金会向
云南省提供了 8 万美元支持预防性病艾滋病宣传，选择边疆地区、流动人口
多、处于交通枢纽和毒品通道的大理、开远和勐海 3 县（市）的 60 个村开
展试点工作，通过层层培训及同伴教育，95% 以上的乡级项目骨干掌握了性
病艾滋病的基本知识及宣传教育的基本技能；每个试点村 800 名左右的村民
对性病艾滋病基本知识知晓率达到 90%。2005—2007 年，福特基金会确定
了云南省的嵩明、玉龙、洱源、永德和盈江等 14 个县作为资助对象，3 年
时间里这个项目通过培训项目师资和骨干，让他们学会培训技巧和同伴教
育、角色扮演等知识方法，针对不同村寨，采取上门送知识、发放宣传手册
等方式，使广大农民了解艾滋病预防知识。2011 年，云南省计划生育协会
向媒体透露，美国福特基金会再投 40 万美元支持云南预防性病艾滋病宣传
教育。

二　外资扶贫项目管理中心实施的外资扶贫项目

1. 云南省世界银行贷款西南扶贫项目[①]

世界银行西南扶贫贷款项目是中国政府使用外资最大规模的扶贫项目，
也是云南省迄今为止实施的最大外资扶贫贷款项目。世行贷款西南扶贫项目
云南省项目区覆盖了金沙江流域贫困带中的武定、禄劝、东川、鲁甸、巧
家、永善、大关、盐津、彝良、镇雄 10 个县（区）的 82 个乡镇 457 个村委
会，有 113.08 万贫困人口，总投资计划为 10.78 亿元人民币。项目设计的
指导思想是：立足资源，优化结构，面向市场，注重效益，规模适度，合理

---

① 详细内容参见案例一。

布局。主要目标是：A. 研究探索和验证跨地区、跨行业综合性扶贫项目的有效性；B. 大幅度降低 10 个特困县（区）的绝对贫困程度和贫困发生率；C. 促进贫困地区农村剩余劳动力健康、有序地向较为富裕的农村地区和快速发展的城市地区输出；D. 强化扶贫机构，培养项目管理队伍，提高对扶贫项目的管理水平和贫困程度的监测水平；E. 使农业生态环境恶化状况得到初步遏制；F. 农户参与，使农户在项目设计和执行过程中发挥决定性作用，鼓励当地群众大力参与项目建设，使绝对贫困农户直接受益；G. 通过本项目的建设取得成功的经验，探索出一条新的扶贫途径，为中国和其他国家使用扶贫贷款项目发挥示范作用。项目经过 7 年的实施，圆满完成了设计目标，成为中国外资扶贫的丰碑。

2. 世界银行与英国政府混合贷款"贫困农村社区发展项目"云南省项目（简称 PRCDP）

2000 年底，经国家计委（发改委前身）、财政部、国务院扶贫办的磋商争取，在实施西南、秦巴和西部等前 3 期世界银行贷款扶贫项目的基础之上，世界银行和英国国际发展部（DFID）达成共识，由世界银行提供硬贷、英国政府提供赠款支持，在云南省、四川省和广西壮族自治区继续实施贷款额度为 1 亿美元的第四期世界银行贷款"中国贫困农村社区发展项目"。经过考察和识别，将项目的重点确定在西南省区中最贫困的村寨。项目覆盖云南、四川、广西 3 省（区）的 20 个县和 160 万贫困人口。

云南省的贷款额度为 3500 万美元，占整个云南项目资金的 70%，国内配套占 30%，年息 2%。国内配套资金由国家及省扶贫资金和市、县自筹资金解决。国家及省扶贫资金中的以工代赈资金占国内配套资金的 25.63%；重点村、温饱工程、安居工程、民族贫困乡等扶贫资金占国内配套资金的 63.71%；市、县各部门配套资金占国内配套的 10.66%。

"中国贫困农村社区发展项目"的主要内容包括教育分项目、卫生分项目、农村基础设施、大农业开发分项目、社区能力建设分项目、机构能力建设分项目。

云南省的项目区包括保山市的昌宁县、龙陵县，临沧市的永德县、沧源县，思茅市的西盟县、孟连县。这 6 个县有 37 个乡镇，187 个村委会，其中扶贫重点村有 163 个，占 87%，贫困人口比例占 74.99%。

项目的目的是通过项目实施，大幅度减少贫困人口，建设牢固的发展基础，提高项目区自我发展能力、生产能力和水平，建立健全社会管理服务功能，摆脱贫困。

项目的总体目标是改善项目区贫困人口的生产、生活条件，增加项目区农户收入，提高农户稳定增收能力；学习和总结吸纳国际反贫困的成功经验及社会发展理念，提高项目县发展管理能力和农户自我发展、自我组织管理能力。通过项目实施，为云南省贫困农村社区探索可持续发展的新途径，为云南省和周边地区农村脱贫致富提供示范。

分项目的基本目标分别是：教育分项目是为了改善项目区基础教育状况，提高适龄儿童，特别是女童的入学率和完学率，降低辍学率，提高项目区贫困人口的文化素质，使项目区贫困人口享有受教育的权力；卫生分项目是完善农村社区医疗服务体系，改善贫困社区的卫生医疗状况，保护母婴健康安全，减少"因病致贫""因病返贫"现象，使项目区广大农民享有医疗服务保障的权力；农村基础设施分项目是改善项目区的交通、灌溉、人畜饮水、基本农田等基础设施状况，提高生产发展能力，改善生活条件，为项目区可持续发展创造条件；大农业开发分项目是结合县农业发展规划和社区贫困农户的需要，充分发挥项目区资源优势，提高农业生产技术水平，稳定增加贫困农户收入，为改善农户的生计状况提供更多的可选择途径或机会；社区能力建设分项目是加强贫困农户的能力建设，改善农村人力资源开发的基础；机构能力建设分项目是改善项目管理和实施机构的工作条件，加强项目工作人员的培训等能力建设工作，提高管理水平及效率，健全机构管理服务功能。

项目的主要目标是：项目对农户的覆盖率指标是项目实施所涉及的省级重点扶贫村委会占项目区村委会总数的比例达到87%，对项目区贫困人口的覆盖率达到74.99%；农户脱贫率比例是项目实施后，项目区贫困人口由目前的28.65万人减少到13.18万人，项目区贫困人口的脱贫比例达到54%；经济指标是项目区90%以上人口年人均有粮达到450公斤以上，食用油消费达到年人均6公斤以上，农民基本摆脱贫困；85%以上人口年人均纯收入提高到865元以上；社会发展指标是项目区科技、教育、文化、医疗、卫生各项社会事业全面发展，力争实现达到儿童入学率100%、小学完学率90%以上、实现"普六"教育、基本实现"普九"教育、孕产妇死亡率控制在4‰、婴幼儿死亡率控制在10‰以内、传染病发病率控制在10‰内、村委会通路率达99%、30户以上通电率达85%、50%的村委会建立科技文化室、自然村广播电视覆盖率80%以上、以沼气池为主的新能源普及率30%；能力建设指标是青壮年文盲率下降，科技、文化水平提高，用先进实用技术改进当地传统农业生产方式，各类成人基础教育和技能培训达473.23万人次，每户有1人掌握1—2门专业技能，每50户有1人成为科学种田能手，通过加强对农民的培训，每个自然村有1人以上成为商品生产带头人，每1乡（镇）有5座初级加工厂。

3. 欧盟资助的扶贫项目①

（1）欧盟—中国云南红河环保与扶贫项目②

贫困导致环境恶化，环境恶化又进一步加深贫困程度。如何打破这个恶性循环的圈子，如何解决经济发展与环境保护的问题，如何协调短期与长期发展的利益问题，在人与自然和谐相处的关系下，能够达到可持续发展的目的。欧盟—中国云南红河环保与扶贫项目正是基于此立项的。1994年，云南省外资扶贫项目管理中心向欧盟提交了第一本项目建议书。在此基础上，欧盟分别于1996年7—8月和1997年1—3月派出了两个考察团，进行了项目鉴别和定向考察，基本上确定了项目框架，提出并设计了一个先导项目，目的是在先导项目实施成功的基础上，为后续项目做可行性研究和进一步设计。红河干热河谷面积集中分布在红河流域地带，先导项目涉及红河州的红河、元阳、金平三县。三县红河干流总长177公里。项目内容有：①能力建设和组织支持项目，项目设计了一系列的能力建设活动，包括参与式规划管理、社区积极性调动和社会组织方法的培训。在培训和推广专家的支持下，项目还就各专题开展各种相关的技术培训。②完善社区的小型项目，旨在为以社区为基础的活动提供支持，所开展的活动涉及可持续农业、社会林业、家畜发展、饮水设施完善、学校完善、道路完善及管理完善。③小额信贷体系，该体系的目的是支持合作信用社管理制度的改革，把重点放在最贫困农户的需求上。通过提供信贷，在动员和组织贫困农户的过程中使项目村最贫困农户的权利和能力得到加强和建设，并建立起一套有效的小额信贷体系，尤其是在管理机制方面。④进一步研究和评价，以确定如健康需求、家畜发展、市场开发和区域规划等不确定的问题，并为可能的后续项目的设计提供一切有关这些方面的信息和建议。

先导项目的总目标是促进红河流域环境稳定和经济发展，旨在寻求以可持续发展为中心，公众参与的综合方法，努力探寻解决问题的新途径；强化提高贫困农户（少数民族贫困群体）的发展能力，在相互平等的基础上，形成与政府部门的合作关系。

为先导项目的实施，欧盟承诺项目资金总额99.9万欧元，直接投入项目资金62.5万欧元（除欧方技援费），中方按照省、州、县三级提供配套资金576.7万元人民币，其中省级346万元人民币，占60%；州级138.4万

---

① 欧盟在云南省资助的项目有若干个，但云南省外资中心实施了两个扶贫，规模均较大。

② 该内容由省扶贫办外资中心许雯莉提供。

元人民币，占24%；县级92万元人民币，占16%。为保证完成先导项目的实施，在先导项目延长期内（2000年12月30日），欧方追加援款19.78万欧元（约176万元人民币），中方按比例分三级配套116万元人民币。

项目在三县的七个项目村开展技术援助类项目（包括可持续农业、社会林业、养殖业、坡改台地）；小型工程类项目（包括道路、学校、人畜饮水、灌溉与水管理）共18个；在项目区建立一套完善的小额信贷体系；完成元阳县杨系河小流域治理、红河县红星水库灌区的水资源管理、金平县分水岭自然保护区生态恢复与经济建设的参与式区域管理规划，区域规划面积756.24平方公里，完成规划图30张。同时根据项目活动开展各种相关的技术培训。

（2）中国—欧盟经济、社会和文化权利领域合作项目①

该项目是外交部代表中国政府与欧洲共同体签订的。项目覆盖红河州金平苗族瑶族傣族自治县和文山州麻栗坡县。项目于1997年开始申请，经欧洲共同体委员会多次派专家到金平县和麻栗坡县进行实地考察，于2002年11月23日正式签订项目合同。欧方投入项目资金约70万欧元，项目实施期为：2003年7月18日至2004年7月17日。这是迄今为止，在云南省开展的最大经济、社会和文化权利领域合作的项目。该项目的总目标是提高两县妇女的经济、社会和文化地位。项目的具体目标是要增强妇女的法律意识和法律知识，提高妇女的教育文化水平，加强妇女的卫生知识，加强当地机构的管理能力和技术水平。项目通过对受训者进行法律、卫生和扫盲方面的培训及参与式教学方法的运用，实现四个方面的具体目标，从而最大限度地达到总体目标。检验项目目标成功与否的指标是该项目是否能够在云南省继续开展及教学材料的复制传播。

4. 中德合作扶贫项目

中德合作扶贫项目是德意志联邦共和国政府提供的无偿援助项目。项目开始于1995年，结束于2002年。云南省定点在文山州麻栗坡县和红河州金平县的5个乡，受益人口共计3315户，16031人。德方提供项目资金120万马克，培训费5万马克，中方提供配套资金120万马克，双方资金折合人民币约1080万元，用于开展饮水、灌溉、改土、造林、可更新能源、增加农民收入的技术性小措施，同时开辟经济作物、卫生保健、实用技术培训等为期6年的区域性综合治理项目活动。项目的目标是为减少中国部分区域的绝对贫困作出有效示范。项目着重突出这样一些特点：一是科学性、示范性、

---

① 该内容由云南省外资扶贫项目管理中心阎楠提供，详细内容可参见案例二。

推广性；二是强调参与性；三是以人为本，注重能力提高；四是开展评估工作。中德扶贫项目作为一种扶贫模式的探索，它的独到之处在于较好地结合了当地的各种实际情况，既有项目资金和技术的支持，又有各受益农户的密切参与。更重要的是提出了以人为本的可持续发展战略，从引导农民群众的被动参与开始，到他们真正意识到项目可以给自己带来实惠而主动投入，进而自主地制定维护管理措施，自行管理。

5. 中英合作云南环境发展与扶贫项目①

该项目是由英国国际发展部（DFID）无偿援助云南省的一个旨在促进环境可持续发展，消除贫困的项目。项目援助金额为676.6万英镑，包括技术援助和资金援助，按1∶1配套，云南省政府安排了相应的配套资金。项目执行期为4年（2001—2005年），延长期1年（2005—2006年）。该项目为示范项目。总体目标为：提高云南省政府有关部门的能力，促进参与式方法的推广与运用，有利于解决环境和贫困相关性问题，促进云南可持续发展。根据云南环境发展与扶贫项目的备忘录，以及项目逻辑框架，示范项目的目的是为解决环境与贫困所面临的问题提供示范模型。该项目通过具体的示范活动以及过程，为云南解决环境性贫困提供可借鉴的案例（包括干预的切入点、措施和途径）。该示范项目主要由四部分组成：①示范主题的选择和设定；②示范点及示范活动的选择和设计；③示范项目的实施及其过程；④示范项目的总结和推广。项目涉及的地区有：昌宁、南华、宁蒗三个县。项目实施主要遵循的原则：以参与性的工作方法为基础、以贫困社区为主导、关注弱势群体、借鉴国际反贫困经验、注重在实施过程中的能力建设、相关部门的支持和通力合作。

6. 西班牙援助医疗卫生项目

西班牙援助医疗项目覆盖了文山州麻栗坡县和红河州金平县，外方投资19.4万欧元，中方按1∶1配套。项目执行期为1年，2004年启动实施。项目围绕农村贫困社区发展、边境民族贫困社区医疗卫生建设内容展开。

7. 中国香港乐施会的扶贫项目

中国香港乐施会从1992年以来先后与云南省扶贫办、云南省民族事务委员会、昆明市对外经济贸易委员会、遭受自然灾害地区的政府合作，开展了农村扶贫发展和灾害救助工作。1997年，乐施会首次与云南省扶贫办签署了合作协议。2007年3月，乐施会再次与云南省扶贫办签订了3年的合作框架协议。中国香港乐施会根据筹款、人力资源及项目的具体目标，在协

---

① 该内容由云南省外资扶贫管理中心胡岗提供。

议期内为云南的扶贫、救灾、灾后生计恢复、扶贫经验的总结和倡导合作伙伴的能力建设等项目活动，提供不低于 2000 万元人民币的项目资金。中国香港乐施会与外资扶贫项目管理中心合作的社区发展项目主要覆盖了大理州的剑川县、鹤庆县，保山市的昌宁县、施甸县，楚雄州的楚雄市、南华县、大姚县，丽江市的永胜县，投入项目资金 5088 万元。中国香港乐施会通过在云南省的一些贫困县开展了综合扶贫项目和紧急救援项目。在综合扶贫项目区通过项目的实施提高了当地农户的参与意识、农户自我管理水平和社区互助意识，同时在政府与民间组织的合作方面进行了有益的探索。

8. 爱德基金会扶贫项目[①]

爱德基金会项目自 1992 年进入云南省开展扶贫活动。2000 年后，与云南省扶贫办外资项目管理中心合作，实施了农业综合开发项目和畜牧生态养殖项目，截至 2007 年，该基金会累计已投入无偿资金 8000 多万元。2000—2007 年，省财政配套资金 1404 万元，使 200 多万元人受益。与省外资扶贫项目管理中心合作开展的农业综合开发项目和畜牧生态养殖项目，主要涉及昆明市的寻甸彝族回族自治县、楚雄州的武定县、红河州的红河县、临沧市的沧源县。项目分为两期：第 1 期为 2 年，第 2 期为 4 年。第一期合作项目于 2000 年 5 月启动实施，2002 年 11 月结束，项目覆盖人口达 11 万人。第 2 期爱德基金会投入了 1660 万元人民币，项目于 2007 年结束。

9. 互满爱人与人组织扶贫项目[②]

云南省扶贫办外资项目管理中心与互满爱人与人组织 2005 年开始合作，签署的合作协议规定 3 年为一个周期。互满爱人与人项目以疾病预防控制和农村社区能力建设为主要内容，项目主要在云南省临沧市的临翔区、镇康县、沧源县、耿马县和德宏州的盈江县、陇川县开展。项目投入资金 145 万美元。互满爱人与人合作办公室在云南省主要开展了如下工作：

一是举办学前幼儿班，主要为贫困地区的 3—6 岁儿童提供学前教育，锻炼儿童动手、动脑、想象力、创造力和社会交流等方面的能力，并且加强农村儿童的健康和卫生习惯，让儿童更好地适应集体学习。自 2008 年开始至今，在云南省临沧市镇康县举办了 20 个幼儿班，在红河州元阳县沙拉托乡举办了 7 个幼儿班。互满爱人与人组织合作项目办公室计划把农村幼儿班项目推广到云南省的更多贫困地区。二是传染疾病全面控制项目，主要是对艾滋病、肺结核和疟疾进行干预，已完成的项目有：2007 年 3 月启动的，

---

① 该组织在中国成立，但资金来自外国捐赠，按资金来源方的要求进行运作。
② 资料来源：互满爱人与人组织，云南办公室提供。

在云南省临沧市临翔区开展的 TCE 艾滋病全面控制项目，覆盖人群约 28.5 万。正在进行的项目有：在昆明市开展的，帮助进城务工的农民工和性工作者提高对艾滋病的预防意识；在临翔区 4 个乡镇开展了艾滋病预防工作。2007 年 9 月，启动的疟疾健康教育项目仍在进行中，覆盖了云南省 12 个边境县，有 300 万人受益。三是农民互助组，目的是要帮助农户增加收入和开展可持续农业生产。通过组织农户建立农民互助组，定期培训、教育和帮助农户实施可行的可持续生产方式，提高农户技能，建立农户与新市场的链接。这个项目于 2008 年在镇康县启动，期限为 3—5 年，覆盖农户 3500 多户，2010—2013 年又支持云南培训学院在红河州元阳县开展了这一项目，覆盖人群 2274 户。四是社区能力发展项目，目的是通过对生活在边远山区，特别是少数民族村寨的人口，开展个人生活和自然资源管理两个方面的能力建设，以减少贫困和提高现有生活水平。这个项目已在云南省玉溪市和临沧市镇康县实施，玉溪有 2 万人受益，临沧市镇康县有 1.2 万人受益，项目期限为 5 年。

三　昆明经验交流中心实施的外资扶贫项目①

1985 年，中国外经贸部（现为商务部）代表中国政府与联合国儿童基金会签订联合国儿童基金援华第三周期（1985—1989 年）方案，昆明经验交流中心作为联合国儿童基金会在西南地区协调跨部门、跨地区政府合作的基层单位被正式批准成立。该中心除争取和执行联合国儿童基金会项目之外，还积极引进其他外资扶贫项目。中心的宗旨是：致力于发展与儿童基金会、国际民间组织以及其他国家和国际组织的多边或双边合作，为云南省的对外开放和经济建设服务。昆明经验交流中心自 1985 年成立至 2008 年引进、参与执行的主要项目有：中国/联合国儿童基金合作第四期项目（1990—1993 年）共 2 个，资金达 64.3 万美元；第四期过渡方案（1994—1995 年）1 个，金额 17.5 万元美元，涉及的地区有昆明市、墨江县、双柏县、麻栗坡县，内容有多学科经验交流、基础设施建设、区域综合发展；第六期项目（1996—2000 年）共 4 个，金额 115.5 万美元，涉及的地区有丽江、姚安，项目内容有贫困地区社区发展、丽江市和姚安地震紧急援助、残疾儿童康复；第七期项目（2001—2005 年）共 6 个，金额 113 万美元，涉及的地区主要有漾濞县、腾冲县、泸水县、永胜县、新平县、大姚县、盈江县，项目内容有儿童规划与发展、地震紧急援助、贫困地区社会发展、新平县 "8·14" 泥石流灾害紧急援助、大姚县 "6·21" 地震灾害紧急援助、

---

① 资料来源：云南省国际经济技术交流中心。

盈江县"7·5"洪灾紧急援助；第七期过渡期项目有3个，金额85万美元，涉及的地区有漾濞县、腾冲县、泸水县、宁洱县、永仁县，项目内容主要有贫困地区儿童规划与发展项目、宁洱县地震紧急援助、永仁县地震紧急援助；第八期项目（2006—2008年）主要有贫困地区儿童规划与发展项目，金额60万美元，主要在玉龙县和龙陵县实施。

昆明经验交流中心自1985年成立至2008年直接执行的项目有两个，即：昆明经验交流中心的组建，金额25万美元；路南县供水和卫生项目42万美元+12万元人民币。由中心协调、争取并参与执行的项目有57个，金额达1060.56万美元，涉及的地区遍布云南省，项目内容主要有：卫生示范、免疫、防疫、疾控、健康、儿童营养、教师培训、小学教育、青少年课外科技教育、残疾儿童康复中心、家庭与社区教育、女童教育、基础教育、非正规教育、儿童流动图书馆、儿童权利保护、妇女参与发展、保护儿童权利、儿童科技活动中心、儿童情况调查、计划生育服务、促进儿童早期发展、供水、艾滋病防治、打击拐卖妇女儿童等。

四　云南国际经济技术交流中心实施的外资扶贫项目

1. 中德技术合作项目

中德技术合作"中国城市可持续发展"云南省项目，是云南国际经济技术交流中心负责申报的项目，项目周期为2007—2012年，德方投资120万欧元，在昆明市和丽江市实施。

2. 日本利民工程项目

云南国际经济技术交流中心从2003年至2008年直接执行日本利民工程项目6个，总资金404.3万元人民币，项目主要是永胜县片角中学灾后校舍重建项目，投入69万元人民币；普洱县普洱镇中心卫生院住院楼建设项目，投入67.3万元人民币；龙陵县平达乡黄连河小学日中利民教学楼建设项目，投入资金60万元人民币；泸西县白水镇中日利民中心卫生院建设项目，投入64元万人民币；漾濞县瓦长乡少数民族贫困山区中日利民友好饮水工程建设项目，投入84.3万元人民币；永仁县维的乡利民人畜饮水工程项目，投入59.7万元人民币。

3. UNDP（联合国开发计划署）项目

该项目主要是中国少数民族地区综合扶贫项目，实施周期为2006—2009年，UNDP总投资100万美元，涉及六个州（市），包括综合扶贫项目5个、文化产业项目4个。在国家层面由中国国际经济技术交流中心负责执行，国家民委实施，在省级由云南国际经济技术交流中心负责协调，省民委经济处负责执行。

4. 西班牙中国文化与发展伙伴关系项目

中国文化与发展伙伴关系项目由西班牙政府投入 600 万美元，中方实物配套 100 万美元，项目地在云南省的潞西县、陇川县，贵州和青海等省实施。云南项目由云南国际经济技术交流中心负责协调，云南省民委文化处执行。

五　云南省扶贫基金会实施的外资扶贫项目

云南省扶贫基金会成立至 2005 年底，累计筹集扶贫资金 1800 万元，完成扶贫项目 167 个。这个基金会的捐赠者有美国国际援助公司、瑞典东亚福音会，瑞典爱瑞克基金会、芬兰 LKA、香港爱心行动协会、瑞典索伦蒂纳基金会、荷兰保宁舍基金会、日本松岗家族、美国萨玛瑞坛·斯朴尔斯、香港 CCI、缅甸罗曼蒂克烟草公司，以及国外一些慈善人士。这个基金会完成的扶贫项目有：修建小学 35 所；乡村卫生所（院）20 个；各类培训班 96 期、培训人员 7464 人；修建小水窖 734 个、沼气池 328 个；在 1998—2003 年，在西畴县蚌谷乡、鸡街乡、西洒镇，文山县东山乡，丘北县八道哨和砚山县阿基乡实施了"贴息贷款综合扶贫到户工程"共三轮，有 6308 户受益，65% 的贫困户基本解决了温饱问题，贷款总回收率达到了 98.3%。

六　外交部和省外办引入和实施的国际合作扶贫项目[①]

1992—2012 年，中国外交部和云南省外事办公室通过驻外使领馆在麻栗坡、金平两县实施了德国、西班牙、意大利、日本、韩国、英国、丹麦、挪威、澳大利亚、瑞士、美国、加拿大、新加坡、印度尼西亚、马来西亚、欧盟、联合国发展计划署、联合国人口基金等外国政府和国际组织、机构、公司、华人华侨资助的上千个扶贫项目。外交部通过募集扶贫资金，共向两县投入资金和实物累计达到了 2 亿多元人民币，其中温饱工程 6290 万元，希望工程 5640 万元，医疗卫生 2040 万元[②]。至 2012 年，外交部和云南省外事办公室投入两县的资金和实物已达到了 2 亿多元人民币。

七　社会扶贫其他渠道引入的外资扶贫项目

1. 云南省政协引入和实施的外资扶贫项目

云南省政协 2000—2010 年每年引进的外援扶贫资金均超过 1000 万元人民币，主要用于开展农业综合项目，包括改土造地、水利灌溉、沼气能源建设、环境建设、草场改良、教育卫生、人员培训、种植养殖等，项目活动覆盖了寻甸县、红河县、武定县、沧源县、香格里拉县；教育项目，主要包括

---

① 资料来源：麻栗坡县外资扶贫办公室提供。

② 见刘坚主编《中国农村减贫研究》，中国财政经济出版社 2009 年版，第 112 页。

小学建设和困难学生救助，项目点分布在丽江市、怒江州、临沧市、红河等州（市）的 15 个贫困县；社会项目包括乡村架电、人畜饮水、沼气池建设、人员培训、养殖业等，涉及的地区主要有省政协的挂钩扶贫点和其他一些贫困地区共 5 个县；救灾项目有：2003 年，大姚地震；2004 年，德宏州和怒江州泥石流、洪涝灾害，昭通、鲁甸地震；2005 年，怒江州特大雪灾等。

2. 云南省商务厅引入和实施的外资扶贫项目

1998 年，由云南省商务厅引进了香港救世军援助镇康县开展综合发展项目，至 2000 年共向省财政申请解决政府配套资金 81 万元，综合发展项目共投入 706 万元，其中香港救世军投入 323 万元，国内配套投入 474 万元，通过该项目的实施，镇康县 36 个村开展了以妇幼保健、基础设施建设、教育、人畜饮水、妇女职业及技术培训为重点的综合扶贫项目。2010 年 3 月至 5 月，在云南省商务厅协调下，香港救世军在曲靖市师宗县实施了抗旱救灾工程，一次性捐助了 500 万元港币，用于解决中小学饮水困难，定购 1020 吨大米捐赠给 8 个乡（镇）的 1 万多农户，解决了 8 万人的缺粮困难。2010 年开始，美国希望之侣、福华国际等国际民间组织，以及联合国开发计划署和儿童基金会在省商务厅的协助下在师宗县开展了饮水工程建设，投入 2000 万元为 360 户 1000 多人解决了饮水困难。

3. 云南省妇联引入和实施的外资扶贫项目

云南省妇联 90 年代至 2004 年累计争取国际国内资金 1 亿多元，先后开展了小额信贷、妇女发展循环资金、春蕾计划、母亲水窖、母亲沼气等 600 多个促进妇女儿童发展的项目，帮助 200 多万妇女增加了收入。

4. 云南省卫生厅引入和实施的外资扶贫项目

云南省卫生厅是与各种国际组织合作开展扶贫项目较多的部门。先后与世行、英国政府、全球基金、中国香港乐施会、无国界医生组织等都进行过合作，合作项目覆盖了全省大部分县（市）。2003 年，云南省卫生厅争取日本方面的支持，把彝良县列为中日结核病防治项目县。至 2012 年，卫生厅实施了上百项外资项目，在边境一线实施了第一、五、六轮、第十轮全球基金疟疾项目；实施了多轮中英、中澳艾滋病综合防治项目；在妇女儿童卫生健康保健、地方病防治、白内障手术等方面与多个国际援助组织合作，得到帮助的人口上百万，并在艾滋病防治方面与越南、柬埔寨等国进行交流。

5. 云南省环保局引入和实施的外资扶贫项目

云南省环保局组织实施了中国香港乐施会援助的"澜沧江—湄公河流域农村扶贫和生态环境恢复示范项目"，在大理州永平县龙街镇修建水渠

7.3公里、种植经济林1000亩、建沼气池50口、种植绿肥50亩,进行了农业实用技术培训、参与生态建设规划编制、社区组织建设等近30项活动,投入资金近百万元。

此外,还有省委统战部、省侨办、省社科联等省级部门也引入和实施过外资扶贫项目,还有一些县级政府直接与国际援助组织合作开展了一批扶贫项目。

第 五 章

外资扶贫的贡献与影响

自 20 世纪 80 年代末到 2012 年，云南省的扶贫开发与全国一道走过了三个历史阶段，扶贫的政策、理论逐步形成、健全、成熟起来。在 20 余年的扶贫历程中，云南省在扶贫实践中形成了具有地方特色的"云南模式"，得到了中外扶贫界人士的高度肯定。云南省扶贫开发采取的方式和措施是在中央的扶贫精神和统一部署下，吸取国内外先进的扶贫理念和方式，根据自身的特殊情况制定和实施的。在 20 余年间，由于国际援助组织的参与，推动了具有云南特色扶贫体系的形成，特别是在一些方面起到了较为明显、积极的作用，在云南省开展的各项扶贫工作中，几乎都可以看到国际援助组织的身影，外资扶贫逐步成为了云南省扶贫事业中的一支重要力量。国际援助组织在云南省投入的财力、物力、人力相对国内强大的投入来说，只占很小的比重，不足总投入的 2%，但可贵的是各类国际援助组织积极参与到云南省的各项扶贫工作之中，使中国政府和人民感受到了来自国际社会的关怀，鼓舞了政府、社会、贫困群体投入到反贫困的行动中，其贡献难以估量，其影响力远超过了项目区域和项目本身。

第一节　外资扶贫对云南的贡献与影响

在该课题中提到的国际援助组织只是很小的一部分，因为至今没有形成一个统一的管理机构，没有任何部门对云南省 20 多年来开展的外资扶贫项目和国际援助组织进行过统计，因此无法对其贡献和作用进行量化，但可以进行分析、研究。在云南省围绕贫困人口实施发展、救援等不同项目的国际组织，在过去的 20 余年间至少产生了以下直接作用。

一　改善了项目区的生产生活条件

自 20 世纪 90 年代至 2014 年，在云南省实施的外资扶贫项目有数千个之多，国际援助组织有 280 多家。由于资金有限，在云南省开展规模较大的综合扶贫项目的国际援助组织并不多，主要有世行、国际农发基金、联合国机构、外国政府机构。大部分境外 NGO 实施的项目内容都很单一，规模都很小，主要是开展一些培训活动；在一些村寨实施了一些帮助贫困人口提高收入的种养殖项目；建设了一批小水窖、厕所、乡村道路、便桥、水渠水沟、卫生所、小学校等设施；资助一些研究机构研究有关发展、生态环境保护、法律、妇女儿童权益等问题；在一些地方病高发区和艾滋病感染区开展一些防治地方病、艾滋病工作等。

　　虽然有为数不少的境外 NGO、国际友人，投资修建了村寨小学校、卫生所、便桥、乡村道路、水窖、水渠水沟、厕所等，受益的人数不是很多，但对于受益人群来说非常重要，提高了他们的生活质量。

　　世行、国际农发基金等国际金融机构开展的农村综合扶贫项目把大部分资金投入到了水利、改土、教育、卫生等基础设施建设方面，约占总投资的50%，为项目区居民改善了生产、生活、教育、卫生条件。在所有进入云南省的外资扶贫项目中，世行贷款扶贫项目和国际农发基金项目在改善贫困人口的生产生活条件方面的贡献是最突出的。例如，世行贷款西南扶贫贷款项目覆盖了 10 个县 82 个乡镇，由于有较大规模的项目资金集中投入，项目区生产生活条件改善明显，效果非常好。群众反映：最得人心的是教育、卫生项目；最受欢迎的是基础设施项目；见效最快的是劳务输出项目；受益最大的是土地与农户开发项目。

　　二　解决了项目区部分贫困人口的温饱

　　尽管外资扶贫项目内容非常丰富，贫困人口的需求也是多方面的，但通过开展项目解决贫困人口最基本的温饱问题多年来都是云南省扶贫的基本目标。从进入云南省的国际援助组织实施的外资扶贫项目看，大多数项目直接和间接地帮助了项目区贫困居民提高了生产力和发展了新生计。越是投入多的综合扶贫项目，解决贫困人口的温饱作用就越明显。在进入云南省扶贫的280 多个国际援助组织实施的项目中，大多围绕着项目区贫困人口的温饱问题开展项目，但对帮助贫困人口直接解决温饱最明显的是世行项目和国际农发基金项目，而其他外资扶贫项目只局限在很小的范围内，甚至只是对个别自然村的少数人起到了作用。农发基金和世行分别实施了两期综合扶贫项目，在较大范围内解决了贫困人口的温饱问题。例如，云南世行西南扶贫贷款项目覆盖的 10 个项目县中的 82 个乡镇，通过基础设施建设和土地、农户开发分项目的实施，粮食总产量从 1995 年的 33.17 万吨增加到 2001 年的45.61 万吨，增长 37.5%，农民人均占有粮食从 1995 年的 213 公斤，增加到 2001 年的 309 公斤，人均净增加 96 公斤，增长 45%。经过 7 年的项目实施，特别是劳务输出分项目和土地与农户开发分项目、二三产业分项目，使项目区农民人均纯收入逐年增加，82 个乡镇农民人均纯收入从 1995 年的 300.8 元，增加到 2001 年的 681.1 元，净增 384.3 元，增长 128%[①]。世行英国混合贷款扶贫项目，云南省的 6 个项目县 2010 年 85% 以上人口占有粮食达到了 450 公斤以上。人均粮食低于 150 公斤的村民，从 2001 年的 13.37% 下降到 2010 年的 2.54%。90% 以上的农民人均纯收入从 2001 年的 865 元上升为 2010 年的 2294 元，增长幅度超过了未实施项目的地区。再如，互满爱人与人组织实施的元阳县贫困乡村项目，通过建立农民互助组，引入种植、养殖新技术，使项目区水稻和玉米至少增产了 30%。

三　改善了项目区部分贫困人口的卫生和健康状况

卫生项目是国际扶贫项目中涉及较多的内容之一。国际援助组织和国际友人在云南省内，特别是民族贫困地区，帮助贫困人口解除病痛和防治疾病的项目有很多，有单项的卫生和健康项目，也有综合发展项目中卫生和健康分项目，还有一些国际援助组织把卫生和健康贯穿于农业发展等项目之中。卫生健康项目对于贫困人口解除病痛起到了非常好的作用，受到了受助家庭的热烈欢迎，社会的普遍赞扬。根据课题组掌握的资料，从以下例子中可见卫生健康项目涉及的丰富内容。

例如：互满爱人与人组织通过实施传染疾病全面控制项目，在云南省临沧市临翔区开展了艾滋病全面控制项目，覆盖人群约 28.5 万；开展的疟疾健康教育项目覆盖了云南省 12 个边境县，有 300 万人受益。

卫生和社区发展行动组织资助云南省麻风病患者的康复和为寻甸彝族回族自治县安装了供水设备。

澳大利亚红十字会主要项目领域是防治艾滋病、健康、赈灾、备灾等，与云南省红十字会合作开展了预防艾滋病项目，推行"青年互动教育计划"，一些年轻的志愿者经过培训后成为社区里的"同伴教育者"，一些高危人群也参与到其中，产生了较好的示范效果。

无国界卫生组织 2001 年开始在云南省开展了该组织在中国最大的项目，在澜沧江沿岸的 7 个贫困县加强妇女儿童的卫生医疗和传染病防治工作，对医疗工作者的培训覆盖了 11 个方面，分发了数千本手册给乡村医生。

贝利马丁基金会在云南省开展了艾滋病教育、预防和关怀活动，对在昆明开设的同性恋热线网络进行了资助，与 Mayr Kinross 慈善基金会一起支持云南省大理州第二人民医院开设了一个新的艾滋病诊所。

---

① 资料来源：云南省扶贫开发办公室外资扶贫项目管理中心、云南省世界银行扶贫贷款项目领导小组办公室《云南省世界银行西南扶贫项目验收评价报告》，2002 年 12 月。

施达基金会在云南省西双版纳州开展了村医培训、卫生保健项目，对生活在边远山区的布朗族地区实施了一个为期三年的社区综合发展项目。

心连心国际组织在云南省也开展了一些救助和医疗培训活动。

香港盲人辅导会通过捐赠流动手术车，为白内障患者提供手术治疗和费用。

国际奥比斯在云南省建立了小儿眼睛护理中心。

美国塞瓦基金会开展了关怀眼睛项目。

国际宣明会帮助了一些孤残儿童医治和寻找代养家庭。

总之，在云南省开展卫生健康的国际援助组织有几十家之多，实实在在为一些处于贫病之中的人们解除了病痛，得到了病残人士的衷心感激，获得了非常好的社会评价。为了减轻因病致贫、因贫致病的痛苦，世行、农发基金等一些综合扶贫项目中也设计了卫生分项目。例如：云南省贷款世行西南扶贫项目，通过卫生分项目使项目区的乡镇卫生院、村委会卫生室基础设施有了较大的改善，配置了必要的医疗设备；对医务、护理人员进行了培训，提高了乡村卫生医疗水平，使婴幼儿死亡率从 1995 年的 73.1‰下降到 2001 年的 32.5‰；孕产妇死亡率从 1995 年的 304.9/10 万人，下降至 2001 年的 53.4/10 万人；项目区法定传染病发病率从 1995 年的 280.1/10 万人，下降到 2001 年的 167.3/10 万人，同时加强了疫病管理和监测。

世行和英国政府混合贷款贫困农村社区发展项目投入农村卫生分项目共 1813.73 万元，主要用于卫生机构建设、公共卫生服务、特困医疗救助、卫生人员培训，解决了项目区 28.26 万人看病远、看病难的问题，婴儿死亡率从 2001 年的 27.27‰减少到 2011 年的 10.92‰，孕产妇死亡率从 71/10 万减少至 31/10 万，接受过基础卫生保健教育的农户达到了 72.42%，特困医疗救助达到了 37551 人次，完成县乡村卫技人员长短培训 1624 人次。

欧盟人权项目针对红河州金平县和文山州麻栗坡县的妇女健康问题，医务人员，进行了多次培训，提高了项目区妇女卫生和健康水平，取得了非常好的效果。

在文山州的麻栗坡县和红河州的金平县，在卫生健康方面获得的国际援助组织捐赠款已超过千万元。例如，在文山州麻栗坡县卫生工程方面，1992—2011 年，投入资金达到了 1934.9 万元，实施项目 62 个，修建了 8 个乡镇卫生院的医技综合楼、县妇幼保健院和县皮肤防治站综合楼，占全县 11 个乡镇的 2/3；建成村卫生室 43 个，占全县 93 个村委会卫生室的 1/3 以上；实施新农合项目，为 8 万余贫困群众解决了参合经费。同时，实施了配备医疗设施项目和白内障复明手术等项目，覆盖人口达 110575 人。

四　改善了项目区的教育条件

教育一直是各级政府投入的重点，也是国际援助组织扶持的重点，投入教育的不仅有国际多边双边组织，也有个人。在外资扶贫项目中，教育项目占了较大的比重。外资扶贫在教育方面的资助是多方面的，有的帮助村寨新建小学校，消除危房；有的资助贫困学生重返校园；有的资助教师提高教学质量，或者稳定教师队伍；有的提供学生学习用具；有的改善学生生活条件等。除了对基础教育投入外，外资扶贫项目还实施了大量针对成人的培训项目，贯穿于所有项目的始终，在项目实施中进行法律、健康、实用技术和技能提高等一系列培训工作。

云南省所有的民族自治地方都得到过来自国际社会的教育捐助，外交部挂钩扶贫的麻栗坡县和金平县，以及世行、农发基金项目县，对教育的投入都是较多的。以麻栗坡县为例：1992—2011 年，累计投入外援扶贫资金1.26 亿元，其中教育方面，投入资金 4488.5 万元，占总投入的 35.2%，实施项目 136 个，建成希望小学 106 所，占全县现有 292 所小学的 36%，排除校舍危房 7 万余平方米，新建校舍 8 万余平方米，使 1300 名教师和 2.6 万名中小学生搬进了宽敞明亮的教室，设立助奖学基金项目，奖励优秀学生2400 余人次，救助贫困学生 6000 余人次，奖励优秀教师 1100 余人次，同时还实施了图书室配置项目、多媒体教室配置项目等[①]。再如世界银行通过教育分项目实施，为项目区消除了校舍危房，新建和扩建了教学楼，建立了图书室、实验室，配备了图书、仪器，对教师进行了培训，改善了教学条件。云南省世行贷款西南扶贫贷款项目，投入的总金额为 10.788 亿元人民币，教育项目达到了 8375 万元，占总投入的 7.76%。世行与英国政府混合贷款项目，云南总投入 35440.6 万元（中期调整后的投入），教育达到了3921.9 万元，占 11.07%[②]。

此外，一些国际援助组织还引入了一些新的教育方法和内容，拓展了教育内容。互满爱人与人组织针对贫困农村学龄前 3—6 岁儿童的教育缺失，在镇康县和元阳县创办了 27 个学龄前幼儿班，解决了项目区学龄前儿童的教育问题，受到了项目区广泛的好评，同时起到非常好的示范效果。

五　为项目区贫困人口创造了更多的发展机会

国际社会普遍认为，无法获得发展机会是贫困人口陷入贫困的重要原因之一，也是贫困表现形式和内容之一。因此，外资扶贫项目非常重视为贫困

---

① 资料来源：麻栗坡县外援办提供。

② 资料来源：云南省外资扶贫项目管理中心提供。

人口提供发展机会，项目选择一般通过对口单位和合作单位对项目区进行深入的了解，通过参与式方法听取贫困人口的意见，一些项目是在基线调查的基础上，然后通过参与式方法开展村级规划来确定实施项目的内容和时间安排。

在外资扶贫项目中，综合扶贫项目基本上都涉及了帮助贫困人口提高收入的内容，有一些以卫生健康、生态环境保护、人权为主题的慈善组织，也在云南省开展了许多帮助贫困人口提高收入的项目，如提供小额信贷资金、引进新的技术和进行技能培训、引进新的种植养殖技术、帮助项目区改土造田、解决农田灌溉条件、改善投资环境市场交易条件、组织和支持劳务输出等。这些活动直接和间接地帮助贫困农户发展生产，增加收入。还有许多触景生情的扶贫项目，这些项目大多是帮助贫困农户创造机会、增加收入的项目。一些项目区由于有了公路，使生产基地和市场之间的运输条件得到了改善，农民可以根据市场需要种植一些农产品卖出，以提高收入，许多国际援助组织针对这一情况，实施小额信贷项目，或者开展生产技术培训等，提高农村生产率；一些贫困社区由于修建了沼气池和水窖，使农村妇女减少了劳动量，有时间到村外打工从而增加了收入。由于实用技能的培训，使农村青壮年获得了技术，增加了就业门路。还有一些境外 NGO 专门提供某一方面的生计手段，实验成功后广泛示范，使更多的贫困人口获得新的生计来源，从而增加收入，如国际小母牛项目组织，通过畜禽贷款和发展项目帮助贫困农户。国际宣明会通过提供小额信贷帮助妇女发展生产。这种小而成功的扶贫项目弥补了投入规模小的项目的缺陷。

六　增强了项目区妇女儿童少数民族等弱势者的权益

很多国际援助组织认为穷人的特征之一是缺乏应有的权益，这不仅是贫困人群的致贫因素，而且还会使贫困人群得不到应有的尊严，增加了人生的痛苦，因此通过向贫困人口赋权，增进弱势者应有的知情权、参与权、表达权、决定权，成为国际援助组织帮助贫困人口的重要内容。增进弱势者的权益不仅在官方援助中出现，更是一些境外 NGO 特别热衷的事情。在国际援助组织的视野里，处于同一贫困环境中的妇女、儿童、伤残人士比成年男人更为贫困，更难获得改善处境的权益，因此国际援助组织采取了多种方式增进他们的权益，如在项目中对这些最贫困的人群赋权，让他们有权表达他们的需求；通过法律知识培训，学会保护自己；提供妇女、儿童、人权保护等。

联合国机构、欧盟都在云南省实施过人权项目，世行等组织通过参与式方法和社会性别意识，发现最贫困最需要帮助的人，然后赋权给最弱势的人群，让他们在项目中获得发言权、表达权、决定权，在项目实施中让他们有机会获得真正的帮助。欧盟在云南省实施的"中国—欧盟经济、社会和文化权利领域合作项目"①，简称为欧盟人权项目。在云南省开展过人权项目的还有澳大利亚海外服务局，这个机构通过志愿者，以少数民族为对象开展英语教学、师资培训、艾滋病防治等，以间接方式提升少数民族贫困人群的权益，其中特别强调妇女的权益。巴迪基金会在云南主要针对农村妇女开办可持续农业的培训课程，辅之以培训她们如何解决家庭矛盾和社区冲突，如何治疗婚姻伤痕，帮助儿童克服学习障碍。温洛克国际从 2000 年开始在云南省实施了为期三年的"妇女能力建设和农村发展项目"，关心中国的孤弃儿童，为一些伤残儿童提供了手术费。环宇希望为孤儿寻找收养家庭，为孤儿院提供资金援助和培训。建华基金会帮助建立孤儿之家。英国救助儿童会在 1996 年就在云南省设立了办公室，开展了一个以学校为基础的同伴教育项目，2000 年在瑞丽进行了一个预防和关怀艾滋病患者的综合项目，在一个基础教育项目中，把以儿童为中心的教学方法介绍给少数民族贫困地区的学校，还开展了一些增收活动支持当地学校，同时针对流浪儿童、贩卖儿童、劳教青少年开展了一些项目。

七　探索了生态环境保护与扶贫相结合的方式

在云南省曾经有 100 多万人口由于生态环境恶化处于极端贫困之中，成为"生态难民"不得不搬迁。通过易地开发的扶贫方式，目前仍有 60 万由于生态恶化的贫困人口需要搬迁。生态环境恶化致贫的问题很早就受到了政府的重视，是云南省许多地区贫困循环怪圈中的一环，即贫困—超生—生态环境恶化—贫困。为了改善贫困地区的生态环境恶化与贫困的问题，云南省政府采取了易地开发、退耕还林、国土整治、发展沼气、节能改灶等方法。在 20 世纪 90 年代末，国际社会对环境保护的问题越来越重视，并把生态环境保护与扶贫开发联系起来，作为扶贫开发探索的重点。

1997 年，欧盟实施了欧盟—中国云南红河环保与扶贫项目（先导项目），总目标是促进红河流域环境稳定和经济发展，特别是旨在寻求以可持续发展为中心，公众参与的综合方法，努力探寻解决问题的新途径；强化提高贫困农户发展能力；在相互平等的基础上，形成与政府部门的合作关系。这是云南省最早一个外资官方援助的环境保护与脱贫的项目。2001 年，英国国际发展部（DFID）无偿援助了云南省实施了一个旨在促进环境可持续发展，消除贫困的项目。该项目总体目标为：提高云南省政府有关部门的能力，促进参与式方法的推广与运用，有利于解决环境和贫困相关性问题，促

---

① 该内容由阎楠提供。

进云南可持续发展。根据云南环境发展与扶贫项目的备忘录，以及项目逻辑框架，示范项目的目的是为解决环境与贫困所面临的问题提供示范模型。项目在环境保护和扶贫发展的结合上进行了有益的探索。

美国大自然协会对于云南省滇西北"三江"并流区域的保护作出了重大的贡献，与云南省政府合作制订了滇西北保护行动计划，针对三江流域的保护与发展开展了一系列的扶贫活动，积极推动"三江"并流区域申报成为世界自然遗产，并获得了成功。

除欧盟、英国国际发展部和美国大自然协会在云南的动作较大外，境外NGO涉足生态环境保护较多，有的是通过资助研究部门进行科学研究达到保护的目的；有的是保护栖息地，达到保护生物的目的；有的是通过采取资助项目区发展的方式，减少对森林生态的破坏；有的是通过宣传，让居民和当局了解自身的生态环境，引起警觉，从而制定保护政策；有的是直接投入资金进行保护。

涉足云南进行生态环境保护的境外NGO还有：铁匠学院，2002年资助云南省环保局执行为昆明滇池边的一个村子设计废水和废物管理策略；保护国际对云南省横断山一带的生物多样性给予了长期的支持和关注；野生动植物保护国际针对灵长类动物制订了保护计划；绿色和平推动了云南省森林生态环境保护方面进行了一些工作；国际鹤类基金会为保护云南省湿地和草地提供了帮助；世界自然基金会从20世纪80年代末就在云南省陆续开展了南部热带雨林区保护项目，为西双版纳自然保护区提供资料和技术支持，对附近村民进行农林培训，在滇西北支持一个研究小组记录扁鼻猴栖息地和生态状况。国际爱护动物基金会、国际河网、世界自然保护联盟、珍·古道尔研究会、美中环境基金会、湿地国际等都从不同的角度，为云南省生态环境保护作出了贡献。

八　一批熟悉外资扶贫项目的人才成长起来

20余年来，云南省开展的外资扶贫项目上千个。为了达到项目立项的要求，提高扶贫的效益，同时借助项目的实施引入先进的理念和管理方式、方法，并使先进理念和管理方式本土化，国际援助组织在开展项目的过程中非常重视项目管理队伍的建设，对参与项目的各种人员采取不同方式的培训，往往完成一个项目，就建立了一支精干、业务娴熟、熟知外方工作方式的项目管理团队。在外资扶贫项目的实施过程中，中方参与管理的人员和受援助的贫困人口，通过各种培训和实际操作熟悉了外资扶贫的程序与办法，大部分外资项目还专门安排了机构建设和能力建设经费，用于项目管理机构和人员提高项目管理服务能力及贫困人口发展生产的能力。对参与项目的各种人员采取不同的方式培训。20 余年里，国际援助组织通过实施项目为云南各级扶贫办和贫困地区的培养了数以万计的项目管理队伍。在国际援助组织开展项目的地区，许多基层管理人员和群众反映，每一次项目从立项到完工，相当于接受了一次长期培训，学到了新的项目管理方法，提高了管理水平，促进了项目区群众素质的提高，受助的贫困人口学会了表达自己的意见和怎样与政府打交道，并且学到了致富发展的技能。

九　为遭遇灾害的贫困人口提供了人道救援

云南省是一个无灾不成年的地区。90 年代以后，云南省许多贫困地区不同程度地遭遇到了地震、水灾、旱灾、雪灾等。每一场大的灾难中，都有国际援助组织的身影，参与贫困地区自然灾害救援的国际援助组织非常多，有些是专门救援的慈善机构，如国际红十字会与红新月会国际联合会，有的是发展机构，有的是环境保护组织，有的是动物保护组织，有的是国际友人，有的是外国政府，可贵的是中国香港乐施会、救世军等救援发展机构坚持了下来，每当云南贫困地区遭遇自然灾难立即伸出援助之手。

十　弥补了扶贫领域中的一些空白点

在政府主导下的扶贫政策制定和实施中，难免有一些难以企及的地方，如各级政府和扶贫部门，以及社会各界均把基础设施建设作为扶贫的重点，以工代赈资金的 80%，国家财政贴息扶贫贷款的 40% 都用在了农村基础设施建设方面，而对贫困地区和贫困人口发展第二、第三产业较为薄弱的社会服务投入非常少。之所以会造成这样的情况，主要是因为基础设施建设成果看得到摸得到，容易见到效果，而帮助贫困人口发展产业，在实际操作中非常困难，不仅面临市场、技术的风险，而且在资金管理使用方面也存在着安全等问题，效益往往难以体现出来。为帮助贫困人口增收，一些国际援助组织开展了小额信贷活动，或者是帮助贫困户发展可以创收的种植养殖业，或是提供技术培训，在一些鲜有人关注或者没有人关注的空白点实施了一些项目，如德国政府资助了对进入城市的农民工的贫困问题进行调查，提请政府不仅仅要关注农村贫困人口，而且也应关注进入城市的农民工的贫困问题，这个特殊群体的贫困问题会造成很多社会问题。互满爱人与人组织在临沧针对学龄前儿童教育缺失和外出务工人员无法教育幼儿的问题，举办了学龄前儿童班，一是解决了这些学龄前儿童的教育问题；二是消除了留守儿童父母的后顾之忧；三是从小养成较好的卫生文明习惯，有助于成长，防止贫困的代际传递。福特基金会资助的女童保护参与式行动试点项目，目的是消除女童性侵害，保护女童健康成长。

十一　通过国际援助组织让世界上更多的人了解云南

2010年后，一些国际援助组织依然继续坚持在云南省开展扶贫活动，一定程度上说明了这些国际援助组织对于中国经济发展不平衡的基本情况是有所了解的，进入云南省开展过扶贫项目的国际援助组织，它们成为了国际社会了解云南省的途径。20多年来，这些在云南省开展过扶贫项目的国际多边双边组织机构，以及境外NGO，分散在世界各地从事基于慈善为底色的不同扶贫活动，它们已经起到了宣传云南省的作用。一些国际援助组织和国际友人，甚至政府组织就是通过这些在云南省开展过扶贫活动的多边双边机构和境外NGO了解到云南省情况的。课题组在国际援助组织开展扶贫项目最多的文山州麻栗坡县调研时，外交部挂职副县长提出：过去是外交扶贫，通过外交部向国际社会争取外援资金扶持麻栗坡县、金平县脱贫，现在将转变为扶贫外交，通过组织一些外交官和国际多双边机构到麻栗坡县、金平县等这样的贫困地区参观，让国际社会了解中国、了解云南，打破中国威胁论，以及对中国施加的经济压力，相信中国的发展对世界是有利的。

第二节　对完善扶贫理论的贡献与影响

对扶贫理论的贡献是外资扶贫的目标之一。国际援助组织有着先进的理论和理念、丰富的经验、效果很好的方法、很实用的扶贫工具，国际援助组织多强调"授人以渔"，用尽可能少的资金把理论、理念、方法、工具传授给贫困地区的政府，通过项目实施使理论、理念、方法、工具本土化，为贫困地区政府和贫困人口所接受，这才是国际援助组织所追求的最重要的目的。为了达到这一目标，国际援助组织，特别是资金较少的境外NGO在项目设计中就非常强调项目的示范作用、可复制性，同时还强调创新以达到更多更好的效果，以便在其他地方推广应用。

一　从发展的角度理解贫困

应该承认80年代中期前，无论是中国官方、理论界，还是民间，对于贫困的理解非常简单，反贫困理论更是滞后。在中国，一般人对贫困的理解是吃不饱、穿不暖、没钱花。政府为了便于操作制定了贫困线，又进一步把贫困简化为钱和粮，即人均纯收入和人均有粮。这种简单的理解和简便的划分，虽然便于操作，但如果仅仅只是关注温饱、收入，就很难让贫困人口真正实现脱贫，也很难使贫困人口获得可持续的发展能力，贫困持续性和代际传递就不可避免。

国际援助组织把对贫困的不同理解带到了中国，为政府官员和学者打开了另外的视角。

一些国际人士认为，贫困问题实际上就是发展问题。现阶段，对于"发展"的诠释已达几十种之多，但广受学界推崇的是 Amartya Sen（阿玛蒂亚·森）提出的发展理念。阿玛蒂亚·森的理论是西方推崇的，影响了许多国际援助组织对贫困理解和减贫计划。由于把贫困问题看作为发展问题，许多以帮助穷人为宗旨的慈善机构把机构的性质定义发展机构，或救援与发展机构。阿玛蒂亚·森认为：贫困首先是生存条件即物质需求的满足，其次是发展条件的满足，进而是对于发展的自由与权力的满足。自由是发展的首要目的，自由也是促进发展的不可缺少的重要手段。经济发展就基本性而言是自由的增长，发展是自由的扩展所组成，人们生活质量的衡量标准是自由而不应该是财富，发展可以看作是扩展人们享有的真实自由的一个过程。阿玛蒂亚·森认为能够扩展人类自由的政治、经济、社会、文化活动才是发展。"作为自由的发展"的论述把发展理念推到了前沿。

世界银行《2000/2001 年世界发展报告》指出：穷人生活在没有最基本的行动与选择自由的境况中，而这种自由是使他们生活改善理所当然应该具备的。通常他们缺少必要的食品和住房、教育和医疗，以便使他们能过上所有人都向往的那种生活。面对疾病、经济混乱和自然灾害他们十分脆弱。同时，他们经常受到国家和社会的不公正对待，在涉及决定他们重大问题上没有发言权。世行工作人员通过在 60 个国家与 6 万贫困人口交谈，认识到贫困不仅仅是收入不足，贫困也意味着缺少基本行动自由、选择权和机遇，容易受到滥用权力和腐败现象的伤害，因此扶贫的重点不仅仅是增加收入，还要增加各种机会，改善社会和经济条件。

刘坚、李小云等人认为国际机构对于中国政府减贫理念的贡献就是："对于贫困的认识需要不断扩展，向更深更远的方向扩展，最终发现减贫与发展根本就是一个目标。"①

联合国、世行对发展和贫困的理解代表着国际社会的主流，因此很多国际援助组织把扶贫的过程看得比结果更重要，把贫困人口获得平等、公平的发展机会作为追求的目标，把自身的性质定义为发展组织。

实际上，中国的反贫困历程也证明了发展与脱贫的关系，如果没有中国经济的发展就不可能摆脱普遍贫困，也谈不上全面实现小康社会。在中国理论界把反贫困理论归为发展经济学的范畴，也正是看到了脱贫的根本途径是

---

① 见刘坚主编《中国农村减贫研究》第九章"国际合作——减贫资源和经验的分享机制"，中国财政经济出版社 2009 年版。

贫困地区和贫困人口真正具备了自发展能力，这也是中国从输血式扶贫转变为开发式扶贫的根本动因，在这一转变过程中得到了外资扶贫的启发，融合了许多外来的先进理念。

二　对贫困含义的拓展

一是把贫困区分为微观贫困和宏观贫困。世界银行把区域意义上的贫困称为宏观贫困，即从整体的角度去看贫困，如贫困国家、贫困农村、贫困城市、贫困群体等。从家庭、个人的角度去看贫困，称为微观贫困。把贫困分为宏观贫困与微观贫困提高了扶贫政策针对性和扶贫效益。

从宏观的角度看，贫困人群往往集中于经济落后地区，这些地区人均GDP 低于全国平均水平，发展面临着自然环境恶劣、基础设施条件薄弱、人口受教育程度低等种种发展经济的困难，这些地区被称为贫困地区，也就是宏观贫困。

微观贫困是指贫困个体和贫困家庭而言。在贫困地区也有富裕人口，经济发达地区也有穷人，把贫困分为宏观贫困与微观贫困，可以从宏观上帮助贫困人口改善发展条件与生活条件，从微观上针对贫困人口特殊性给予特别的帮助。源于西方的发展经济学就是从宏观的角度研究发展中国家和地区的发展问题。国际援助组织特别强调要从不同的角度帮助贫困地区发展，并且在项目的规划中特别注意少数民族贫困人群的发展。

世界银行在反贫困历程中，不仅强调从区域角度扶持地方发展，也从家庭、个人的角度提供发展条件。在 20 世纪 80 年代中期至 90 年代中期，国家普遍存在着从州县乡镇的角度去扶贫，对贫困家庭和个人的扶持并不是很多，资源主要是投入到基础设施方面。90 年代以后，在外资扶贫项目的影响之下，各级政府逐渐意识到宏观贫困与微观贫困是有区别的，加大了从微观角度扶贫的力度，形成了宏观与微观并举的格局。云南省在反贫困历程中，不仅强调区域的发展，也把很多具体的扶贫措施落实到贫困家庭和贫困个人头上，并且大量使用了国际援助组织引入的先进方法。

二是从人文角度理解贫困。联合国发展计划署在《1997 年人类发展报告》中提出"人文贫困"的概念，意指：人们在寿命、健康、居住、知识、参与、个人安全和环境等方面的基本条件得不到满足，而限制了人们的选择。这一观念受到了国际社会的推崇。

2000 年，联合国在千年计划的制订中，体现了"人文贫困"的内容，为从多维角度衡量贫困程度和评价减贫效果提供了依据。国际援助组织对于贫困的理解受联合国、世界银行、亚洲开发银行等在世界上有强大影响力的国际机构的影响。

联合国千年发展目标把消除极端贫困和饥饿、普及初等教育、促进性别平等和赋权给妇女、减少婴幼儿死亡率、改善生育健康、与艾滋病疟疾和其他疾病作斗争、促进环境可持续发展、建立全球合作关系作为奋斗目标。很多国际援助组织把联合国千年目标全部或者其中的部分内容作为组织在2015年前扶贫的重要内容。中国的扶贫政策与国际社会倡导的理念是合拍的，与联合国的目标也基本一致，这是中国政府主动与国际社会接轨的结果。从在云南省实施的数千个规模不一的外资扶贫项目看，2000年后，这些项目基本上也都围绕着千年发展目标而展开，与中国的扶贫政策与国际社会倡导的理念是合拍的，与联合国的目标也基本一致。

在云南省民族地区的开展外资扶贫的组织或机构，在最近十多年间，把对广义的贫困理念进行了传播，促进了民族地区政府与民众从广义的角度理解贫困，也促进政府除了关心贫困人口温饱以外的各种必要需求。

从中国扶贫政策的演变中就可以看到。在80年代以前，无论是中国政府还是学界把解决贫困视为解决温饱，提高收入。80年代中期后，政府和学界都意识到了要使贫困人口彻底摆脱贫困，就要从救济式扶贫转变为开发式扶贫，从输血变为造血，致力于改善贫困人口的生产条件，但改善贫困人口的生产条件还不够，还要使贫困人口掌握生产技能，这样才能从根本上解决贫困问题。2000年后，中国农村的温饱问题已得到基本解决，国家又从更多的层面去满足贫困人口精神、文化、健康、权益等多方面的需要，并把联合国千年发展目标作为考量的重要指标。

三　对贫困量化的影响

中国在1986年把扶贫作为一种制度设计时，面临的一个重要内容就是对贫困人口进行界定。有关部门参照了西方一些国家对贫困线的划分，根据以下四点来确定贫困线：一是综合国际和国内最低限度的营养标准，中国采用2100达卡热量作为农村贫困人口的必须营养标准；二是用最低收入农户的食物消费单和食品价格，确定达到人体最低营养标准所需的最低食物支出作为食物贫困线；三是假设靠牺牲基本食物需求获得的非食品需求是维持生存和正常活动必不可少的，也是最少的，并根据回归方法计算出收入正好等于食品贫困线的人口的非食物支出（包括最低的衣着、住房、燃料、交通等必需的非食品支出费用），作为非食品贫困线；四是用食品贫困线（约60%）与非食品贫困线（40%）相加得到贫困人口的扶持标准。根据这四个标准，确定贫困线，并根据国家统计局的调查资料，计算出贫困人口的数量。中国的贫困线是非常低的，是以最低生存标准制定的，随着生活水平提高、对贫困认识深化、物价水平上涨等因素，自1986年至2012年中国已多次调整贫困线的标准，从最初的特困线 150 元、贫困线 150—300 元调整至 2300 元。各国对于贫困线的标准是不一样的，美国等国把低于平均收入的人口视为贫困人口。世界公认的贫困标准是人均每天消费低于 1 美元，2012 年调整为 1.25 美元。以世界银行为主的许多国际组织对于贫困的理解很宽泛，不仅是收入水平，还包括发展条件、机遇、公平公正的权益等。

除了对个体贫困进行量化外，很多国家从宏观上也对区域、群体进行量化，联合国机构的千年发展目标从八方面对扶贫目标进行了量化，而中国政府参照联合国千年目标和世界反贫理论，在第二个 10 年扶贫《纲要》中也对扶贫目标进行了扩展和量化，体现了千年发展目标和世界先进的扶贫理论、理念，见表 5 - 1、表 5 - 2。

表 5 - 1 联合国千年发展目标和中国进展情况

联合国千年目标	中国实现情况	进展评价	支持环境
目标 1：消除极端贫困和饥饿减半 到 2015 年日均收入少于 1 美元的极端贫困人口数量减少一半	2008 年中国成为世界第一个实现贫困人口比例减半目标的国家，挨饿的人口已不存在	已经实现	很好
实现充分和有效就业，使所有人包括妇女和年轻人有体面的工作	有可能实现	有一定的困难	良好
目标 2：普及初等教育 到 2015 年所有的儿童都要接受完整的初等教育	2007 年小学儿童净入学率达到 99.5%，初中入学率达到 98%，全国普及九年义务教育人口覆盖率达 99.3%，已实现了普及教育 初等教育中女童和男童之比：2005 年为 98% 识字方面成人中女性和男性之比：2005 年为 99%	实现目标已经超前	良好
目标 3：促进性别平等和赋权给妇女 到 2015 年消除所有教育中的性别不平等	2006 年全国城乡女性乡就业人数达 3.47 亿人，占就业人口总的 45.4%，妇女参政比例有所提高，在全国人大总席位中占 21.3%，高出亚洲平均水平约三个百分点 2007 年，小学女、男入学率分别达到 99.52% 和 99.46%，已实现了"2005 年，在小学和初中教育中消除两性差异"的目标	进展顺利 已实现	良好 良好
目标 4：减少婴儿死亡率 1990—2015 年，五岁以下儿童死亡率下降 2/3	五岁以下儿童死亡率：1990 年为 49‰，2007 年为 18.1‰；婴儿死亡率：1990 年为 38‰，2007 年为 15.3‰	已实现	良好
目标 5：改善生育健康 从 1990 年到 2015 年，生育母亲死亡率下降 3/4	生育母亲死亡率（每 10 万）：1990 年为 94.7，2007 年为 36.6 在医院用新法接生的儿童所占比例：1990 年为 50.6%，2005 年为 97%	已实现	良好

续表

联合国千年目标	中国实现情况	进展评价	支持环境
目标6：与艾滋病、疟疾和其他疾病作斗争 到2015年能控制艾滋病的传播、减少疟疾和其他主要疾病的发生率	2005年艾滋病感染和发病率大约为0.11%，病例数为79万，总体处于低流行 结核病、疟疾发病率得到了有效控制	进展顺利 已实现	良好 良好
目标7：促进环境可持续 将可持续发展的原则整合到国家政策和发展活动中去，保护环境资源	森林覆盖率从1990年的15.6%上升2005年的21% 碳的排放量：1990年2.1吨，2005年3.2吨	进展顺利 已超额完成	
到2015年不能获得安全饮用水的人口数量减少一半	农村无法获得安全饮用水人口从2000年约为3.79亿人降为2007年的2.51亿，2006—2010年有1.6亿人可获得安全饮用水 生物多样性保护面临着非常大的困难	非难困难	很好 很好
目标8：建立全球合作关系 采取有效的措施解决发展中国家的债务问题	所有的债务（占出口产品和服务的比例）：1990年为10.6%，2005年为1%。到2009年，中国政府免除了50个重债穷国和最不发达国家的256亿元人民币债务。2009年，中国已向非洲国家提供100亿美元的优惠贷款，向越南、柬埔寨、老挝、印尼等东盟国家提供150亿美元信贷支持；还向国际货币基金组织增资500亿美元，明确要求将资金优先用于最不发达国家。2009年官方发展援助付款净额接近1200亿美元，有史以来最高	完成较好	很好
分享新的技术，尤其是信息和通讯带来的利益	电话线和程控交换机（每100人拥有量）：1990为0.6%，2005年为57%	超额完成	很好

资料来源：刘坚、李小云：《中国农村减贫研究》，中国财政经济出版社2009年版；《中国实施千年发展目标进展情况报告》，2008年；温家宝：《为实现千年发展目标而奋斗——在联合国千年发展目标高级别会议上的讲话》，2000年9月20日。

表5-2　　　　　中国农村扶贫开发纲要（2011—2020年）的目标

2011—2020年中国扶贫开发目标内容	量化指标	与千年发展目标是否重合
总体目标：到2020年，稳定实现扶贫对象不愁吃、不愁穿，保障其义务教育、基本医疗和住房	贫困地区农民人均纯收入增长幅度高于全国平均水平，基本公共服务主要领域指标接近全国平均水平，扭转发展差距扩大	重合，且包括更多的内容和更高的要求

续表

2011—2020 年中国扶贫开发目标内容	量化指标	与千年发展目标是否重合
1. 基本农田和农田水利	到 2015 年，贫困地区基本农田和农田水利设施有较大改善，保障人均基本粮田。到 2020 年，农田基本设施水平明显提高	与解决饥饿的内容重合且超出千年目标的要求
2. 特色优势产业	到 2015 年，力争实现 1 户 1 项增收项目。到 2020 年，初步构建特色支柱产业体系	是解决贫困的途径，重合
3. 饮水安全	到 2015 年，贫困地区农村饮水安全问题基本得到解决。到 2020 年，农村饮水安全保障程度和自来水普及率进一步提高	重合且超过千年目标要求
4. 生活生产用电	到 2015 年，全面解决贫困地区无电行政村用电问题，大幅度减少西部地区偏远地区和民族地区无电人口数量。到 2020 年，全面解决无电人口用电问题	超出千年目标
5. 交通	到 2015 年，提高贫困地区县城通二级及以上高等级公路比例，除西藏外，西部地区 80% 的建制村通沥青（水泥）路，稳步提高贫困地区农村客运班车通达率。到 2020 年，实现具备条件的建制村通青（水泥）路，推进村庄内道路硬化，实现村村通班车，全面提高农村公路服务水平和防灾抗灾能力	超出千年目标的内容
6. 农村危房改造	到 2015 年，完成农村困难家庭危房改造 800 万户。到 2020 年，贫困地区群众的居住条件得到显著改善	超出千年目标的内容
7. 教育	到 2015 年，贫困地区学前三年教育毛入园率有较大提高，巩固提高九年义务教育水平；高中阶段教育毛入学率达到 80%；保持普通高中和中等职业学校招生规模大体相当；提高农村实用技术和劳动力转移培训水平；扫除青壮年文盲。到 2020 年，基本普及学前教育，义务教育水平进一步提高，普及高中阶段教育，加快发展远程继续教育和社区教育	重合且超出千年目标
8. 医疗卫生	到 2015 年，贫困地区县乡村三级医疗卫生服务网基本健全，县级医院的能力和水平明显提高，每个乡镇有 1 所政府举办的卫生院，每个行政村有卫生室；新型农村合作医疗参合率稳定在 90% 以上，门诊统筹全覆盖基本实现；逐步提高儿童大疾病的保障水平，重大传染病和地方病得到有效控制；每个乡镇卫生院有 1 名全科医生。到 2020 年，贫困地区群众获得公共卫生和基本医疗服务更加均等	重合且超出千年目标
9. 公共文化	到 2015 年，基本建立广播影视公共服务体系，实现已通电 20 户以下自然村广播电视全覆盖，基本实现广播电视户户通，力争实现每个县拥有 1 家数字电影院，每个行政村每月放映 1 场数字电影；行政村基本通宽带，自然村和交通沿线通信信号基本覆盖。到 2020 年，健全完善广播影视公共服务体系，全面实现广播电视户户通；自然村基本实现通宽带；健全农村公共文化服务体系，基本实现每个国家扶贫开发工作重点县有图书馆、文化馆，乡镇有综合文化站，行政村有文化活动室。以公共文化建设促进农村廉政文化建设	重合且超出千年目标

续表

2011—2020 年中国扶贫开发目标内容	量化指标	与千年发展目标是否重合
10. 社会保障	到 2015 年，农村最低生活保障制度、五保供养制度和临时救助制度进一步完善，实现新型农村社会养老保险制度全覆盖。到 2020 年，农村社会保障和服务水平进一步提升	超出千年目标
11. 人口和计划生育	到 2015 年，力争重点县人口自然增长率控制在 8‰以内，妇女总和生育率在 1.8 左右。到 2020 年，重点县低生育水平持续稳定，逐步实现人口均衡发展	超出千年目标
12. 林业和生态	到 2015 年，贫困地区森林覆盖率比 2010 年底增加 1.5 个百分点。到 2020 年，森林覆盖率比 2010 年底增加 3.5 个百分点	重合且超出千年目标

资料来源：中共中央、国务院印发《中国农村扶贫开发纲要（2011—2020 年）》。

第三节　对制定扶贫政策的贡献与影响

外资扶贫对云南省的政策影响应该从国家层面上看，因为地方的政策构架是自上而下的，地方政策必须在中央政策的框架之内制定。在这里将从国家扶贫政策的层面看外资扶贫对政策的影响。不可否认的是在国家的扶贫政策形成过程中，云南省外资扶贫实践作出了重要贡献。

对国家和地方发展政策产生影响，是世行、亚洲开发银行、联合国机构、一些西方国家政府援助机构，甚至一些境外 NGO 的援助目标之一。随着中国对外开放的深入，中国在全球化的进程中已成为了主角，积极与国际规则接轨，接受国际先进的发展理论，在扶贫领域积极与国际援助组织合作与交流，把借鉴国际先进的扶贫理念、项目管理经验和方法作为一项重要内容，并在扶贫政策中有所体现。在 20 世纪 90 年代初，世界银行高级经济学家皮安澜和他的同事与国务院扶贫办合作，开展了中国农村贫困调查，深入中国一些非常有典型意义的贫困地区，掌握了大量资料，并完成了《中国：90 年代的扶贫战略》的研究报告，其中的主要观点为制定《国家八七扶贫攻坚计划》提供了重要建议。《国家八七扶贫攻坚计划》标志着中国形成了完整的扶贫理论体制与政策体系。该计划为中国扶贫提供了扶贫指导思想、目标、政策依据、分工、措施、时间表。在"八七"扶贫攻坚中，对于贫困的理解和对贫困地区、贫困人口的扶持已不仅仅只是限于解决贫困人口的温饱，使收入达到人均 500 元的水平（1990 年不变价计算），而是包括改善基础设施、教育、文化、卫生条件，巩固温饱基础减少返贫人口，并且把小额信贷作为扶贫的一项政策措施。小额信贷在云南省实验成功，可以说推动了国家把小额信贷作为一项扶贫措施进行广泛推行。1994 年，云南省政府根据《国家八七扶贫攻坚计划》，制定了《云南省七七扶贫攻坚计划》体现了对贫困认识的深化。

为了推进中国上层和扶贫等相关政府部门对国内贫困的认识、调查研究贫困的状况和对现行扶贫政策进行完善，除世界银行外，亚洲开发银行、福特基金会等援助组织资助了政府扶贫部门和一些学者、民间机构进行了一些扶贫研究，部分研究成果被中央政府和地方政府所吸收，完善了国家和地方扶贫开发《纲要》。例如，1998 年亚洲开发银行资助国务院扶贫办开展了《支持扶贫项目的途径和方法的研究》，重点提出如何将普通商业贷款用于扶贫项目，并对中国和国际上已有的措施和经验进行详细的研究。福特基金会通过援助经济、法律、教育、国际关系等领域的研究和培养人才，来努力解决中国发展中的问题，对于中国政策的制定起到了积极的影响。

从全国来看，20 世纪 90 年代是世行、亚洲开发银行、联合国机构、西方国家政府机构、福特基金会等 NGO，在扶贫领域与中国合作交流达到峰值的年代。这一期间中央及地方政府通过与国际援助组织的合作，特别是在与世行、亚洲开发银行、联合国系统、福特基金会等合作的过程中，了解到许多对于中国扶贫事业非常有用的、积极的理念和方法，在制定《中国农村扶贫开发纲要（2001—2010 年）》中吸收了一些先进的理念和方法。例如，采用了世界银行西南项目实施的"综合治理、连片开发"的模式，打破了以往以部门为单位实施项目而导致的投资分散、不能形成合力的格局，确立了综合治理、全面发展作为国家扶贫的主要方针。这一方针是世行在中国西南扶贫贷款项目实施成功后确立的，解决了以往扶贫中存在的零星分散，形不成合力，弱化扶贫效果等问题，对于 2000 年以后形成的"大扶贫"格局起到了积极的示范作用。第一个 10 年扶贫《纲要》还吸收了世行西南项目中首次采用的"一次规划、分年实施"的方法，有效解决了过去扶贫投入中分年计划造成的项目之间不衔接问题。西南扶贫贷款项目采取的"以村为单元，整体规划，总体实施"的做法，提高了项目实施的效率和成功率，更重要的是提高了贫困农户自我管理和发展的能力。在第一个 10 年扶贫《纲要》中"以村为单位、整村推进"被作为一项必须实行的制度在全国推广。以村为单位提高了扶贫的瞄准率。在"整村推进"中，中央要求使用参与式方法制定村级发展规划。

在 2011 年开始实施的新一轮扶贫开发中，国务院扶贫办把参与式规划的思路和方法作为一项必须实行的措施和制度，在全国所有的扶贫开发重点县的重点村中普遍应用。早在 20 世纪 80 年代，福特基金会就在云南成立了推广参与式方法的研究会，从时间上来讲，云南省是全国率先接触、研究、推广这一方式的地区。参与式方法被用于实践，最早是亚洲开发银行的扶持项目。在亚行的项目中，把贫困群体作为项目主体，赋予他们平等参与扶贫规划的制定、年度扶贫计划的确定、项目的选择、实施管理、验收等全过程的权力，确保贫困群众的知情权、参与权、决策权、管理权、监督权。在云南省实施的世行西南扶贫贷款项目、世行英国政府贫困农村社区发展项目、欧盟项目，荷兰、德国、日本等政府项目，以及众多 NGO 实施的项目都把参与式方法作为基本方法贯穿于项目的始终。世行建立的贫困统计和监测系统在第一个 10 年扶贫开发《纲要》中明确在全国各地推广。

云南省是外资扶贫的重要地区和重要实验场，国家采用的外资先进理论和方法几乎都在云南进行过实践，云南省对国家建设和完善扶贫政策理论体系功不可没。

外资扶贫对于中国扶贫政策的影响，也成为了世行等国际发展机构值得骄傲的成就，世行贷款西南扶贫项目经理皮安澜认为："世行西南扶贫项目不仅在项目区当地取得了显著的成就，并且对国家的扶贫策略产生了实质性的影响。作为项目设计和实施的领导部门，扶贫开发领导小组通过西南项目尝试和探索了许多种扶贫开发的方法，这些尝试对于中国的扶贫开发进程产生了真实和直接的影响。对于世行，项目的最高目标是既要使项目区产生好的变化，更希望对国家扶贫政策的制定产生影响。对我而言，这也正是我想达到的一切。"①

第四节　对扶贫理念的贡献与影响

无论是官方的国际援助组织，还是非官方的国际援助组织，都有自己的宗旨、理念，虽然表达的方式、追求的具体目标不一样，但殊途同归，最终都离不开慈善、人道、人类的共同幸福。归纳和比较进入云南省的 280 多家国际援助组织及它们实施的项目，外资扶贫项目有许多理念值得学习、借鉴。实际上，近 10 多年来，外资扶贫的先进理念已经产生了深刻的影响。外资扶贫组织或机构在实施项目过程中，始终贯穿和强调这样一些理念。

---

① 见皮安澜《关于世界银行中国西南扶贫项目的几点评论》为黄承伟等《世界银行中国西南扶贫项目广西模式研究之项目综合模式研究》一书所作序，新华出版社 2005 年版。

一　强调以人为本

云南省外资扶贫项目大多是农村扶贫项目。尽管项目可能扶持领域不同，但在几乎所有的扶贫项目中都非常强调人的需要，特别是弱势人群的需要，如贫困人口，特别是贫困人口中的妇女、儿童的需要。外资扶贫项目非常注重识别真正的穷人，通过参与式方法把真正的穷人识别出来，再通过参与式方法赋权于穷人，让他们具有参与权、表达权，提出他们最需要获得的帮助，最终通过投票确定项目的内容，避免扶强不扶弱的情况，使扶贫资源真正可以用在贫困人口最需要的地方。为了把以人为本落实到实处，外资扶贫组织者特别强调贫困人口的权益，因此把贫困人口的发展能力当成重要的扶持内容，并投入很大的资源来做这件事。

由于以人为本的扶贫理念，国际援助组织强调出资者只是协助者，绝对不是布施者，贫困人口才是扶贫的主体，要给予受助者充分的尊重，听取他们的意见，否则扶贫就毫无意义。

从贫困人口具有的社会经济地位和思维、素质出发，国际援助组织还提出了贫困代际传递等问题，强调要从贫困人口的长远利益出发，把贫困人口作为宝贵的人力资源，通过教育、赋权、提供平等的教育机会，避免把贫困传递给下一代。

从表面上看，外资扶贫项目由于把大量的扶贫资源用于参与式方法、培训、能力建设方面，占用了宝贵的资金，使外资扶贫投入资金形成的可以看得到摸得着的固定资产要比国内同样规模的扶贫项目少。实际上，外资扶贫项目更深入人心，贫困人口得到了更多的实惠。也正是由于强调以人为本，外资扶贫项目才可以做到重过程，甚至超过重结果。

二　注重生态环境保护强调可持续发展

早在20世纪60年代，生态环境恶化问题就受到了世界的关注，关心生态环境与人类命运的科学家、政治家的队伍不断壮大，到了20世纪80年代生态环境问题已成为了联合国讨论的议题，数万计的官方和民间生态环境保护组织在世界上产生，一些地方性的生态环境保护组织演化成了集环境、发展、慈善为一体的国际援助组织，因为它们认为生态环境保护是世界性的，生态环境保护与贫困、发展息息相关。随着全球性生态环境恶化趋势越演越烈，发展必须考虑到资源、环境的承受能力，在20世纪90年代，联合国提出了"可持续发展议程"，为世界各国所响应，有一些国际援助与发展组织把生态环境保护与经济发展作为主要项目。2000年后，联合国千年发展目标把"确保环境的可持续能力"作为了千年发展目标之一，要求"将可持续发展原则纳入国家政策和方案；扭转环境资源的流失，减少生物多样性的丧失，到 2010 年显著降低丧失率；到 2015 年将无法持续获得安全饮用水和基本卫生设施的人口比例减半；到 2020 年使至少 1 亿贫民窟居民的生活有明显改善"。实际上这一内容已在国家扶贫政策中有所体现，在国家第二个 10 年扶贫《纲要》中，这些内容都得到了细化。

大部分国际援助组织处处强调生态环境保护，与可持续发展，它们在项目中对生态环境的关注给项目区强烈的印象，产生了很好的示范效应和影响。一些外资扶贫项目在设计中强调以社区为基础，在提高农民环境保护意识的同时，建立社区自身的有关生态环境保护和自然资源管理的组织形式和规范，利用社区长期形成的对生态环境保护的乡土知识和技术，将环境问题和农民的生计问题结合在一起，实现社区的发展。如欧盟—中国云南红河环保与扶贫项目（先导）就是把生态环境保护与扶贫联系起来。在一些大型的农村综合发展扶贫项目也强调环境保护，在扶贫项目申报中，要求一定要做环境影响评估，还特别强调对环境不友好的产业不予支持，如烤烟，尽管烤烟有很好的经济效益有助于迅速改变贫困地区和贫困人口的生活状况，但对生态环境和人体健康没有益处。云南省实施的生态环境保护的外资扶贫项目，从环境保护角度出发，涉及内容非常丰富，如研究湿地保护，发展可替代能源和建筑材料，进行生态教育和宣传，以及各种培训，挖掘民族文化中生态保护的优秀传统等，对于云南省生态环境保护的启发非常大，同时引起了人们更多地从扶贫方面关注生态问题。

三　尊重贫困人口提倡人文关怀

国际援助组织对于贫困人口的心理健康也是很重视的，在几乎所有的扶贫项目实施中，都强调对贫困人群的尊重，在工作中与受助对象平起平坐，虚心听取他们的意见，时时考虑到受助对象的感受、心理和自尊，特别是在艾滋病的防治项目中，国际援助组织的工作人员必须尊重艾滋病患者，不得歧视他们，甚至要求与患者一起住宿、吃饭等。在发生重大的灾害时，外资扶贫人员往往聘请心理专家介入，给予受助者心理疏导，以最大的人文关怀帮助他们树立战胜困难的信心。

第五节　对扶贫方法、模式的贡献与影响

外资扶贫在云南省的 20 余年间，不仅仅贡献了资金、理论、理念，也提供了扶贫的工具——方法、技术、经验。云南省对于外资扶贫项目带入的扶贫方法没有多少争议，大部分方法通过本土化的改造几乎全盘接受了。这一成就让参与云南省扶贫的世行、农发基金、联合国机构和一些境外 NGO

感到很欣慰，具有成就感。在外资扶贫项目中，会发现资金来源往往决定了项目的内容与方向、目的、捐赠者的理念，从而决定了项目采用的模式、方法。不同的外资扶贫项目有不同内容和目标，在技术上有很大差距，但在方法上有许多共用的方法。总结在云南省实施的数千个外资扶贫项目，可见外资扶贫项目有许多理念是共同坚持和遵循的，许多方法也是共用的。这里着重介绍被广泛使用的基本方法和对云南省产生较大影响的方法、模式。

一　参与式方法的推广、实践、贡献、影响

参与式方法几乎是所有外资扶贫项目所主张的方式，贯穿在扶贫活动的各个方面。在世行、亚行、联合国机构、福特基金会、中国农业大学、云南省 PRA 网络的推动下，参与式方法在中国已成为了一种主流化的扶贫方法，并被纳入到了国家扶贫政策之中。云南省在参与式扶贫方法的推广运用之中作出了重要的贡献。

参与式方法与社会性别意识几乎成为了所有的外资扶贫项目的方法与原则，一些国际援助组织把这两个方法作为两只手，使项目能够得以很好地进行并达到设计目标。

参与式方法产生于人们对于传统发展理念和发展援助的反思。传统发展理念主要是以单纯的经济发展为主体，是发达国家的模式，忽视了制度、文化和社会的因素，没有把发展的主体即人和社会作为发展的目标，产生了本末倒置、事倍功半的效果[①]。"二战"后至 20 世纪 90 年代，国际多边双边机构向发展中国家提供了大量的技术援助，然而南北在发展上的差距仍然不断地拉大，人们开始对项目的设计理念、操作程序，以及项目执行者产生了怀疑，由此人们想到了 60 年代在拉丁美洲运用效果较好的参与式方法，到70 和 80 年代初期，参与式方法在非洲和东南亚国家逐步推广和完善，并因此形成了一系列参与式发展的方法和工具。

云南省是中国最早实践参与式方法的地区之一。在 20 世纪 80 年代末，福特基金会资助云南省开展了第一个参与式发展项目——云南贫困山区综合开发试验示范与推广项目。这个项目由省内 13 个科研院所，大专院校和有关厅局参加。项目实施期为 1991—1994 年，由于成效非常好又于 1995 年延长 3 年。项目在云南省最边远的 4 个少数民族聚居的行政村实施，即滇东北生态环境极度恶化型的镇雄县老包寨村、滇西北怒江高山峡谷地理限制型的福贡县明珠村，滇东南喀斯特地貌典型特征的广南县安王村，滇西南边境山

---

① 见徐学军《国际扶贫项目中的社区参与和群众参与》，载《国际组织在云南的实践》，云南人民出版社 2012 年版。

区江城县明子山村。该项目的实施标志着参与式扶贫方法不仅仅停留在培训的层次上，而是中国在发展项目中的第一次运用。

在1988—1992年，福特基金会通过国内和国外的培训，使一批年轻的学者在扶贫、社会林业、生物多样性、健康和社区发展方面运用参与式方法，同时提高他们的个人能力。福特基金还以云南省为基础在西南地区资助建立了参与式方法工作网（PRA Net Work）。

参与式方法是发展主体全面介入发展过程或发展项目中有关决策、实施、管理和利益分享过程的一种方法。在农村发展中，参与性就是让社区的居民自主参与项目的决策、实施、利益分配及监测评估。

参与式方法是让人们充分参与到他们自身有关的决策中，意味着社区的主体有权力和责任揭示自身的问题，提出自身的需要，评估自身的资源，并找到解决问题的办法，这一过程能够激发社区居民对有关社区事宜，更积极、更关心、更负责。

参与式方法使国内项目与外资扶贫项目形成了较为鲜明的区别：

国内项目由政府和部门决策，决策者往往凭主观印象决定做什么，怎样做，凭主观判断制定项目预期的目标，在决策中难以避免会哭的孩子有奶吃的情况，影响了公平、公开、公正立项，项目也很难切合贫困社区和贫困人口真正的需要，贫困社区和贫困人口对此很有意见，甚至有人认为有猫腻，不予配合。政府主导的扶贫项目一般来说，由政府计划，乡镇县向上一级报批后得到。项目由县乡村干部领着干，村民最多只是配合做一些工作，因此让项目区的村民们认为，项目是国家的，与自己关系不大，正是这种思想造成了村民消极对待投工投劳，出工不出力。对于建成的项目，村民没有拥有感，也就不难理解村民见政府帮助修建的设施坏了，告知说："政府的沟坏了""政府的路不通了""政府的水管漏了""政府的电杆倒了"的怪事。参与式方法可让受助社区的组织能力得到提高，受助人群产生参与意识，改变"等、靠、要"思想，把参与项目当成分内的事，在项目的决策、监管、验收中得到锻炼。参与式方法改变了"上级说了算，群众跟着干"的观念。参与式项目要求社区各种经济层次、社会地位的人群都要参与，特别是强调穷人与妇女参与的比例，因为穷人和妇女的意见往往才能代表社区大部分贫困人口的想法。

一般来说，进入云南省的外资扶贫项目往往通过调查了解和中方协作单位的推荐，确定项目区。通过宣传与组织，让各村选出代表来竞争项目的优先实施权，谁积极、讲得好、项目选得好，就给谁先开展项目。由社区作主建设什么，怎样建设，买什么材料，由社区代表全程监测项目的全部过程，项目结束后，所建项目交给社区管理，一定程度上解决了扶贫项目归属问题，一些做得好的项目还通过参与式方法使项目得以持续下去，避免了国内项目结束之时就是项目设施损坏的开始，三五年以后，扶贫设施消失殆尽的情况。

在云南省实施的外资扶贫项目基本上都采用了参与式方法，但都不是一成不变的，而是根据项目的要求和项目区的实际情况，采取参与式基本方法和工具进行，不是死板地按某种标准和要求来做。

国际援助组织进入中国10余年后，即2000年左右，世行、亚行、联合国开发计划署共同评估发现，以往中国扶贫工作效率不理想，特别是存在着扶贫资源流失问题，而外资扶贫项目的参与式方法得到了关注。在第一个10年扶贫《纲要》中，中央政府明确了"整村推进"的新扶贫开发战略，强调以村为单位，运用参与式方法开展村级扶贫规划制定工作。

经过国际组织20余年来不遗余力地推广参与式方法，该方法在教育培训、产业发展、社区开发、健康、环保等方面得以运用，对云南省贫困地区产生了非常大的影响，不仅在扶贫领域大量采用参与式方法，其他领域也借鉴这一方法来解决与群众自身利益相关的问题。笔者曾在金沙江水利水电课题调查中，参观了楚雄青山嘴水库移民建立的栗子园社区。这个社区是全国规模最大的城市水利水电移民社区，移民人数达到了6000多人，也是全国唯一成功实现大规模城市移民案例。一个重要的原因是移民局运用参与式方法，在每一个环节都听取了移民的意见，并让移民参与到建设的每一个环境之中，起到参与建设与监督的作用。楚雄州青山嘴水库移民之所以会采用参与式方法，因为局长李文曾是楚雄州扶贫办主任，经历过世行项目和许多外资扶贫项目，因而把外资项目成功的经验用在了移民项目上。

参与式方法并不是十全十美的，也有许多局限。一是参与式方法被受助者自身知识、眼界限制，如果组织者组织能力不是很强，仍会被社区强势者所主导，或造成一些扶贫资源的浪费。参与式方法很容易让国人产生误解。认为参与式方法与中国发动群众是一样的，早在半个多世纪前就为中国人熟悉，轻车熟路了。事实上，参与式方法与发动群众有本质的区别。在扶贫与发展项目中，参与式方法强调的是平等关系，资助者和受助者不存在谁服从谁的问题，资助者和受助者是伙伴，受助者是主体，组织者是协助者，两者在相互尊重的前提下共同完成项目。发动群众是自上而下的，主体并不是群众，而是领导，群众处于从属的地位，被群众称为："领导决定干，群众跟着干。"参与式和发动群众有着本质的区别，因此并不是同一性质的。但在实践中，往往混淆了本质的区别，为习惯势力左右，人们已经习惯于服从领导、服从能人、随波逐流，特别是贫困人口"等、靠、要"思想根深蒂固，形成不会做主、不愿做主、懒得做主，项目最终仍为强势者所操作。如果参与项目决策的贫困人口和妇女受知识所限，不能很好地表达自己的诉求，或是由于知识等个人能力的局限不能很好地表决，投入的项目往往不是社区最需要解决的。二是参与程度不高。尽管政府在政策的制定中，要求采用参与式方式，但在实践中受助者参与的程度依然很低，除了参与式方法要求花费大量的时间开会、参加培训，贫困村民们大多认为以其花那么多的时间，还不如出去打点零工，挣到的钱都是自己的，富裕者更不愿意参加。三是仍不能完全解决拥有感的问题。由于参与的人数有限和项目建成后只能交给集体，或者是相关部门管理，社区居民仍然会认为项目不是自己的，项目结束后的维护、投入仍然是一个难题。

　　二　社会性别主流化的贡献与影响①

　　在 1995 年以前，在国内的扶贫实践中，社会性别一直是一个被忽视的领域。在扶贫领域把性别提到应有高度的是外资扶贫项目。在云南省实施的数百个项目中，基本上都突出了社会性别主流化意识，把妇女的参与和发挥作用作为一个重要的必须实施的量化指标，同时把妇女参与的情况作为项目监测不可或缺的内容。

　　1995 年《人类发展报告》强调：关注和推进妇女与社会的协调发展，绝不仅仅是妇女的事情，而是政府的责任。政府的认识应当上升到这一高度：争取男女平等的重要性不亚于废除奴隶制和殖民主义的消亡。1995 年，在北京举行的联合国第四届世界妇女问题国际会议通过的《行动纲领》明确了社会性别主流化，并将以此作为提高两性平等的一项全球性策略。这一概念强调，必须确保两性平等是一切经济社会发展领域的首要目标。联合国经社理事会 1997 年对"性别观点纳入主流"做出了界定：这是一种战略，将妇女和男子的关注事项和经验作为一个整体，纳入政治、经济和社会等所有领域的政策和方针的设计、落实、监测和评估，使男女都能平等受益，中止不平等现象。最终目标是实现两性平等。并且强调：社会性别意识主流化的实践活动，并非仅仅是在公共管理现有的活动中添加"妇女成分"或"两性平等成分"，而是在注重各层次、各领域提高妇女的参与度的同时，还要把男女双方的经验、知识和利益运用于符合共同发展的公共管理日程中。通过公共政策和公共管理活动确保两性平等成为经济社会发展领域的首

---

① 参见云南省扶贫办外资中心何玲玲《社会性别主流化意识在国际扶贫项目工作中的运用》，载《国际组织在云南的实践》，云南人民出版社 2012 年版。

要目标。其目标是改变不平等的社会和体制结构，使之对男女双方都公平和公正，并获得平等的发展。

性别平等涉及政治、经济、教育、健康、婚姻家庭等多个领域，需要一系列健全和有效的公共政策去进行调整。由于妇女在传统性别结构中的弱势地位，在政策和规划的制定、实施过程中考虑妇女的特殊利益与需求，并给予她们特殊的照顾和保护是非常必要的。只有这样，才能使发展条件不平等的妇女得到与男子平等发展的机会。如在各项工作中设立性别指标：开会时妇女到会的人数；选举结果中妇女的最低比例等。同时要注意倾听妇女的声音，增加妇女的参与机会，为妇女提供更多的资源。避免公共政策中的性别缺失的另一个重要因素，是在决策机构中，保证足够数量的性别利益代言人。

长期以来，中国社会，特别是云南省这样一个多民族地区性别平等存在着许多问题，突出的是：（1）性别结构失衡；（2）女性收入偏低；（3）女性受教育程度明显低于男性；（4）女性就业困难；（5）女性维权受到威胁；（6）女性参与决策比例偏低。虽然1954年颁布的第一部宪法明文规定：妇女在政治、经济、文化、社会和家庭生活方面享有同男子平等的权利。但法律规定在实践中并未得到很好的贯彻。把贯彻男女平等基本国策具化为社会生活各领域的政策和法规，是一个国家为解决带有普遍性、全局性、长远性问题而确定的总政策。在具体的社会管理中，需要细化男女平等的国策原则，形成可操作的政策法规。

为了实现联合国关于社会性别主流化，国际援助组织通过扶贫项目促进这一目标的实现，以改变妇女的弱势地位，实现社会共同发展、和谐发展。

进入云南省开展扶贫项目的国际援助组织无一不强调妇女的参与，并作为必须遵循的原则贯穿始终，给予了强调多、落实少的云南省社会各领域各层面以教育、启发、示范。在外资扶贫项目开展前，大多都有社会性别方面的培训。培训不仅增强了项目人员的社会性别意识，而且还使项目人员学会了性别分析的手段和技巧。性别敏感性让外资扶贫项目人员和研究人员多了一种看问题的视角，能在实施的扶贫项目里，发现妇女的声音；在后期评估上能找得到性别指标。

在云南省实施的数千个外资扶贫项目中，基本上都能把性别主流化意识贯穿于始终。男女平等是人类发展的议题，是一场解放人类的革命。外资扶贫项目把社会性别主流化贯穿于项目，不仅作为一种扶贫的工具，也作为一个追求目标，对于中方合作者和项目区产生了一定的影响，但却未能得到中方扶贫项目的广泛重视，除了在小额信贷中得到较为充分的体现外，还停留在外资扶贫项目之中。

三　小额信贷模式的贡献与影响

云南省是小额信贷较早实验的地区。云南省小额信贷实验成功对于在全国推广作出了贡献。小额信贷模式的重要意义在于综合了社会性别优先与发展理念、社会资本理念、贫困群体的脆弱性等多种研究成果，它是人为设计而成功的扶贫模式，无论是从减贫理念，还是减贫方法都极具启发性。小额信贷是外资扶贫的一种有效模式，为了促进小额信贷在中国的扶贫中作出贡献，孟加拉乡村银行、联合国机构、世行、中国香港乐施会、福特基金会等数十家国际援助组织在云南省实施了小额信贷项目，为在全国推广作出了贡献。

1. 乡村银行简介

小额信贷是孟加拉国经济学教授尤努斯创建的乡村银行主要业务。乡村银行（英文缩写 GB）不同于一般的银行，准确地说是一个非营利的自负盈亏的社会服务信用机构，服务对象是穷人，以扶贫为目标。因为：一是乡村银行的股份由政府和穷人组成，政府占 60%、穷人占 40%。二是乡村银行用于贷款的资金来源有政府低息贷款，年息 4%—6%；国际金融机构贷款，年息 2%—4%；接受国外慈善机构和基金会赠款。乡村银行不设金库，款项存入国家银行，农民借款时再取出来，归还本息时，再存入国家银行，从这一点看它更像一个服务机构而不像是一个金融机构。三是因为工作量大、困难多、成本高、无利可图，任何商业银行不愿也不敢进入农民无抵押的小额借贷。借贷的利差即盈利主要用于行政开支和职员工资，如果有多余，则继续用于贷款和股民分红，做到了取之于民用之于民。

乡村银行的信念是"相信穷人的能力，挖掘和发挥他们的潜力"。在这样的信念指导下，形成了乡村银行的目标：一是向穷人贷款无须担保；二是消除高利贷剥削；三是给穷人创造自我发展的机会；四是通过相互支持和持久的社会经济发展，给予穷人权利；五是打破贫困的恶性循环。

乡村银行的原则①：一是只向穷人贷款的原则。正是由于坚持了这一原则，穷人能够得到真正的帮助，同时也打破了以往不敢借钱给穷人的成见，用事实证明了穷人是守信誉的，同时乡村银行的运行设计也使富人对小额信

---

① 见云南省小额信贷协调领导小组、云南省社科院农村经济研究所《农村小额信贷：扶贫攻坚成功之路》，云南教育出版社 1997 年版，第 3 页；杜吟梅、孙若梅《对马来西亚 AIM 信贷组织的考察报告》，见中国社会科学院农发展研究所、"扶创见合作社"课题组《孟加拉"乡村银行"和中国"扶贫合作社"》，1995 年 12 月。

贷不感兴趣，也不可能贷到款。二是小额短期贷款的原则。大多数穷人家底薄弱，文化技能水平较低，不可能从事大规模的经验活动，只适合于从事风险小，易操作，效益快的小型项目。三是重点向妇女贷款的原则。以妇女为主要贷款对象的好处有：妇女节俭、顾家，不乱花钱，更愿意把心用在为家庭谋利益的生产活动上；妇女外出少，便于开会、参加组织活动，也便于从事家庭养殖、手工业生产；妇女的信誉一般比男性高，还贷率高；妇女是家庭最忍辱负重者，也是家庭最勤奋的成员。重点向妇女放贷还有利于妇女提高家庭经济地位和社会地位，影响子女的教育。四是连续贷款原则。小额信贷不可能放一两次款就可能脱贫，多次连续通过借贷发展生产才可能脱贫，所以乡村银行规定只要按期还贷就可以成为会员，就可以连续贷款。五是建立互助组织的原则。互助组可以抱成一个团在还款和生产中互相帮助。乡村银行的贷款单位必须是小组，小组由 5 个来自没有亲属关系家庭的妇女组成，再由 6 个以上的小组组成中心。小组与中心对于成员负有还款的责任，这样促使各成员相互帮助。

乡村银行在实践中形成了一整套较为完整的行之有效的制度，并且按制度进行运行。这些制度的内容主要是：50 周还贷制度、小组制度、中心制度、小组基金制度、中心基金制度、纪律和会员 16 条制度。

50 周还贷制度，是按一年 52 个星期设定的，贷款期限一般为一年，当贷款人拿到贷款后的第三个星期一起开始还贷，每周归还本金 2%，到第 50 个星期，贷款就还完了。现在乡村银行的贷款种类已发展到 10 种左右，期限最长的可达到 10 年，但仍坚持每周一还贷。这一制度对放贷者来说，减少了风险；对借贷者来说，减轻了一次还贷的压力，而且可促使农户勤俭持家，动脑筋赚钱，提高理财能力。小额信贷的年利息达到了 20% 左右，本金从借款的第三个星期就开始归还，所以资金在农户手里的时间有效期只有一半，所以利息的实际金额也是以一半计算的，例如贷款 1000 元，交给乡村银行的利息不是 $1000 \times 20\%$，而是 $1000 \times 20\% \div 2 = 100$ 元，看起来好像是年息为 10%，但是 1000 元在农民手里的有效期只有半年，所以说年利息仍是 20%。

小组制度，是乡村银行运行机制的支柱，因为贷款的发放和回收，以及其他一切活动，都是通过小组进行和实现的，它既是营业所的工作对象，又是营业所的合作伙伴。小组由 5 人组成，原则是：第一自愿组合；第二有亲属关系的不能在同一小组，因为亲属关系会影响连保，还有可能联合起来对付营业所；第三小组成员在还本付息中要承担互相帮助的责任，这就要求 5 个人平时关系很好、相互信任、可以互相出主意、想办法，还贷时 5 人有连带作用，1人不能正常还贷就会影响其他4个人。小组中的5人不能同时贷款，先贷两个人，3—4周后再贷另外两个人，组长最后得到贷款。小组具有互助、互督、互保三重功能，是使贷款发挥扶贫作用和实现高还贷率的基础。小组成立要举行仪式，进行培训，经过审查。组长负责召集开会、取账本、收取组员还贷的钱、贯彻会员16条、监督和帮助组员正确使用贷款。

中心制度，是小组的上一级组织，中心设立正、副主任各一人，从小组组长中选举产生，也有的中心主任不选举由各小组组长轮流担任。中心由6个小组30个成员组成。中心主任是营业所工作人员的助手，负有召集会议、组织集体活动、开展文明教育、协调有关事务、开展有关活动、反映情况的职责，但完全是尽义务，不拿报酬。

小组基金制度，小组基金是小组成员出钱建立的互助性基金。凡参加小组就必须按规定出资，概不例外，否则不能参加小组，也就不能获得贷款。小组基金由五部分组成：个人储蓄，每人每周存1塔卡，存入小组基金；小组税，每人在贷款时提取贷款金额的5%存入小组基金，小组成员急需钱时，可向小组基金借钱，但要提取所借金额的5%存入小组基金；违纪罚款，每周一次的中心会议，迟到一次罚款1塔卡，不到一次罚2塔卡，丢失记账本罚2塔卡，不按协议使用贷款又未经中心主任和营业所批准罚款5塔卡；小组基金可获得年息8.5%的利息。小组基金小组成员所共有，只能小组成员使用，主要用于三个方面：一是家庭急需；二是购买乡村银行的股票；三是小组集体经营或其他集体活动。

中心基金制度，共有三种：集体基金、儿童教育基金、保险基金，设立这一基金的目的就是从事集体福利活动，有的中心还设立了赈灾基金。

会员16条制度，是扶贫信贷正常运行的重要保证，是会员必须遵守的纪律。纪律主要是还贷纪律和会议纪律。乡村银行作为自负盈亏的信贷机构，如果不能正常还贷，也就不能生存下去，如果有一人拖欠不还，其他人就会效尤，所以决不能允许欠贷不还，为了解决还贷问题，小组根据借款人还不出款的原因，或帮助其还款，或再给他增加新的贷款并延长贷款期限、如遇上灾害免除债务，如无故不还将被开除会员身份。

会议是乡村银行的重要工作。乡村银行兼有多种社会服务功能，得到联合国妇女儿童基金会的支持，因此关于妇女方面的会议较多。乡村银行每年召开几十种会议，既有工作性会议，也有技术性会议，如妇女工作会议、妇女互访会、助产士座谈会、养牛经验交流会、种树经验会、中心小学教师座谈会、母子会（妇幼保健性会议）等。会议是向妇女会员传达一种"团队精神，"产生责任感。

乡村银行的业务内容主要有：贷款、设立专业基金会。为了广泛拓展农村服务事业，乡村银行先后设立5个基金会：农业基金会、渔业基金会、织布基金会、信托基金会、格莱明基金会。5个基金会的理事长全是由尤努斯担任。基金会的资金全部来自国外资助或低息贷款。基金会的工作不同于小额信贷，更注重于支持企业，方式也更灵活。

乡村银行致命的弱点是高额利息减少了穷人的利益，但如果不采取高达20%的年息，乡村银行就难以为继；严格而烦琐的纪律虽然保证了还贷，但也占用了穷人非常多的时间和精力。这两个难题一直都是世界反贫困中的难题，但乡村银行不仅做到了直接扶贫到户和还贷款率高，保证了乡村银行的正常、可持续发展，为此乡村银行采取了四点非常有特点的方式，即：一是把贷款对象锁定为贫困妇女；二是采用了互保互助的组织方式；三是实行了小额度、分期制的还贷制度；四是采取了自负盈亏的民间组织形式。这四种方式还起到了许多外部化作用，或者说溢出效益、附加作用。

乡村银行的作用至少表现为：一是让穷人获得了帮助。乡村银行不是一个真正的银行，不以盈利为目的，不设金库，不被利益集团所左右，因此能够在制度上保证不嫌贫爱富，同时可以有效地设计一套简明的标准制度把真正的穷人识别出来，从而保证了只有真正的穷人能够获得小额信贷的帮助。二是打击了地下高利贷。一些贫困人口或者不是很贫困的人口，一旦遇上生产生活中不得不花钱的时候，由于借贷无门只好在民间借贷高利贷，从而被债务越拖越深不能自拔，陷入痛苦的深渊。三是赋予了穷人"造血功能"。因为乡村银行是自负盈亏的信贷组织，而且采取的是不担保的借贷形式，因此只有用严格的规章制度才可能使借款人还款，同时最大限度地降低成本，使乡村银行能够生存下去。针对穷人的小规模生产和小本经营，创造性地制定了一年分50次还贷的制度，初衷主要是保证还贷，但却产生了非常好的效应，时时提醒借款人还贷，迫使借款人千方百计地开辟财源，学习生产和经营技能，勤奋工作，处处节俭，产生盈余，这些对于贫困人口改变自身处境起到了推进作用，套用国内的扶贫方式来说，无异于赋予了贫困人口的"造血功能"。乡村银行对穷人的帮助不是一次性的而是连续不断的，在持续的小额借贷支持下，挖掘潜力，获得持续的生产能力，改变贫困的机会，孟加拉乡村银行运行10年后，加入的成员有45%不再贫困、34%的贫困有所缓解，只有20%仍然贫困[①]。云南省金平县、麻栗坡县的小额信贷套用了

---

① 参见杜吟梅、孙若梅《对马来西亚AIM信贷组织的考察报告》，中国社会科学院农发展研究所、"扶创见合作社"课题组《孟加拉"乡村银行"和中国"扶贫合作社"》，1995年12月。

乡村银行的借贷管理方法，取得了同样的效果。四是提高了妇女的经济与社会地位，而且对家庭教育也起到了促进作用。在实践中，乡村银行发现妇女在家庭的作用和特点，逐步把放贷的对象圈定为妇女。利用妇女勤俭持家、讲信誉等特点，不仅保证了还贷率，还起到了改变贫困家庭生活、子女教育、提高妇女经济社会地位的作用。由于妇女在家庭中承担了更多的家庭生活、子女教育的重担，扶持妇女既提高了还贷率，又通过妇女改善了贫困家庭生活质量和子女的教育。经济地位较高，或是见过世面的妇女对于家庭的影响是很大的，许多研究成果也支持了这一观点。五是增加了互助精神和促进了经济的发展。互保互助的组织形式是由于向贫困妇女贷款没有抵押而采取的方式。为了保证5人小组里的所有成员都及时还款，小组成员必须相互帮助，相互出主意，提供信息，传授生产经验，甚至提供一些劳作帮助，使一户人的生产行为成为其他人的生产行为。"中心"也是连带责任人，"中心"将在更大的范围内，帮助贷款人发展生产，增加收入，客观上增强了生产能力，促进了经济发展。自愿的互助能够产生凝聚力、新的生产力和提高抵御各种风险的能力，这些有助于缓解贫困，被中外无数的实践所证明。六是增强了凝聚力、提高了农民素质、增加了经营能力。乡村银行在实践中不断完善的组织、管理制度、管理手段，把散小弱的农民组织起来，强化了农民的组织性，通过乡村银行开展的多种培训，提高了农民的素质和一定的经营能力。乡村银行还鼓励成员开展多种社会健康活动，包括卫生、保健、营养教育、计划生育、结婚不要嫁妆、相互帮助等。七是对世界反贫困作出了贡献。造成普遍贫困的原因往往是多方面综合的，很难通过一两项有效的措施和手段就能解决穷人的贫困问题，但乡村银行这一模式实实在在帮助了有一定生产能力的穷人缓解贫困，带来生产、生活、精神方面的改善，得到了世界反贫困人士和机构的重视，并且获得了诺贝尔经济学奖。孟加拉国乡村银行在实践中形成的整套运作系统和规章制度已成为了人类反贫困的财富。在世界反贫困人士和机构、一些国家政府机构的推动下，乡村银行的模式在约50个国家实验推广。

2. 小额信贷在云南的实践

中国引入孟加拉国尤努斯教授创立的乡村银行的运行模式后，经过一些中国特色和地方特色的改造，叫作小额信贷。在中国所谓小额信贷是指专向贫困农户特别是贫困农户中的妇女承贷、不需要抵押担保、小额度整借零还、借款者以小组和中心进行互助互督互保的借贷形式。

在中国农村金融服务非常薄弱，农民发展生产很难获得资金，且手续烦琐，交通等成本非常大。为了帮助贫困人口发展生产，摆脱贫困，中国政府采取了扶贫贷款，但却出现了贷富不贷贫和还款情况不好等问题。当孟加拉乡村银行模式在马来西亚、菲律宾、印度尼西亚、越南等一些国家得到推广，并得到一些国际援助机构和外国政府的推崇时，也引起了中国扶贫部门和中国社会科学院农村研究所杜晓山等人的关注。1992 年 5 月，国务院贫困地区经济开发领导小组对乡村银行进行了专门考察，总体上肯定了这一模式，认为可以有选择地借鉴。接着中国社会科学院杜晓山等人应邀赴孟加拉国对乡村银行进行了专门的考察。1993 年底，在国务院扶贫办和河北省政府的支持下，利用来自孟加拉国乡村银行的 5 万美元，其中有 2 万美元属于无息有偿的行政性贷款和加拿大使馆的 5 万元人民币赠款中，有 2 万元指定为操作经费，开始了乡村银行的试验。中国社会科学院农村所在河北省易县实验。经过暂短的准备，1994 年初易县成立了社团性质的扶贫经济合作社，1994 年 5 月开始发放贷款，基本上按照孟加拉国乡村银行的模式运行，除管理组织由政府和扶贫办参与外，乡村贷款组织基本上是仿照孟加拉国乡村银行模式进行的。在识别真正的穷人时，采用了马来西亚 AIM 组织的方法，把住房和收入作为基本指标。在河北易县实验后，接着又在河南省虞城县、南召县和陕西省丹凤县进行了试点。这几个地方的实践并不是十分完美的，存在着难以为继的困难。

乡村银行的模式被许多国际援助组织称为：目前世界上最成功的扶贫项目。许多贫困国家在推广孟加拉国乡村银行模式时并未完全照搬照抄，马来西亚伊克提亚信托投资公司（AIM）在贫困户识别方面进行了创新，并影响到了许多国际援助组织在扶贫中特别关注贫困人口的住房，以住房作为重要的识别依据。越南的体制与中国同质，都是高度集权的社会主义国家，越南的乡村银行主要组织者不是 NGO 而是政府的妇联组织，越南小额信贷的成功主要是利用了政府的力量，由妇联组织进行的，降低了成本，使小额信贷得以获得较好的效果。

云南省是中国引入、实验小额信贷较早的地区之一。1996 年上半年，联合国开发计划署在云南实施了"社区综合与持续发展项目"，主要资助云南省金平县和麻栗坡县的四个乡级社区开展小额信贷。项目要求按照孟加拉乡村银行的模式对贫困妇女进行帮助，使其成为与孟加拉国、马来西亚、越南等国一样的扶贫到穷人的有效形式。

云南省小额信贷并不是完全照搬照抄孟加拉国乡村银行的运作模式，而是根据云南省的贫困情况、体制特点、扶贫政策，对乡村银行最为有效的核心部分——直接贷款到贫困妇女、一周一还贷、小组连保制等进行了吸收，也参照了马来西亚（AIM）对穷人甄别的指标和越南的政府组织形式，同时非常注重创新与发展，创立了云南的小额信贷模式，建立了政府主导，扶贫部门和共青团、妇联，以及相关部门联合参与的小额信贷。

1997 年 2 月底，麻栗坡、金平两个县四个项目乡（镇）已组建 82 个中心，265 个小组，参与贫困农户 1345 户，获贷贫困农户 902 户，辐射了 106 个自然村，贷款总额 81.59 万元人民币，除少数贫困农户各种原因还款有短期拖欠外，绝大多数贫困农户均能逐期按时还款，分期还贷率达 98% 以上。根据麻栗坡县铁厂乡营盘村在项目实施八个月后，贷款农户的人均收入比上年增加 62 元，增长 24.4%，人均有粮增加 35 公斤，增长 18.82%，有关部门认为小额信贷的扶贫效益十分明显①。

1996 年底，外交部常务副部长唐家璇考察金平县、麻栗坡县的小额信贷试点后认为，小额信贷是扶贫的"大西瓜，而不是小芝麻"，建议云南省推广。为了使小额信贷能够有序规范进行，以便全面推广，1997 年 5 月，云南省制定了《云南省小额信贷扶贫管理办法（试行）》。云南省小额信贷扶贫资金来源主要有：云南省财政扶贫资金；中国农业发展银行扶贫贷款；从其他渠道筹集的扶贫资金。1997 年，云南省决定在全省不同类型的 25 个贫困县、乡扩大试点。至 1997 年 9 月底，25 个试点县、乡已组建 317 个中心、1615 个小组，8075 个农户获得了 800 多万元贷款，还贷率为 100%②。1997 年 10 月，国务委员陈俊生考察云南省时指出："小额信贷扶贫试点工作云南省搞得很好，实践证明，这是一种很好的脱贫方式，值得其他省借鉴推广。"

由于中国的体制和云南省的省情与其他国家不一样，云南省的小额信贷模式不像除越南等少部分社会主义国家那样由 NGO 组织一手操作，而是由省、州（市）、县党委政府为主导，各级扶贫办牵头协调，农业发展银行和财政提供主要贷款资金，各有关职能部门作为载体直接参与，依托小组与中心直接向贫困农户发放小额信贷。

云南省在实验小额信贷的过程中，在吸收孟加拉乡村银行的管理与经验的同时，从中国、云南的实际出发，充分利用国家体制和扶贫政策的优越性，发挥现有的地方政府、农业银行、共青团、妇联、扶贫办等机构的力量，使之成为主要管理与操作者，这些机构是由国家承担工资支出的，因而降低了小额信贷的利率，使小额信贷的利率不超过 10%，比河北省易县、

---

① 云南省小额信贷协调领导小组、云南省社科院农村经济研究所《农村小额信贷：扶贫攻坚成功之路》，云南教育出版社 1997 年版，第 101 页。

② 同上书，第 3 页。

河南省虞城县、南召县和陕西省丹凤县16%低6个百分点，但由于管理组织者基本上是兼职的，还有其他工作要做，对于非常细致的小额信贷工作很难做到像孟加拉国那样细致，例如：对真正穷人的甄别不细致，一些不是最穷的人获得了贷款；个别小组有成员是亲戚关系；参与培训的组员有些松散，说明工作没有做到位；对于中心会议没有坚持做到每星期一次，对于没有参加的小组成员也未做到罚款，纪律松散；精力主要是放在贷款和还款上，对于技术指导和培训花的精力非常少。

小额信贷在扶贫经济指标方面的量化是很难进行的，贫困程度的缓解和彻底改变往往取决于多种原因，很难说小额信贷对贷款农户收入增加的具体数字和作用，只能肯定小额信贷宏观成就和若干成功的个案。小额信贷对扶贫的量化即使是孟加拉国的乡村银行也没有做到，但对贫困人口的帮助作用却是可以肯定的，只要能够瞄准真正的穷人，并对穷人进行持续的贷款和完成各种政策设计，中外小额信贷对穷人的作用基本上是一致的。

在各种国际援助组织开展的小额信贷中，成功多是个案，但在项目区面上的影响却是很大的。例如：中国政府与联合国儿基会国别合作方案第七周期（2001—2005年）实施了贫困地区儿童规划与发展项目（简称为：LPAC项目），在中国11个省（市、区）34个县以贫困妇女为服务对象，以小额信贷为切入点，以开展培训和创收活动为手段，把农村贫困妇女组织起来，进行决策、生命知识和创收等方面的知识与技能培训，提高妇女的生产与生活技能，并通过妇女的创收活动改善家庭经济状况，进而改善贫困儿童的生存与发展环境。在云南省腾冲县的还款率达到了100%、怒江州泸水县还款率达到了98.6%、大理州漾濞县还款率达到了99.6%。在LPAC项目小额信贷运行过程中，项目妇女决定如何使用贷款的资金，获得贷款后，她们结合家庭生活、生产状况、自身能力以及市场情况开展不同的创收经营活动，主要创收活动类型有种植业、养殖业、手工加工业、小型商业活动等，其中从事种植业和养殖业的妇女人数占到总贷款人数的90%以上，还有一些妇女还利用培训学到的知识和技能从事手工加工业、小型商业活动等，例如：腾冲县五合乡丙弄村参与项目的妇女，在从事种植业与养殖业的同时，利用学到的刺绣技术加工背腰面、鞋垫等；参与漾濞县平坡镇项目的妇女，利用优质核桃生产基地县的有利条件，在核桃上市季节利用贷款收购、贩卖核桃，从事小型商业创收活动。项目组妇女开展的创收经营活动取得了较好的经济效益。

虽然云南省在小额信贷的实施过程中，存在着这样那样的问题，但最重要的是直接面对穷人，是当时唯一直接瞄准穷人的扶贫方式，影响超过了作用，再加上外资扶贫项目中，特别是世行等综合扶贫项目把小额信贷作为一项重要的内容进行推广，联合国儿童基金会等机构和一些外国政府项目、非政府组织如乐施会等也把小额信贷作为一项扶持内容给予了支持，产生了很大的社会影响。

3. 云南省小额信贷的影响与问题

小额信贷形式在中国产生的影响超过了它的作用，其内容和模式已与乡村银行模式相去甚远，成为国家政策下的一种新的扶持特定对象的金融方式。自 90 年代中期至 2012 年，小额信贷已从农村进入到城市，遍及许多行业。小额信贷作为扶持弱者的一种手段，迅速在国内得到应用，普遍用于下岗工人、大学生再就业，甚至应用于扶持小型企业。

小额信贷资金在云南省民族地区推广面临的困难和问题要比其他地区多，原因是：少数民族贫困人口习惯了政府的无偿支持，偿还观念不强，或者并不把偿还当成一回事；同时小额贷款利息要高于市场利息，少数民族贫困人口就是因为由于不具备生产能力，很难获得收益，从而难以还贷。

除少部分地方外，在云南省很多少数民族地区实施的小额信贷还贷率较低，并未达到扶持贫困农户发展生产增加收入的目的。在少数民族贫困村寨使用小额信贷发展生产，很难获得真正的经济效益，因为贫困人群很难获得有效的信息和技术服务，而小额信贷的使用者恰恰最缺的就是有用的信息和技术，对于单纯的资金服务是很难获得收益的，这也是造成还贷困难的原因。

由于国家的金融政策管理制度和扶贫的宗旨，在云南省贫困地区不可能采取类似孟加拉乡村银行 20% 的利率，但低至 10% 以下的利率不可能保证其管理运营并长期维持小额信贷的可持续发展，一旦国家中断补贴，云南省小额信贷将会陷入到难以为继的局面中。

此外，国家和省以及社会在扶贫方面的投入也减小了使用小额信贷的积极性。

四　项目管理方法的贡献与影响

外资扶贫项目的管理方法对中方的影响是各种影响中最大、最广泛、运用最多、最深刻的。20 余年来，云南省政府及各部门吸收了外资扶贫项目科学而严谨的管理方法，并且通过本土化改造不仅运用于扶贫领域，也在其他领域得到传播和使用。所有的外资扶贫项目都有一套严格的管理方法，与国内的项目相比，突出表现在以下几点。

1. 社区规划

社区规划是一项有用的扶贫工具。在云南省开展扶贫项目的国际援助组织都不是第一次涉足到扶贫领域，经过多年的扶贫实践，积累了丰富经验，这些国际援助组织意识到从社区角度出发制定扶贫规划可以提高扶贫效益，克服社区在项目活动中的短视和急功近利的思维和行为方式，引导社区根据自身的资源条件，按预期的目标运行，制定详尽的社区规划成为项目是否能够达到预期目标的基础性工作，因此无论是综合性的农村发展项目，还是只涉及某一领域的单项项目，都要求做社区规划。一般来说，在做社区规划前，大多数项目还会开展基线调查。社区规划在项目实施中所起的作用为政府所赞赏，很快成为了云南省实施扶贫项目必做工作之一。

2. 重视项目的组织管理机构建设及能力建设

一般来说，单项的小型项目不可能在各级行政区都设立项目办公室，跨部门综合的项目和持续时间较长的项目才设立项目办公室。不管是否设立项目办公室，外资扶贫项目对于项目的组织机构的能力建设非常重视，要求项目实施中要有一个高效的有能力的组织机构，以便项目能够较好地执行。为了达到这一目的，很多项目往往投入很多的资源组建项目的管理机构，并对人员进行培训，以提高项目管理人员的素质与能力，使其能够更好地完成项目。在云南省开展的数千个外资扶贫项目中，所设立的管理机构有上百个，但最为典型的是世行项目。世行项目管理机构包括：项目领导小组、专家顾问组、环境评价小组、各级政府项目办公室。项目领导小组负责研究制定世行贷款扶贫项目的建设方针、政策；审查、批准项目区的项目实施计划、设计方案；研究、决定配套资金的筹集、使用和世行贷款的分配、回收与偿还；协调国内外关系，领导项目实施；指导和监督项目办公室开展工作。专家顾问组协助省项目领导小组、省世行项目办，对项目的建设方针、政策提出决策论证；对项目建设实施方案、计划等进行审议，提供领导小组决策；对项目所需的业务技术、管理方法、科技等提供咨询和建议；指导和帮助各项目县（区）进行设计、编写实施方案，并对上述文件进行审查和审议；协助省项目办及省业务主管部门对县（区）项目办及县（区）业务主管部门进行有关业务指导及人员培训；对项目建设进行技术指导、监督、检查、评估、验收等工作。同时，成立的环境评价小组，由省级环境保护专家组成环境评价小组，对项目中有关环保内容进行规划设计，负责项目区的环境保护监测、监督和项目建设的环境保护内容检查和评估验收。各级项目办公室分为省级、市级、县级项目办，乡（镇）级为工作站。各级项目办分工明确，各司其职。

世行项目是一个跨行业跨地区的综合扶贫项目，涉及了多领域多部门，需要大量的知识、技术和协调工作，如果没有专门的组织机构、组织机构不具备一定的工作能力，显然不可能完成项目设计的目标。同样一些国际NGO也非常重视项目的组织管理机构建设及能力建设，因为需要承担大量的协调组织任务、组织项目的实施和与贫困人口打成一片，需要一个高效的指挥中心和具备大量专业知识的工作人员。

3. 项目实施全过程管理

所有的外资扶贫项目都强调项目实施全过程管理，并且对全过程进行监测评估。以世行为代表的国际援助组织一般都有比较严格的前期准备和实施过程中的独立监督和独立的咨询专家组，甚至部分项目还要求进行项目的社会和环境影响评估，强调项目从立项到结束验收的每一个环节都要按规范操作，项目至少要包括上报的项目建议书、可行性研究报告、监测、评估报告和完工总结等步骤，一些项目还设立了档案管理，要求做好痕迹管理。国际组织的扶贫项目都是按流程进行管理：一是建立严格的项目程序，在项目前期进行预可行性研究、可行性研究，项目确定后，需要进行项目区社会经济基本情况的调查和分析，并在此基础之上对项目活动进行规划和设计。在项目实施过程中建立对项目的监测和评估体系，包括常规监测制度、项目的中期评估（调整）、项目完工总结和项目的影响评估等。二是建立分权的项目管理制度，根据项目组织机构的设置和项目活动内容的特点，使不同的项目管理层次都有相应的决策权，并形成不同层次管理计划。三是强调贫困监测、检查，对各个项目区和各个分项目进行全面的跟踪监测，在实施过程中分阶段检查。世界银行项目的贫困监测也为中国的贫困监测系统的开发和建立进行了有益的探索。四是项目完成后，进行严格的终期验收、分析、评估，并且提交完工总结报告。五是后续管理，对项目完工后是否能够持续进行特别的制度安排，或是交给社区组织，或是政府部门，或者投入一定的资金使项目得到更长时间的扶持。

4. 制定项目的管理制度

一般项目都会制定总的管理办法和管理制度，对于每一个分项目、每一个环节、每一项内容也都有分项制度，制度一旦确定下来就必须严格遵守。世界银行这种成熟国际金融组织如此，一些新兴的NGO也如此，因为不仅可以通过严格的管理制度来确保项目的顺利实施，而且也能保证资金安全，同时还可以产生预期的社会、经济等正面效益。得到国内充分肯定与学习借鉴的有：制定项目各方面各环节的规章制度，其中物资采购制度、工程建设招投标制、严格而灵活的财务管理制度深得中方的肯定，并且得到借鉴和推广。早在20世纪90年代末，云南省扶贫部门和发改委、财政等部门，就把外资项目中的"一次规划，分年实施"等运用于国内项目之中，要求国内项目制定规划，实施中期可在评估后进行调整。

　　外资扶贫项目先进的管理方法已被中方吸收、学习，云南省在学习的过程中结合自身的特点进行了完善。值得一提的是：世界银行把提高中国扶贫项目管理水平作为重要目标，并且设计了一整套完整的保障制度贯穿于项目的始终，此外还由于世界银行的项目投入规模巨大，是跨地区、跨行业的综合扶贫项目，并且要与项目区的各级政府合作，设立专门办公室，把自己的管理方式与各地方政府、扶贫办的管理结合起来，形成你中有我我中有你的管理办法。世界银行通过与中国政府的合作，成功地把宝贵的管理体制和国际通行的惯例，通过一系列本土化的变通措施，形成了一整套管理体系，把其他国家不可能实现的跨区域、跨部门、综合扶贫的项目变成了成功的典范，这对云南省扶贫项目管理工作的推动是非常巨大的。

第 六 章

外资扶贫成功的经验与存在的问题

大部分国际援助组织和合作方都会对外资扶贫项目进行分析、总结、评估；省财政、省发改委、省外资扶贫项目管理中心，各级政府外资管理部门，在工作总结中往往会从自身改进工作的角度对成功经验进行总结，对问题进行分析，但至今没有从全省层面对外资扶贫项目进行系统的总结和分析。课题组经过大量收集资料、访谈、汇总、分析后，从全省的角度对外资扶贫项目成功的经验与存在的问题进行了归纳。

第一节　成功的经验

外资扶贫的成功经验基本上是那些投入规模较大、口碑较好、影响较大的国际援助组织所取得的经验。这些富有成就的援助与发展组织把在世界上积累的先进经验运用于云南省，并通过云南省的实践，进一步积累总结推广至全国其他地方和其他国家。云南省外资扶贫的成功经验主要有：

一　尊重云南省发展政策和扶贫政策

外资扶贫项目都会根据受援国政府的扶贫政策和计划，并结合自身的宗旨形成在受援国的减贫策略。这是国际援助组织多年来在世界许多国家减贫活动中总结出来的宝贵经验。在进入云南省实施扶贫项目前，大多数国际援助组织都会通过各种渠道和聘请咨询专家与相关的政府部门接触，了解云南省的各项政策和省情，初步确定项目区，并进一步了解区情，以便最后决定切合援助方要求的项目区。一些组织还会通过做基线调查、需求评估，然后制订出详细的扶贫项目实施计划或方案，以达到既符合受援国的国情、省情、区情，也满足自己发展理念的目的，这样项目才可能获得资金支持和得到受援国和地区的支持。在云南省扶贫的国际援助组织大多在最需要发展的贫困地区开展项目，在设计项目内容时都会考虑国家和地方的发展规划，不与政府发展政策中已投入的项目重复，或是根据政府的发展方向，制定可以帮助贫困人口改善生产条件和生活条件的设施，或是帮助贫困人口发展产业，或是开展以开发贫困人口能力的项目，或是拾遗补阙做政府没有做或者还来不及做的事情。在云南省滇西北生态环境非常恶劣，但旅游资源丰富的地区，一方面帮助贫困人口围绕旅游业发展传统手工艺品，另一方面开展一些环境保护的活动。在边境一线，针对以开放促进发展的战略，开展罂粟替代种植、疟疾防治、艾滋病防治的项目。在干旱地区帮助贫困人口打井、建水窖。在一些贫困村帮助建设灌溉、道路、自来水等小型基础设施和卫生室、公共厕所等公共设施，同时帮助社区建立管理公共资源的制度。国际援助组织利用多年多国积累的扶贫经验，与云南省的发展相结合，以区别中方的方式，展示自身的影响力和追求自己的目标。由于国际援助组织的援助内容处处配合云南省的发展战略和政策，因此得到政府的许可、支持。

二　坚持普世理念

几乎所有的国际援助组织无一例外地强调人类的普世理念。大部分国际援助组织都以发展为主题，为贫困人口创造发展条件为目的，并针对贫困地区和贫困人群开展有利于发展的项目；一些援助组织则是以保护自然环境，维护人类的共同家园为理念；一些援助组织以改善人类的健康和减少人类的疾病为目的；一些是以保护动物，维护动物的生存权益为出发点，帮助贫困人口发展生产，减少对动物的伤害，等等。正是由于这些普世的理念，为中国政府和民众所接受。如果偏离了这些理念，无论国际援助组织投入多少资金，都很难获得接纳。联合国系统、世界银行、亚洲开发银行，以及德国、日本等政府都明确提出支持中国落后地区的发展，帮助中国实现发展目标。在云南省开展扶贫项目的国际援助组织被称为发展组织、救援组织、慈善组织、基金会等，宗旨就是帮助贫困地区和贫困人口发展，而有的国际援助组织是医疗卫生组织、艾滋病防治和关怀组织，有的是环境保护组织，有的是动物保护组织等，但它们往往通过帮助贫困人群改善健康状况获得发展；有的是帮助贫困人口提高技能、增加自我保护意识而获得发展机会；有的是通过改善生态环境，使贫困人口居住的环境更适宜居住和发展；有的是帮助贫困地区和人口增加自我保护意识和组织能力，积极参与到各种社会活动之中；等等。2000 年后，进入云南省扶贫的国际援助组织都有各自的宗旨、理念、获得资金的渠道，它们自觉地围绕着联合国千年发展目标来设计扶贫项目，把联合国千年发展目标中的理念与自身的宗旨、理念融会贯通，具体体现在援助项目的目标、计划、模式、方式之中。

从云南省实施的外资扶贫项目看，无论是世行、亚行、联合国机构，还是境外 NGO，都把千年发展目标作为自身追求的目标，把联合国倡导的理念贯穿于项目的整个过程。千年发展目标是建立在普世价值之上的，因此受到各国的拥护。千年发展目标是通过若干指标值进行量化的。中国政府在第一个 10 年扶贫《纲要》中把千年目标的量化值作为发展的指标，并要求各级政府这样做。千年发展目标是根据联合国成员国的财政可行性，以及所有国家和地区广泛的参与选定的，是"最小公约数"的目标，涵盖那些已被科学证明的、对于人类发展不可缺的因素，因此才有可能使最不发达的国家在国际社会帮助下，通过努力可以实现的相应指标值，如普及初等教育、降低儿童死亡率和改善孕产妇保健等。这些目标也是各成员国所能接受的。外资扶贫项目之所以能够产生超过项目区和项目本身的影响，与联合国千年发展目标相衔接是一个非常重要的原因，得到了受援国政府和项目区民众的欢迎，并且以积极的心态配合国际援助组织开展好扶贫项目。国际援助机构通过扶贫项目把可持续发展、包容性发展理念贯穿于项目的始终，从另一个角度促进了云南省贫困地区的科学发展、和谐社会的构建，因此与云南省的发展和扶贫目标相一致。

三　尊重受援国的政治、文化、传统

中国政府对于接受外资扶贫是有条件的，必须以尊重中国的政治、文化传统，诚心帮助中国贫困人口以提高生产和生活为前提，不容许带有任何政治意图和对中国传统文化、价值观念的干涉和不尊重行为。一般来说，进入中国以扶贫为目的官方国际组织和境外 NGO 都是没有政治条件的，福特基金会明确表示，中国政府不支持的，我们也不支持，我们和中国政府是一致的。互满爱人与人组织的中国负责人也向课题组表达了愿意尊重项目区政治、经济、文化，与政府形成良好关系，致力于贫困地区的发展、边境地区的艾滋病疟疾结核病防治等。一些有着宗教背景的境外 NGO 对于中国的政治、文化、传统都十分尊重，以发展、减贫为宗旨，做到了去宗教色彩，把减贫与发展作为重要的目标。进入云南省的国际援助组织在政府的引导下，大多在民族地区实施项目，即使在非民族地区往往以民族贫困人口为重点扶持对象。在开展项目之前，实施人员就非常重视民族文化传统，在尊重地方风俗、民族文化的前提下开展工作。当然也有个别外籍工作人员借扶贫之机传播宗教以及做了一些不该做的事，虽是个案，但起到较大的反作用，使得一些地方政府对于外资扶贫不再积极，甚至不愿接受外资扶贫项目。

四　争取各级主管领导的重视

由于中国高度集权体制，党政主要领导对于地方的发展非常重要，甚至可以对项目的成败起到关键的作用。各级主要党政领导的重视程度决定了政府及各部门的支持、配合力度。云南省受到主要党政干部重视的项目主要是外国政府、世界银行、国际农发基金、联合国机构的项目。这些项目来自官

方，投资规模也较大，而且机构本身在世界上有一定的影响力。这些官方的援助机构由于有省级政府主管领导的重视，顺理成章地成为省级扶贫办的重要工作，并且得到省发改委（原省计委）和省财政资金配套。对境外 NGO 项目来说，获得县乡及以上政府领导的支持，不仅关系到是否能够得到项目区的配合，而且还关系到项目的合法性，如果是政府主管领导没有认可的项目，难以成功备案或登记。可见领导是否理解、支持也是项目能否得以成功的关键因素。这个现象说明了外资扶贫制度还不够完善，领导意志起着重要的作用，在云南民族贫困地区较为突出。

　　五　与政府相关部门建立健康而友好的关系

　　国际援助组织进入云南省都必须有一个部门与之合作，这个部门大多为政府部门。国际援助组织如何设计扶贫项目，如何进行项目的实施，都要与政府相关部门共同协商形成实施方案。云南省是一个社会发育程度较低的地区，特别是少数民族地区的社会管理、社会服务都十分落后，要靠民间的力量和某个组织单打独斗很难开展工作，甚至不可能完全达到项目设计目的。中国政府是一个高度集权的政府，政府的行政力量无所不在，任何事情都可以对应到相应的政府部门，这样一个体制是半个多世纪形成的，而且在云南省的贫困地区，特别是民族贫困地区，政府的运转都是靠上级政府提供的人财物保证，对上级政府的依赖非常大，形成了一级管一级，同级有分工也有合作的体制。由于政府对于整个社会事务无所不包，承担无限责任，并把扶贫作为制度的优越性来体现，把扶贫任务承包下来，把政府定义为第一承包人，政府决定各部门配合。政府有着较为严格的分工，在扶贫事业中，政府部门会根据自己的职能进行相应的配合。贫困人群往往习惯了政府的包办代替，该干什么？怎样干？谁去干？政府统统都承担了，久而久之，贫困地区政府和人群都产生了"等、靠、要"的依赖感。由于上述的原因，外资扶贫项目实施的每一个细节、环节，如果没有政府部门的配合、协调，外来的扶贫组织或机构是很难开展工作的，项目的成功与失败既取决于实施者的努力，也取决于政府的支持程度。外国政府和官方的多边组织往往要求政府配合，并出资，共同制定扶贫项目和实施体系，并且建立良好的互动关系。对于中国国情有所了解的非政府组织也努力与政府部门建立良好健康的关系，获得政府的支持。在云南省扶贫的国际援助组织大多对政府有所了解有所要求，也能和政府各部门建立良好的关系。可以说，与政府的关系成为了决定项目成功或项目是否能够顺利进行的关键因素之一。世行贷款扶贫项目是外资扶贫中的典范。担任过世行1—4期贷款扶贫项目的经理皮安澜认为：世行项目在中国成功"关键的原因是中国政府强有力的支持以及各级项目办的创新和持续不懈的努力，特别是扶贫开发领导小组以及省、地区（市）、县政府对项目的领导和支持。尽管世界银行在项目的设计和准备期间发挥了十分重要的作用，但是其在项目实施过程中的作用是十分有限的。项目成功实施的关键是：在各级扶贫领导小组的领导和指导下，和各级项目办的努力。"①

六　根据需要制定资助的重点

国际援助组织扶贫资源很有限，即使是世行西南贷款扶贫项目也不可能覆盖项目区的所有方面。国际援助组织一般根据资金的来源和资金总额的多少选择项目，倾向于弥补项目区最薄弱和政府扶贫遗漏的地方。在我国制度设计中，GDP 成为了政府追求的重要目标，因此在重点基础设施建设、公共服务的改进方面，获得了长足的发展，而对于机会公平、性别平等、权益保障方面，政府的进展非常缓慢，这与社会组织欠发达及制度性的决策过程中社会参与不足有关。同时，上级政府习惯于用经济效率指标考核公共产品和服务的产出，迫使下级政府对于一切投入都要求产生经济效率，即使扶贫资金也不例外，这样小型公共设施和公共服务在贫困地区成为了特别稀缺的产品，反而为外资扶贫项目提供了有所作为的空间，既能为贫困地区和贫困人口提供发展的条件，更能产生非常好的影响。例如，小额信贷、社区自主发展基金都是在农村正规金融服务空缺的情况下，弥补针对贫困农户资金缺乏而采取的扶贫模式。

根据项目区区情制定扶贫重点是大部分外资扶贫机构的做法。例如，较早进入中国开展援助活动的福特基金会，在改革开放初期，了解到中国的教育很薄弱，特别需要经济学建设，因此把经济学作为重点来资助。在中国步入改革开放的经济发展快车道后，农村发展存在着由于教育不公平等问题，而导致人力资源得不到较好的开发和利用，成为制约农村发展和贫困人口难以获得经济发展机遇的阻碍，福特基金又把资助教育作为了重点。中国经济获得快速发展后，中国提出依法治国的理念，为了帮助中国发展，福特基金会又把法律教育作为资助重点。也是中国经济获得发展后，出现了公共管理、社会管理方面与高速发展的经济相脱节的问题，福特基金会又增加了对公共管理、社会管理方面的资助。中国成为了世界工厂的同时也成为了生态环境恶化的重灾区，保护生态环境提到了重要的位置上，这同样成为了福特

---

① 见世界银行高级经济学家、世界银行中国第一至四期扶贫项目经理皮安澜《关于世界银行中国西南扶贫项目的几点意见》，见《世界银行中国西南扶贫项目广西模式研究之——项目效果与影响案例评析》，新华出版社 2005 年版。

基金会关注的重点之一。随着中国开放度越来越高，已在全球化中成为主角，如何处理国际关系成为了中国汇入世界的一门必修的功课，福特基金会又加大了对这方面的资助。再如，世行在结束了第四期对中国的扶贫项目后，项目经理皮安澜表示："中国贫困地区已普遍实现了'普九'，在以后的项目中，不再把基础教育作为扶持重点。"

七 扎实的工作作风

外资扶贫项目投入的资金在云南省的扶贫总投入中只是很小的部分，但却产生了较大的影响，主要原因是国际援助组织或机构都有着严格的管理制度，外资扶贫项目的实施者必须严格遵守项目的各种规定，深入到贫困地区的第一线，贫困人口之中，与贫困人口一起制订扶贫计划、实施项目、监测项目、验收项目，整个项目实施管理的过程必须倾听和吸收当地人的本土知识，更为重要的是外资扶贫项目的基层工作人员，不能够用公款吃喝，乘政府的公车，很多外资扶贫项目工作人员，只能乘公交车，住宿吃饭都是自理。他们的工作形象和扎实的工作作风与地方干部形成了鲜明的对比，受到了贫困人口的欢迎。由于这些因素，外资扶贫项目的影响往往超出了项目本身，也超出了国内同类项目。

第二节 外资扶贫的局限性

虽然国际援助组织对云南省的扶贫开发作出了特殊贡献，对提升云南省整体扶贫工作水平起到积极的促进作用，产生了较大的影响，但作为社会扶贫的一支很有限的力量，存在着许多局限性。

一 扶贫规模的局限性

云南省虽是中国的西部地区，经济落后，但自20世纪80年代以来一直处于高速发展之中，民族地区自1996年以来至今经济增长速度高于全省平均水平，由于基数过小，人均收入的绝对值与发达地区相比仍在不断拉大。20世纪90年代中期，也是外资扶贫进入高峰的时期，因制度造成的农村贫困基本已消除，贫困地区和贫困人口主要集中在自然环境恶劣、基础设施十分薄弱、社会发展程度较低的民族地区，贫困人口中少数民族人口占主要比重。20世纪90年代以后的农村贫困原因不是一个两个，而是多个，并且是长期积累下来的，因此解决贫困问题应是一个系统工程，需要实施综合扶贫项目逐步解决。20年来，在云南省数千个外资扶贫项目中，资金规模最大的是世行西南扶贫贷款项目及世界银行和英国政府混合贷款的贫困农村社区发展项目（PRCDP），以及2013年启动的国际农发基金贷款项目。除此，由于投入规模有限，大部分外资扶贫项目只能解决一些小型的设施和进行一些专题培训，甚至由于资金规模太小不能保证项目的后续发展。除世行、外国政府、农发基金投入的项目外，极少数项目投入能够达到上千万元人民币，大多数项目多是几十万元、几万元，甚至几千元。由于资金投入有限，不能满足贫困地区和贫困农户基本的生产条件，如农田、水利设施、道路等。即使有了基本的基础设施条件和生产条件，还要帮助贫困农户进行商品生产；从小规模自给不能自足的低效生产方式，转变为小而专的以商品生产为目的高效的生产方式，从而提高农业生产率，增加来自生产的收入，达到脱贫的目的。要达到脱贫的目的，小规模的资金难以承担。目前，有一部分境外 NGO 由于资金投入有限，又未能与政府部门或专业部门实现有效的合作，使一些扶贫项目由于没有持续的投入和投入规模不到位，成了半拉子工程，造成了资源浪费，并且使贫困群众失去了参与热情。规模过小限制了扶贫的效果，也受到一些县乡政府的抵制，认为钱少、事多、太麻烦，还需要县乡政府为协调工作支付费用，加重县乡政府的财政困难。一些小规模扶贫项目结束后，对于贫困地区和贫困人口来说，没有改变什么，似乎什么也没有发生过。

二　组织能力的局限性

进入云南省的国际援助组织大部分是以西方文化为背景的，长期活动在非洲、东南亚、南亚等欠发达国家，对中国有较大误解，习惯于用与非洲、东南亚、南亚等国家打交道的方式与中国交往。由于不了解中国政府，特别是贫困地区政府的组织能力，一些国际援助组织，特别是一些境外 NGO 进入云南省贫困地区的第一件事情就是千方百计地在项目区建立扶贫援助机构的项目办公室，同时招兵买马和培训项目实施所需要的人才，试图通过各种"洗脑"活动，使招聘人员适合外方的思维和工作方式。其实这样做，不仅增加了成本，还会增加扶贫项目实施中的工作难度，产生一些人为的阻碍，因为临时招聘组成的人员，对农村基层政府和农村工作方面往往缺乏经验，协调管理能力很有限，甚至很容易与当地政府、基层组织和贫困人口产生矛盾。

在云南省贫困地区，政府早已成为了"万能政府"，聚集了各类专业人才，有着丰富的与贫困人口打交道的经验，擅长协调各部门的工作，而且掌握着远比国际援助组织多的扶贫资源，同时政府可以在社会的所有方面组织和动员资源，因此只要政府想做的事情就很容易获得成功。云南省贫困地区由于市场经济的力量和民间组织发展十分弱小，难以独立开展需要多部门合作的扶贫项目。这样的现实，使得进入云南省贫困地区的国际援助组织不得不依靠与政府部门的合作才可能很好地开展扶贫项目。如果不能较好地与政府沟通，即使花重金建立了项目办事处，组织大量的人员，都会陷入单打独斗的状态之中。没有政府人员出面，贫困人口很难相信外来的机构和人员，认为世上没有"天上掉馅饼"的好事，有的贫困人口怕上当受骗，拒绝国际援助组织的帮助，造成不配合的状况。

在没有政府支持下的项目实施，即使是克服了重重困难，在项目勉强结束后，也立即就会出现无机构、无人接管项目的后续管理、维护和再投入的状况，这样即使完工的项目也不可能形成可持续发展态势，一些好的项目影响很快就销声匿迹了。

一些境外 NGO 一方面很想获得政府支持，另一方面不相信政府在贫困地区的组织能力和工作效益，甚至担心干部不廉洁，仍然要成立机构，并且花很多资金用于人员聘用和培训上，占用了大量的资源，使县乡政府工作人员很有意见，产生了抵触情绪。

三　资金使用的局限性

曾经实施过国际援助组织扶贫项目的地方，一些政府官员和贫困群众认为：外资扶贫项目的资金使用效益比不上中方，主要原因是项目资金中有太多的部分用在聘请专家、机构建设、培训人员、参观考察上，真正用于贫困人口头上的资金只占小部分。项目区的政府官员和群众认为，专家在扶贫项目中所起的作用并不是很大，因为扶贫项目不同于其他项目，是一项操作性很强，高度依赖当地人力资源和社会资源的实践工作，而专家的薪金和车旅费等占项目投资很大的比例，而很多专家虽然名声很大、职位也很高，但并不熟悉当地的自然、社会、人文情况。另外，为了保证资金使用能够按项目预定的支出开支和保证扶贫项目按计划完成，国际援助组织大多成立项目执行办公室，这些机构的运行花掉了很多资金，反而增加了项目执行的环节和协调的难度。

四　应对新情况新问题的局限性

外资扶贫项目强调计划的严谨性、稳定性，一方面可以起到事半功倍的效果，使扶贫资源得到较好的利用，避免随意性，预防走弯路；另一方面由于计划一经确定，外方就要坚持执行，如果没有充分的理由，一般来说，计划就很难改变。但在中国，变化是难以避免的，因为一是现阶段中国的经济体制正处于改革与调整之中，政策很难一定几年不变，政策的变动必然要求项目调整，但项目调整的难度较大，时间长，会影响到项目的正常实施。二是乡镇政府机构和负责人员变动较为频繁，由于人员变动，新来的人不熟悉项目情况，会影响项目的进度；村里参与项目的人群也处在变动之中，外出打工成为了农村生活的常态，经常出现刚刚培训完，人就走了。三是中国经济发展周期非常短，经济波动很大，市场瞬息万变，处于起落不定之中，"计划没有变化快"已是中国常态，不可避免，外资扶贫项目难以适应，不调整往往会使项目进展不下去；调整审批时间太长，市场又发生了新变化，已更改的计划仍然不适应需要。四是缺乏乡土知识、专业技术、信息的局限。国际援助组织不是在所有方面都具有优势，特别是在云南省这样一个集多民族、多宗教、多类型地理单元、边疆等特殊的地方，外资扶贫项目除了缺乏适应云南自然社会环境的技术和信息外，对云南贫困地区的乡土风俗也往往缺乏了解，导致计划和执行过程中有许多难以把握的因素，浪费了扶贫资源。

五　方法上的局限性

外资扶贫项目广泛使用参与式方法。参与式方法强调参与者的自主性、平等性、归属性，避免了扶贫项目脱离贫困人口需要和无归属的弊病，突出了穷人和妇女的需求，因为他们的需求往往是最需要优先解决的。但由于参与方法的一个重要内容就是在项目的各个阶段召开各种类型的村民代表座谈会，频繁的会议占用了贫困人口太多的时间和精力，导致一些群众失去了积极性。

六　思维和工作方式差异带来的局限性

从外方的角度看，尽管进入云南省的大部分国际援助组织非常重视项目区的自然、社会、经济、文化、习俗，尽可能调整思路，使项目在规划、实施中实现本土化，以提高项目的适应能力，同时使项目具有可持续性和可复制性。但在实际操作的过程中，由于思维和工作方式的惯性，一些国际援助组织往往把中国与非洲、印度等国家相比较，把非洲和印度的经验用于云南民族地区，难以避免地产生了一些体制上、思维上、行为方式上的偏差。在云南省越是贫困地区的干部群众，对政府的依赖性越大，可以这样说，离开政府，云南省贫困地区的个人和企业均很难获得发展。云南省长期对贫困地区和贫困人口的扶持，已使贫困人口的生产生活对政府产生了较强的路径依赖，一切生产活动都希望政府伸出援手，这是外方所不能理解的，外方习惯于直接面对贫困人口，采取行动，一些境外 NGO 往往想绕过各级政府，通过自己建立机构，组织人员，独立完成项目，因此与地方政府缺乏足够的沟通，或是强加于政府工作人员一些非洲、印度等南亚国家取得的工作经验，使中方参与项目的管理人员和贫困人口普遍感到不适，产生误解，影响到项目的实施。除世行和联合国机构、外国政府资助的项目外，境外 NGO 的项目常会由于不知道与政府、主管部门之间沟通，导致得不到地方政府和主管部门的支持，或者由于不会沟通致使主管部门与各级政府之间的横向和纵向的沟通不畅，出现相互脱节的情况，影响到扶贫效果，有时国际援助组织会把全部责任推给政府和主管部门，甚至认为政府官员不干实事。

从中方的角度看，一是一些地方政府为了上项目习惯性地把项目的社会经济效益夸大，对实际困难考虑不够，或不愿面对困难，导致计划失真，造成项目进入实施后麻烦不断、困难重重，不得不进行计划调整，但国际援助组织的项目计划调整是一件很艰难的事，要有充分的理由，而且手续繁杂，费力费时，有的项目甚至会因此而半途而废。二是资金使用不规范，或是没有按国际援助组织设计的项目内容支出，或者没有按国际援助组织规定的报账程序报账，造成报不了账，导致项目进展迟缓，甚至使项目难以进行。三是"计划没有变化快"是中国社会经济现阶段的特点，计划常由于中国经济发展政策和市场变化难以实施。四是在扶贫项目中，中方更重视基础设施建设，与援助方重视能力建设的出发点相冲突，往往造成了地方政府对配套资金不积极，不配套的情况，甚至出现退回资金的情况。五是国内项目管理方式与运行体制和国际援助组织有着较大的差距，使贫困地区项目管理人员在工作中产生了畏难的情绪，对项目失去了兴趣，对争取国际扶贫项目的积极性越来越低。

第三节　外资扶贫项目实施中存在的问题

总结在云南省实施的外资扶贫项目，除了取得明显成就和有一定的局限性外，在项目的实施过程中还存在着一些问题。

一　资金不能按时到位的问题

一般来说，在云南省开展扶贫的联合国机构、境外 NGO 的资金都是无偿的，也不要求配套，当然不排除一些与政府部门合作配套的情况。外国政府的资金也是无偿的但大部分要求配套，以世行为主的国际金融机构的扶贫资金主要是贷款，也有少部分赠款。资金是最重要的扶贫资源。无论是中方还是外方都存在着扶贫资金不能按时到位的情况。云南省是国际金融组织和外国政府实施扶贫项目中资金配套最好的省（区）之一，但仍然存在着不到位的情况。

从外方的情况看，资金到位情况最好的是外国政府，境外 NGO 到位率最低。世行贷款项目资金管理整体上比较规范、科学，是集世行多年行之有效的经验总结而制定的，即使是如此规范且影响非常大的机构，也存在着资金不能按时到位的情况，在云南省已实施的两期扶贫项目都存在提款报账、资金回补拖延时间过长，程序过于烦琐，有的环节过于苛刻，不实事求是脱离了项目实施的实际。境外 NGO 实施的项目中，资金不能按时到位的情况更是普遍存在，致使一些项目有头无尾，或是导致项目达不到预期的效果。一般来说，官方性质的外资扶贫项目并不是没有资金保障，主要是管理制度不完善造成的。一些境外 NGO 开展的扶贫项目资金不落实的情况较为突出，资金不能到位的因素有很多。

从国内的情况看，国内的外资扶贫项目配套资金主要来源于财政专项拨款、以工代赈资金、扶贫专项贷款、部门专项资金、项目单位自筹资金、捐赠款、投工献料折价款等。云南省级财政配套资金基本能够到位，业务主管部门对口承担建设的项目中，资金到位也较好，不能到位的主要是中央部门承诺的配套资金，县（区）一级政府承诺的配套资金的比例及额度也很难保证足额按时到位。造成资金不能足额按时到位的原因主要有：一是在项目准备和设计阶段，过分追求项目规模的建设标准，项目开展后，难以落实国内配套资金，留下漏洞和隐患；二是有些项目在立项时，要求有关单位承诺国内配套资金，但在项目执行时，因种种原因未能按原计划安排足够的配套资金；三是扶贫项目基本上选择在贫困地区实施，落后地区经济发展滞后，财力不足，没有配套能力；四是缺乏有效约束机制，有些项目严重超支，形成很大的资金缺口；五是有些项目自筹资金部分有名无实；六是有的项目存在挪用建设资金的现象，人为造成国内配套资金不足；七是部分项目县级农业银行工作效益低，致使资金不能及时到位，许多项目县（区）和项目实施单位反映，农业银行对贷款审批时间过长，手续烦琐，对贷款担保条件苛刻，致使贷款部分的国内配套资金到位慢，且数额不足。

由于配套资金不能按时足额配套，往往使一些贫困地区失去了利用外资扶贫项目的机会或导致项目延期、降低了工程质量，甚至造成项目失败的后果。如果使用的是扶贫贷款还会增加风险，造成还款困难及风险。

二　申报时间过长的问题

外资扶贫项目，特别是一些农业综合开发项目和规模大一些的基础设施项目，从申请到批注启动实施，短则 3 年长则 5 年，甚至更长。例如：世行贷款西南扶贫项目从 1989 年我国政府与世界银行签订协议到项目实施，经历了 6 年的前期准备工作。在这多则 6 年少则 3 年的申报时间中，一些项目区的经济情况、社会经济计划和国家的政策、市场价格、工资水平、人员等都已经发生较大的变化，使项目在执行的过程中难免出现各种各样的新情况，需要调整，甚至重新规划。另外，由于项目申报时间太长，一些项目人员出现了工作调动或项目区农户外出打工的情况，也使项目在执行过程中带来了变数和困难。再就是由于人民币一直处于升值的过程中，汇率波动较大，申请时间太长，加大了项目在执行过程和还款过程中的汇率风险。即使是没有配套资金的非政府组织小型扶贫项目同样也存在着程序烦琐，申报时间长的问题。一般外资扶贫项目在申报前都要做基线调查，确定项目地点和内容，进行规划，申请资金等，一路走下来，有时也需要二三年时间而项目投资规模也许只是几十万元，或者十万多元。往往规模越小的项目越难抵御风险和变化，造成项目实施的困难，或者达不到计划目标。

三　管理成本高的问题

由于外资扶贫资金来源构成和管理模式与中国有很大的区别，管理费用大多达到总投入的30%，有的甚至超过了一半。一些国际援助组织在确定扶贫项目前期，不断开展项目相关调研、考察等活动。项目一旦确定下来，又是设立办公室，又是聘用人员、培训人员、制定各种管理制度、不停地召集项目参与人员包括贫困群体开会。项目在实施过程中，培训、开会、检查、聘请专家等需要花费大量资金和时间。项目区政府和有关部门、相关群体在外资扶贫项目实施过程中，也需要投入大量的人力、物力、财力、时间，帮助国际援助组织开展工作，使有关部门和贫困人口感到疲劳，降低了参与项目的积极性。由于在管理方面花费了较多的时间、资金、精力等成本，给项目的实施带来了许多不确定性。过高的管理成本，不适宜云南的省情，也不适合贫困地区人们的心理，认为应该把更多的经费用于穷人可以直接利用的产业发展和基础设施等方面。互满爱人与人组织在镇康开展的贫困社区发展项目，由于有当地政府和扶贫部门的支持配合，从而减少了项目办公室的人员，节约预算资金82万元。

四　外汇与物价风险的问题

国际扶贫项目有一定的汇率风险，在应对汇率风险中，中方，特别是贫困地区缺乏应有的风险意识和防范手段，往往造成了一些国际援助项目无法顺利完成，或者影响了预期效果。例如：世行贷款西南扶贫项目实施了7年，在这一期间汇率发生了若干变化，按计划财政部门转贷云南省的世行贷款是6200万美元，相当于3986600个特别提款权（SDR），1995年谈判时美元与特别提款权的汇率是1∶1.5552，美元与人民币的汇率是1∶8.7，到2001年12月31日的美元与特别提款权的汇率是1∶1.2577，与人民币的汇率是1∶8.2766。也就是说，在借款生效到使用资金时，人民币已缩水，严重地影响了项目实施，如果要达到计划目标就必须再追加资金。对于其他时间跨度大的项目也是如此，做设计时是按照当时的汇率，用钱时按提款时的汇率，人民币一直都处于升值之中，项目资金缩水不可避免，同时国内物价一直处于上涨之中，项目资金又进一步缩水。

五　财务管理、采购制度过于烦琐的问题

尽管外资扶贫项目使用了世界上最先进的管理办法，但仍有许多不合理、不科学的地方，除管理费用过高，管理制度过于烦琐外，还有一是项目的提款报账速度滞后于项目实施进度，因为受回补报账资金到位率低的影响，工程进度与财务进度极不统一。二是采购方式，较之国内的许多项目来说，避免了吃回扣等腐败行为的产生，但是较之国内的成本不降反升，其原因就是物资采购速度远远落后于项目进度的需求和脱离了中国的现实情况。例如，世行项目实施需要的水泥、钢管、PVC 管等，要求国际国内招标，由于国外采购到位慢，有的项目所需物资到位时间与项目实施进度滞后 1—2 年，有的物资直到项目工程结束后才到位。钢材等物资虽然到岸价很低，但运到项目区后，实际成本远高于当地市场价，增加了成本。三是有时国际国内招标采购的物资价格不够合理，往往高于在当地采购的价格。四是项目管理体系繁杂，中间环节过多，给项目建设带来了许多难以协调的矛盾。

第七章

对少数民族地区和少数民族的影响与评价

由于缺乏完整的、必要的统计与监测，外资扶贫项目对少数民族地区和少数民族的影响与评价不能做到定量分析和评价，不得不承认这是一件非常遗憾的事，不过对扶贫效果的定量分析和评估是一个世界性的难题，联合国在《千年发展报告 2013 年》中指出，"对贫困的测量仍旧是有效政策制定的一项障碍。在很多国家，贫困监测数据的可获取性、频率以及质量仍然很低，特别在一些小国家和处境脆弱的国家及地区"①。由于外资扶贫项目管理和统计非常不规范、不全面，缺乏有效的监测、统计，除世行、亚行、联合国机构、外国政府等官方实施的扶贫项目有较为完整的项目资料，但却分散在若干合作单位，250 多个境外 NGO② 没有完整的统计数字，也没有任何管理机构掌握总体的实施情况，因此本课题只能以定性的方法就外资扶贫对民族地区和少数民族影响进行客观的评价。

第一节　全方位、深刻、长远的影响

除了外资扶贫项目对少数民族地区、少数民族的各种直接贡献外，不可否认的是，20 多年来数千个外资扶贫项目已在云南省产生了潜移默化之功，影响范围超出了项目本身和项目区，是全方位的、深刻的、长远的。20 多年来，外资扶贫项目几乎遍布了云南省所有的地区，在越是贫困、封闭的民族地区，国际援助组织去的就越多，项目开展的也越多，政府也很支持，同时国际援助组织也愿意在最需要的民族贫困地区开展扶贫工作，产生了许多超出预期的效果与影响。

一　全方位的影响

外资扶贫项目几乎覆盖全省。每一个项目的影响都超出了项目所在区

---

① 见联合国《千年发展目标报告 2013 年》。

② 不包括国际金融组织、联合国机构、外国政府等官方组织，只是境外 NGO。

域，每一个项目涉及的内容都产生了连锁的反应，数千个项目产生的持久综合效应，引起了政府、民众的注意、模仿、复制、议论，在政策制定、工作方式、思维中都自觉不自觉地留下了烙印。

从地域来看，这些影响不仅局限于项目区，而是全省，甚至全国以及境外。云南省民族地区是由多个民族自治地方组成，占国土面积的 70.2%，各民族自治地方的情况各有不同，通过与民间、政府、社会组织等渠道的交流、学习，外资扶贫的影响产生了扩散效应，关于外资扶贫内容、方法、理念、作用，外方人员的工作作风等传播很远，成为了一种社会现象被广为议论。由于每一项扶贫内容的落实都需要协调相关的若干部门，就会有相关人员受到外资扶贫项目的影响。数千个扶贫项目形成的影响，在现代传播媒介和国际援助组织有意识的推广之下，不仅仅局限于某一领域，甚至超出了项目涉及的领域，也影响到其他领域，一些接触过外资扶贫理念、方法、思维的人，把它们运用于自己的工作之中，产生了很好的效果。

从受影响的人群来看，不仅仅是受助人群、项目区民众、参与实施项目的工作人员，也包括了云南省大部分民众。20 多年来国际援助组织在做，全省民众都在看。在项目的实施中，民众看到了外资项目与中方项目不同的做法，其中一些做法值得学习，如外资项目工作人员与受助人群平起平坐、不需要地方接待、自带干粮开展工作等，深得人心为民众广为颂扬。

从内容来看，外资扶贫项目除覆盖了中方扶贫所涉及的所有内容外，也涉及了国内扶贫的空白点或者说真空地带，以及扶贫和社会发展中的薄弱环节。如互满爱人与人组织发现学前教育是中国农村教育现状中的薄弱之处，于是在镇康县、元阳县开办了 27 个幼儿班，产生了非常好非常大的影响，得到了幼儿家庭和社会的广泛好评。由于国际援助组织的多样性、资金来源的多元化，所涉及的内容非常庞杂、丰富，远超过了中方的扶贫内容，对受助人群和社会来说，产生了远比国内投入相同资源更好的效果，让受助人群除了感受到关怀与帮助外，也让所有的旁观者为之感动，甚至有人认为，政府没有管的事情，老外都想到了、管到了。

二　深刻的影响

外资扶贫对云南省少数民族地区和少数民族的深刻影响主要是从理念、价值观念、思维方式和社会转型方面来讲的。

国际援助组织通过项目设计，把现代先进的发展理念、生态环境保护、性别平等、公民权益与建立公民社会、追求公平公正等理念贯穿在项目中，并且在设计中非常注重示范性、实验性、可复制性，通过项目实施的潜移默化传递给与项目有关的人员。笔者在对一些实施过的外资扶贫项目地区和参与过项目的贫困人群的调查后，吃惊地发现，这些贫困人口大多能够很好地领会外资扶贫项目引入的价值观念，例如，在中国外资扶贫项目最多的金平县和麻栗坡县的傣族、拉祜族、苗族、瑶族妇女们，对于自身社会、财产、政治的权益不仅关注，还上升至政策法律层面，要求按法律解决婚姻、财产、土地问题，从法律上约束自古以来殴打妻儿的习惯。在其他实施过外资扶贫项目的地方，在外资项目没有开展前，妇女参与社区选举、培训、专业协会等所有社会活动都被视为不规矩、不守妇道的行为，通过外资扶贫项目的示范，妇女开始参加选举，积极参加社区的专业协会，并会把自己的要求表达出来。还有在一些实施过外资扶贫项目的地方，社区在配置生产要素时，妇女站出来要求与男性一样具有平等权益，强调自己是公民，拥有与男人一样的财产权、分配权、选举权。在外资项目实施过的地方，村民对于社区的事务更为关注，要求政府在扶贫项目实施中要听取大家的意见。在一些项目区，一些家庭表示：为防止贫困的代际传递，支持女孩接受教育；为增加收入积极支持家庭成员，特别是妇女参与社区组织活动和接受各种培训。

国际援助组织进入云南省贫困地区开展扶贫活动的最近20余年，也是民族贫困地区从自给不能自足经济向市场经济、从封闭社会向开放社会、从传统社会向现代社会的转型时期。对于社会转型还很陌生的民族地区，如何面对外界显得有些手忙脚乱，不知该如何做。国际援助组织的到来，除了投入了资金，改善了基础设施，重要的是引入了世界先进理念、管理方式、思维方式，还培养和锻炼了一批熟知国际惯例和国际项目管理的人。一些国际援助组织通过社区组织能力建设，组织项目人员到发达地区学习开阔眼界，了解市场运行方式，懂得如何获取有用的市场信息，利用市场提高收入等；一些国际援助组织甚至帮助贫困地区引进资金搞建设。凡是开展过外资扶贫项目的社区均公认，外资扶贫项目帮助了他们开阔了眼界，学会了很多外来的东西，就像重新上了一次学。

物质的改变往往是浅层次的，会随物质的消失而消失，观念的改变才是深刻的，观念一旦改变就很难再回到传统之中去。国家批准国际援助组织在扶贫领域的合作，就是要引入一些先进的理念，推动贫困地区的经济发展、社会进步，但相对于中央的高瞻远瞩来说，地方显得较为保守，特别是县乡政府，往往把普世观念与政治意识混为一谈，这是不对的。一些人把个别外籍人士的宗教信仰当成扶贫组织的行为，这也是不对的，有一叶障目的嫌疑。通过外资扶贫项目实施传播先进的理念，也是我们这个社会进步与发展的需要。

三　长远的影响

物质的影响往往是短期的，思想、文化、传统的影响才是长远的。笔者在云南省少数民族各地的调查经历，深感在20世纪50年代以前，外国传教士对云南省民族贫困地区的影响，已超越了半个世纪至今仍在延续传播。虽然外国传教士在云南省民族地区的活动大多不足半个世纪，一般是10—20年，但传教士离开半个多世纪以来，广大的民族地区，基督教、天主教从未消失，一直都在少数民族地区占据着重要的位置，而且成为社会生活的重要组成部分。当然扶贫与宗教活动不能混为一谈，但如果西方宗教不借助慈善、扶助贫弱、救灾救难，就不可以把宗教带入贫困的少数民族地区。在与少数民族信众的交流中，发现慈善会产生长远的影响，信众认为宗教就是一种善举，而宗教的传播借助于慈善，种种的善举根植于当地人的心中，口口相传。例如，在怒江州虽然传教士们走了半个多世纪，但当地的少数民族，无论是老人还是孩子都知道来自远方的传教士情况；当年建的教堂在哪里，是什么样子；传教士如何帮助当地人发展经济，引入优良品种；如何医治病人、收养孤儿残疾人老人、布施灾民；如何风雨无阻不辞辛劳传教洗礼礼拜，哪怕只为一个信徒。傈僳族苗族文字就是传教士创造的文字，用于教徒阅读圣经，虽然政府曾经出资为傈僳族创造了新傈僳文，但傈僳族群众认为还是老的文字容易学。虽然宗教的传播和慈善不是一回事，但其中的慈善行为对社会的影响有助于理解如今外资扶贫对云南省民族地区的长远影响。慈善对于受助人来说，有雪中送炭、救苦救难之功，为受助人群的子孙所牢记，对于当地社会来说是一笔精神财富、有助于形成良好的社会风尚，对于社会安定，人心平和，人际和谐是非常重要的，这也是许多外资扶贫项目在实施过程中，不要求留名只是强调要把项目做好的重要因素。相信云南省的外资扶贫是一个特殊时期出现的特殊事物，随着民族地区的发展会减少和消失，但外资扶贫带来的慈善精神、慈善行为，会传承很久。

第二节　对外资扶贫存在的不正确认识

为什么中国在反贫困领域与国际社会交流与合作了30多年，还要提出这样的问题，一般来说，没有必要了，但在现实中非常有必要再谈这个问题，因为在目前对外资扶贫还存在着一些理解偏差，主要有6种较为普遍的情况。

一　以小问题否定全盘

对于外资扶贫项目来说，出发点、宗旨、内容都与我国的发展主题、潮流和民族地区的发展相吻合，是在国家主导下的一支扶贫与发展的力量。但由于外资扶贫主要来自西方，与中国的社会文化有许多差异，几乎所有的国际援助组织都面临过在中国扶贫中的水土不服情况，主要反映在项目实施中的一些具体操作方面，例如，有一部分国际援助组织不了解中国的体制，轻看了政府在扶贫中的决定作用，把扶贫资源过多地投入到了组织能力建设之中，以减少对政府的依赖，实际上没有政府的支持，很多扶贫内容无法开展。长期以来，少数民族已经习惯了依靠政府，政府在民族群众中的威信是任何组织、任何人不可取代的，少数民族群众认为只有政府才是可靠的，对于非政府的一切行动，特别是扶贫行动，往往持怀疑的态度，担心天上不会掉馅饼上当受骗，因此一般不会在政府缺位的情况下，配合外资扶贫项目实施。一些国际援助组织对于基层政府的职能缺乏了解，把非洲、印度等国家的经验运用于云南省少数民族贫困地区，投资建立项目办公室和聘请工作人员，浪费了扶贫资源，不仅让政府部门的一些工作人员觉得不妥，也让贫困人口觉得浪费。例如，一些国际援助组织从国外、北京等地聘请专家，花费了大量的车旅费，专家对于云南省民族地区的自然环境和风俗很不熟悉，起不到应有的作用，造成了扶贫资源的浪费，也让基层政府和贫困人群很有意见。再例如，有很多国际援助组织担心扶贫资源被不是贫困人口的人群获得，采取参与式的农村快速评估等方式鉴别穷人，在实施过程中规定贫困人口必须占有一定的比例，同时也要求妇女参与并且妇女要占有一定的比重，只有穷人和妇女参与人数达到一定的比例，并且全程参与，项目才能实施，才算有效，否则得不到较好评价，甚至影响到项目可持续性。现阶段，中国农村人口正处于大流动的时代，打工是农民的最重要收入来源，外出打工影响了项目参与人员的稳定性，一些接受过项目培训的人员不久外出了，就只能换人，培训费打了水漂，新来的人员又不熟悉项目的操作规程。

外资扶贫项目在实施中的方式方法并不会对项目区造成经济社会文化的危害，而且一些做法有其合理性，为中央扶贫部门所接受推广，但一些人并不这样认为，而是认为外资扶贫项目效益不高，浪费了扶贫资源，对此很有意见。

外资扶贫项目实施中的大部分小问题属工作中的正常范围，不应该影响国际援助组织参与中国反贫困的大局。例如，中方认为解决贫困人口的问题要基础设施先行，要求外方加大基础设施的投入，而一些国际援助组织认为，基础设施往往不能惠及贫困人口，得到最多实惠的是富人和企业，因为他们使用基础设施的概率更多，得到的实惠也更多；一些国际援助组织认为，基础设施应该是国家财政投入解决的问题，扶贫发展项目应该放在人力资源开发上，让贫困人口获得稳定而持续的生计；一些国际援助组织由于资金有限，无力解决贫困社区的基础设施问题，只在一些力所能及方面开展项目，如搞培训。再如，在本土化过程中，外资扶贫机构坚持认为自己的工作方式、思路、工具才是最有效的，要求中方根据外资机构的一整套工作方式配合工作，在外方主导下实现本土化，引起中方人员不满。还有一些外资扶贫机构的工作方式，对于中方来说很不适应，认为用太多的时间、金钱花在不必要的开会、讨论方面，造成了浪费，为此退出项目。

扶贫是一项系统工程，在实施的过程中会受到多方面的影响，必然存在着一些需要改进的方面，有一种倾向把外资不完善的地方用来否定和诋毁外资扶贫所作的贡献，这种想法和做法都是不负责的、错误的，影响了中国的国际形象，使国际社会产生误解，认为中国人不知感恩。

二　以偏概全

世行、亚行、联合国机构、欧盟、外国政府等援助机构，在扶贫项目中，都有自己的宗旨、规则，对所有的援助国都按规划进行，不会因为中国是社会主义国家而设置一些门槛，或是附加一些政治条件，世界上致力于发展、人道主义、环境保护的境外 NGO 绝大部分已去宗教化、政治意识化，曾经是一些宗教团体建立起来的境外 NGO 大多已与宗教脱钩，按世界公认的一些规则开展扶贫与救援等项目。进入中国开展扶贫项目的国际援助组织，可以说没有带有政治渗透和宗教传播企图，因为西方基督教会、天主教会早已停止了向境外派遣传教士，同时教会兴办的慈善组织基本上在管理、宗旨等方面与宗教脱钩，去宗教色彩，并且吸收非教徒担任要职和工作人员，除了接收教徒捐款外，与宗教没有其他联系。目前，有些境外 NGO 的主要资金仍然是来自信教人士的捐赠。

虽然到云南省民族地区的国际援助组织没有政治形态方面的渗透，也无宗教传播的动机，但不排除一些国际援助组织中的外籍人士借开展扶贫项目之机向少数民族群众传播不利于边境稳定、民族团结的西方思想意识；一些外籍人士帮助境外反动、分裂势力联络境内的一些人，为中国政府所不允许；一些外籍人士向朴素的少数民族传播宗教，发放宗教物品，这也是中国政府不允许的。这些外籍人士的所为，实际上也是国际援助组织不主张、不允许的。少数外籍人士违反中国法律法规行为，不代表国际援助组织，也无法在云南省这样一个对政府有着深深信任的民族地区造成多么大的危害，政府对此是有自信心的。但一些人却放大了不法人士的行为，视之为洪水猛兽，并且借此提出拒绝开展外资扶贫项目，这是一种短视的行为，不足取，会妨碍云南省获取国际社会先进理念、先进方法，甚至破坏在国际扶贫领域的国际交流与合作。

三　习惯于"左"的思维方式看待事物

长期以来，中国受"左"的思想影响根深蒂固，虽然改革开放已有30

多年了，但"左"的思想仍在方方面面影响着中国的发展进程和社会生活，一些人难以彻底摆脱"左"的思维，看问题往往容易产生偏差、偏激，不仅仅只是看待来自西方的慈善与发展事业，对于其他事物仍然如此。目前"左"的思想、思维仍然有很大的市场。一些人认为西方与我们的意识形态有着严重的对立，保持高度的警惕非常必要，因为从苏联解体、东欧颜色革命，到阿拉伯之春等，西方利用一切手段操纵这些国家政治意识形态，扶持自己的势力，也不排除用一切可以利用的手段颠覆社会主义中国，包括通过人道主义救援、开展国际反贫困合作与交流。在这种极"左"思维方式下，所有与西方有关的东西都要用他们的尺度量一量。基于这样的思维，一些人怀疑国际社会对中国开展扶贫活动的动机，如果是涉及政策改善、文化保护、公民社会建设等题目就更加敏感，通过他们的思维，本来是一件很正常的扶贫交流活动就被贴上了政治标签，甚至达不成合作与交流的意向。

　　更为不可思议的是，一些习惯于"左"思维的人，看到一些少数民族贫困群众对于那些能够吃苦耐劳、真心实意为贫困群众办事的外籍人士充满感激之情；一些村民把外籍人士的工作作风与干部做对比，给予很高评价，认为这是非常危险的行为，上纲上线，甚至认为会动摇基层党的领导，这种思想是非常有害的。正确的态度应该是思考我们在扶贫项目的实施中，哪些做的不如外资扶贫项目，哪些做的不如外国人，找出差距后，应学习改进，这也是中央和省政府引进外资扶贫项目的意图之一。

　　"左"的思维导致了最近几年云南省在外资扶贫领域从领先地位成为落后于广西、四川、甘肃等省（区）的重要原因之一。在极"左"思维方式下，一些县乡政府对国际援助组织表示冷淡，一些习惯于用"左"的思维看待西方的人士，抱有多一事不如少一事的态度，对于国际社会的扶贫活动都会想办法拒绝。

　　四　对国际社会援助缺乏了解

　　虽然云南省对外开放了30余年，但开放的力度和速度较慢，特别是在民族地区，干部群众对国际社会的了解不多，对进入的国际援助组织了解更是少，这与社会的封闭有关，也与上级政府的宣传不够有一定的联系，不过对于上级政府来说，同样存在着缺乏主动了解国际援助组织的渠道和积极性，目前无论是国务院扶贫办外资项目管理中心，还是省外资中心都处于守株待兔的状态，等待着国际援助组织送上门来，然后通过各种已有的渠道对进入的国际援助组织进行一些了解，对于世界援助的动向知之不多，中央一级扶贫部门大多是通过一些国际会议、援助组织的自我介绍等了解一些情况，而省一级又是通过中央扶贫部门和进入云南的国际援助组织了解一些情况，获得的信息非常有限。到了对扶贫承担具体工作的县乡一级政府和相关部门更是很难了解国际援助组织的有关情况。

因为缺乏对国际援助组织、性质、宗旨、成立背景，以及援助内容的总趋势、使用的援助工具、世界援助的动向等，缺乏全方位的了解，很容易产生误解以及各种各样奇怪的想法。在课题组接触的政府扶贫干部中，省一级能够全方位理解中央在扶贫领域的国际合作和交流，持积极的态度，而具体负责实际扶贫工作的县乡政府干部，对国际援助组织和其开展的扶贫项目多有顾虑，非常谨慎，特别是在项目开展初期，很不积极，担心在涉外方面犯错误，之所以会这样，其中一个重要的原因就是对国际援助组织和世界援助动向缺乏了解，担心出现涉外问题，对此采取非常谨慎的态度，在元阳县沙拉托乡政府对于欧盟和互满爱人与人组织合作项目不太了解，也缺乏信息畅通渠道，担心犯错误，公开持"不支持、不配合、只监督"的态度，外方项目实施人员在乡政府如此态度下开展工作，增加了一定的心理压力和开展工作的困难。

五　对外资扶贫项目缺乏热情

近年来，云南省一些民族地区和民族贫困人口虽然认为外资扶贫项目有许多值得交流学习的东西，但却对外资扶贫项目不积极不主动，即使是守株待兔，一些县乡政府等兔子到手了仍想拒之门外，通过上级做工作后，勉强接受。民族地区县乡政府对外资扶贫项目不热情的原因主要有：

一是钱少。除世行和农发基金扶贫项目总投资较大外，大多数外资扶贫项目的资金都不大，即使是世行和农发基金项目，分散到各分项目金额变得很少了。相对政府和部门投入的项目来说，外资扶贫项目的投入实在是很少，贷款扶贫项目还需要还款。外资扶贫项目由于项目预算、资金使用管理、报账等与国内不同，没有政府的协调经费，地方政府往往要贴一些钱，这也是不积极、不愿意的原因之一。随着国内对民族贫困与发展问题的重视，国家、省、部门、社会对扶贫的投入不断加大，生产力布局方面对民族贫困地区的动作越来越多，越来越有利，因此对于钱少事多的外资扶贫项目来说，县乡政府宁肯花力气争取上级给的扶贫项目，也不要送上门来的外资扶贫项目。

二是事太多。外资扶贫项目管理程序与国内项目不同，而且较为复杂，县乡政府要做的事情千头万绪，如果接收外资扶贫项目不仅要帮助国际援助组织协调很多事情，甚至要为他们承担一些政治财务风险，还要与外资扶贫项目的人员进行大量的沟通与协调，因为外资扶贫项目的工作人员对中方的情况不是很了解，需要帮助外方了解中方的工作程序、法律法规。外方难免在沟通方面产生一些问题，县乡政府也担心外方有违中国法律法规给政府惹祸，外方工作人员往往也会把地方政府与非洲、印度的政府相比，怀疑政府的效率，甚至外方认为中方人员办事不透明，担心资金安全，双方一旦出现沟通方面的问题，就会产生一些互不信任的心态，加大了协调沟通的难度，额外增加了许多工作和负担。

另外，国内项目对于县乡政府来说，可操作的空间也很大，可根据实际情况随时调整改变，程序并不复杂，而外资扶贫项目操作空间很小，如有改变，需要办很多手续，费时又费力，特别是近10年来，云南省民族贫困地区的变化非常大，特别是人员流动加快，通货膨胀也较高，一个项目要在几年之内不加调整是不可想象的。如果要调整改变是很难的，费时又费力。

三是程序复杂。外资扶贫项目要求做基线调查、社区规划；采用参与式方法、社会性别主流化工具等；采用全过程管理，其中物资采购、工程招投标等都要按程序和规定来做，非常复杂；对项目进行全程监测、评估、进行中期调整和完工总结、建立档案；还要求创新、具有可持续性等。外资扶贫项目这些严格的操作程序，必须按规定做完所有的动作，要让参与项目的每一个人都了解、明白项目的要求、学会项目的方法，要开大量的会，做大量的培训。对于县乡政府来说，实在是不习惯，没有精力。长期以来，县乡政府的干部对于中方的扶贫项目早已熟悉，可以轻车熟路，管理与实施起来较为得心应手，相对外资扶贫项目来说，中方的扶贫项目不必走那么多的程序。在我们调查中，很多了解外资扶贫项目的县乡干部认为，外资扶贫项目中有许多值得学习借鉴的方法，一些先进的理念对于社会的发展进步有着深远的意义，但是从务实的角度来说，县乡政府承担的事务太多，外资扶贫项目增加了县乡政府的工作量和复杂程度，县乡政府必须花费很多的精力和时间熟悉外资扶贫项目的程序，要开那么多的会，搞那么多的培训，帮助参与人员了解和熟悉项目，但在实施中仍然会出因为不熟悉造成的延误，等等。

上述因素足以使现在已经不是非常缺钱的民族贫困地区政府对外资扶贫项目失去兴趣，这很容易导致在扶贫领域失去国际交流与合作的平台和机会，对于云南省的长远利益是不利的，因为民族地区通过开展外资扶贫项目不仅仅是为了钱，也是为了争取与国际社会进行扶贫交流与合作的机会。

六　反对利用外资扶贫的情况增加

随着中国国力的增强，贫困地区经济社会发展步伐的加快，以及国家对贫困地区扶贫力度加大，国内反对利用外资扶贫的人也有所增加。这些人反对的理由有：

1. 认为要防范国际援助组织带入西方民主思想

这些人认为国际援助组织在扶贫中，会不知不觉把西方民主思想传递给了少数民族贫困人口，民族＋贫困＋西方民主，会带来许多误解混乱，影响边疆地区、民族地区的团结稳定，给政府、社会添乱。

2. 认为没有必要再利用外资这种小钱

这些人认为中国已是世界第二大经济体，买了美国 1.3 万亿元国债，没有必要再用国际社会这点小钱，又麻烦又没有面子，中国的贫困问题仍然要由中国人自己解决。

3. 中国减少一部分外援足以抵消外资扶贫的投入

新中国成立不久至 1960 年底，中国向蒙古国、越南、朝鲜、柬埔寨、尼泊尔、缅甸、马里、乌干达、刚果、喀麦隆、伊拉克、叙利亚、埃及、阿富汗等 22 国，提供的无偿援助达到了 40.28 亿元人民币，这个数字接近 1953—1957 年"一五"计划期间国家基建投资计划 427.4 亿元的 1/10[①]。1960 年 11 月，古巴的切·格瓦拉访华，中国给了 6000 万美元的"贷款"，周恩来特别告诉瓦格拉，这钱"可以经过谈判不还"。1961 年，中苏关系破裂，为了与阿尔巴尼亚搞好关系，给了其 5 亿卢布，还用外汇从加拿大买小麦送给阿尔巴尼亚，这正是中国大饥荒年代。1967 年，中国的对外经济援助占国家财政支出的 4.5%，1972 年达 51 亿多元，占财政支出的 6.7%，1973 年更是上升至 7.2%。根据中国国务院新闻办公室 2011 年 4 月 21 日发表的《中国的对外援助》白皮书介绍说，中国对外援助资金主要有三种类型：无偿援助、无息贷款和优惠贷款。截至 2009 年底，中国累计对外提供援助金额达 2562.9 亿元人民币，其中无偿援助 1062 亿元，无息贷款 765.4 亿元，优惠贷款 735.5 亿元。而公布的数据实质上并不全面，低于实际，美国国会研究所引用纽约大学的报告显示，仅 2002—2007 年间，各种报道中提及的中国对外援助金额加起来就达 747.4 亿美元（约 4708.62 亿元人民币），远超《中国的对外援助》白皮书显示的数据。

一些人认为：外资扶贫投入到中国的资金含有偿、无偿，总计不足 50 亿美元，给云南省的外援扶贫资金 20 多年间约为 30 亿元人民币[②]，其中还含 10 亿元贷款。这样少的钱让国际社会认为援助了中国，背上了被人援助的名声，实际上中国是一个援助大国，中国只要减少几个外援百分点的话，就足以填补了国际社会在中国的援助资金，因此实在是没有必要要这个钱。

---

① 王冲：《差距》，东方出版社 2013 年版。
② 该数字是 20 世纪 80 年代末至 2014 年的累计数字。

4. 没有必要以扶贫项目的形式引入世界先进理念、方式、方法

持这种观点的认为，以往中国与国际社会接触不多，的确需要一些交流学习的平台，现在中国的情况已经不同了，留学生、商贸已遍布全球，对世界已经非常了解，可引进外籍人士来做扶贫的事，这些人也会把先进理念、方法带进来，或者可以召开各种学术讨论会共同探索扶贫问题，也可派人到国际援助组织中去学习，途径多得很，不必再费时费力吸引外资扶贫项目，为此成立机构，出台政策，实在不经济。

5. 中国的扶贫政策、方法、措施是最有效的，没有必要向西方学习扶贫

持这种观点的人认为，中国扶贫政策已成体系，措施非常有效，资金使用效率也要比外资高，这些优越性已被中国扶贫的成就所证实，现在不是中国向国际社会学习，而是国际社会向中国学习。

外资扶贫对于云南省作出了特殊的重要贡献的同时，也出了一些小问题，遭到了国内一小部分人士的反对，而且引起了一系列连锁的反应，一些并不反对境外 NGO 的人为了"不惹麻烦"，放弃一些主动送上门来的项目，或是对一些想合作的国际援助组织不予配合。外资扶贫中存在的问题对于外资的贡献力量来说微不足道，对这些小问题分析，大多是由于工作方式、思维方式不同以及沟通不够造成的。完全可以在双方的诚意之下找到可以解决的方式，但至今仍然有相当一部分人对外资扶贫持反对的意见。由于存在着反对的人士，一些不反对外资扶贫的人为了不惹事往往加入到反对接受外资扶贫的一边，造成一些境外 NGO 开展工作非常困难，得不到县乡政府的支持，甚至已开展的项目也会停顿或遭遇失败。

第三节　外资扶贫理念与民族地区社会进程的矛盾

尽管进入云南省的国际援助组织已去政治化、宗教化，但由于世行、联合国机构等国际援助组织代表着世界先进的主流意识，这些主流意识源于西方，带有深刻的西方思想意识形态烙印和思维方式。国际援助组织先进的理念、模式、方法，不是全部都能够被处于社会主义初级阶段低层次的民族贫困地区所接受。例如：公民社会建设。在一些国际援助组织的理解中，公民社会就是对民间组织、非政府组织、非营利组织提供帮助，帮助这些组织成长，在社会生活中起到应有的作用。20 多年来，中国的社会发生了很大的变化，社会结构越来越复杂，出现了很多民间组织、非营利组织、非政府组织等各种各样的社会团体。根据中国政府 20 世纪 90 年代提出的建立"小政

府大社会"的口号，福特基金会在这方面进行了一些资助，主要对象包含：帮助改善法律框架；资助民间机构和特定人群的能力建设，主要是针对这些组织存在的问题做一些培训；资助一些研究机构开展非政府组织的状况研究。虽然联合国机构、世行、欧盟、西方一些政府机构，以及各类境外NGO都把帮助贫困地区建立公民社会作为帮助贫困地区获得发展的一个重要内容，在云南省活动较多的福特基金会、中国香港乐施会、美国大自然协会等境外NGO都在这方面有所涉及，只是程度不一。公民社会应该说是中国社会改革的一个重要内容，但对公民社会的提法、理解与设计方面，中国与西方仍有很大的差异，因此来自西方的援助机构在做有关公民社会方面项目时，常引起地方政府、政府部门和县乡基层政府的误解、抵触。

联合国机构、世行、欧盟等官方援助机构在云南省开展扶贫项目都与政府合作，扶持的内容都是合作双方共同确定的，是中国政府能够接受的，对于下级政府和部门来说，也相当于上级政府已经把过关了，可以放心实施，把事做好就行。在云南省民族地区，有一些境外NGO并未与项目区政府很好地沟通，只是粗略地把项目的内容和意图通告给政府，未详细让政府了解项目完整的内容。一旦一些境外NGO在项目区提倡公民社会时，基层干部们就很紧张，担心弄出事来被上级问责，同时影响民族关系、社会安定。一些干部弄不清社会主义社会与公民社会的区别，担心在政治上出事情，明确表示不愿意接受外资扶贫项目。

再例如，社区自主发展模式（CDD），这一模式是针对外资扶贫项目中存在着的达不到预期效益、贫困人口参与度不高、项目可持续性不强等问题推出的一种新的扶贫模式，世行在广西、四川、陕西和内蒙古进行了试验。中国香港乐施会也在云南省禄劝县进行了社区自主型重要工具——社区发展基金实验，取得了比小额信贷资金模式更好的效果。CDD虽然弥补了以往模式的不足，但仍然存在着一些与现行体制相矛盾的地方。

一是CDD项目要求政府与村民关系是平等的，政府起服务、指导、监督、支持的作用，这就要求重新确立政府与村民的关系，改变政府的领导地位，无疑会遇上来自政府部门阻碍和工作协调的困难。对于现行体制来说，政府不起领导的作用在某种程度上是失职的表现，一旦出了麻烦和问题，政府官员将承担行政责任，而村民遇到困难和问题时也得单独承担风险。在项目建设中要与国土、交通、水电、林业等部门协调时，贫困村民会遇上许多需要政府出面协调的事，政府的角色就会出现颠倒，本来是上级，这下变成了农民代表，一旦与农民的利益不一致时，政府是代表农民还是代表国家，这是一个很难处理的问题。

二是干部观念一时难以转变。CDD 项目设计要求干部以服务者的身份参与到项目中来，要求以平等的工作态度和扎实的工作作风与贫困村民打成一片，帮助贫困村民决策、规划，满足贫困村民的实际需要，代表贫困村民的根本利益，在项目的选择、实施的过程中尊重农民的知识、意愿、选择，而不是以"父母官"、专家的姿态出现。在实践中，干部很难做到 CDD 要求的这样。在政府主导下的扶贫环境中，一些地方政府宁肯放弃国际社会的资助，也不愿实验这种方式，既有怕麻烦的思想，也有对社区村民能力的怀疑，一部分干部还不愿放下身段，成为与社区平起平坐的实践者。

三是村民的自主性受到自身素质的限制。在实践中，越是贫困人群对社区的活动参与性、主观能动性越低，对政府的依赖思想越重，很难达到预期的目的。如果要使 CDD 项目完全达到设计的目的，就要进行大量的培训，使少数民族贫困村民能够理解项目是为了帮助他们发展生产改善生活，项目建设是他们的事情，让少数民族贫困村民改变"等靠要"的思想，消除对政府的疑义，产生信任，并且通过学习掌握必要的知识、信息，才可能把项目的决策权、控制权、监督权交给村民，村民也才有能力承担起从争取项目到后期维护项目的责任。实际上，少数民族贫困村民的素质不可能通过一两个项目或项目的几次培训，就能把能力提高到可以自我做主、自主实施、自主管理、自我发展、自我组织的水平。如果做不到的话，可能就会出现混乱，项目也不可能取得好效益。贫困村民素质的提高是一个长期的过程。

总结以往数千个外资扶贫项目，可以这样说，与中国贫困地区相适宜的先进理念、模式、方式，有保留地接收了，并未做到全盘接受；如果是超出了贫困农村现实的先进理念、模式、方法，虽然意味着未来的发展方向，但由于贫困农村的现行体制、思维方式、素质等不适宜，很容易造成误解和抵触。

第四节　总体评价

20 多年来，外资扶贫项目几乎覆盖了云南全省，成为云南省改革开放的内容之一，也是云南省反贫困的重要组成部分，尽管外资扶贫中出现了一些问题，有需要改进和完善的地方，但总的来说，外资扶贫对于云南省民族地区和少数民族来说，可以归结为以下几方面。

一　为云南的反贫困作出了特殊的贡献

外资扶贫相对于中国政府、社会的投入来说，只是很小的一部分，约为30 亿元，不足国家和省财政扶贫投入的2%，但是不可否认的是外资扶贫项目总体达到了预期的目标，获得了成功，例如：世行投入中国的扶贫资金位于世界第一，取得的成就也是世界第一。

为什么说，外资扶贫在云南省作出了特殊的贡献，因为外资扶贫不仅仅改变了项目区的物质条件，教会了项目区贫困人口一定的生产技术，帮助一部分项目区贫困人口提高了收入，与国内扶贫项目不同的是，外资扶贫项目包含的内容更为丰富，让云南省的扶贫工作有了更多的视角；以世界先进的理念指导下进行扶贫，政府和贫困人口不仅仅关注自身的物质脱贫，也关注人文脱贫、精神脱贫、尊严脱贫，而且通过参与式方法和社会性别意识让真正的穷人受惠、得到尊严尊重，也让人类的另一半——妇女获得平等的机会，把先进的社会性别意识传达给中国最贫困的地区；国内的扶贫强调开发式扶贫，外资扶贫项目也一样，但与中方不同的是除改善贫困地区的生产生活条件外，外资扶贫项目特别强调社区组织与贫困人口的能力建设，通过项目的实施提高社区组织与贫困人口的能力，这与国内项目形成了鲜明的区别；外资扶贫的管理方法较之中国扶贫项目的管理方法有许多可取之处，学习外资扶贫项目的管理方法是国家和省级政府坚持在扶贫领域中的重要动因之一，先进的外资扶贫项目的管理方法目前已被广泛运用于国内的扶贫项目上。

正是因为外资扶贫项目与国内不同，所起到的作用也有不同，国家在扶贫工作中一直都起主导作用，云南省要解决贫困问题仍然要依靠国家、依靠自力更生，外资扶贫只是一支特殊的力量，起着补充、启发、激励的作用。

二　对云南少数民族地区和少数民族的影响是正面的积极的

国际社会在云南省民族地区已开展扶贫活动 20 多年了，实施的项目已有数千个，对云南省多方面产生了影响，而且影响是深远的、全方位的、积极的、超前的，因为国际援助组织尽管有自身的宗旨、性质、理念、组织目标，但必须顺应世界的潮流，以联合国主张的价值观念和追求目标为自己的扶贫内容，以普世价值为自身的追求价值之一，否则国际援助组织就没有立足之地，就不可能获得发展。在世界上国际援助组织实际上已经去政治化、宗教化，尽管很多捐款来自宗教团体和信教人士，但援助机构不受捐款人政治观点、宗教观点、文化习俗的影响，因此国际援助组织的影响应该是正面的、积极的，中国 30 余年的外资扶贫和云南省 20 多年的外资扶贫影响也充分证实了这一基本的方面。

三　达到了中央政府和省政府利用外资扶贫的目的

在最近 20 余年里，云南省所实施的数千个外资扶贫项目大部分如期完成了计划目标，成功率在世界上是最高的。主要原因就是有政府支持、贫困人口参与、社会安定。世界银行对中国扶贫投入的资金是所有国际援助组织中投入最多的，中国也成为近 20 年里，世界银行投入扶贫资金最多的国家，取得的卓有成效的成就也是全世界最辉煌的。亚洲开发银行、国际农发基金、联合国机构、外国政府的项目也都获得了成功。境外 NGO 开展的扶贫项目绝大多数也达到了预期的目的，世行开展的扶贫项目甚至超出了预期。许多在云南省持续开展扶贫项目的国际援助组织，如世行、中国香港乐施会、互满爱人与人的中国项目负责人都向笔者表示：在云南省的扶贫试验是成功的，同时肯定了世界先进方法与云南省许多方式方法相结合，形成了新的成功的方法，要向其他不发达的国家推广。

就云南省民族地区来说，外资扶贫还促进了民族地区的对外开放，使长期封闭在深山、峡谷、高原的少数民族贫困人口获得了技术，接受了许多新的观念和一些新的思想，通过参加项目提高了自身能力和打开了眼界，知道了从自身角度出发向政府提出各种建议，自我发展的能力有了很大的提升，这些无疑对于云南省民族地区和民族的发展将会起到长远的影响。

国际援助组织达到了项目设计的目的，同时中央政府和省政府也达到了合作与交流的目的，不仅获得了资金支持，更为重要的是获得了世界先进的扶贫理念、方法、可复制的模式、世界关于扶贫的动向，以及对外交往的平台。对于合作双方来说，可以说是双赢或者多赢。

四　存在的问题是交流学习中的正常现象

没有问题，也就没有进步，解决问题就是发展。云南省在与国际社会合作扶贫的过程中，出现的问题主要是由于国际环境、经济波动、东西方价值观、国家体制、思维方式，以及云南省特殊的民情等不同而产生的一些问题，例如，人民币在境外升值的同时国内出现较高的通货膨胀，使项目的资金缩水等，严重影响了项目的完成，导致项目难以为继；项目准备规划时间过长，而且一次规划分年实施，一旦确定很难改变；一些国际援助组织的办事效率较低，制度非常死板，缺乏实施的灵活性，也影响了项目进度；项目实施中，一旦出现沟通问题，双方都会产生互不信任感，会影响项目的实施；项目规定的国外竞争性招标采购物资，有时会出现突破预算的情况，有的加上运费等价格比国内高，有的程序时间过长，这些都影响了项目的实施。项目中出现的大部分问题都能通过沟通和协调解决，并能总结出一些更有效的做法，运用于下一个项目中。有极少外籍人士利用外资扶贫项目做一些个人的事情，一些行为已触犯了中国的法律法规，但属于个人的行为，不代表国际援助组织，不影响中国与国际社会在扶贫领域的合作与交流。在合作与交流的过程中，如果没有问题，就显得不正常了，交流与合作的内容之一就是解决存在的问题。

五　中方在合作过程中处于被动的状态

在扶贫领域的国际合作与交流中，云南省基本上处于守株待兔或是处于被动接受之中，一旦达成合作与交流意向或是进入项目实施，也是外方主动与中国扶贫政策相衔接，外方在项目的计划、实施、监测、评估和验收中，都起着主要的作用，中方在项目的实施中主要负责协调、配合，这样的角色定位应该是对的，但是主动性、理性一直都不够。

虽然最近几年出现了麻栗坡县和金平县的特例，但这种特例实际上已经失去了外资扶贫项目的许多特征，丧失了学习国际社会先进的理念、方法、方式的机会。例如：麻栗坡、金平这两个县是中国实施外资扶贫最多的少数民族地区，几乎世界上大部分扶贫模式都在这两个县出现过。但近几年，在这两个县中出现了一些扶贫资金来自境外，但全部交由政府部门实施的情况。政府根据需要，并且配套一部分资金，完成约定的扶贫项目，这些捐资的国际机构认为投资100万元的项目，能建成了300万元的项目，双方都表示满意，项目实施过程都是按中方的方式进行，但却失去了与国际援助组织进行深层次合作与交流的机会。

对于外资扶贫项目中引入的先进理念、经验、方法、经验、教训，主要是援助方在反思、总结、改进，援助方比中方做得更多。亚行、世行、中国香港乐施会、互满爱人与人组织均认为云南省有很多好的扶贫方法，应向一些更为落后的地区推广。虽然与外资扶贫项目有联系的各部门也进行过一些一年一度的工作总结，或在项目结束时帮助外资扶贫项目做一些评估，但并未系统全面地总结过外资扶贫在云南省的经验和教训，更没有提出改进建议。云南省如果一直处于被动的状态，将会失去许多在扶贫领域的国际合作与交流的机会，难以继续拓展合作的空间，从长远来看，云南会失去很多获得世界先进理念、扶贫方法、世界反贫困援助信息的渠道。

总之，外资扶贫在云南省民族地区的20余年，对于云南省反贫困事业作出了积极的特殊贡献，对民族贫困地区和少数民族的发展进步繁荣产生了全面、深刻、长久的影响，值得总结肯定。就外资扶贫这一高尚的行为来说，不应该持有过多的非议，应该用实事求是的眼光和态度去对待、去分析、去解决。未来，云南省在建设"一带一路"的战略实践中，与国际社会在反贫困领域的交流与合作将更为重要，必须引起云南省各级政府和各部门、社会团体的重视。

第 八 章

云南利用外资扶贫的可持续性研究

与国际援助组织在扶贫领域开展合作与交流不是一厢情愿的事情，如果有一方不情愿的话，就不可实现。由于中国的发展和世界金融危机，以及国际社会对于中国经济发展水平的评价改变，中外双方对于在中国进行扶贫合作与交流相对于 2010 年前已发生了非常大的变化，许多国际援助机构转向了其他更为贫困的国家，仍在中国坚持开展扶贫项目的国际援助组织提高了门槛，把扶贫重点转向了公民社会、生态环境保护、文化保护、人权等方面，同时相对于 20 年前，贫困地区对于外资扶贫的热度大减。在双方都没有强烈交流与合作的意愿之下，如何使这一于人类反贫困事业和于国家、于民族、于区域发展都有利的伟大事业在云南省能够持续下去，需要云南省转变思想、转变被动的工作状态，积极宣传，利用国际社会和国家第二个 10 年扶贫《纲要》要求走出去扶贫，以及在生态环境保护、可持续发展、民族文化保护、人权等新的合作空间，力促双方都已趋冷的国际合作与交流仍然能够有效地持续下去。

第一节　云南在利用外资扶贫工作中存在的问题

尽管国际援助组织对云南省的减贫作出了积极贡献，对社会的进步产生了正面的影响，除了上述提到的国际援助组织在国内实施扶贫项目中存在的问题外，云南省总体在利用外资扶贫的实践过程中也存在着许多突出的问题。

一　缺乏中长期战略规划

虽然云南省外资扶贫项目管理中心在 1997 年成立，但并未结合云南省的社会经济发展战略，进行过中长期规划，同时云南省也从未把利用外资扶贫纳入云南省经济社会发展战略规划之中。原因有两方面：一方面是由于外资扶贫中心长期陷入到具体的外资扶贫项目管理、协调、参与实施的事务之中，没有结合云南省长期社会发展战略规划考虑如何利用境外资源进行反贫困事业；另一方面由于外资扶贫投入规模太小，因此云南省在制定社会经济发展规划时，未把利用外援这一块纳入经济社会发展之中，没有总体的发展利用外资扶贫的规划和实施指导意见，更无实施办法，对于外资扶贫资源的规模、投向、内容，均未在云南省社会经济发展计划之中体现。由于缺乏与云南省社会经济发展战略相结合的规划，云南省与国际社会在反贫困领域合作与交流就很难得到国家、省政府及有关部门的重视，必然影响到与国际社会进行长远的合作与交流，也影响到了云南省外资扶贫项目管理中心走出去开展扶贫活动的战略和参与"一带一路"建设。

云南省在本省的"七七"扶贫攻坚计划、第一和第二个10年扶贫《纲要》中，都把利用外资扶贫作为社会扶贫的一个方面提了出来，但并未涉及应有的条件和必备内容。省外资中心也从未结合云南省的现行体制、贫困现实和反贫困的中长期规划制定过规划，基本上处于见子打子的状况，忙于具体事务和与国际援助组织合作开展的扶贫项目。由于没有与云南省现行体制和贫困现实相结合的中长期规划，一些国际援助组织在与云南省的合作之中，得不到省内有关信息，不知扶持的重点地区和重点人群在哪？如何开展项目？如何进行交流？

二　外资扶贫工作总体上处于长期被动状态

1994年2月世界银行贷款西南扶贫项目云南省项目办成立，1997年在此基础上加挂云南省外资扶贫项目管理中心的牌子，中心成立至今已有18年之久，但是中心长期处于具体的外资项目管理、协调事务之中，无暇顾及长期利用外资扶贫规划的制定，也没有主动改变被动的工作状态，把重点工作放在制定外资扶贫政策；制定规范性文件，规范国际合作与交流扶贫的办法；研究全省外资扶贫工作；推进全省国际扶贫合作与交流等。云南省外资扶贫工作处于被动状况的主要原因有：领导重视不够，没有发挥机构应有的作用；人员结构不合理；工作主动性不够，上级要求做什么就做什么；各方面信息交流不够，上级传递的信息往往不能直接到达省外资扶贫项目管理中心，全省关于外资扶贫管理职责不明确、分工混乱，如果没有上级、外事等部门主动找上门来，或者国际援助组织主动联系，一般来说，省外资扶贫项目管理中心不会主动与各部门进行联系、沟通、交流，更不会主动与国际援助组织联系。

三　县级政府缺乏使用外资扶贫项目的经验和有用的信息

云南省普遍利用外资扶贫项目是20世纪90年代以后的事情，对于云南省的县级政府来说，外资扶贫是陌生的事物。一些地方政府为了获得世行等国际金融组织、外国政府、联合国机构的扶贫项目，往往付出了较高的代价。由于缺乏经验和必要的信息，项目前期工作未能做到很好的策划、包装，同时为了满足外方提出的创新要求，不顾实际情况或者虚报，或者隐瞒事实，或者无条件承诺外方的要求，为获得项目付出较大的代价，也为项目后期实施造成了许多困难。迄今反映出来的情况主要有：可行性研究做得不准确、不全面，准备得比较仓促，或者申请落空，如果一旦申报成功，会因为当初可行性研究报告是以获得贷款等为目的，工艺标准选择草率，专业性不强，对后续设计无指导意义，造成项目实施中困难重重，甚至导致项目的失败。

四　存在着体制不合理的问题

1997 年，云南省外资扶贫项目管理中心的牌子挂在了云南世界银行贷款西南扶贫项目办公室，为一套班子，两块牌子，中心应该成为全省专事外资扶贫项目政策、规划制定，管理、协调的部门，但现实却是省商务厅国际交流合作中心、省国际合作扶贫项目办、省外办，以及省政府各部门、各级政府、大学、科研院所、社会团体、民间组织等都与国际援助组织开展合作扶贫活动。由于利用国际扶贫项目体制不顺，管理部门过多，多部门各行其是，责权不统一，造成责任不落实，管理职责不到位，行为不规范等问题。在过去的 20 多年间，只有世界银行、国际农发基金、部分外国政府坚持按渠道与省外资中心接洽，合作实施项目，其他外资扶贫项目并不一定是通过省外资中心来协调或实施，特别是境外 NGO 往往直接与一些民间机构和职能部门接洽，只有遇到问题和困难才与外资扶贫项目管理中心接洽，要求提供咨询和帮助，增加了协调难度。虽然，在云南开展扶贫的各类国际金融机构、国际多双边机构和境外 NGO 总体上是满意的，但对于一些政府部门不能及时处理一些小事情和办事效率低等问题颇有意见，希望中方，特别是县级部门能够提高效益，给予国际援助组织更多真诚的帮助。

在现有体制下，往往一个简单的项目会牵涉到上下级政府和多个政府部门，如果是一个综合扶贫开发项目涉及的部门就更多。由于缺乏一个明确的程序规定来落实有关政策，就会使项目在落实过程中增加了很多人为的困难与矛盾。从理论上讲，国家设立每一个部门都有明确的职责、任务、办事的程序，但在实际工作中，涉及的管理部门越多，需要报批或协调的工作量就越大，花费的时间和精力就越多。由于牵涉部门过多，各部门或是根据自己的职能和特点处理涉及本部门的事务，对于可处理或者可不处理的，或与其他部门相关的事务往往会一推了之，使项目执行受阻。

五　综合服务能力弱

在云南省普遍存在着贫困地区的政府机关、行政部门和扶贫办综合服务能力较弱，限制了外资扶贫项目微观效益的实现。

　　云南省外资扶贫项目主要在贫困地区开展。云南省贫困地区大多存在着财政困难、软硬件设施落后、办公条件差、信息不灵等诸多不尽如人意的地方，而外资扶贫项目往往涉及自然资源和人力资源开发、经济发展、社会基础设施建设、农户创收等内容，需要提供行政、信息、技术、金融、组织、市场指导等全方位的服务，但贫困地区的政府机构和扶贫办在很多情况下不能完全保障外资扶贫项目的需求，导致了一些项目仍然存在项目质量不高、前期工作准备不足、执行过程非常艰难等问题，限制了国际扶贫项目效益的正常发挥。

第二节　云南利用外资扶贫的现状

　　2005 年后，大部分国际援助组织由于项目的结束相继离开，坚持在云南省开展扶贫项目的国际援助组织越来越少，新进入的国际援助组织就更少。2010 年后，云南省在扶贫领域的国际援助组织主要是以国际金融组织为主，外国政府开展的双边扶贫合作项目为零，境外 NGO 的数量已大大减少，至 2014 年底只有 39 家境外 NGO 在云南省备案[①]。云南省外资扶贫项目管理中心成为与国际援助组织合作的主要渠道。与过去相比，合作的项目内容与 2005 年相比没有更多的变化，其他部门和渠道或者减少了合作，或者已终止合作。中国香港乐施会等境外 NGO 并未放弃在中国扶贫的创新与尝试，在云南省实施了 CDD 扶贫模式的实验，并且取得了好的效果。

　　一　2010 年后云南外资扶贫的情况

　　1. 在云南开展扶贫项目的主要国际援助组织

　　云南省曾是国际社会在中国开展扶贫领域合作与交流最多的省份之一，进入 2005 年以后，云南省国际援助组织和外资扶贫项目大大减少，2010 年后，外国政府的双边援助项目完工后至今没有投入，云南省已无政府合作的双边项目。2011—2013 年，联合国机构、世行以及在云南省长期开展扶贫并设有办公室的境外 NGO 仍在云南省开展扶贫活动，但开展的发展与扶贫项目在数量上和规模上已大大缩减。由于近年来，云南省遭受到的自然灾害较多，破坏程度也较大，如持续 4 年的干旱等，使得救灾、救急、疾病防治等外资扶贫项目凸显出来。

　　根据云南省外资扶贫中心提供的信息，2011—2013 年在云南省仍致力于

---

　　① 云南省外事办公室提供。

开展扶贫活动的国际援助组织主要有：世界银行、国际农发基金等金融组织，此外继续有中国香港乐施会、爱德基金会、世界宣明会、温洛克国际农业发展中心、福特基金会、香港救世军、美国大自然协会、美国希望之侣、互满爱人与人，以及各种以卫生健康、环境保护为主题的境外 NGO 等 39 家。

2. 投入的规模和覆盖的人数

随着国际援助组织的减少，同时对云南省的投入也随之减少，作为云南省扶贫领域与国际合作交流的主渠道，云南省外资扶贫项目管理中心引入的外资扶贫资金占了主要比重，省内其他机构由于国际援助组织的减少而减少，引入资金的比重已经很小了。除外交部和云南省外事办对于文山州麻栗坡县、红河州金平县的扶贫规模未见减少，基本上保持了一定的连续性每年约在 1000 万元。在 2011 年以后，云南省外资中心的工作和引入的资金，基本上可以代表全省的动向，占了全省的绝对份额。2011 年，全年外资扶贫累计完成投资 3063.3 万元，受益的贫困人数近 100 万人次。2012 年，云南省外资扶贫项目共投入资金 4887.34 万元，其中省级财政配套资金 395 万元，项目资金比上年增加 1000 多万元，项目覆盖了 10 个州（市）28 个县，受益贫困人口近 100 万人次。2013 年末，云南省外资扶贫完成项目投资 21859.354 万元，项目覆盖受益贫困人口 170 多万人次。

3. 外资扶贫的新特点

从外资扶贫的机构看，2005 年后至 2014 年国际援助组织已从 280 余家减少为 30 多家，而且双边机构一个也没有，从外资扶贫机构的数量看仍以境外 NGO 为主，但从投入看，投入最大、覆盖面最广的仍是国际金融组织，如 2011 年底结束的世界银行和英国国际发展部混合贷款"贫困农村社区发展项目（PRCDP）"，在云南省的总投入为 3.54 亿元人民币，覆盖了 39 万人；2013 年启动的投资 5.9 亿元的国际农发基金贷款"云南农村综合发展项目"，覆盖了 9 个县。与此同时，与国际援助组织开展合作与交流的国内部门、社会团体也已经大大减少，云南省外资中心成为名副其实的主渠道。

从国际援助组织开展的项目内容看，由于中国政府对外资扶贫的内容、范围是有限制的，因此能够获得允许在云南省这样一个集多民族的边疆地区开展扶贫活动的国际援助组织都必须服从中国的各种规定。与 2010 年前相比，外资扶贫项目仍以贫困地区经济发展、改善生产生活条件、帮助贫困人口增加收入、能力建设为主，使用的方法仍是参与式方法，社会性别意识主流化工具，在项目管理方面仍然采取了世行、亚行、国际农发基金的管理办法。在项目的设计中，突出了可持续发展和贫困人口的权益、社会性别、公民社会建立、人权、艾滋病防治等内容。不管国际援助的动向和潮流如何改变，帮助贫困人口改善生产和生活条件，发展产业增收一直是扶贫的中心内容。在项目资金的使用中基础设施和产业发展的投入仍是最高的。

从外资扶贫项目的实现目标看，与前 10 年没有重大的改变，仍然以发展为主题，与联合国千年发展目标基本一致，这与中方的限制与规定是有关系的。

从项目分布的重点看，仍然是民族地区。这不仅因为少数民族地区在云南省 4 个片区县中占了 71.8%，也因为云南省政府有意识把外资扶贫项目导向民族地区，同时国际援助组织在投入时也有意识把项目布局在民族地区。

从援助的人群看，仍然强调少数民族，其中妇女、儿童又是这些人群中特别受到关注的群体。2011 年以后开展的新的外资扶贫项目，更加突出了民族地区，项目区覆盖的少数民族人口比重超过以往的项目。

二　2010—2013 年外资扶贫的基本情况

1. 2010 年后至 2011 年与省外资扶贫项目管理中心合作的项目

——完成世行四期扶贫项目竣工验收和完工总结。2011 年，世界银行和英国国际发展部混合贷款"贫困农村社区发展项目（PRCDP）"（世行四期扶贫项目）竣工验收和完工总结全面完成，该项目总投资 3.54 亿元人民币，覆盖贫困人口 39 万人，其中特困人口 16.67 万人。同时云南省外资扶贫项目管理中心正在积极申请世行第六期贷款扶贫项目。

——签订了与温洛克国际农业中心的合作协议。2011 年 4 月 7 日，云南省外资中心与温洛克国际农业中心在昆明举行了合作备忘录签字仪式，双方拟在云南省开展为期 3 年（到 2014 年 11 月）的合作。按照备忘录合作框架，双方将共同在云南省藏区合作实施由美国国际开发署援助的"中国藏区经济增长与环境资源可持续发展项目"，以促进保护藏族传统文化，提高当地社区生计的可持续发展能力，加强生态环境保护，促进云南贫困地区的减贫和发展，为云南省新 10 年扶贫规划纲要（2011—2020 年）的实施提供具有建设性的案例、经验和建议。

——继续与互满爱人与人组织合作并签订了新一轮的合作协议。2011 年 1 月，第六轮中国全球基金疟疾项目（二期）工作任务书签字仪式暨项目启动会在昆明召开。本期项目周期三年，总资金投入为 286 万美元，省外资中心、互满爱人与人组织、省疾控中心为执行机构，项目资金投入为 55 万美元。项目在边疆农村家庭、学校和公共场所开展疟疾健康教育和文艺宣传活动，覆盖云南省保山市龙陵和腾冲两县、普洱市西盟、孟连和澜沧三县，以及西双版纳州勐海县，共计 120 万人口。启动会上，国家项目办对中国全球基金疟疾项目（一期）的总体进展情况做了专题报告，项目各项进程指标、监测指标和效果指标均达到94%以上，部分指标甚至超100%，达到预期目标。

2011年，省外资中心与互满爱人与人组织在昆明市、普洱市和临沧市等3市6个贫困县区合作实施全球基金中国疟疾策略、全球基金第8轮结核病、镇康县综合扶贫、西盟县社区健康等四个项目，累计投入援助资金264万元。

——与中国香港乐施会合作情况。2011年，省外资中心与中国香港乐施会合作，在楚雄、大理、保山、德宏、文山和昭通6州（市）的12个贫困县（市、区）实施社区主导型发展、综合扶贫等8个扶贫合作项目外，开展了赈灾紧急救援项目6个，累计投入各类援助资金572.5万元，其中省级财政安排配套170万元，顺利完成了双边合作框架协议书确定的任务目标。

——与世界宣明会合作情况。2011年4月，云南省外资扶贫项目管理中心与世界宣明会签署了《合作框架协议书》，合作双方在德宏州、红河州、怒江州和丽江市等4州（市）的4个贫困县（区）实施合作项目5个，投入援助资金825.6万元，基本完成了年初拟订的任务目标。

——与爱德基金会合作情况。与省外资中心合作的爱德基金会，2011年争取到北京成龙慈善基金会援助200万元和奥宸集团捐赠200万元。共计投入项目资金预计1401.2万元，其中爱德基金会无偿投入854.2万元，其他援助547万元，项目取得了很好的扶贫效果。

2. 2012年在云南省实施的外资扶贫项目

——与互满爱人与人组织合作的情况。2012年，在红河州、普洱市、临沧市等3州（市）4个贫困县（区）合作实施项目2个，累计投入各类援助资金501.6万元，含省级财政配套25万元。（1）全球基金中国疟疾策略项目，本期项目覆盖红河州元阳、屏边两县，投入项目资金382.1万元，占计划的100%。（2）镇康县综合扶贫项目，周期5年，投入资金97万美元，覆盖2个乡6个村委会，建设内容包含人畜饮水、种养扶持、村组道路、生态旱厕、沼气池改造、村医培训、畜种引进推广等。2012年，预计完成投资162.6万元，占计划的100%。（3）西盟县社区健康项目，在西盟县翁嘎科乡班弄村开展针对学生的营养改善和营养知识培训项目，完成项目总投资46.478万元。

——与中国香港乐施会合作情况。在楚雄、大理、丽江、文山等4州（市）的11个贫困县（市、区）共实施了各类无偿援助项目11个，其中农村综合扶贫发展项目6个，监测管理项目3个，赈灾紧急救援项目2个，累计投入各项援助资金 480.54 万元，省级财政配套投入 170 万元，完成了新一轮双边合作框架协议书（2012—2014 年）的阶段性目标任务，取得了良好的合作成效。（1）农村社区综合发展项目，启动实施了弥渡县德苴乡邑郎村东升和洪水井社区综合发展项目，投入 64.36 万元；启动了南涧县乐秋乡庙山村生计综合发展项目，投入 36.62 万元；实施了楚雄市大过口乡西康郎村委会五梳利村民小组综合发展试点项目，乐施会投入 38.2 万元，省级财政相应安排配套投入 5 万元；启动实施了楚雄市马龙河低热河谷贫困区域综合发展—东华镇试点项目，乐施会投入 63.04 万元，省级财政相应安排配套投入 15 万元；实施了剑川县象图乡沽泥盆村和丰登村的社区主导型生计发展项目，乐施会分别在两个村投入 40 万元和 30 万元。（2）赈灾项目，合作实施了云南省丘北、广南、玉龙、云龙、禄丰、大姚和楚雄 7 县（市）2012 年旱灾粮食救援项目，乐施会投入 146.42 万元，援助大米 335.9 吨，覆盖因遭受旱灾而造成农户粮食短缺的丘北、广南、玉龙、云龙、禄丰、大姚和楚雄 7 县（市）的 10 个乡（镇）34 个村委会 323 个村小组，旱灾受益农户共 5528 户 22395 人，帮助灾区的人民群众渡过难关，取得了良好的效果，为全省的抗旱救灾工作作出了贡献。宁蒗县“6·24”地震灾害紧急救援项目，提供赈灾救援物资棉被 1760 条、彩条布 400 卷（2 万米）、家庭卫生包 768 个，价值人民币 40 万元。（3）管理监测费用项目，启动实施了弥渡、南涧、剑川 3 县的社区综合发展项目管理监测费用项目，乐施会分别在两县投入 6.04 万元、4.11 万元和 11.75 万元。（4）签署了新的双边合作框架协议书，云南省外资中心与中国香港乐施会正式续签了新一轮双边合作框架协议书（2012—2014 年），使中心与乐施会的各项合作得以及时有序地持续开展下去。

　　——与世界宣明会合作情况。2012 年，双方遵守《合作框架协议书》中相关约定，在德宏州、红河州、楚雄州、怒江州、大理州、曲靖市和昭通市 7 州（市）的 13 个贫困县区实施合作项目 40 多个。2012 年，投入各类援助资金达 2750 万元，顺利完成了年初拟订的任务目标。（1）赈灾项目。2012 年，共计投入 230 余万元，在盈江县启动实施了盏西镇团坡村灾后道路建设项目，投入 20 万元；在大理州剑川县和曲靖市富源县开展了旱灾粮食发放、水利基础设施建设，共计投入 190 万余元；向昭通市彝良县“9·7”地震灾区捐赠生活包 1000 个及帐篷 113 顶，价值人民币 20 余万元。（2）区域发展综合扶贫项目。2012 年，共计投入 2520 余万元，顺利完成了怒江州泸水县综合扶贫项目验收工作，年度资金投入约为 114 万元；继续在德宏州陇川县和瑞丽市、楚雄州武定县和元谋县、红河州元阳县、红河县和绿春县以及丽江市玉龙及永胜等 9 个新老项目县合作，共计投入 2406 万元，每县年度投入平均约为 268 万元，用于开展多媒体教室设施配备、人畜饮水工程、通村道路建设及修缮活动、卫生院医疗器械配备、妇幼保健知识行为倡导、医护人员能力培训、农户种养殖扶持和培训、学生夏令营（大学生、高中生以及中小学生）和教师外出考察、特困儿童医疗和学费资助等项目建设活动。（3）机构交流、培训及高层互访。双方自正式建立合作关系以来，机构间的交流不断增强，今年 5 月在昆明召开了全省防灾减灾培训会议，7—8 月促成了中方赴香港和马来西亚宣明会访问，促进双方的互信和了解，加强了双方交流与合作。

　　——与爱德基金会合作情况。云南省外资扶贫项目管理中心虽然是合作单位，但由于历史原因，爱德基金会合作项目主要由省政协办公厅牵头组织实施。2012 年，爱德基金会共投入 654.2 万元在沧源、陇川、双江、华坪四县组织开展沧源县农村综合发展项目和艾滋病防治项目、陇川县陇把镇社区发展和艾滋病防治二期综合项目、双江县农村社区综合发展项目和华坪县膏桐生态造林项目。2012 年，省级财政共计在沧源、陇川、双江、华坪四县投入 200 万元项目资金，内外资结合使项目实施取得了很好的扶贫效果。

　　3. 2013 年在云南省实施的外资扶贫项目

　　——与国际农业发展基金合作情况。国际农发基金贷款"云南农村综合发展项目"，建设期为 5 年，2013 年开始 2017 年完成项目建设，项目总投资为 59220 万元，规划开展农村社区基础设施建设分项目，投资 19489.37 万元，占总投资 32.91%；农业综合生产能力建设分项目，投资 22574.72 万元，占总投资 38.12%；农民增收分项目，投资 11123.31 万元，占总投资 18.78%；组织实施能力建设分项目，投资 6032.60 万元，占总投资 10.19%。项目区共 9 个县（市），分别是云南省曲靖市师宗县、富源县、沾益县，玉溪市新平县，德宏州芒市，怒江州泸水县、福贡县、贡山县、兰坪县。根据国际农发基金的要求，经财政部同意，国际农发基金贷款云南农村综合发展项目于 2013 年 3 月 15 日在昆明召开了项目启动会，明确和完善了组织机构，编制完成了 2013 年度项目工作计划及预算，2013 年度项目投资计划为 17907.014 万元人民币，占项目总投资的 30.24%，其中国际农发基金贷款 9232.018 万元，国内配套 8674.996 万元。编制完成了 18 个月的项目采购计划，着手编制项目实施手册；组织项目各州（市）县编制完成了 2013 年度项目实施方案，积极开展项目启动及实施的检查和指导工作，着手开展 2014 年度项目工作计划和采购计划的编制工作，完成了国际农业发展基金对项目区的第一次项目检查。

——中国香港乐施会合作扶贫项目情况。2013 年，云南省外资扶贫项目管理中心与中国香港乐施会合作在楚雄、大理、保山等 3 州（市）的 8 个县市开展实施了各类无偿援助项目 9 个，其中农村综合扶贫发展项目 1 个，农村公益型援建项目 1 个，赈灾紧急救援项目 7 个，乐施会共投入各项援助资金 217.49 万元。在紧急救援工作方面，乐施会在大理州洱源县"3·3"地震救援工作中，向西山乡遭受地震灾害的三个村委会 1150 户 5700 多名灾民以及乡卫生院和学校发放赈灾救援物资棉被 2000 条、彩条布 315 卷、家庭卫生包 900 个，价值 36.64 万元。同时，为回应全省大面积旱灾需求，双方分别签署了楚雄、双柏、鹤庆、弥渡、南涧和昌宁 6 个县（市）的 2013 年旱灾紧急救援项目协议，中国香港乐施会共投入救援资金 107.57 万元。双方合作还在楚雄等 6 个县（市）的 8 个乡镇 17 个村委会 122 个村民小组共发放大米 67.33 吨、储水罐 523 个、水桶 2944 只和漂白粉 80 公斤，运送生活用水 291 立方，补助农户运水费用 6.75 万元，架设人畜饮水和灌溉管道 39 公里，修建抗旱水利工程 3 项、取水调节池 4 个、小水窖 7 个和抽水机房 2 间，并安装抽水机 2 台，受益旱灾农户共 3365 户 12864 人。在社区发展项目援助方面，合作启动实施了剑川县金华镇龙营村老年活动中心建设项目和楚雄州双柏县安龙堡乡六纳村综合发展项目，乐施会分别投入 24.74 万元和 48.54 万元，省级财政相应安排配套分别投入 40 万元和 20 万元。此外，在管理培训、对外考察学习及双边交流，项目可行性考察方面做了大量工作。

——与世界宣明会合作扶贫项目情况。2013 年，省外资中心与世界宣明会合作，在楚雄、红河、德宏和丽江等 4 州（市）的 7 个县开展实施了各类无偿援助项目 8 个，其中农村综合扶贫发展项目 7 个，赈灾紧急救援项目 1 个，宣明会共投入各项援助资金 1345.24 万元。在新一轮框架协议签署及合作项目备案工作基础上，2013 年 3 月，云南省外资扶贫项目管理中心与世界宣明会基金有限公司（香港）签订了第二轮为期两年的《综合扶贫项目框架协议》，协议期内外方承诺投入不低于 1000 万美元约合人民币 6000 万元项目资金。

——与互满爱人与人组织合作扶贫项目情况。继续推进镇康县综合扶贫项目，2013 年累计完成投资 138 万元，并且完成了镇康综合扶贫项目的完工总结和评估。

三　国际援助组织在云南省的新尝试

1. 世行等国际援助组织对扶贫效果的反思

2000 年时，世界银行针对 2667 个项目的评估发现，社区自主型发展项目的执行效果明显好于其他项目①。社区主导型发展模式（Community Driven Development，CDD）将资源的控制权和项目的决策权完全交给社区群体，由他们决定实施哪些项目、由谁来实施。由社区掌握项目资源并控制资金的使用，增强社区对项目的拥有感，使其真正成为社区发展的主体。CDD 项目不仅关注项目的产出，更重视项目实施的过程，通过项目建设加强社区和村民的能力建设。CDD 不仅能够有效增强村民的主人翁责任感，调动其参与发展和减贫工作的积极性、主动性，克服了传统扶贫方式群众参与度低，而且通过"干中学"的途径提高贫困人口的自我组织、自我管理、自我监督和自我发展能力，更具包容性、可持续性，对资金的使用效率也更高。

CDD 模式对社区完全赋权，村民不仅仅是受益者，而且是合作伙伴和资本。当然政府和外来扶贫组织也不是旁观者，而是规划的制定者，并且负责指导、监督、支持、服务，对社区进行充分的培训，起到提高贫困村民实施项目能力的作用，政府部门和外来扶贫组织与社区的关系是平等的合作伙伴关系，而不是以领导者、资助者、专家的面目出现。

社区自主型发展是以世界银行为先导的国际多双边机构，自 20 世纪 90 年代，在发展中国家倡导并积极探索的扶贫新途径。对于这一新的更具生命力的反贫困模式，在国务院外资扶贫项目管理中心的积极争取下，世界银行利用日本社会发展基金赠款与国务院扶贫办外资中心合作，在广西、四川、陕西和内蒙古四省（区）开展社区自主型发展试点项目，也称为世行五期贷款扶贫项目。该项目实施的重要目的，除帮助项目区发展外，还有另一重要目的就是探索以社区为主导的扶贫开发方法，进一步完善中国扶贫开发的机制，提高扶贫开发的效率，同时探索进一步完善中国扶贫开发机制，建设社会主义新农村，构建和谐社会的方式和方法。世行第五期贷款扶贫项目可以说取得了远比其他国家更好的效果，为在中国进一步推广这一方式奠定了一定的基础。

2. 中国香港乐施会在少数民族地区实验 CDD 扶贫模式

在云南省少数民族地区实施的外资扶贫项目，基本上引进了国际援助组织在世界上所使用的先进模式、方法，并进行了实践。一些外资扶贫项目还把国内先进的方法引入到项目之中，取长补短，创新出一些新的模式和方法，因此使外资扶贫项目的效果和影响远比在其他国家显著，这也被世行、亚行、国际农发基金、中国香港乐施会、互满爱人与人等在云南省开展过综

① 简小鹰、刘胜安：《社区自主型发展理论与实践》，光明日报出版社 2012 年版，第 8 页。

合扶贫发展项目的国际援助组织所肯定。

目前，许多被认为是先进的扶贫模式、方式，但仍然没有能够解决贫困人口参与度不高、积极性不大、"等靠要"思想严重、项目瞄准率不够精准、可持续性不理想、项目经济效益不高等种种问题。

为了更好地利用外资扶贫资金，惠及真正的穷人，使之具有持续发展的能力，仍需进一步探讨，继续在扶贫领域进行国际合作与交流。进入 21 世纪第二个 10 年扶贫开发《纲要》实践期内，云南省政府和省扶贫办仍然支持各类国际组织在云南省实验一些新的扶贫模式、方法，这也成为了这一时期利用外资扶贫的重要目标，或者说成为了第一目标。

云南省是社区自主发展模式实验较早的地区，但目前仍在探索与创新的过程之中。率先对社区自主发展模式进行探索实验的是中国香港乐施会中国办事处。1992 年，中国香港乐施会在云南省禄劝的 18 个乡镇中的 11 个乡镇实施了以解决温饱和改善贫困农户的生产、生活条件为主要目的的发展项目，项目共覆盖了 126 个自然村。在项目实施的最初两年，乐施会主要借鉴孟加拉乡村银行模式，在实施过程中，项目组织者包揽了选择农户、贷款统计、催收等工作，农户只是贷款受益者。1999 年，针对小额信贷扶贫模式中存在的一系列问题，中国香港乐施会利用社区主自发展型模式，改造小额信贷使之成为社区发展基金。社区发展基金不同于传统的小额信贷，是正规金融机构供给不足的情况下对小额信贷的一种创新产物，拥有传统小额信贷所具有的小额度、分期偿还、不需要抵押，同时具有传统小额信贷和正规金融机构不具有的操作灵活方便、运作成本低、覆盖面大、还款率高、拥有感强等特点。

1994 年 4 月，中国香港乐施会率先在云南省禄劝县实施和推动了社区发展基金，涉及 4 个乡 24 个社区。2005 年 9 月底，禄劝县乐施会项目运作资本金达到 85.4095 万元，借款农户 535 户，实际发放 68.361 万元。至2005 年，乐施会在云南省禄劝县经验的基础之上，在云南省的澜沧县、西盟县、鹤庆县、剑川县，贵州的威宁县、晴隆县，广西大化县、全州县，陕西淳化县、延川县、宜川县，湖北房县等地开展了社区发展基金项目。

中国香港乐施会小额信贷作为一种资源（资金）与社区发展相结合，使小额信贷服务于社区自我发展、可持续发展。通过一系列调整和制度保障，乐施会赋权于社区的农户，使社区组织和农户从发展资源的使用者和受益者转变成社区发展的主体，成为发展资源的管理者、拥有者，成为社区未来发展的掌控者。发展基金管理人员的产生、贷款额度、贷款利率、还款周期、贷款程序等信贷制度，以及贷款对象的选择和审批都交由农户自己决定。项目办仅在管理人员的民主选举、小额信贷基本原则的宣传、对弱势群体的关注等方面，给予社区必要的培训和协助，以使社区在自我决策过程中融入一些基本和重要的发展理念。通过项目的实施，农户在实践中学会了如何思考、表达自己的需求、做决策、把生产与信贷结合起来、精打细算等，无形之中自我发展能力得到了提高。

社区发展基金经过两年的运行，效果明显好于原先实施的小额信贷项目，平均还贷率达到了 95% 以上，而以往只在 28.91% —82.43%，贷款的覆盖面达到了 100%，此外还培育了社区成员的归属感和参与意识，视发展基金为社区自己的组织。通过社区基金贷款活动，将社区合作医疗保障、助贫扶弱、科技推广和社区公共产品供给等有机结合起来，形成了一种有利于推动社区综合发展的机制和公共资源积累与管理机制。重视贷款机制的建立为农户持续发展生产提供了资金支持，这对于农民增加收入非常重要，而且培养了农户的还款意识，因为还款后才可能再贷。建立了积累机制与助贫扶弱的机制，以及助学贷款基金，无偿资助贫困农户孩子上学，协调员帮助还不上款的农户归还贷款，对特困和鳏寡老人贷款可免除利息，对就医看病急需贷款可在 3 个月内不支付利息。通过社区积累增强农户的生存保障，在中国香港乐施会的辅助下，利用社区发展基金产生的利息收入建立积累机制，使社区的小型基础设施得到改善，并使之实现可持续性。社区发展基金在运作机制设计时就有意识地让妇女成为社区基金的主角，通过赋权于妇女，为她们创造增加收入的条件，参与社区事务，提高了妇女的家庭和社会地位。总的来说，社区发展基金不仅仅是为了解决农户的资金问题，而是要求通过建立基金起到传播中国香港乐施会发展理念、增加收入、体现对弱势群体的关注、对公平原则的落实、参与式方法与民主监督的运用等作用。

值得重视的是禄劝社区发展基金从项目投资方来说，只是暂时取得了上述的成就，但乐施会的项目运行成本较高，将来是否会出现新的情况，或是否能够延续下去到目前为止还难下结论。禄劝社区发展基金的项目区主要是苗族，大部分参与基金的成员连小学都未毕业，增加了培训难度，容易使项目实施人员和贫困村民都失去耐心，对社区发展理念产生怀疑和动摇，如果协助力度不够很容易产生问题，从而动摇整个项目的可持续性。

3. 互满爱人与人在民族地区实验"农民互助组"模式

互满爱人与人组织是在 2005 年才进入云南省开展扶贫项目的。2008 年，该组织在云南省最边远的中缅边境临沧市镇康县实施了"综合扶贫项目"和 2010 年在红河州元阳县实施了"社区发展扶贫"项目。这两个项目都以"农民互助组"为扶贫模式。通过这种农民自我组织来实施所有的分项目。所有分项目需要做的工作全都纳入到了互助组之中，并且让互助组成员参与其中。每个互助组有 50 个成员，1 名项目主管、2 名项目副主管、1 名发展指导员、1 名水利技术人员、1 名行政人员，全由当地的农民担任。参与项目的农户都是互助组成员，这样能够提高受助农户对项目的拥有感，发挥他们参与项目的积极性，获得较好的经济社会效益，通过项目实施，开展多层次的培训，提高了农民自我组织和互助组成员的能力。项目结束后，农民互助组仍然能够在农民生产和生活中起到作用，通过互助组这个平台，农民可以相互交流、分享信息和技术，利用组织的力量产生抵御市场风险的能力等。

这两个项目于 2013 年 12 月结束，镇康项目实施了 5 年半，元阳项目实施了 3 年。笔者对这两个项目进行了问卷调查，获得了第一手材料，可以这样下结论，这两个项目的综合效益和社会影响都超出了预期，而且项目管理科学、合理值得总结学习。

第三节　外资扶贫的新形势

未来国际社会减少对中国贫困地区的扶持是必然的趋势，但是中国与国际社会在扶贫领域的合作和交流仍有很大的空间，由于云南省的贫困现实和地理位置，在与国际援助组织的合作与交流中，云南省还将扮演援助者与被援助者的双重角色。

一　对华援助减少和外资扶贫条件提高是必然趋势

对华援助减少是正常现象，也是中国经济快速发展的必然结果，中国经济发展成为了世界公认的成就，同时也促使一些曾经在中国进行扶贫援助的国际援助组织和发达国家政府做出了扶贫政策的调整，其中大部分援助者转移阵地，到更贫困的国家开展援助活动。

从国际援华的大背景看，2011 年中国不仅成为了世界第二大经济体，而且还成为了美国最大的债权国，与此同时还成为了国际援助大国，对非洲等落后国家的援助超过千亿美元。日本、德国、澳大利亚等对中国扶贫投入较多的国家都出现了对中国是否是发达国家、应不应该继续对中国扶贫的讨论。这些讨论影响到了发达国家民众对中国贫困地区的捐款。有些境外NGO 必须服从于捐款人的意愿，因此把扶持的重点转移到了非洲、亚洲等更贫困的国家。继投入援华最多的日本政府在 2008 年终止对华日元贷款和大规模对华援助后，掀起了对华是否再援助的讨论，民间对援华的规模也大为缩减。按照英国国际发展部（DFID）的《2006—2010 年对华援助计划》，今后几个年度英国对华发展援助的预算将逐渐减少，2006/2007 年度为 4000 万英镑；2007/2008 年度为 3500 万英镑；2008/2009 年度为 3000 万英镑。中澳新国别方案（2006—2010 年）中也明确提出，澳大利亚今后的对华发展合作将主要以经验和政策交流为主，不再提供资金和硬件援助，对华援助呈现稳中有降的态势。加拿大对华"国别发展规划框架"和 2005 年 5 月加拿大政府公布的新国际政策明确指出：到 2010 年，加拿大国际发展部（CI-DA）至少将其 2/3 的双边援助集中于 25 个国家（人均 GDP 低于 1000 美元），今后加拿大不再将中国列为其重点援助国家①。

国际社会对云南省的扶贫已提高了门槛，世行早已取消对中国提供软贷款，并把中国列为了发展较快的二类贫困地区。笔者曾经对担任过世行中国第一至第四期扶贫贷款项目的项目经理皮安澜访谈，皮安澜高度赞赏了云南省的扶贫成就，同时也强调了世行会根据中国贫困地区的发展相应调整扶持重点，例如基础教育，中国贫困地区已普遍实现了"普九"，不应再把基础教育列为扶贫的重点。在与中国香港乐施会、互满爱人与人中国项目负责人的访谈中，他们也一再强调要在环保、社会建设方面加大扶持力度。

中国有能力解决自身的贫困，这是中国扶贫的现实，也是国际社会公认的事实。中国总体上已进入中等收入国家，迅速增长的财力有能力对贫困地区和贫困人口投入更多的资源，同时中国的人均 GDP 已超出了很多国际援助组织的规定。世界银行对发展中国家提供的扶贫软贷款条件是人均 GDP 800 美元，按国家统计局公布的《2012 年国民经济和社会发展统计公报》显示，中国国内生产总值（GDP）为 519322 亿元，而年末全国大陆总人口为 135404 万人，据此人均 GDP 为 38354 元，截至 2012 年末，人民币兑美元汇率中间价为 6.2855，这就意味着 2012 年我国人均 GDP 达到了 6100 美元，而云南省作为中国的落后地区、贫困地区人均 GDP 是 3520.6 美元。

除中国经济增长进入中等收入国家的行业外，国际援助组织把援助重点向其他国家转移也与中国提高援助门槛有关。随着中国经济发展，对于外资扶贫的需求已不像 20 世纪 90 年代那样迫切，云南省对于外资扶贫项目的内容有着严格的要求，必须把重点放在基础设施建设方面，不符合很多国际扶贫的理念，因此一些国际援助组织失去了在云南省开展扶贫项目的机会。

二　反贫困国际合作与交流的基础仍然存在

反贫困是国际社会共同的认识和责任，因此在这一领域可以找到和发现许多共同点，为交流和合作提供了基础。云南省是中国最贫困的地区之一，

---

① 参见刘坚主编《中国农村减贫研究》，中国财政经济出版社 2009 年版，第 216 页。

与东部发达省（市）有着巨大的社会经济发展差距，同时省内部也有着巨大的经济发展差距。虽然国际社会已不再把中国列为反贫困的重点，但由于云南省是中国边疆、民族、贫困、生物和民族文化多样性显著的地区，以及前期与国际援助组织有过良好合作的原因，国际援助组织与云南省的扶贫合作与交流不可能一下子就销声匿迹。从国际社会扶贫交流与合作的重点看，除扶持落后国家和地区发展之外，可持续发展、生态环境保护、人权、民主、文化保护、公民社会、艾滋病防治等领域成为了国际社会扶持的重点。云南省有许多可以合作的内容或空间。一些与环境、生态、文化保护和卫生健康相关的境外 NGO，很想进入云南省民族地区开展与环境、生态、文化、艾滋病防治等有关的扶贫项目。对于云南省来说，在扶贫领域的国际合作与交流，既有云南省的需求，也有国际社会的需求，可以这样说，云南省有信心相信国际社会与云南省的合作与交流是一项长期的事业。

三　世界上主要的国际援助组织可利用的扶贫资源充足

虽然国际社会在 1995 年以后在总体上减少了对中国的援助，但对于国际著名的有影响的发展机构来说，并没有这样做。2003—2005 年，世行通过贷款计划每年为中国提供 12 亿—13 亿美元的贷款，其中约 3/4 将用于支持贫困地区和欠发达地区以及促进创新与变革的项目。亚洲开发银行2004—2006 年对华援助重点的第一项强调"促进公平与均衡增长"，每年贷款总额为 13 亿—15 亿美元，其中 84% 将用于资助中国中西部地区的项目。一些有远见的和对云南省有所了解的境外 NGO 仍然坚持在云南省开展合作项目，也有一些境外 NGO 在 2000 年后进入云南省开展发展与扶贫项目。世行、亚行、联合国机构都有许多可以争取的项目。世行的国别援助战略，对华援助的三个重点之一就是满足贫困人口、弱势群体以及欠发达地区的需要，采取的方式为贷款，主要支持农村发展、基础设施和社会领域的项目，以及分析、政策咨询和培训活动。具体目标是增加就业，提高农业和非农业人口的生产率，加强欠发达地区与其他地区之间的道路交通建设，开发人力资源，强化社会保障体制，提高对象明确的扶贫项目的效益。

正是世行亚行、联合国机构对华援助的政策是开明的，因此云南省在2013 年启动了国际农业发展基金贷款"云南农村综合发展项目"，项目为总投资 5.9 亿元的综合扶贫项目，同时云南省外资中心正在申请亚行扶贫开发贷款。还有许多境外 NGO 由于理念的差异被挡在云南外，如果它们能够调整援助与合作的内容仍有许多可合作的地方。

四　外资扶贫的成就将为继续合作提供契机

过去的 20 余年，云南省民族贫困地区成为了国际援助组织的扶贫实验基地，数千个外资扶贫项目在云南省各地展开，除了帮助贫困地区改善了生活生产条件、缓解了贫困外，还完善、创新了许许多多方法、模式，一些经验已为中国西部其他省份分享，甚至通过国际援助组织为印度、非洲等国分享，为世界反贫困作出了积极的贡献。世界银行、乐施会中国项目办、互满爱人与人组织等也都认为云南省有许多经验值得在其他更落后的国家推广。云南省与国际援助组织20余年间成功的合作，为继续开展合作与交流提供了契机。在20余年的合作与交流中，云南省已培养出了一批熟知外资扶贫项目的人才，而且省财政也会提供一定的配套资金，为云南省与国际援助组织开展扶贫交流与合作提供条件。

第四节　云南省开展国际扶贫交流与合作的必要性

2013年以后，对于在扶贫领域是否有必要继续接受国际社会援助，虽然国家和省在第二个10年扶贫《纲要》中都有了明确的答案，但回到现实中，很多人认为解决自身的贫困问题还是要靠国家、社会和贫困人口自己，既然国际社会已改变了对中国扶贫的看法，减少了对中国的援助，就没有必要勉强或千方百计地吸引国际社会对云南省的扶持。面对种种的议论，本节着重讨论云南省是否有必要在扶贫领域继续使用国际援助。

一　有必要继续与国际社会共同探索、实验新的反贫困模式、方法

早在20世纪90年代中后期，国务院扶贫办外资中心就意识到了，外资扶贫对于中国反贫困的最大贡献是先进的理论、理念、模式、方法，资金贡献是其次的。此后，中央政府有意识地在制定扶贫政策与措施时，运用国际上先进的扶贫理论理念，从"八七"扶贫攻坚计划到国家第二个10年扶贫《纲要》中，都可以看到外资扶贫对中国反贫困政策和措施的影响。云南省在与国际援助组织的合作过程中，一开始就意识到了外资扶贫项目中有许多区别于中方的做法，无论是政府官员还是贫困村民都把自己当成小学生，谦虚学习外资扶贫项目中的先进方法、方式，并很快运用于国内的项目之中，如物资采购的询价、招标采购和工程的招投标制、公示制度、监测评估制度等。进入2013年，相对90年代，国家和地方的扶贫政策体系已得到了一步步完善，取得的效果也很好，但仍然存在着许多难以解决的问题，还需要学习、完善。云南省政府扶贫办的有关人员认为：未来，云南省弱化或抛开与国际社会在反贫困领域的合作是非常不明智的，云南省要把汲取外资扶贫中的先进理念、好方法、模式作为下一步合作的出发点和重点，同时共同把云南省贫困地区作为实验基地进行新方法的探索、实验，努力与外方一起致力

于拓展反贫困的新领域。

2012 年末，云南省仍有 804 万贫困人口，其中深度贫困人口有 160.2 万人，虽然国家将通过最低保障制度保证深度贫困人口的基本生存，但对于庞大的相对贫困人口需要在 2020 年达到"不愁吃、不愁穿，保障其义务教育、基本医疗和住房。贫困地区农民人均纯收入增长幅度高于全国平均水平，基本公共服务主要领域指标接近全国平均水平，扭转发展差距扩大趋势"的目标来说，任务是非常重的，需要提高扶贫效益，这就要求进一步改进、创新现有的扶贫方法，改善扶贫工作作风。

虽然中国的扶贫政策和措施形成了一个完整的体系，云南省作为中国扶贫攻坚的主战场完成了"云南扶贫模式"的构建，取得了突出的扶贫成就，为国内和一些国际援助组织所公认，但并不意味着目前的扶贫政策和手段是完美的，一方面还有许多政策难以发挥作用和作用不大；另一方面云南省与国际援助组织合作已有 20 多年的历史，开展过数千个项目，虽然学到了国际上先进的扶贫理论、理念和一些行之有效的方法、模式，但是并没有完全吸收到国际先进的做法，还需要进一步与国际援助组织一道创新、探索、实验新的扶贫模式、方法。

二　针对扶贫中存在的普遍问题需要继续吸收国际扶贫经验

目前，云南省扶贫项目管理中普遍存在的问题主要有：

1. 贫困人口和地方政府"等、靠、要"思想仍然很严重

长期以来，扶贫部门、执行机构和人员代表政府掌握着扶贫资金的分配、使用管理和项目实施权，虽然自 1986 年以来，中国的扶贫就一直强调开发式扶贫，改变以前的救济式扶贫，但在贫困村民面前政府往往以领导者、导师、布施者的身份出现，使得贫困村民们习惯了政府的"给予"，强化了"等、靠、要"思想。作为地方政府来说，由于国家财政和社会的长期扶持，习惯了向国家伸手，并把获得国家和省级重点扶贫开发县的认定作为奋斗的目标，一旦被列为国家或者省扶贫开发重点县，就意味着来自国家和社会的种种无偿投入，以及由此带来的经济增长和 GDP 指标。少数民族贫困社区处于更为贫困的环境中，需要建设和开展的项目有很多，民族地区也是政府扶贫项目的主要布局地区，自我发展的能力非常有限，商业投入也非常少，因此"等、靠、要"的思想就更严重。

2. 受助村民对于扶贫项目积极性不高

经过多年的探索、学习和总结，在扶贫项目中的基础设施建设中，云南省采取了世行、亚行等项目带入云南的招投标方式，虽然具有许多先进的地方，但中标的公司都是以盈利为目的的，所以资金花费要比交给农民自己干

多，往往让贫困村民产生了不满，认为政府让老板拿走了应属于穷人的钱，同时贫困村民对于干部们的工作作风也很不满，认为干部们往往视贫困农民为素质差的人群，处处包办代替，不尊重农民的经验，其中一些干部把自己当成"救世主"，因此不愿意投工投劳、筹资，一旦项目占着村民的土地，往往农户要价很高，很难协调。

实际上，由于一些基础设施工程需要一定的技术条件和大型的设备，农民无法承担，公司不是慈善机构，必须有一定的利润，通过招标建设工程是一种较为科学的方法，但问题在于招投标中应有项目区贫困人口代表参与。国际援助组织参与式方法的运用在这方面起到了较好的效果，因此仍需要学习外资扶贫的一些方式、方法。

至于农民对一些干部的工作作风有意见，是可以通过干部管理制度来约束干部，并且提倡向外资扶贫项目实施人员学习好的工作方式和工作作风。外资扶贫项目虽然资金投入不大，但绝大多数工作人员受到了贫困群众的好评，这与国际援助组织的理念、内部管理制度、管理方式有直接的关系，因此学习外资扶贫项目的好经验、好方法应是全方位的。

3. 扶贫项目仍然存在持续性差的问题

在过去的 10 余年中，尽管中方采取了外资扶贫项目中普遍使用的扶贫模式和管理方式，但是项目区的村民视扶贫项目为政府工程，项目建成后村民不愿维护设施，帮助农民增收的生产经营项目也往往在项目完成后，政府一旦不再投入资金维持，贫困村民也不投入，尽管一些项目有着较好的经济效益也会无疾而终。还有一些项目设施需要集体的力量才能维修维护，但在多数民族贫困村寨集体已成一盘散沙，很难凝聚成一股做事的力量，对于在生活生产中发挥着重要作用的设施往往无人维修、管理，村民甚至责怪政府没有派人、拨钱，把设施管理好，设施坏了报告政府，要求政府再建。

4. 扶贫绩效考评仍不理想

无论是外资扶贫项目，还是国内的扶贫项目，与经营性项目相比，投入产出效益非常低。就目前所实施的项目来说，很多项目，除基础设施项目大多能够按时按量按质完成外，帮助贫困人口增加收入的产业发展项目风险较大，往往难以按预定目标完成，很容易出现资金风险，效益并不理想。

提高产业扶贫效益是中外扶贫项目共同面临的难题，但外资扶贫项目更强调过程和贫困人口、贫困社区的能力建设，并不以扶贫人口增加收入为唯一的考评指标和目标，从这里应该得到启示，扶贫项目的目标不应以收入增加为唯一指标，还应以提高贫困人口的生产能力和社区的服务能力为目的。只有贫困人口真正获得生产能力、社区的管理服务能力能够为产业发展提供条件，贫困人口才可能真正摆脱贫困。

尽管外资扶贫项目对产业扶持的考核指标不是唯一的，中方项目除了借用外方更务实的考核指标外，有必要共同探索、创新产业扶贫的方法与模式。

5. 扶贫瞄准率较低

从宏观来看，为了提高瞄准率，使真正的贫困人口获得国家和社会的帮助，政府想了不少办法，出台了一系列政策，通过贫困县划分把大部分贫困人口纳入到扶持的范围中，但仍有 30% 多的穷人得不到覆盖，又实施了"整村推进"把扶贫的瞄准率提高了 10 多个百分点，达到了 80% 多，但仍有 15% 左右的贫困人口未能得到覆盖。这个难题一直困扰着政府。

从项目区看，真正的贫困人口由于扶贫政策和方式中存在的问题得不到扶持，因为大多扶贫项目需要经济效益作为回报，贫困人口由于缺乏社会资本、发展能力，难以在项目实施中获得效益，而项目管理者只好把项目向能够产生效益的强势群体倾斜，从而产生了帮富不帮穷的情况，脱离了扶贫的基本宗旨。

从项目实际操作看，也会产生帮富帮不了穷的情况。外资扶贫项目强调参与式方法，从而可以使真正的贫困人口从项目实施中获得帮助，但也存在着贫困人口由于素质较低和缺乏起码的扶贫条件，而得不到扶贫资源，如在云南省边境地区的镇康县、元阳县，互满爱人与人组织安装太阳能需要农户配套 50% 的资金，一些农户拿不出资金或者是没有钱安装自来水而放弃了太阳能，在发放种母猪养殖的项目中要求农户有饲养条件，如果猪舍达不到规定的面积也得不到项目赠送的母猪。如果项目对农户没有要求的话，往往也会产生白得的东西不珍惜的情况。

从上述扶贫项目存在的问题看，仍有必要加强与国际社会的合作与交流，共同探索更有效的扶贫理念、方法、模式。

三　需要继续完善外资扶贫模式、方法

现阶段，以吸收了国际上许多先进方法的"整村推进"为例，在各个环节中都存在着一些缺陷，需要完善与创新。通过与国际社会的合作继续探索、创新、完善云南省扶贫模式与方法中的不足，不失为一个非常好的途径。就目前来说，存在的缺陷主要有：

1. 村级扶贫规划中的缺陷

村级扶贫规划是由外资扶贫项目引入中国的，通过世行、亚行、联合国机构，以及一些境外 NGO 在中国的试验推广，而被国家扶贫部门认可采用，许多省引入了亚行的标准和世行的规划对贫困村进行界定与规划。村级规划在实践中存在着许多问题。国务院扶贫办要求整村推进村必须用参与式方法编写规划，但在现实中，村级扶贫规划的编制主要由乡镇负责，乡镇干部与贫困村干部、村民代表讨论并提出项目，乡镇按规定的格式、时间组织编写规划，在规划的过程中往往没有听取村民的意见，特别是贫困村民的意见，一些村民甚至不知道是怎么一回事，而且在村级扶贫规划中，往往重基础设施建设，轻软件建设。这样的村级规划与外资扶贫项目要求的规划有很大的差距，需要进一步完善。

2. 在审批、公示与调整中的缺陷

审批、公示、调整是由外资扶贫项目引入的，所有的外资扶贫项目都是这样做的，效果非常好，受到了政府的肯定，并且要求国内的扶贫项目也要这样做。

就现在的审批程序来说，县扶贫办根据乡镇提供的村级规划，建立项目库，每年根据省扶贫办规定下达的扶贫资金分配指标，从贫困村扶贫规划项目库中提取项目，制订县里的年度扶贫项目计划并与县财政部门联合上报州（市）再上报省扶贫办和省财政厅。

就公示来说，县扶贫办上报的年度项目计划获得批准后，按规定要进行公示以保证扶贫项目与资金安排整个过程公开透明，让村民了解项目的情况，但在实践中往往形式大于内容。

整村推进是一次规划分年实施，这个过程比较长，原规划的项目难免会发生变化，但县扶贫办每年从项目库中提取贫困村项目的时候很少征求贫困村村民的意见，省扶贫办批准项目时，也很难确定贫困村村民最迫切需要解决的项目。还由于扶贫规划与项目实施时间跨度较大，原计划的扶贫项目难免会发生变化，因此项目调整也是整村推进中常见的事情。需要调整的项目由扶贫部门根据实际情况提出，报省扶贫办批准，调整的过程和内容贫困村的村民往往不知情。

3. 在实施中的缺陷

在整村推进项目被批准后，一般是由县乡领导到受益村组织召开项目动员会，对即将开展的项目进行介绍，要求贫困村做好配合工作和在项目实施过程中如何参与，协调解决实施中存在的土地征用补偿、自筹资金、投工投劳等问题；成立村工程建设领导小组；按照上级扶贫部门要求制定具体工作方案，然后进入项目实施的具体阶段。一些基础设施项目一般是通过县扶贫办以招标的方式将工程承包给专业工程队，项目的招标、合同签署、物资采购、资金拨付、工程监督等环节都是由县扶贫办具体负责。除了由村干部出面配合乡镇干部协调解决施工中的土地纠纷问题外，村民对项目工程的事基本不参与，承包商按合同完成工程，交由扶贫办验收，村民无权过问，这样做的结果，使村民们认为工程好坏是政府的事，与村民们无关，村民们视工程为政府的工程，好坏用不着自己担心。

4. 资金管理中的缺陷

国内的扶贫资金管理一直处在不断完善之中，形成了一套较为完整的管理方式，有效地防止了被挤占被挪用的情况，但仍然存在着这样一些缺陷：一是扶贫资金的分配、使用、管理与监督等过程始终以政府为主，贫困农户无权参与决策监督；二是贫困村民不是作为扶贫主体，仅属于被扶贫对象，缺少对扶贫资金使用的话语权、知情权；三是扶贫资金的使用和管理中存在着长官意志，造成"会哭的孩子有奶吃"，有限的扶贫资金不能最大限度地覆盖贫困地区和贫困人口，降低了扶贫资金的使用效率。

5. 对项目全程监督中的缺陷

一般来说，项目工程实行自上而下的监督方式，主要由上级有关部门，如主管部门、审计部门、纪检部门、监察部门履行对扶贫项目的监督职能，贫困村民作为被扶持的对象，不能参与整个项目资金的决策、使用、控制和监督的过程。如果出现违规行为，上级扶贫部门对贫困县的处罚一般是扣减贫困县的扶贫资金指标，受损的最终是贫困村的村民。

6. 项目验收中的缺陷

扶贫项目的验收是由州（市）县扶贫办按规定组织验收，省级扶贫办进行抽查验收，贫困村村民只是充当配合者的角色，无权在验收报告上提出意见，村民很难了解项目的最终投资额和是否达到项目的设计标准。

如果把外资扶贫项目使用方式方法与"整村推进"扶贫模式中存在的缺陷相比较，显然外资扶贫项目做得更好一些，缺陷也小得多。通过广泛实施外资扶贫项目可以推动"整村推进"改进工作，提高扶贫效益。

四　以外促内帮助国人培养慈善精神

2011 年初，云南省贫困人口由 2010 年的 325 万人骤然增加至 1014 万人，原因主要是贫困线标准提高至 2300 元，比 2010 年的 1274 元的标准提高了 80.5%，比 2009 年 1196 元的标准提高了 92%。新的国家扶贫标准把更多的低收入人口纳入扶贫范围中，体现了党和国家对贫困人口和处于贫困线附近的有可能再返贫人口的关怀。作为中国经济洼地的云南省民族地区，聚集了全省 70% 多的贫困人口，与全省发达地区存在着较大的差距，其中富人与穷人的两极分化也正在成为社会关注的焦点，引起社会的普遍不满。

外资扶贫客观上能够对中国社会慈善事业起到促进的作用，外资扶贫的资金很多来自富人和企业家个人的捐款，对先富起来的人起到了示范作用，引起社会各阶层人士的反思，鼓励国内各阶层人士关心自己国家、自己家乡、自己民族的贫困问题。在过去的 20 多年间，外资扶贫项目对于国内慈善精神的培养提供了营养，起到了很大的正面作用。

五　云南省发展与开放仍然需要在反贫困领域与国际社会合作

过去 20 余年里，云南省在扶贫领域加强国际合作与交流，已经为云南与国际社会共享扶贫成果搭建了一个很好的平台，促进了云南省与国际援助组织间的交流，做到了取长补短，成为了云南省对外开放的重要组成部分。与此同时，在云南省开展扶贫项目的国际援助组织把中国自 20 世纪 80 年代中期以来积累的扶贫经验，传播到了其他发展中国家，帮助其他贫困国家减少贫困，互满爱人与人组织就曾组织印度、津巴布韦等国的扶贫人士到云南省临沧等项目点学习云南的经验；中国香港乐施会也组织越南等国的扶贫人士到云南项目点学习交流。国际社会对于外资扶贫在云南取得的经验给予了实事求是的评价，亚洲政党扶贫专题会议认为："云南扶贫经验是亚洲的财富。"

未来，云南省不仅要引入国际援助资金和理念、方法，而且还要走出去。云南省是一个边境省份，在未来 10 年将要建成中国面向西南开放的重要桥头堡和"一带一路"的战略中向南亚、东南亚辐射中心，走出去已成为了云南省改革、开放、发展的必要方式。走出去不仅仅是企业、文化团体、医疗队的事，也应有一支有着国际思维、眼界、理念的慈善与发展扶贫队伍，通过这支发展与慈善队伍，树立中国形象、云南形象，与境外各国建立友好的亲善关系，为贫苦大众谋幸福。走出去扶贫需要借鉴国际援助组织多年积累的经验，同时还需培育我国的非政府机构，通过它们向世界输出我们的慈善。

这里所讲的中国走出去扶贫，与政府通过商务部等部门实施的外援是有区别的。以往中国对世界的援助、云南省对周边国家的援助已经饱受诟病。中国的对外援助自新中国一建立就开始了，并把对外援助看成是"严肃的政治活动"，称为"国际主义"。云南省长期承担了对越老缅柬以及非洲等一些国家的援助任务。中国的援助虽然本着尊重受援国的主权、不干涉内政的做法，但仍然遭遇到了西方的质疑。因为在国际援助领域，中国一直在跳独舞，有些援助的资金达到"西方世界害怕的地方"。2008 年 3 月 18 日，美国国会美中经济与安全评估委员会在华盛顿举办了一场以"中国日益增长的全球影响"为主题的听证会，应邀出席的美国国务院负责东亚和太平洋事务的助理国务卿帮办柯庆生在会上称，中国政策可能阻碍美国、欧盟等援助方"促进发展中国家经济长期发展、保持政治稳定"方面的努力。美国等西方一些国家的智库认为：中国通过提供"不附加任何条件"的援助，在经济领域"大举进犯"第三世界，尤其在非洲、拉美和太平洋地区，并通过经贸手段加深与这些地区国家的政治关系。中国的援助政策与美、日、欧、世界银行和国际货币基金组织等援助方"以外援为杠杆，促进受援国改善人权、进行改革"的政策完全相反。苏丹的人道主义危机使中国对苏丹的援助成为西方一些机构的口实。

近年来，面对国际社会的质疑，中国对外援助开始了与时俱进，作为一个负责任的大国，中国与其他国家和国际机构的合作越来越多。1997年，中国开始参与国际组织的多边援助；2000年，中国又向世界粮食计划署、联合国开发计划署等10个国际援助组织提供了多边援助，表明中国对外援助观念的重大转变。2007年，中国加入了国际开发协会的捐助国名单。该协会是世界银行下属机构专门为最贫穷国家提供无息贷款。BBC评论说，中国8年前还是国际开发协会的受援国，如今转变为捐款国。《德国之声》认为：这种转变"不可小看，这将是一个转折的开始，中国总的趋势是从受援国完全变成出资国，那么中国就真正走出了第三世界"。

在国际扶贫领域，中国将加大与国际社会的合作交流。随着中国不断融入国际社会，寻求在国际社会获得更多的影响力将会成为中国援助的未来方向。

近几年来，中国的影响力已日益强大，一些国际多边组织已在中国的要求下进行了改革，同时中国也在改变援助政策。国务院扶贫办外资中心已走出了外援的第一步，按国际通行的扶贫模式在非洲的加纳开展扶贫项目。作为"一带一路"战略中对南亚东南亚辐射中心的云南省，以什么样的新形象与南亚东南亚国家打交道、与周边国家形成什么样的国际关系，是一个不可回避和拖延的问题。帮助南亚东南亚特别是接壤国家发展经济解除贫困应成为云南省对外开放的重要内容，也是树立云南形象的重要方式。应把国际援助组织长期探索总结出来的先进扶贫理论与实践与云南省卓有成效的扶贫模式相结合，用来帮助更为落后国家发展、解除贫困，这将是一个非常有意义的事业。2013年末，云南省外资扶贫中心已决定开始探索中老、中缅减贫试点工作，积极探索开展跨境扶贫合作，拟通过合作伙伴的支持，计划对云南—缅甸跨境减贫合作进行前期调研，完成项目点的设计，启动中缅减贫合作，推动国际减贫合作与交流。

第五节 外资扶贫的可持续性分析评估

与国际社会在反贫困领域的合作与交流并不是中方单方面就能决定的，

必须具备几个前提和条件：一是你情我愿，如果国际社会不愿意，或者中方不同意都不可能达成合作与交流意向，所以双方的意愿是前提；二是合作的内容是基础，如果合作的内容与扶贫、发展、慈善无关，就失去了扶贫的意义，就不是扶贫；三是双方的共识是保证，如果双方在扶贫的内容、模式、理念上不能相互认可，达成理解、配合的关系，就不可能顺利实施项目。只有具备了上述三个条件，云南省与国际援助组织的合作与交流才可能进行。以往云南省与国际援助组织开展的数千项外资扶贫项目均具备了以上三个前提和条件，未来云南省与国际援助组织在扶贫领域的合作是否会符合上述前提与条件，决定了云南省是否可实现长期与国际社会在扶贫领域的合作与交流。

　　一　双方具有合作的愿望与丰富的合作内容为可持续提供了基础

　　1. 双方合作利大于弊

　　过去20余年，云南省与280多家国际援助组织合作，开展了数千个外资扶贫项目，大部分项目获得了成功，取得了非常好的社会、经济效益，产生了良好的社会和国际影响。云南省实施金额最多、规模最大、覆盖面最广、持续时间最长的项目是世界银行在云南省开展的第一、第四期项目，以及国际农发基金在云南省开展的两期项目。欧盟、联合国机构和德国、英国、日本、荷兰等官方机构在云南省开展的扶贫项目都较为成功，一大批在世界上享有盛誉的NGO在云南省取得了成功，做出了成就，为将来可能的合作奠定了基础。课题组与仍在云南省开展扶贫的国际援助组织接触中，很多国际援助组织项目负责人表示：愿意为云南省扶贫继续作贡献。国际援助组织进入云南省扶贫的20余年来，大部分外资扶贫项目在云南省都取得了远比在其他国家好得多的效果，这一点已为许多国际援助组织公开承认。

　　从在云南省开展的外资扶贫项目看，外资扶贫对于云南省的贡献是多方面的，相对于出现的问题来说，问题是微不足道的，也是可以克服的。因此有理由继续进行合作与交流。云南省政府扶贫部门正在积极努力完善外资扶贫管理和服务机制，扩大与国际援助组织在更广阔的领域合作。

　　2. 具有广阔而丰富的合作与交流内容

　　2013年，云南省反贫困的任务非常艰巨，年均收入低于2300元贫困线以下的贫困人口还有804万人，借用国际援助组织的扶贫资源开展反贫困仍是云南省扶贫的重要途径之一，同时也是国际援助组织继续与云南省合作与交流的重要理由和内容。2015年，中国将基本上实现千年发展目标，成为世界上完成千年目标最好的国家。随着千年目标的实现，一些国际援助组织和政府将调整扶贫资助内容，除继续加强反贫困合作外，会更加重视可持续发展、生态环境保护、人权、公民社会、文化保护、艾滋病防治、贫困人口能力建设等，这为云南省与国际援助组织合作与交流提供了许多新的领域。

近年来，国际社会呼吁日益强大的中国对更为贫困的国家开展反贫困援助。云南省一直承担着国家对越老缅等国援助的任务，在国际援助领域与世界接轨势在必行，因此与国际社会合作与交流存在着广阔的空间。

3. 双方有太多的地方可求同存异

回顾以往 20 余年与国际援助组织在扶贫领域的合作，尽管中国的体制、政治、信仰与来自西方或以西方为背景的国际援助组织有着很多差异，但是在反贫困领域却有着非常好的合作，这与求同存异、相互理解和尊重、加强沟通、不干涉政治、不传播宗教的基本原则直接相关。未来在与国际援助组织的合作中，这些原则仍然是非常重要的。在政策改善、人权、公民社会的建设领域，其实已经进行过许多合作，取得了许多共识，如欧盟人权项目主要是针对麻栗坡和金平两县少数民族妇女开展的法律健康培训；互满爱人与人利用农民互助组模式对贫困人群进行扶持，产生了非常好的社会影响，得到了国际社会的好评，消除了许多误解。农民互助组类似于我们政府正在提倡和扶持的专业合作社、综合服务社等农民自愿组织，在境外 NGO 视野里这种组织就是公民社会建设的内容。

无论是政策改善，还是人权、公民社会方面，具体内容都是通过中外双方共同确定的，很多内容实际上也是中国政府想做的事情，如政策改善项目，包括世行曾经为中国出台"八七"扶贫攻坚计划的努力，以及亚行对扶贫贷款政策的研究和对村级规划的贡献，以及参与式方法、小额信贷、贫困监测等，都成为了扶贫政策的组成部分。国际援助组织还把改善妇女儿童的健康状况看作是人权的组成部分，这其实也是我们要做的事情。对于公民社会，国际组织理解是非常广泛的，一些与我们的体制有冲突，一些也是我们正在做的、正在发展的，如中国国内的民间组织、农民专业合作社、农产品流通协会等。

未来，如果我们以开放的、负责的心态与国际援助组织开展合作，政治、意识形态的冲突是可以弱化的。从国际社会长期与中国的合作看，几乎所有的官方国际援助组织与境外 NGO 都是在充分尊重中国的政治、意识形态、信仰的前提下与中国合作的，而且官方国际机构和境外 GNO 都把与政府的合作和获得政府领导的重视和支持视为项目成功的重要因素。

二　政府的支持为可持续合作提供了保障

随着中国经济发展和贫困问题的缓解，国内出现了一些反对利用外资扶贫的声音，一些县乡政府对外资扶贫项目积极性不高，甚至还有一些县乡政府拒绝申请外资扶贫项目。中国是一个集权国家，扶贫是政府的重要工作之一，只要上级政府主张，下级政府就会响应，转变态度积极配合。在第二个10年扶贫《纲要》中，中央强调了新时期中国扶贫的基本原则是："政府主导，分级负责；突出重点，分类指导；部门协作，合力推进；自力更生，艰苦奋斗；社会帮扶，共同致富；统筹兼顾，科学发展；改革创新，扩大开放。"外资扶贫在《纲要》中被纳入了"社会帮扶、改革创新、扩大开放"的范畴，并确定了内容和重点。在政府的主导与支持之下，云南省不仅会对官方援助组织提供配套资金，也会给境外 NGO 提供配套资金，为项目的顺利实施提供各种帮助和支持。由于有政府的支持，国际援助组织与云南省的合作就有了制度和组织保障，这在中国是非常关键的，因为只要有上级政府的支持，下级就会克服种种困难去执行，特别是在涉外项目方面更是如此。

三　积极调整合作与交流的重点无疑可促进可持续性

2000 年后，国家和省在使用外资扶贫中，把利用国际援助机构多年积累的经验、探索的模式、总结出的方法，为我所用成为了利用外资扶贫的重要目标之一。

随着中国经济发展和实力增强，国际援助组织调整了对中国的扶持政策，并要求中国对更为落后的国家伸出援手。中国第二个 10 年扶贫《纲要》提出："通过走出去、引进来等多种方式创新机制，拓宽渠道，加强国际反贫困领域交流。借鉴国际社会减贫理论和实践，开展减贫项目合作，共享减贫经验，共同促进减贫事业发展。"可以说顺应了国际社会对于中国援助的总趋势，同时也对国内利用国际社会的扶贫资源提出了新要求。这一转变，将有利于实现与国际援助组织合作交流的可持续性。

在新 10 年扶贫期间，云南省将在生态环境保护、可持续发展、民族文化建设、社会性别主流化等领域寻找新的合作点，在机制上实现"阳光扶贫"和"廉政扶贫"的创新，积极适应国际社会的新要求。

四　从受援者向援助者角色转变对于可持续合作起到了促进作用

最近几年来，中国开始加大对国际援助与发展组织的支持力度，并采用国际上普遍采取的先进方式对非洲的加纳进行扶持，相信取得经验后会对更多的亚非地区开展扶贫项目。虽然云南省在中国是贫困地区、落后地区，但相对于周边国家来说，中国是发达国家、云南省是发达地区，云南省特殊的地理位置使其成为了中国长期支持越南、老挝、缅甸等国家经济发展的主要角色。未来云南省肯定会在国际反贫困舞台上扮演重要的角色。与国际援助组织合作一起对缅老越开展扶贫活动，将是未来云南省与国际援助组织合作的新内容，有着许多挑战和任务。

第六节　与国际援助组织持续合作的对策建议

面对国际社会对中国援助的减少，以及县乡政府对外资扶贫项目热度的下降和外资扶贫项目管理的复杂性，在中央和省级政府的坚持下，仍要继续开展与国际援助组织在扶贫领域的合作与交流，并且要求必须在总结过去经验的基础之上，完善管理制度，出台一系列政策，才可能使这一对人类有着重大意义的事业做好。根据现实需要与中央省政府的要求，课题组提出如下对策建议。

一　进一步认识外资扶贫的重要意义

认识是否正确关系到决策和行动是否正确、到位。外资扶贫进入中国一直都伴随着争议，经历了从少至多再大幅度减少的阶段，但不应该否认外资扶贫对中国反贫困的特殊贡献，现在外资扶贫的中国经验已经成为了世界反贫困的财富，应该为世界共享，为世界反贫困作出贡献。

中国是否在扶贫领域继续开展反贫困的国际合作与交流，在国家第二个10年扶贫开发《纲要》中，国务院已给出了肯定的答案，并且强调了走出去，这是以往没有提到的。在新的时代中，引进来不仅仅是为了继续帮助国内减贫，也是为了走出去扶贫而学习世界上先进的扶贫理论、理念、方式、方法、经验。通过在扶贫领域与国际援助组织合作交流，向国际援助组织学习，并总结在中国的成功模式，帮助其他更为落后的国家和地区发展与脱贫。

看待外资扶贫要有更高远的视野，不能把眼光局限于国内的脱贫，认为国内的脱贫仍要靠中国自力更生，外资扶贫虽然起到了一定的作用，但与中国政府和社会的投入来说，微不足道，而且比重还在缩小。对于持续利用外资扶贫的目的已经不仅仅是为了国内的减贫，更为重要的是搭建一个学习交流的平台，通过学习与交流把世界先进的理论、理念、方式、方法和中外的经验运用于帮助更为贫困的国家。

中国走出去扶贫是一个经济大国应尽的义务，也是彰显中国传统美德的重要方式。如果中国只是经济走出去，而让世界人民感觉不到中国慈善精神的话，中国经济就不可能走得很远，中国的发展就得不到全世界的理解和欢迎，中华民族的复兴之路就会有更多的阻碍。实际上中国对外援助从未停止过，并且随着国力的增强而增加，但中国对外援助常被许多国家质疑，主要是没有与国际接轨、不按国际通行的方法去做，引起了一些误会。随着"一带一路"战略的实施，中国输出慈善会越来越多，学习世界先进的扶贫成果也越来越重要。

二 理顺外资扶贫项目管理体制

省外资扶贫中心虽然是省政府曾经明确过的省级管理、协调、实施外资扶贫项目的单位，但并未完全发挥作用，很多部门执行的外资扶贫项目甚至不通过中心，只有需要外资扶贫项目管理中心进行协调和解决项目中遇到的难题时，才要求中心介入。许多外资扶贫项目由于没有合作关系，外资中心要么完全不知道其存在，要么只知道一点点，谈不上管理，也没有管理的手段和办法，只能听之任之，没有作为。鉴于目前云南省省级层面有财政、发改、民政、农业、交通、外事、卫生、环保、妇联、民委、扶贫等数十家单位开展外资扶贫合作项目，还有县级部门和庞大的合作单位，客观上存在体制不顺、多头管理、职能重叠和空缺等情况，在履行引进外资扶贫项目管理、对外合作等政府职能过程中存在主体资格不对称、职能不清晰等问题，影响到了外资扶贫项目的实施、监测、评估，在项目实施过程中，政府部门的服务更是空白，一旦遇上需要协调解决的问题，往往很难有部门承担协调和服务责任，甚至出现推诿等情况，外资扶贫项目的中外实施人员对此很有意见。虽然外资扶贫项目在省内越来越少，但并未消失，为了探索更好的扶贫模式、提高扶贫效益、走出国门扶贫，应长期坚持与国际援助组织合作与交流、理顺管理体制、提供有效率的服务，进一步确定省外资中心的管理职责，赋权其管理、服务、协调、实施项目的职能，规定所有的外资扶贫项目都要到省外资中心备案、接受监督检查、按项目进展阶段报送资料，中心有义务提供咨询、协调服务。

三 进一步明确省外资中心的职能

1997 年，云南省政府虽然明确了省外资中心为管理外资扶贫项目的职能部门，但并未规定各级政府和部门必须通过中心才能与国际援助组织合作实施项目，因此在实践中，各级政府和部门为了完成上级下达的扶贫任务，与国际援助组织合作，与官方国际组织合作的单位往往是对口单位，双方根据协议开展项目，只有境外 NGO 才到省外办备案，省外资中心俨然成为了旁观者、摆设。只有上级部门指定，省外资中心才有权根据合作协议进行管理、协调、监测、服务。外资扶贫项目在云南省实施了 20 多年，实施的项目达数千之多，而中心参与的只是很小的一部分，谈不上对全省外资扶贫项目管理。鉴于外资扶贫项目管理、监测、服务、实施中出现的各种问题和困难，应进一步明确省外资扶贫项目管理中心负责管理、协调、监测、服务职能；制定云南省与国际援助组织合作的政策、措施；帮助国际援助组织规划和开展项目，在项目实施中帮助协调中央、省级各部门、各级政府的有关事项；为县级政府和部门等申报外资扶贫项目提供各种服务；向国内外合作机构提供开展项目合作的信息和咨询服务；开展外资扶贫项目的审批、监测、评价工作；负责收集外资扶贫项目的信息工作。

四　各级政府各部门应加强协调合作

加强协调合作是外资扶贫项目管理中心实施管理的关键，关系到外资扶贫项目的效果，也体现了我们对待国际人道主义精神的态度。从贫困的形成原因看，贫困是多种原因共同作用的结果，需要综合治理和政府、社会、贫困人口的共同努力，因此中国形成了"大扶贫"的格局，产生了非常好的效果。大扶贫是建立在各级政府各部门协同的基础之上，整合各部门的扶贫资源，集中力量解决贫困。从扶贫项目的实施看，在中国体制之中，任何扶贫项目很难由一个部门独立完成，需要多部门的合作，虽然省外资扶贫项目管理中心作为管理、协调、服务主体，需要相关部门的配合，各部门都应尽到职责，不可推诿，否则应被问责。随着国家全面实现小康步伐加快，强调和突出省外资中心作为外资扶贫项目的主要管理部门，是为了更好地在扶贫领域开展国际合作与交流，但没有各部门的合作，外资中心的管理作用将难以发挥。强调外资扶贫项目管理中心的管理地位和作用，并不意味着要削弱对口部门、合作单位的责任，对口部门和合作单位对于扶贫项目负有配合、服务的责任，要认真履行协议所规定的责任，服从中心的管理，认真实施项目，达到项目设计的目的。从外资扶贫项目的实施看，各级政府部门配合、协调程度，对外资扶贫项目效果起到了至关重要的作用。外资扶贫项目在实施过程中，较之国内扶贫项目来说，往往会有水土不服等问题，更需各级政府和各部门的配合，否则会加大外资扶贫项目在实施中的困难，甚至因此而夭折。

五　提高外资扶贫管理队伍的综合素质

目前，省外资中心的管理能力还需加强，要做到内强素质、外树良好的国家形象。在与国际援助组织打交道的过程中，省外资扶贫管理干部还承担着向外籍人士展示中国人良好素质的责任，一举一动都代表国家、云南形象，因此提高外资管理干部队伍的综合素质不仅仅是与国际援助机构打交道的问题，还承担着展示国家、民族形象的责任。就省外资扶贫项目管理中心现状来说，存在着制度不健全和人员素质、管理水平、知识结构均较低的问题。外资扶贫项目相对于国内项目的管理来说，较为复杂，难度也较高，需要既懂外语，熟知国际金融组织、联合国机构、外国政府、境外 NGO 申报项目的程序和管理的方法，又要有外事知识、与境外机构打交道的经验，以及较强的协调沟通能力，才可胜任好这一工作。

　　提高外资扶贫项目管理干部队伍的综合素质，除加强培训外，还应该向社会吸纳热爱扶贫事业又有才干的人才。

　　六　强化和完善外资扶贫项目管理中心的管理能力

　　1. 建立健全管理制度

　　外资扶贫项目管理混乱和一部分项目未能较好地实施，影响了效益发挥，实际上与外资扶贫项目管理中规章制度和管理机制不健全有关。省外资中心不建立健全制度，就无章可循，就不可能把管理能力体现在实处，是否能够胜任全省的外资扶贫项目管理工作成为了一个不定数。不仅要建立健全外资扶贫项目管理中心的内部管理制度，也要建立健全对国际援助组织和外资扶贫项目的各种管理制度，结束目前无序、被动、效率低的情况，特别是针对联合国机构、国际金融组织、外国政府、境外 GNO 对合作项目的不同要求，结合项目特点，按照国际惯例和国际水准加强项目管理和资金管理，积极借鉴国际减贫交流与合作理念经验，加强外资扶贫领域的廉政建设，把"阳光扶贫"、廉政扶贫等融入外资扶贫全过程，努力提高管理水平和质量。

　　2. 改变从被动管理为主动管理的状态

　　这是建立健全外资管理制度和机制的必要内容之一。多年来，云南省外资中心采取守株待兔的工作方式，基本上未主动向国际社会争取过合作项目，也未主动承担起管理任务。与国际金融组织、联合国机构、欧盟、外国政府等官方开展的合作项目多是国务院外资扶贫项目管理中心、国家财政部和发改委要求申报的项目。与境外 NGO 开展的项目多是对方主动找上门来要求合作的，省外资扶贫项目管理中心不付任何代价就当上了"婆婆"，服务工作就很难做到位。如果不改变这一现状，必然会影响外资扶贫事业的可持续性。中心这样一种被动处境主要是体制不顺、无权无责造成的，解决了体制问题后，省外资扶贫项目管理中心应承担起真正的管理服务职能，并且要主动介入工作，不能让上级部门推着走。

　　3. 加大内外宣传力度

　　云南省外资扶贫项目管理中心要承担起宣传云南省在扶贫领域开展国际合作的内容和重点、中外合作扶贫的规定、程序以及合作中应注意的问题，充分调动境外 NGO 扶贫帮困的积极性和主动性，增强境外 NGO 遵守我国法律和社会制度的自觉性。除让国际援助组织了解云南省中长期允许和鼓励开展的合作内容、重点外，也应让国际援助组织，特别是背景非常复杂的境外NGO 了解《云南省规范境外非政府组织活动暂行规定》，让潜在的合作对象或者列入计划合作的对象充分了解中国国情、体制和云南省情，了解扶贫政策和省委、省政府加强涉外项目管理的规定。目前，这方面的工作云南省做得非常有限，与云南省开展合作的国际援助组织大多要与中方有关部门接触后，才有可能了解可以开展的扶贫内容和政府支持的重点。一些想在云南省开展合作扶贫项目的国际援助组织，要么通过一些熟知中方的机构了解如何开展项目，要么直接到实地寻找合作单位，一些因为找不到合适的合作方而放弃在云南省开展扶贫项目的打算；一些找到合作方，因不胜任合作工作，从而在合作过程中出现一些麻烦，影响了项目立项和实施的质量。

4. 加强服务工作

加强外资扶贫项目的服务工作，不仅仅针对援助方，也包括项目区的政府、有关部门、参与项目的实施人员等。对于外方来说，国际援助组织进入云南省面临的困难非常大，每一阶段都会面临着不同的困难。在准备期，除要熟悉中方各项规定、国情省情、项目区的社会经济情况、选择确定具体的项目地和进行项目规划设计、实现本土化的途径等。在实施期间，面临着汇率和市场变化、物资采购、培训、工程实施、报账、日常管理与监测、各种进度检查等，如出现变化较大的情况还要进行中期调整，从而面临着许多复杂的报批程序与手续。项目结束后，还要进行验收、评价、总结、办理项目和档案移交手续等。对于中方来说，面临的困难要比实施国内项目大得多，一是要学习和熟悉有关外事知识，做到内外有别；二是要学习和熟悉外资的申报、运作、管理等方法，非常复杂、烦琐；三是要协助外资扶贫项目结束后顺利实现项目的移交，保证获得可持续性。双方都面临着如何沟通、协调工作的问题，需要对双方提供信息、服务，保持沟通做到有求必应。

七　制定新时期外资扶贫的内容和重点

根据中央的要求，在新的历史时期，要从云南的实际需要出发，结合国际社会的扶贫重点和内容，开展扶贫领域的国际交流与合作。制定新时期利用外资扶贫的重点和内容，要建立在中外双方的意愿上。

从外方看，外资扶贫项目的重点内容受国际政治经济形势影响，随着千年发展目标的实现，外资扶贫对于中国扶贫的重点已放在公民社会、人权、社会公平公正、环境保护、可持续发展等方面，实际上这些重点内容也是中国政府重视的，与中国政府的扶贫内容高度重合，成为了我们利用外资扶贫的基本条件。当然外资扶贫项目中所涉及的公民社会、人权问题是基于西方政治文化的，与中国的理解是有差距的，但并不是洪水猛兽，我们在合作中可以选择和扬弃不符合中国国情的内容，而吸收合理的，我们能够接受的，如欧盟人权项目，实际上是培训妇女技能，以改变妇女家庭社会地位为目的；德国政府项目关注城市农民工生存状态问题，对我们制订扶贫政策和实施方案提了个醒，有助于我们在扶贫中考虑到这一特殊的群体。

从中方来看，中国未来扶贫的目标和内容有许多地方与外资扶贫的重点和内容是重合的，成为我们与国际社会开展合作与交流的基础。随着中国的贫困缓解和国力增强，国际社会要求中国加大对更为贫困的国家进行扶贫，而中华民族伟大复兴事业也需要中国对外扶贫。

在新时期和新形势下，利用外资扶贫应有新的重点和内容，云南省是中国的贫困地区，国家扶贫的重点，也是利用外资扶贫的重点地区，而且还是中国面向西南开放的桥头堡和"一带一路"战略中向南亚、东南亚辐射的中心，走出去扶贫也是云南扶贫的重要内容。在新的形势下，云南省利用外资扶贫的重点不仅仅是引进外资扶贫资源，而是通过实施扶贫项目学习与交流中外双方的理论、理念、方式、方法、经验，为国内国外的反贫困作贡献。在未来，将会更加重视与国际援助组织的合作交流渠道、构建更多的合作交流平台，共同探索总结扶贫的先进理念、有效的方式方法，并做成可复制的模式，除在国内创新试验新方式方法外，还将携手在国外进行扶贫。未来将更加重视帮助贫困人口获得公平的发展机会，改善贫困人口生产生活条件，提供贫困人口新的生计方式，享有基本的社会保障、公平的教育就业机会，加大贫困地区生态环境保护，避免扶贫中的腐败行为。这些都将成为与国际援助组织合作的重要内容。

八　加大外资扶贫项目的资金配套力度

在云南省利用外资扶贫的地区主要是少数民族贫困地区。这些地区财政很困难，不能自给。申请国际援助组织的扶贫项目需要花费财力和精力，如果是申请国际金融组织的扶贫资金一般需要三年至五年的时间，有时更长，在申请过程中会产生一定的支出，这对于贫困县来说，是一个不小的负担。国际金融组织和西方政府的援助资金需要配套一部分资金。一些贫困地区由于财政困难，往往选择放弃，失去利用国际扶贫资源和学习世界先进的扶贫理念、方式、方法的机会。虽然境外 NGO 大多不需要配套资金，主要是赠款，但如果有上级政府的配套就更容易立项，也会提高地方使用外资扶贫项目的积极性。财政加大资金配套比例，甚至是全额配套，并补助前期费用、工作费用，对于提高民族地区使用外资扶贫项目的积极性非常重要，也是持续利用外资扶贫的关键之一。

九　构建外资扶贫的宽松合作与交流环境

构建中外双方合作与交流的宽松环境关系到项目的成功和效率，非常重要，因为中方是东道主，在工作中应持主动、真诚的态度，切实帮助国际援助组织开展工作，解决工作中的各种问题和困难。构建外资扶贫的宽松环境，应从两方面着手：一方面在国内加强对外资扶贫项目的宣传、管理、服务，使对口单位、合作部门、县乡政府和一些干部群众打消与国际援助组织合作与交流的种种顾虑，在云南省了解如何与国际援助组织合作的人士并不多，对于相关规定只有专业人士说得清，很多省级部门和县乡政府，为了避免犯错误而把外资扶贫项目拒之门外。对这样的情况，外资扶贫管理部门应该让合作方了解到有关规定，没有必要如此紧张，要以全省开放大局为重，真诚对待国际援助组织，不能因为不缺钱、怕麻烦而拒绝学习与交流的机会。同时，要加强项目区外事方面的有关规定和加强保密意识，树立"外事无小事，内外有别"原则，切实增强保密意识、安全意识。另一方面国际援助组织主要来自发达国家和地区，有自己的宗旨、理念、目标、背景，进入中国贫困地区，特别是云南省民族贫困地区，往往需要一个适应过程，虽然国际援助组织在世界范围内开展扶贫工作，接触过形形色色的贫困类型，积累了非常丰富的经验，但对于中国这个社会主义国家来说，仍是非常陌生的，在思维方式、工作方式、对贫困人口交往方式上，与中国政府有很大的差异，帮助国际援助组织消除扶贫中的种种不适应，特别是一些经验不是很丰富的外方人员的各种不理解和误解而产生的失望情绪，做好服务、协调工作。

十　政府、社会应积极支持云南走出去开展扶贫活动

引进来和走出去是可持续利用外资扶贫的两方面。外资扶贫成为中国一支扶贫力量是从中国改革开放开始，虽然这支力量在局部地区影响非常大，但从面上来说，只是中国庞大的扶贫队伍中的很小力量，却取得了不平常的成就，影响到了中国和地方的扶贫政策，为中国的反贫困作出了特殊的贡献。自新中国成立至今，中国从未停止过对外援助，中国对外援助的资金远超过外资扶贫资金，虽然中国对外援助也是基于人道主义精神，主要用于基础设施建设和医疗、自然灾害救助，取得了非常好的效果，投入的效果摸得着看得见，得到了受助人群的感激，但对受援国的扶贫政策、理念、方法等方面几乎未产生影响，受惠的人口并不是真正的穷人，有时是政府，这些做法受到了国际社会的诟病，国际社会希望中国加入到国际反贫困之中。云南省是中国最贫困的地区之一，也是中国的西南沿边地区，进入东南亚、南亚的国际通道，与三国接壤多国相邻，是中国面向西南开放的桥头堡和"一带一路"战略中向南亚、东南亚辐射的中心。在桥头堡和"一带一路"的建设中，要站在国家的角度考虑国家的利益，加大对周边国家落后国家在扶贫领域的合作与交流。中华民族伟大复兴应是每一个中国人在新时期中为之奋斗的目标。要让世界各国认为中华民族伟大复兴不是威胁，会惠及世界人民，才会受到全世界的尊重与认可，否则就会引起世界的恐惧，受到围堵。在"一带一路"战略建设中，除了经济贸易文化交流之外，在更为贫困落

后的国家开展慈善事业、人道主义救援、扶贫事业都是不可缺少的内容，是一个经济大国必须做的事情。云南省是国家"一路一带"中向南亚、东南亚辐射的中心，起到承接中外的作用，应帮助周边更为落后国家发展经济摆脱贫困。如何能够满足周边国家的发展与扶贫需要，云南省要利用科研机构、国际援助组织积极研究，提出重点、内容、方式，制定出中长期规划。与国际援助组织合作对周边国家开展扶贫项目是未来云南省的一项重要扶贫工作。2013 年，云南省外资扶贫项目管理中心启动了与同际援助组织合作探索共同对周边国家扶贫的研究，为将来扩大对周边更为落后的国家，按国际社会的方式进行扶贫积极做好准备。

十一　省外资中心应承担起对外扶贫的工作

未来对周边贫困输出慈善将会成为一项长期的不可回避的国家义务。作为"一带一路"战略中向南亚东南亚辐射中心的云南省，对外扶贫的任务将会很艰巨，应当承担起对辐射区贫困国家的扶贫工作。云南省外资中心已积累了丰富的国际反贫困的经验、方法，培养了一批熟悉国际反贫困工作的人才，对于承担对辐射国家扶贫有着不可取代的作用，应主动请缨，积极调查研究、规划，改变长期以来被动的工作方式。

十二　加强总结研究为外资扶贫可持续性服务

外资扶贫的高峰期在中国已经成为了历史，但并未消失，为了世界反贫困的共同事业，有必要持续下去。外资扶贫在中国取得了重大的成就，得到世行、亚行、欧盟、很多境外 NGO、政府双边组织所肯定，事实上中国的扶贫政策中已吸收了外资扶贫中的许多先进理念、方法，成为了富有成效的扶贫模式。过去的 20 年世界扶贫成就中有 70% 是来自中国的贡献。为了人类的共同福祉，中国的经验应该为人类共享。外资扶贫在中国，特别是云南这样一个自然、文化、民族多样化的地区取得的成就和经验是非常可贵的，很多国际援助组织都进行了总结，但它们的总结主要是为机构自身服务的，目前任何一个外资扶贫机构都没有能力对云南 20 多年间的 280 多家外资扶贫机构实施的数千个项目进行总结研究，虽然本课题对此进行了一些研究，但仅仅触及了皮毛，还应继续总结研究，不要因为我们的疏漏而把这一宝贵的人类财富丧失掉。

附　件

典型案例

　　为了能够较为直观地了解不同类型、不同时期的国际援助组织在云南省开展的扶贫项目，以及它们的内容、贡献、影响和可持续性，本章特选择四个具有典型意义案例。这四个案例分别是：国际金融组织——世界银行实施的在世界上最成功的、规模最大的综合扶贫贷款项目；国际多边组织——欧盟实施的人权项目；境外 NGO——互满爱人与人组织实施的社区扶贫项目；国内使用外资扶贫项目最多的麻栗坡县使用外资扶贫项目的情况。不同类型的国际援助组织开展的项目有共性也有个性。从前三个案例可以看出外资扶贫项目有许多共性，例如：都体现了时代的要求，遵循中国政府扶贫开发政策和联合国千年发展目标的要求，来确定项目内容、目标、方式，同时兼顾了国际援助组织的宗旨和理念，突出其组织特色和目标；所有的项目都很重视项目规划、机构建设、管理制度和方法、能力提高、人员培训、社会性别和参与式方式运用、监测、评估、创新、示范、可持续性、突出少数民族贫困人口参与的比重，等等。

　　从典型案例中可了解不同项目的共性和个性，如世行贷款西南扶贫项目，是国际金融组织的贷款扶贫项目，除把外资扶贫项目的共性做到极致外，特别强调项目的综合性、协调性，并根据项目的内容制定了非常严密而科学的管理制度，把国际上先进的管理方式在滇、黔、桂三省 35 个县进行了试验，并成功地进行了复制和推广，产生了深远的影响。欧盟人权项目，是国际多边组织投入的扶贫项目，属于技术性援助，突出了 2000 年后欧盟对中国援助的重点，即人权、公民社会、生态环境、可持续发展等主题，除外资扶贫项目所具有的共性外，这个项目着重对教育和卫生进行了技术援助，同时重点强调少数民族贫困妇女的基本权益，通过参与式培训帮助她们提高自身的文化、生产、法律、卫生保健等知识，以达到提高经济、家庭、社会地位的目标。互满爱人与人元阳县社区发展扶贫项目，具有外资扶贫项目所具有的共同特征，但在内容和项目模式方面进行了创新，突出了学前教育、农民互助组扶贫模式等，由于投入资金有限，这个项目特别强调示范性和可复制性。

案例四主要反映了文山州麻栗坡县外援扶贫的情况，这个县与红河州金平县是中国实施外资扶贫项目最多的两个县，也是外资扶贫项目管理比较成熟的县，作为外资扶贫项目的主要实施基地，国际上几乎所有类型的外资扶贫项目都在这个县实施过，外援项目的投入每年超过上千万元，全县所有贫困人口都得到过国际援助组织的帮助，对于这个县产生的影响可以说是全方位的，从政府到边境线的贫困村落，几乎所有的人对于外资扶贫项目都不陌生，政府部门的工作人员大多了解外资扶贫的管理与操作方式，以及外资扶贫带来的思想观念上的变化，在此基础上麻栗坡县完善了外援项目的管理体制和机制，这在全国是独一无二的。在村落里随处可见外资扶贫项目建设的小型基础设施，特别是教育卫生设施的改善和水平的提高尤为突出。

案例一 云南省世界银行贷款西南扶贫项目的贡献与影响①

案例说明：在本专著中，之所以要把世行贷款西南扶贫项目这个并不是很新鲜的案例重新整理，实在是因为这个项目在云南省外资扶贫的历程中是一个不可置疑的里程碑，对于云南省的扶贫事业起到了重要的推动作用。正是由于这个项目的启动，云南省从官方的层面建立了利用外资扶贫的组织和制度保障，推动了外资扶贫的工作，并使这一工作得到了全国的关注。至今，世行贷款西南扶贫项目已结束了十余年，但它的影响仍在发挥作用，从扶贫领域到工程管理领域都在运用它实验成功的方法。以下我们将这个案例的主要特点、贡献、影响进行简单介绍和提示：

——中国实施的最大的、跨区域、跨领域、跨行业的大型综合性外资扶贫项目，也是中国使用外资扶贫最成功的项目，至今没有一个外资扶贫项目超过它的资金投入和覆盖面。这个项目三省（区）共利用世行贷款2.425亿美元，加上中国政府配套资金、群众自筹，项目总投入量达42.3亿元人民币。

——把世行的扶贫理念、中国项目区的实际相结合，制定了扶贫的总目标、分目标，设计了教育、卫生、大农业、劳务输出、二三产业、基础设施、机构建设与贫困监测7个分项目，得到了中国政府和贫困人口的支持，达到了预期的目的。七个分项目中的劳务输出是世行第一次实施，取得了远比国内同类项目好的效果，值得再总结，推动了国内劳动力输出的培训与服务。机构建设项目是世行在其他落后国家行之有效的内容与方法，目的是提

---

① 该案例资料由省扶贫办外资中心提供，笔者整理。

高机构的工作效率和服务水平，但在中国颇受争议，因为中国是一个大政府小社会国家，有着完整的基层政权，机构建设占用了大量的扶贫资源，使项目区的扶贫部门和贫困人口认为，应把机构建设的资金投入到卫生、基础设施等项目上会更好。

——圆满完成了世行的设计要求，项目影响力超出了预期，对国家宏观扶贫政策产生了深刻的影响。世行贷款西南扶贫项目被列为2004年"全球扶贫大会"70个成功项目案例之一。《中国农村扶贫开发纲要（2001—2010年)》中吸收了这个项目"一次规划、分年实施"的方式，有效地解决了过去扶贫投入中分年计划造成的项目之间不衔接问题。通过"综合治理、连片开发"的模式打破了以往以部门为单位实施项目而导致的投资资源分散、不能形成合力、扶贫效果弱化的格局，确立了综合扶贫治理、全面发展作为国家扶贫的主要方针，对于2000年以后形成的"大扶贫"格局起到了积极作用。这个项目采取的"以村为单位，整体规划，总体实施"的做法，提高了项目的效率和成功率，更重要的是提高了贫困农户自我管理和发展的能力，在第一个扶贫《纲要》中"以村为单位、整村推进"被作为一项必须实行的制度在全国推广。

——把世界先进的扶贫方法引入了中国，进行了许多创新，并形成可复制的模式在更多领域使用。这个项目采用了世界公认的先进的扶贫方法，在滇、黔、桂三省（区）35个县中实验、实施、示范，并且从设计到实施、监测、验收、移交项目区，都要求按规范进行，力求做成可以复制的模式，完成了各项分指标，对于35个县改善贫困人口生产生活条件和增收起到实实在在的作用。世行所采用的方法是国内从未使用过的，如制定周密的管理计划、村级规划，把世行建立的贫困统计和监测系统运用于项目，取得了很好的效果，在第一个国家10年扶贫《纲要》中明确在全国各地推广这一方法。实施项目全程管理，使项目不会因为某一环节出现差错而影响到整个项目的实施和效果。世行项目采用了询价、招投标等采购、工程承包制度，使项目投入与实施透明化，杜绝了项目中的寻租行为，这一方式后来被运用于很多领域。这个项目广泛运用了参与式方法、社会性别优先意识和突出了帮扶少数民族贫困人群，这既符合世界银行扶贫的意图，也切合中国的扶贫重点。

——项目非常重视贫困人口的归属感和项目的可持续性。世行在项目设计时就充分考虑到了项目的可持续性，尽可能避免项目结束之时就是损坏的开始。通过参与式方式尽可能动员贫困人口参与到项目实施之中，提高参与能力的同时，培养对项目的拥有感，在项目结束后主动维护项目所建的设施和延续项目资助的产业。

——推动了云南省政府从制度和组织上利用外资扶贫。1997 年 8 月，云南省机构编制委员会正式批复同意，将"云南省世行西南扶贫项目办公室"按副厅级事业单位予以单独设置，并加挂"省外资扶贫项目管理中心"的牌子。这个中心的成立，推动了官方利用外资扶贫，并成为了主渠道。

一　项目的基本情况

1. 项目的由来

在 20 世纪 90 年代初，世行高级官员与中国国务院在对中国扶贫方面达成了意向。1992 年 9 月，国务院批准申请世界银行软贷款，选择云南、贵州和广西三省（区）集中连片的重点贫困地区进行区域性综合扶贫开发。1992 年 11 月，世行和中国政府在北京共同宣布了由世行援助中国西南地区扶贫项目的决定，以采取跨行业多渠道的方法，解决滇、黔、桂三省（区）最贫困山区的绝对贫困问题。1993 年 7 月至 1994 年 12 月的项目准备和评估阶段，世行先后五次派出技术专家团前往我国三省区进行实地考察，配合中方做了大量的项目前期工作。1995 年 7 月 18 日，中国政府与国际开发协会在华盛顿正式签订了《中华人民共和国与国际开发协会开发信贷协定（西南扶贫项目）》。

1995 年 10 月 5 日，财政部、国务院扶贫开发领导小组与云南省政府关于世行贷款西南扶贫项目的执行协议中规定：按照财政部与云南省签署的转贷协议，财政部同意将国际开发协会提供给本项目 2 亿美元（约 12860 万个特别提款权 SDR）中的 6200 万美元（约 3986.6 万个特别提款权 SDR）转贷给云南省，用于实施世行西南扶贫项目中的云南省部分。该笔信贷的具体使用安排如表 1 所示。

表1　　　　　　　　云南世行贷款资金使用分配

类　　别	金　额（SDR）
工程	2426312
作物种植和家畜饲养	2550241
货物	15787133
教育卫生补助	3019956
培训、考察和咨询服务	2966390
科研	152503
劳务输出	4286970
待分配部分	8616495
总　　计	39866000

2. 项目覆盖区域的基本情况

世行贷款西南扶贫项目覆盖云南省滇东北金沙江流域贫困带中的楚雄彝族自治州武定县,昆明市禄劝县和东川区,昭通市鲁甸县、巧家县、彝良县、永善县、大关县、盐津县和镇雄县等3州(市)的10个贫困县(区),共计82个乡镇457个村委会22.53万贫困农户85.41万贫困人口。最远的县距省会昆明600多公里,属金沙江干热河谷边远山区和岩溶地区,又是多种少数民族聚居和杂居的地区。1995年,项目区82个乡镇457个村委会共有贫困户22.53万户,贫困人口85.41万人。其中少数民族人口18.85万人,占贫困人口的22%;有农村劳动力51.87万人,其中男劳动力27.13万人,占总劳动力的52.3%,女劳动力24.8万人,占总劳力的47.8%;农村剩余劳动力18.34万人,占总劳动力的35.4%;贫困发生率为65.27%,农民人均纯收入300.8元,农民人均占有粮食213公斤。

3. 项目目标

(1) 总体目标

以扶贫为宗旨,加大项目区农村基础设施建设,改善农户的生产生活条件,培植县乡村的多种增收产业,解决贫困农户的温饱问题,增强农户自我积累和自我发展的能力,促进项目区的经济增长和社会事业进步。

(2) 基本目标

A. 收入目标,按1990年不变价格计算,项目区内的全部农户达到人均纯收入人民币400元以上;具有正常劳动力、年人均纯收入低于人民币300元的农户数不超过项目区农户总数的10%。

B. 资源目标,项目结束时,人均拥有半亩以上基本农田和一亩左右经济林。

C. 职业技术教育目标,项目区80%的农户应达到每户有一个劳动力掌握除种粮以外的一门农村实用技术。

D. 基础教育目标,小学入学率、完学率、教师合格率达到本县平均水平。

E. 医疗卫生目标,婴幼儿死亡率、法定传染病发病率、孕产妇死亡率、儿童"四苗"接种率等指标达到本省同期平均水平,改善乡村医疗卫生条件,达到人人享有初级医疗卫生的目标。

F. 基础设施目标,90%以上的乡镇通普通公路,大多数村委会通简易公路;解决饮水最困难的农户人畜饮水问题;使具备集市贸易功能的乡镇通电。

4. 项目实施期限和投资内容

云南省世行贷款西南扶贫项目实施期限为 1995 年 1 月至 2002 年 6 月（含项目先导工程期半年和实施延长期 1 年），项目总投资 10.788 亿元人民币，其中世行贷款 6200 万美元，国内配套 53940 万元人民币，分为教育、卫生、大农业、劳务输出、二三产业、基础设施、机构建设与贫困监测 7 个分项目，其中教育分项目投资 8375 万元，占项目总投资的 7.76%；卫生分项目投资 7875 万元，占 7.3%；大农业分项目投资 39970 万元，占 37.05%；劳务输出分项目投资 12604 万元，占 11.68%；二三产业分项目投资 20557 万元，占 19.06%；基础设施分项目投资 15427 万元，占 14.3%；机构建设与贫困监测分项目投资 3072 万元，占 2.85%。

二　项目实施过程和主要做法

1. 加强领导健全机构

云南省政府于 1994 年 2 月专门成立了"云南省世行贷款西南扶贫项目领导小组"，由黄炳生副省长担任组长，计委、财政厅和扶贫办的主管领导担任副组长，农业、林业、畜牧、水利、教育、卫生、劳动、乡镇企业、农行、农发行、中科院昆明分院和民委等厅局领导为领导小组成员，办公室设在省扶贫办，由省扶贫办领导担任项目办主任。同时，州（市）和 10 县（区）政府也成立了项目领导小组及其办公室，配齐了各类管理人员和办公设备，落实了工作经费。1997 年 8 月，云南省机构编制委员会正式批复同意，将"云南省世行西南扶贫项目办公室"按副厅级事业单位予以单独设置，并加挂"省外资扶贫项目管理中心"的牌子。

2. 进行项目可行性论证

对选定的项目进行可行性论证，编写出《云南省世行贷款扶贫项目可行性研究报告指导》提交世行进行评估。1995 年 3 月，汇总编写完成了《云南省世行贷款西南扶贫项目可行性研究总报告》，8 月正式获得国家有关部门的批准。

3. 做好村级规划

按照项目可行性研究报告和项目典型设计，10 个项目县（区）的所有项目乡镇均开展了村级规划，实行项目一次性规划到村，分年度实施，6 年完成。根据村级规划的项目目标，分别到项目乡镇中的项目村委会和农户中进行广泛宣传和动员，让项目区的村、社干部和广大贫困农户充分了解项目的内容、目的、要求和实施方式方法，在了解和认识的基础上自愿申请参与项目活动。凡是大多数贫困农户要求申请参与建设的项目，村项目实施指导小组就按照大多数贫困农户的意见与要求，将贫困农户申请要求参与的项目汇总，提出项目的实施计划，自下而上逐级上报。经省项目办最后审查批准后，县项目办将各分项目的实施计划逐级下达到村，由村项目实施指导小组组织贫困农户讨论制订出子项目的实施方案并上报县项目办备案，然后组织相关贫困农户按照各分项目的年度计划、技术标准、项目目标，切实有序地实施完成项目。

4. 组织落实好国内配套资金

世行贷款扶贫项目实行报账支付的办法，各级项目办积极组织落实好国内配套资金按时到位，成为了项目能否正常进行的关键因素。

5. 在先导工程的基础上全面启动项目

1995 年 1—7 月，首先在禄劝县翠华乡头哨村委会、中屏乡村委会和武定县东坡乡的东坡、撒布柞、马德坪村委会进行典型示范村建设，在东川区、镇雄县、大关县的部分项目乡镇进行教育、卫生、大农业养殖等有关分项目的先导示范工程，从而拉开了项目实施的序幕。在先导示范工程取得经验的基础上，1995 年 7 月，世行检查团在昆明召开西南项目三省区项目启动会议后，根据世行的核定，运用先导示范工程的经验，云南省 10 个项目县（区）82 个项目乡镇正式全面启动了项目的实施。

6. 制定项目管理办法

1996 年初，云南省项目办根据项目区的实际，借鉴国际和国内的先进项目管理经验，编制下发了详细、具体和操作性强的《云南省世行贷款扶贫项目工作手册》。对每一项管理工作的环节都作了具体的要求，对项目执行步骤作了统一规范，使参与项目的各级政府主管部门和各行各业能够按照统一的标准、程序、要求和方法，规范化地管理和实施项目，从而保证了项目的完整、统一和顺利实施。

7. 按时下达年度计划和严格检查工程质量

省、县两级项目办把项目年度计划于每年年初按时下达到实施部门和乡、镇、村委会及农户。项目实施单位则按照项目实施程序和项目设计的标准及质量要求进行施工。建设工程均由主管部门认可的具有合格资质的单位进行设计、监理并参与验收。各主管部门负责实施，实行严格的招投标制度、决算制度和竣工验收制度。根据各项目实施单位上报的工程进度，在项目主管部门验收的基础上，项目办组织专家和有关人员进行抽查，合格后才能填制项目工程结算单和项目验收单，做到手续完备，程序清楚。

8. 做好组织协调工作形成合力实施项目

全省上下通过充分发挥各相关业务主管部门的优势、潜力和积极性，加强通力协作与密切配合，形成了为实现项目目标而共同努力的凝聚力。集中各行业的力量和积极性办好每件大事，做到了有求必应，有问必答，顾全大局，不拖延，不推诿，保证了项目的实施。

9. 重视项目的监测工作

通过对项目的监测，及时掌握情况，发现问题，纠正错误，以促进项目更快、更好地向前推进。

10. 通过强化培训提高项目管理的能力和水平

各级项目办和业务主管部门，有针对性地以乡、镇为单位举办各种类型的培训班，对农户和农民技术骨干及村社干部进行培训。全省各级项目办的各级各类项目负责人和管理人员还多次参加了由国家和外方组织的各种国内外相关项目管理培训和考察，提高了业务能力和项目管理水平，保障了项目的顺利实施，并培养锻炼了一批熟悉外资项目、懂业务、有水平的项目管理人才。

11. 建立专家咨询制度，强化项目技术支持

定期或不定期地从有关业务部门、科研单位和高等院校聘请一批专业对口、经验丰富、水平较高的资深专家和学者，担任项目专家顾问组和县技术指导站成员，与各级项目官员一起经常深入项目区指导、检查、督促、评估项目的实施，保证了项目的进度和质量。

12. 切实接受世行检查团提出的意见和建议

1995—2002 年，世行每年都派出两次以项目经理为首的检查团深入到项目区检查项目的执行情况，肯定成绩，纠正偏差，对项目的进度、质量、实施的方式方法、技术经济指标调整与协调等各个方面均实事求是地提出详尽的宝贵意见和改进要求。全省各项目区除现场听取世行检查团意见外，严格按照历次《世行检查团备忘录》，认真分析研究检查团提出的各项意见和要求，实实在在地落实到项目实施进程中的各个阶段和各个环节中去，并及时进行整改，保证项目建设符合世行的标准，不偏离项目建设的预定目标。

三 项目总体执行情况

1. 项目执行情况

自 1995 年 7 月项目正式启动实施到 2002 年 6 月 30 日止，云南省累计完成项目总投资 93926.99 万元，占项目总目标 10.788 亿元的 87.07%。

2. 项目执行质量

云南省从开始启动项目就严格按照项目的技术标准和世行规定的管理程序要求实施。省项目办会同省级有关部门，根据项目设计的建设内容，组织有关专家制定和下发了各分项目的技术标准和要求，对项目的建筑工程、设备和工艺技术，都明确规定按国家、部颁和省颁的标准严格执行。1996 年

组织编制了《云南省世行贷款扶贫项目工作手册》。对验收不合格的项目不准许提款报账，并要求返工达到质量标准，以最大程度确保项目的质量。

（1）教育分项目

A. 工程合格率为100%，全部交付使用。

B. 教师合格率达到89.5%。

C. 培训人员到岗率为100%。

D. 设备到位率为100%。

（2）卫生分项目

A. 工程合格率为100%。

B. 受训人员到岗率为100%。

C. 设备到位率为100%。

（3）劳务输出分项目

A. 工程合格率工程验收合格率为100%。

B. 根据监测和抽样调查，劳务输出人员中平均稳定率为94.29%，超过了稳定率要达到80%以上的要求标准。

（4）基础设施分项目

A. 农村供电工程全部工程合格率为100%。

B. 全项目区共新（改）建乡村公路10条共603公里，都达到合格工程以上标准。

C. 农村供水工程解决了21.85万农村贫困人口的饮水问题和79508头大牲畜的饮水困难，达到了保证干旱季节供水100天，每天人均供水25—40升的设计指标，并达到中国农村现行供水水质标准。

D. 农村水利灌溉工程已按照国家水利建设标准，工程合格率为100%。

（5）土地与农户开发分项目

A. 工程合格率：种植类项目工程合格率为95%以上；经济林果种植成活率95%以上；畜牧养殖项目购买的种畜成活率95%以上。

B. 受训人员到岗率为100%。

C. 农户覆盖率为101.89%。

D. 农户投资强度，直接获得项目贷款的农户共182057户，占项目农户的80.81%；户均获得贷款535.46元，其中获得项目贷款500元以下的农户占43.11%，获得贷款500—2400元的农户占55.74%；获得贷款2400元以上的农户占1.15%。

3. 项目采购完成情况

全省累计完成各类项目采购91388.96万元，占中期调整后目标

100256.92 万元的 91.15%。

（1）采购类别的完成情况

A. 货物采购完成 24660.11 万元，占中期调整后目标 30783.46 万元的 80.11%。

B. 土建工程完成 43566.40 万元，占中期调整后目标 42763.99 万元的 101.88%。

C. 技援培训完成 20125.71 万元，占中期调整后目标 22255.30 万元的 90.43%。

D. 项目管理完成 1664.96 万元，占中期调整后目标 1440.96 万元的 115.49%。

（2）采购方式的完成情况

A. 国际竞争性招标采购完成 6203.96 万元，占中期调整后目标 9969.27 万元的 62.23%。

B. 国内竞争性招标采购完成 14792.13 万元，占中期调整后目标 17380.89 万元的 85.11%。

C. 询价采购完成 33589.45 万元，占中期调整后目标 35018.32 万元的 95.92%。

D. 直接采购完成 18.50 万元，占中期调整后目标的 100%。

E. 自营工程采购完成 35412.30 万元，占原计划目标 24701.65 万元的 143.40%，占中期调整后目标 34856.73 万元的 101.62%。

4. 项目资金使用情况

（1）提款报账

截至 2002 年 12 月 31 日，云南省累计向世行申请提款报账 26 次，共计回补资金 38437802.63 个特别提款权（SDR），约合 52133831.11 美元，约合 431659807.84 元人民币，占世行核定信贷金额的 84.08%。

（2）配套资金

项目实施期间，云南省共筹措各类国内配套资金 80759.41 万元，其中各级政府承诺配套 53940 万元，农户投劳折资 17569.6 万元，企业和其他自筹 7105.47 万元。截至 2002 年 6 月 30 日，各级政府承诺的配套资金实际到位 56084.34 万元，其中直接用于项目投资 52561.01 万元。

四 项目实施完成后的影响及评价

1. 世行管理方式评价

世行贷款西南扶贫项目的成功实施，得益于世行在国际上较为成熟和行之有效的一套完整项目管理方法与模式。整个项目程序的标准大体与云南省贫困地区的实际情况基本适应，具有较强的可操作性和适用性。当然，在某些方面由于对云南省农村的贫困状况了解不够，有时难免在项目执行中超出项目区所能接受的程度。

（1）科学确定项目建设内容和目标及项目区的选择以及先进的典型示范规划设计。

（2）各分项目的技术标准起点高，要求严格，且详细具体，便于操作，为项目经济效益的发挥打下了良好的基础。

（3）项目建设的招标采购程序虽较繁杂，但具有透明性和竞争性，保证了项目采购的质量和数量，为项目建设提供了有益经验。

（4）项目贷款管理实行"提款报账制"，提高了项目实施建设和管理的整体水平。

（5）项目工程竣工的分段检查验收，验收报告编制以及工程结算单的填制等保证了项目的工程质量。

（6）项目管理人员和项目农户的培训及先进适用技术的推广，提高了项目的科技含量和投资效益。

2. 项目总体完成情况评价

项目的实施为云南省的扶贫开发探索出了一条多部门的农村综合扶贫方式，而且还提供了宝贵的国际反贫困经验，起到了良好的示范作用。

（1）以农户收入和粮食占有量为中心目标的六项基本目标已达到设计要求，为稳定地解决项目区贫困人口的温饱问题，缓解绝对贫困，促进项目区经济和社会发展打下了良好基础。

（2）项目不但引进了世行贷款，更重要的是引进了世行先进的项目管理方法和模式，对云南省的扶贫开发产生了较大影响。

3. 项目经济效益评价

（1）收入目标

比项目评估目标人均年纯收入 400 元高出 285.1 元，超过原定目标 171.28%。农民人均年粮食占有量增加 96 公斤。项目区贫困发生率由 1995 年的 65.27% 下降到 2001 年的 15.66%。

（2）资源目标

项目区人均基本农田接近人均 1 亩的建设目标；人均经济林木增加到 1.5 亩。

（3）职业技术教育目标

每户有一个劳动力掌握除粮食种植以外的一门农村实用技术。

（4）基础教育目标

小学入学率98%，完学率84.23%，教师合格率89.5%，达到项目县同期目标水平。

（5）医疗卫生目标

婴幼儿死亡率控制下降到28.39‰；孕产妇死亡率下降到150/10万；法定传染病发病率下降到167/10万；儿童"四苗"接种率上升到95.2%；项目区普遍建立了卫生室，新建、扩建了乡镇卫生院，配备了医务人员、医疗设备和药品；医疗卫生保健指标普遍明显提高。

（6）农村基础设施目标

项目区全部乡镇和88.3%的村委会通了公路；全部乡镇和90.1%的村委会通了电；80.2%的人口使用到照明电；63.7%的人口获得安全卫生饮用水供给。

（7）劳务输出项目的经济效益情况

劳务输出分项目是云南省首次把劳务输出与扶贫相结合而有效开发人力资源的试验性项目。该项目从1995年启动以来，到2002年6月，累计输出民工105796人，占同期农村劳动力的12%，其中外出务工的女劳动力占务工人员的比例为27.21%，达到户均向乡镇企业和发达地区转移1个劳动力的目标。

4. 项目社会效益评价

（1）改善了项目区农村基础教育严重滞后的状况

本项目从小学教育入手，实施扶贫先扶智战略，通过教育分项目的实施，为项目区消除了校舍危险房屋，新建和扩建了教学楼；建设了图书室、实验室，并配置了图书、仪器，迅速改善了办学条件。学生已在宽敞明亮的教室里上课，教师的工作环境明显改善，新建的校舍成了当地一道靓丽的景观。项目区的教师接受了培训，教学业务素质有了提高。通过项目资助使项目区贫困适龄儿童的入学率和在校学生的完学率有所增加，均达到了"普六"教育的要求，实现了项目目标，项目区的基础教育水平有明显提升。项目还为贫困学生提供学费和营养补助17.95万人次，有效控制了学生辍学和流失。同时，还积极扫除青壮年文盲，开展成人职业技术教育和技术培训，使项目区青壮年劳动力掌握了1—2门实用技术。

（2）提高了乡村的医疗卫生水平

卫生分项目的实施初步改变了项目区贫困人口缺医少药状况，改善了卫生医疗条件，实现了人人享有初级卫生保健，防治和减少了地方病和各种传染病，遏制了乡村贫困农户因病致贫、因病返贫的现象。项目区乡镇卫生院和村委会卫生室的基础设施有了较大改善，配置了必需的医疗设备，对医务护理人员进行了培训，提高了乡村卫生医疗水平，基本上达到了项目设计目标。婴幼儿死亡率从 1995 年的 71.33‰下降到 2001 年的 28.39‰，下降了42.94‰，超过了项目评估目标。孕产妇死亡率从 289/10 万下降至 150/10万，下降了 139/10 万，完成了项目目标的 100%。法定传染病发病率从280/10 万下降至 167/10 万，超过了项目评估目标。儿童"四苗"接种率从85.8%上升到 95.1%，上升了 9.3 个百分点。

（3）农村基础设施条件有了较大改善

经过 7 年的项目实施，迅速改善了项目区农村生产生活条件，增强了项目区防御自然灾害的能力，提高了劳动生产率，为绝对贫困农户创造了稳定解决温饱的基础条件，人均建成半亩以上稳产高产基本农田，户均一亩经济林果或经济作物，户均一项养殖业或其他家庭副业，基本解决人畜饮水困难，绝大部分村委会实现通 4 级乡村公路、通电、通电话。

5. 项目环境影响评价

（1）项目区的生态环境得到初步改善

项目区通过坡地改梯田梯地建设有效控制了水土流失；建设人工草场，提高了天然草场的管护水平。由于注意保护生态环境，在项目区封山育林、植树种草、涵养水源，同时种植核桃、板栗、苹果、桑园等经济林果，增加了绿色植物覆盖，保护和恢复了自然植被，提高了土地肥力，生态环境综合利用能力增强。项目区森林覆盖率从 1995 年的 19.9% 提高到 2001 年的26.5%，增加 6.6 个百分点，农村生态环境恶化的趋势得到初步遏制。

（2）劳务输出分项目的实施间接缓解了项目区生态环境的压力

7 年来，项目区共输出农村剩余劳动力到外地务工人员 10.58 万人。如按每人每天口粮 0.5 公斤计算，每个输出劳动力每年为家庭节省口粮 180 公斤，每年为项目区节余口粮 1904.33 万公斤，7 年共节余口粮 1.333 亿公斤，大大减轻了国家对贫困地区农户供应粮食的压力。同时，若按每人每年需要烧木柴 300 公斤计算，每年为项目区减少烧柴 3174 万公斤，7 年来共减少燃料木柴消耗 2.222 亿公斤。若按每亩砍伐木柴 2 吨计算，相当于减少1.11 万亩林木的砍伐量。劳务输出项目对减少项目区的水土流失、保护自然生态环境具有积极意义，也为退耕还林还草工程的建设创造了有利条件。

6. 机构和能力建设评价

世行扶贫项目在设计中，首先强调项目机构能力建设，机构能力的强弱直接影响项目的实施进程和质量。在项目投资中设有专项资金用于机构建设，同时也极为重视人员培训和制度建设等方面的投入，使项目机构在传递信息、组织管理、综合协调、监控手段等方面不断得到加强。由于项目机构有一套完整、规范和科学的管理制度，使机构人员素质有了较大的提高，组织能力和管理能力得到增强。

7. 项目对少数民族发展的影响评价

项目区共有少数民族人口29.2万人，占10个项目县（区）57.85万少数民族总人口的50.5%。项目直接覆盖的少数民族人口达18.86万人，参与项目实施的少数民族人口占项目区总人口的64.04%。参与劳务输出的少数民族务工人员占劳务输出总人数的13.1%。项目的实施建设，对项目区少数民族弱势群体解决温饱，摆脱贫困，促进乡村经济、社会的发展起了重要作用。

8. 项目对妇女的影响评价

在7年的项目实施活动中，通过组织妇女劳动力参与项目实施管理和培训，不仅提高了农村妇女的劳动技能和文化科技水平，成为增加农户家庭经济和社会财富的重要力量，同时也大大提高了妇女在家庭和社区中的地位，对项目区的反贫困任务贡献了重要力量，产生了深远影响。项目区有80%的妇女直接或间接地参与了种植业和养殖业项目的实施建设和管理，成为贫困家庭迅速解决温饱的主力军。外出务工的年轻妇女劳动力有28784人，占输出总数的27.21%。项目的实施增加了妇女的就业机会，提高了妇女的经济收入。

五　项目的主要特点

1. 综合性

贫困是综合因素造成的，因此解决贫困问题就必须采取综合措施才能奏效。西南扶贫项目一个最大的特点就是综合性，是一个跨地区、跨行业的综合扶贫开发项目，有资源开发、直接增加贫困农户收入的农业和劳务输出项目；有以农副产品为原料、实现加工增值的二三产业项目；有改善贫困地区生产、生活条件的基础设施项目；有提高贫困地区教育和卫生水平的社会服务项目；还有确保实现项目目标的机构建设与监测项目等。一个项目中包含如此众多的建设内容当时在国内是罕见的，连世行方面派遣的项目专家也是第一次接触，认为这是一个极具挑战性的实验项目，实施好这个项目将对其他发展中国家起到示范作用。

2. 一次性

一次性，指确定项目一次性、分年度实施，这样的方式有益之处在于：一是便于从总体上布局和考虑，更能发挥整体效益；二是减少了确定和上马项目的随意性；三是节省了时间和人力，提高了办事效率；四是有利于统筹安排和调度资金。

3. 严密性

世行对项目的组织实施管理有一套十分严密的程序和要求，不按照这套程序执行，项目就得不到认可，这当中没有任何情面可讲。每走一步都有明确的要求，每做一件事都有严格的规定，一丝一毫不能马虎。这种严密性充分体现了世行项目的科学性，从而确保了项目的高成功率。

4. 权威性

对世行西南扶贫项目来说，最具权威的文件就是世行的《项目评估报告》，它确定的内容包括工程单价、技术标准、采购方式、项目的内容、规模、建设地点、报账比例等，项目执行单位都无权更改，要到中期调整时才能变动。即便单价和技术标准不合理，也必须上报世行总部同意后才能更改。这种近乎死板的规定给项目的实施确实带来许多不便，但确立了世行的权威性。

5. 公正性

世行规定项目实施中的一些重要建设工程和物资采购要实行公开招标，进行公平竞争，以体现公开和公正的原则。物资采购和工程招标分为国际、国内竞争性招标，国际、国内询价以及直采、自营工程等。对实行招标采购的物资，招标文件如何编写，在哪一级报纸上刊登招标通告，何时投标、开标、评标，报哪一级审批，怎样授标和实施采购，各类采购的支付比例是多少，世行的《采购指南》和有关文件均有明确的规定。

6. 匹配性

对于借款的国家，世行只是提供项目所需建设资金的部分贷款，即只支付项目的外汇部分，项目建设费用中的当地货币部分，则由借款国自己准备足够的配套资金予以投入。世行贷款一般只占项目总投资的30%—40%，西南扶贫项目的世行贷款比例为50%。世行实行报账支付的办法，即要求借款国使用国内的配套资金先期投入，发生项目开支后再申请报账支付，才能提取贷款。报账一批支付一批，不报账不支付，不支付就用不上世行贷款，贷款用不了的部分也要交纳承诺费。这与使用国内银行的贷款截然不同。

7. 最先开展贫困监测

项目的贫困监测工作能全面地综合反映项目实施的全过程，是项目管理中心环节之一。通过项目的监测工作，及时发现问题，改进项目工作，纠正项目执行的偏差，使各子项目之间始终能够保持协调发展，实现项目目标要求的质量和进度以及项目周期内的15年安全还贷等，为云南省以后实施和管理新的项目提供了有益的经验和借鉴。

8. 覆盖面广

以乡镇为依托，在乡镇汇总各项目村村级规划的基础上，进行统一规划，综合治理，连片开发，并制订实施方案。土地与农户开发分项目、农村基础设施分项目、劳务输出分项目和贫困监测等，都覆盖了项目区的大多数贫困农户。组织农户一片一片地开发，分批解决问题。真正地做到扶贫帮扶到村，项目、资金、物资和增产的农艺措施相互配套到户，确保了农户得到实惠，较快解决温饱。

9. 资金投入强度大

世行贷款资金6200万美元，国内配套资金按照1∶1的比例配套，项目扶贫资金达到12400万美元。根据1995年美元对人民币1∶8.7的汇率折算，共计折合人民币10.78亿元，项目区贫困农户人均投入达到人民币1200元以上。这是云南省多年来利用外资扶贫的最大一个项目，也是迄今为止国际组织对云南省农村扶贫开发一次性投入最多的项目。

案例二　中国—欧盟合作经济、社会和文化权利领域合作项目①

案例说明：该项目也称为中国—欧盟人权项目。这个项目涉及的内容体现出了2000年后欧盟援华的方向与重点，主要是公民社会、人权、环境保护、可持续发展等。在欧盟援华方案中，强调未来的援助重点将帮助中国进行政策方面的改善，特别强调了基础设施建设不是援助重点。这个项目是云南省实施的最大一个人权项目。中国欧盟人权项目突出了少数民族贫困妇女在经济、社会、文化、健康方面的权益，并且通过一系列培训使项目区的少数民族妇女提高经济创收能力和参与社区活动的能力，从而提高社会、家庭地位。通过卫生保健培训使妇女懂得自己的生理病理知识，知道了生男生女不仅仅是女人的事情，学会了一些基本的妇女保健知识。通过法律培训，让妇女知道男女平等受法律保护，妇女对家庭财产具有所有权、继承权，家暴是违法的，离婚并不是男人的特权，女人也可以提出离婚，等等。该项目的特点主要体现在：

——社会性别意识和参与式方法贯穿于项目的始终，可以说是这个项目最具特色的亮点，有人也把这两个方法称为外资扶贫的两只手，几乎所有的

---

① 该案例由云南省外资扶贫中心闆楠提供。

外资扶贫项目都会利用这两只手来达到项目的目的。在外资项目的设计和实施过程中,外方有意识地向项目区引入这两种理论、方式、工具,让中方人员熟悉与运用这两个方法。这个项目把这两个方法运用得非常好,这也是本课题选用这一案例的原因之一。云南省少数民族在贫困人口中占主要比重,而妇女又是贫困人口中的更贫困者,但却是家庭的中心与重心,妇女受教育的程度和在家庭中的地位关系到家庭的脱贫和教育,而且妇女选择的建设项目往往是社区最需要的、对于摆脱贫困的作用也是最大的,因此受到了外资扶贫的推崇。社会性别优先意识是人类发展的要求,也是扶贫研究与实践获得的成就,为实践所证明是有效的。对于妇女的扶持体现了西方社会性别优先意识,应该承认这是一种先进的扶贫理念。在项目的整个过程都有少数民族贫困妇女代表参与其中谈自己的看法和表达需求。在培训过程中,项目强调参与式方法、参与互动,达到了非常好的效果。

——重视机构建设、监测、评估、总结。在建立项目办的过程中,欧盟把培养项目工作人员的能力、机构协作效率设计在其中,在项目办的组建和项目实施中有意识增加各部门的协作能力、工作效率,从而提高项目的执行水平,并把欧盟的扶贫理念和方法传授给中方参与的人员。通过监测、评估,使项目模式得到完善,提高了培训者和项目办的工作能力,使他们进一步熟知和理解欧盟的工作方式。

——选择当地培训者和重点培训对象,为当地留下一支不走的项目人员。经过精心挑选当地培训者,并对他们进行培训,为两个项目县留下了具有一定知识的人才,这些人才将在项目结束后仍能发挥作用。

——重视项目的示范和可复制性。为了更好地做出示范,并向其他地区进行推广,项目组织了教育、卫生、法律等方面的专家,同时吸收了乡土专家,根据贫困妇女的需求、接受程度编写了培训教材。通过专家参与对培训者和组织者就培训计划、培训教材和培训方法等进行培训,然后由组织者、培训者对贫困少数民族贫困妇女进行培训,并在培训中对教材和培训内容、方法进行完善,以更好地把项目做成可复制的模式,向其他地区推广。

该项目的理念、采用的模式、操作和管理方法,突出了外资扶贫项目的特点,是一个具有外资扶贫特征的典型案例。

一　项目背景与项目目标

中国—欧盟经济、社会和文化权利领域合作项目是外交部代表中国政府与欧洲共同体签订的,项目覆盖金平和麻栗坡两个县。项目于1997年开始申请,经欧洲共同体委员会多次派专家到金平和麻栗坡进行实地考察,于2002年11月23日正式签订项目合同。欧方投入项目资金约70万欧元。项目实施期为 2003 年 7 月 18 日至 2004 年 7 月 17 日。这是迄今为止，在云南省开展的最大经济、社会和文化权利领域合作的项目。该项目的总目标是提高两县妇女的经济、社会和文化地位。项目的具体目标是要增强妇女的法律意识和法律知识，提高妇女的教育文化水平，加强妇女的卫生知识，加强当地机构的管理能力和技术水平。项目通过对受训者进行法律、卫生和扫盲方面的培训及参与式教学方法的运用，实现四个方面的具体目标，从而最大限度地达到总体目标。检验项目目标成功与否的指标是该项目是否能够在云南继续开展及教学材料的复制传播。

二　项目实施情况

（一）项目组织管理与工作流程

在项目的启动期间，2002 年 10 月 24 日—2003 年 4 月 16 日，两县成立了欧盟项目办公室、筹划指导委员会及技术小组。项目办招聘人员并开始工作。在欧盟先期款项到位后，欧盟项目经理开始工作。为了协调两县的项目工作和今后项目成果的传播，云南省也成立了欧盟项目管理办公室。项目组织管理与工作流程如图 1、图 2 所示。

在两县项目计划得到筹划指导委员会、外交部和欧盟的批准后，2003 年 4 月 17 日—7 月 17 日，由省欧盟项目办公室推荐，外交部同意，欧盟确认了 6 名中方短期技术专家（教育、卫生和法律专家）。他们与当地专家一起协商，在省级相关部门及外交部扶贫办的认可下，编制了教材，并开展培训者培训及教学实验，项目正式开始实施。

（二）项目实施过程

1. 建立项目的监测与评估体系

项目从一开始就特别注重监测与评估机制的建立。在国际专家和项目办的指导下，在开展培训工作前，建立了一个项目的监测与评估体系框架，对项目计划执行等涉及的客观指标进行定性和量化，并给出了可供参考的确认依据以衡量、跟踪和测评项目效果。建立项目的监测与评估指标及其机制，是实施好项目的根本保障之一。通过实施项目推动地方政府部门间的合作、进行资源整合和机制方面的创新，其效果和影响不仅仅是有效地实施项目，同时也是推动机构能力建设的一个有效过程。

2. 挑选培训者

两县在 2002 年项目刚刚启动就已经开始酝酿如何选好县里的 8 名培训专家。两县欧盟项目办公室与外交部扶贫办针对培训专家的挑选工作，共同组织召开了由县教育局、卫生局、司法局、妇联、计生局和县外援扶贫办等相关部门都参加的多次专题会议，最终相关部门提交了 8 名培训专家组成技

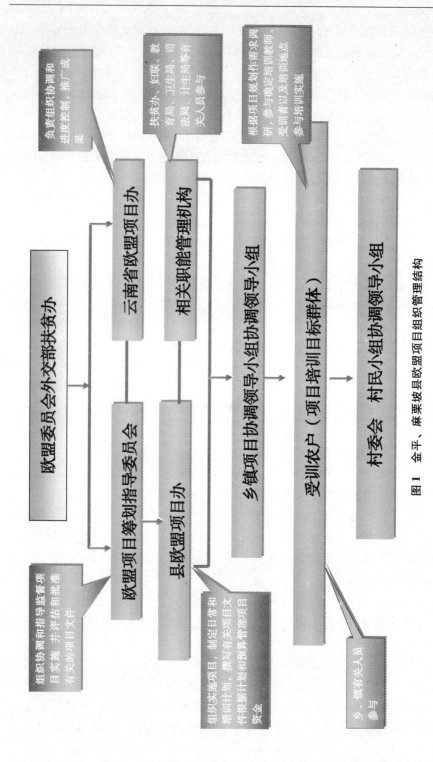

图 1　金平、麻栗坡县欧盟项目组织管理结构

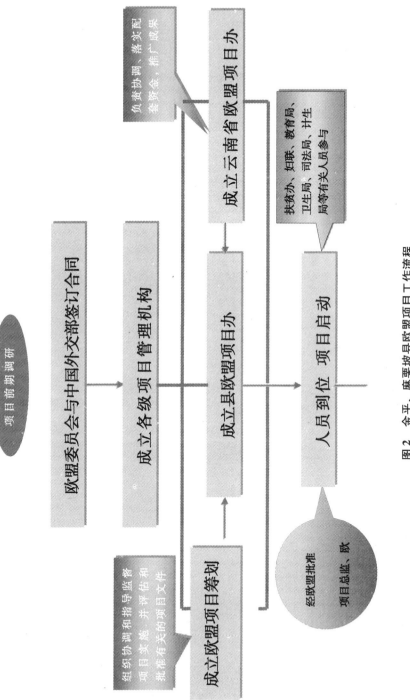

图 2 金平、麻栗坡县欧盟项目工作流程

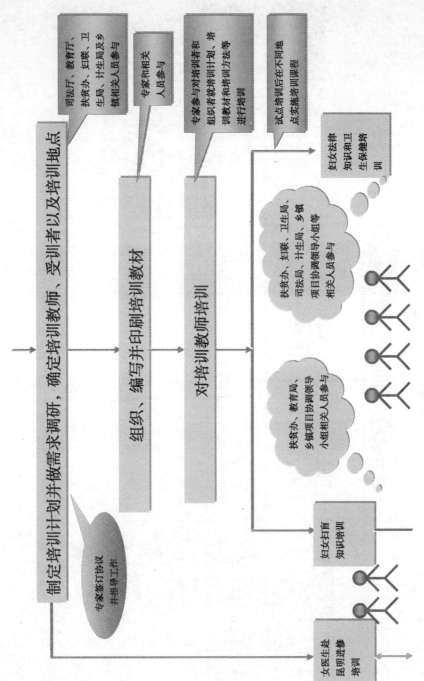

图 2　金平、麻栗坡县欧盟项目工作流程（续）

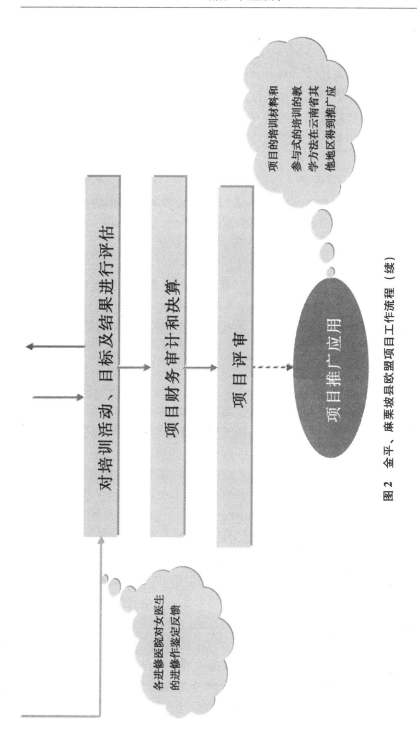

图 2　金平、麻栗坡县欧盟项目工作流程（续）

术小组的名单。在对有关人员进行考核了解后，县欧盟项目办将技术小组候选人上报外交部，并得到批准。

为把当地培训者选好，2003年4月17日，金平县欧盟办与8名培训专家组成的技术小组分成四组前往项目执行乡镇，与乡政府有关人员一起，结合当地少数民族的实际，对候选教师进行了初选。2003年5月，欧盟项目办与项目参与部门和8名技术专家，以及金河镇、铜厂乡、十里村乡的项目协调领导小组成员对候选教师进行考查，并确定了共157名当地的培训者。麻栗坡县在2003年5月中旬，根据来自县司法局、卫生局、教育局、妇联和畜牧局的人力资源信息，对候选人进行了筛选和面试并初步确定了候选人。乡镇畜牧站、卫生院和中心小学根据教育背景、专业和能力等因素挑选了当地培训者，县欧盟办会同县有关部门做出了最后决定。

在这个挑选过程中，具有较强的参与性和多部门的协调与配合。政府多部门、多层次的机构，特别是县、乡（镇）与外交部扶贫办能够共同针对具体而细致的工作进行研讨和共同决策，这本身就是一种创新。通过这种工作方法的创新，使得不同层面的参与者共同分享了不同层面的信息和经验，对于正确的决策非常有利。

3. 挑选受训者和培训地点

一是挑选县级医疗进修培训人员。根据项目实施计划，两县欧盟办通知县卫生局、县医院、县妇幼保健院和疾病预防控制中心，再由单位通知全体医务工作者自愿报名。经县欧盟办和县卫生局审核后，金平县最后确定了9名女医生，麻栗坡县确定了4名医生进修培训。培训人员到地区专科医院和省级医疗机构分别接受妇产科、儿科、消化内科、麻醉科、震波碎石、脑电图、卫生检验和皮肤性病科的培训。麻栗坡县挑选24名保健进修培训人员。由上述提及单位中的县卫生局通知县医院、县妇幼保健中心、疾病预防控制中心、12个乡镇卫生院项目选择培训人员的指标，自愿报名。县欧盟办和卫生局根据要求进行审核，最后确定24名医务人员接受培训。其中8名来自县医院、县妇幼保健中心和疾病预防控制中心，16名来自乡镇卫生院。麻栗坡县欧盟项目办将从县级医疗卫生机构和乡镇卫生院挑选200名从事防疫保健的乡村医生和临床工作者参加培训。通过对选定人员的培训，县、乡两级医疗卫生服务机构的能力将得到有力的增强。

二是挑选当地受训者和村社。麻栗坡县主要是由基层部门推荐项目村和目标群体（农户），然后由相关人员综合考虑参与者的地理位置、经济条件、教育程度等因素，诸如到达培训地点的远近、收入和民族来进行筛选。欧盟项目办根据客观指标做出最终决定：挑选300名农村妇女参加法律权利和家庭知识培训；挑选1400人进行短期村级妇幼保健培训；挑选2800名成年农村妇女参加法律和实用技能培训；挑选100名待岗女工进行实用技能培训，这100人来自城镇；挑选980名农村妇女进行扫盲培训。在金平县，根据乡镇政府的建议，欧盟项目办公室、县技术专家和乡镇有关人员前往项目村与目标群体接触，并做出需求评估。通过讨论和访问，欧盟项目办从金河镇、十里村乡、铜厂乡挑选出参与者：挑选5000名农户参加法律和卫生保健培训；挑选2000名农村妇女参加扫盲培训。

4. 编写培训教材

在外交部扶贫办、省项目办的参与和指导下，由中方短期专家和省级专家、省司法厅、省教育厅共同编写了《农村妇女普法教育读本》《农村妇女扫盲教育读本》和《参与式培训方法》等培训教材。教材审定后，由云南大学出版社出版。

卫生、实用技术、家庭知识的培训材料由县级开发。在金平县欧盟办的领导下，县卫生局和计生局的相关人员共同起草了初稿。初稿由有关专家和项目人员进行修改、审定。完善后的教材《农村妇女卫生保健知识读本》，经培训试用后由云南大学出版社印刷。

麻栗坡县欧盟办专门成立由县卫生局、妇联、畜牧局、旅游局等单位技术人员组成的教材编写组，并由项目筹划指导委员会主席、项目总监和有关专家担任编写组领导成员，共编印了6本教材：《农村妇女卫生保健知识》《基层卫生工作知识》《乡村医生助产知识》《新生儿窒息新法复苏技术及头位难产讲义》《礼宾礼仪常用知识》和《农村家庭知识读本》。

5. 培训者培训

2003年7月5—9日，麻栗坡举办了5天培训者培训班，7月11—15日，金平也开展了培训者培训。麻栗坡的40名培训者、金平的35名培训者都来自县欧盟办、有关部门和相关乡镇。培训注重模拟示范和方法应用。根据不同主题，培训者分为几个小组，各小组讨论的结果经过分析后认识也得到进一步的提高。结合欧盟项目的目标分析，培训者对如何开始参与式培训（破冰行动）及运用现代的教学方法组织培训有了更清楚的认识。

2003年7月上旬，麻栗坡县铁厂乡太和村和八布乡江东村采用新教材开展了试验培训活动。在省级专家的协助下，通过"边做边学"，培训教师根据当地实际情况灵活运用参与式方法。运用参与式方法使受训者积极参加讨论，也让教学内容易于理解，提高了受训者的学习兴趣。根据《麻栗坡欧盟项目培训评估表》做出的关于培训者能力和培训材料的实用性评估，结果都是"满意"或"非常满意"。

2003 年 7 月 14 日，金平县的专家和学员一起到金河镇大老塘村，分成扫盲、普法和卫生保健三个班，对 85 名哈尼族妇女进行了首次试点模拟培训。培训老师结合当地哈尼族妇女擅唱爱跳的特点进行培训，并采用了双语教学。参与培训的农村妇女在教师的启发下积极活跃，在 150 分钟内学有所得。最后，培训者用图表方式进行了现场评估。

通过培训者培训和模拟培训，培训教师根据培训中目标群体的接受情况，从多方面收集对教材的看法和意见，评估教材是否通俗易懂，是否实用。例如，根据培训内容，采用内部制定的评估依据来衡量妇女的法律卫生知识和他们的教育水平是否得到了提高。根据受训者反馈的意见，对试验教材进行了部分修改和完善，最后确定为正式培训教材。金平县在完成参与式方法培训的同时又按教材和县情拟订了《实用扫盲课本教学大纲》。

6. 地方政府管理和技术能力建设

（1）增强项目的省级机构能力

在云南省扶贫办建立"云南省欧盟项目办"，负责协调等工作。在该项目的合同文本中，一开始并没有建立省欧盟项目办的条款，但根据项目的总目标，项目经过多方参与讨论，一致认为只有在省级各相关部门的支持配合下，项目成果才能得到切实可行的推广。因此，建立省级协调机构是项目实施中重要的环节。在外交部扶贫办的指导下，省欧盟项目办在协调省级相关部门和推广项目成果方面将起到关键作用。

（2）增强欧盟项目办的管理能力

在金平、麻栗坡两个县建立县欧盟项目办，负责统筹、实施、协调、管理项目。县欧盟项目办是联络、协调县级和乡镇相关部门的中枢机构。为系统地提高项目执行的有效性，两县欧盟项目办制定了有效的管理制度和措施以加强管理能力。

金平县欧盟项目办为每位工作人员制定了工作职责，以及未来招聘人员的标准。此外，为文档及图片、影带等建立了全面项目痕迹管理制度。还专门制定出评估培训课程的标准，如《农村妇女普法教育培训目标》《农村妇女卫生保健知识培训目标》以及《农村妇女扫盲教育教学大纲》作为培训要求和内部评估依据。

麻栗坡县专门制定了项目的《月工作计划》、明确了工作人员工作职责、邀请县电视台记者对项目培训活动进行资料收集、专题采访和在省、州新闻媒体上宣传报道。

（3）增强县级机构的管理能力

县欧盟项目办是县级和乡镇的中枢机构，采取如下措施使两级项目办交互作用和增强能力：成立项目筹划指导委员会，监督和指导项目的执行。成立技术小组，加强当地执行者能力。技术小组成员每月至少到项目乡镇走访10天，指导培训当地培训者和组织者（主要是乡镇干部和教师）的工作。金平县和麻栗坡县已分别培训了至少157名和79名培训者。不仅如此，技术专家、培训教师和组织者等相关人员就培训计划、培训教材使用和培训方法、技巧等内容进行了研讨，并收集乡镇受训者的反馈信息。评估培训课程的标准也已制定出来，作为内部评估依据最后再由国际专家组成的外部评估组对培训工作进行验收。

（4）增强基层机构的技术能力

作为培训者培训的一部分，在金平县的3个乡镇，麻栗坡的12个乡镇建立了项目协调领导小组。为确保项目的成功执行，开展了提高地方职能部门技术能力的活动。项目协调领导小组成员主要是参与项目的协调、组织和培训的乡镇领导和工作人员。乡镇项目协调领导小组根据农忙和农闲季节调整培训时间，并做好信息的搜集和反馈工作。

7. 开展培训课程

截至2003年10月23日，根据项目计划，项目实施状况较好。先后成功地开展了下列培训课程和工作：两县的医生进修培训正按计划进行，金平县9名女医生和麻栗坡县的4名医生已赴昆明进修。根据项目计划，两县的扫盲培训正在顺利进行，法律、卫生等其他的培训课程也已开始，项目进展顺利。

三 项目实施效果与经验

1. 项目实施效果

项目的效果主要通过两个方面来评估：一是培训者是否能够有能力胜任培训，衡量方法是看相关的培训课程的效果，这种效果从与农户访谈中获取；二是相关的培训内容对项目相关利益群体（stakeholders）——如受训农户、培训者、县欧盟办、政府相关的职能部门等所产生的作用。从金平、麻栗坡两个县项目实施情况看，所取得的效果是非常显著的。妇女认为家庭知识、扫盲、法律，样样都重要。受训妇女认为老师好像知道我们的需要，我们想听什么，老师就教我们什么。这说明项目设计与农户的需求是非常吻合的。在对项目进行评估时，评估者对每次参加访谈的妇女进行了知识掌握情况的测试，以便了解妇女对培训内容的掌握程度。主要是让妇女读课文、写字、法律卫生知识问答，抽查结果：95%—100%的正确率。产生这样的效果，与项目内容切合农户的实际需要和有效的培训方法是分不开的。在该项目实施过程中，有许多经验是值得总结的，这些经验也是下一步实施和推广项目的基础。

(1) 培训者的教学能力与教学效果

培训者培训的作用与效果，是在项目的实施过程中充分体现出来的。从项目实施情况看，培训者培训是一个非常重要的环节。正如在与县乡培训者的访谈中，培训者所说的一样，参与性方式的培训方法，可在实施中发挥出较大的作用，取得了较好的培训效果，过去政府相关职能部门组织的培训也是很多的，但是培训的效果不是非常好。参与式教学方法比较直观、灵活、启发式教学、与受训者处于平等的位置，能够充分调动培训与受训者的主动性和积极性，受训者的参与程度较高。培训内容适合农户的实际需要，培训中图文并茂、灵活多样的形式，同时采用地方语言进行培训，加上适时配合娱乐活动，教学生动，农户容易接受，效果非常好。

培训者为了避免纯理论的授课，利用当地发生的实例进行讲解，采用讲本地话、画图、举例、穿插有助于教学的活动多于写字和纯理论的参与性培训方式，很受农户欢迎，比传统（或正规的）以课本为主的灌输式的教学方式好。

针对参加培训的农村妇女文化程度较低的情况（即使上过学的妇女，通常只上了小学1—3年级），培训者不是死板地按照教材进行，而是灵活地利用当地的实例，甚至是妇女们提出的问题，进行知识和技能的培训，使妇女们觉得非常实用，培训的效果非常好，培训者也从中学到了许多有用的知识和技能。这是项目实施中较有创新的做法。如在卫生培训中，教师让参加受训的农村妇女讲述自己的疾病情况，然后，教师从这个个案中讲述病是因何而起、临床表现、危害、如何防治等，同时辅以挂图/教具和文字，农户接受起来非常快，效果也好。又如农妇向教师提出婆媳之间冲突如何处理的问题、教育子女的问题、重男轻女的问题等，培训者让农户现场表演，并与农妇一起进行现场分析、评述，既缩短了教师与农妇的距离、活跃了气氛，又让农妇学到了有用的知识和处理问题的技能。有的农户虽然看不懂教材，但会请家里上学的孩子讲。妇女们参加培训课后，向家里的人、邻居宣传自己在培训班学到的知识，起到了宣传的作用。参与式教学方式很好，培训班中，农户提出了很多现实中遇到的问题，如有的农户提出家庭子女是否有财产继承权。针对这些问题，培训者给予了现场解答。农妇对教师的评价是：如果这些老师来我们村子里教书，他们最适合教一年级，因为我们这些文盲可以听得懂。

在逐级培训过程中，不仅传递了知识、提高了能力，通过农户对培训的反馈，教师灵活调整产生的互动，完善了培训工作，同时使培训发挥了较好

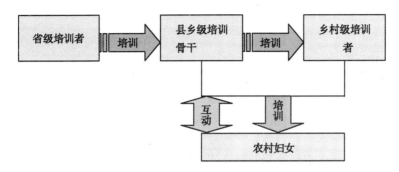

图3 培训程序与能力建设过程

的效果和影响。

（2）扫盲培训效果

扫盲培训对树立妇女的自信、提高妇女的能力和地位具有重要的意义，这也是落实妇女发展权利的基础工作。在项目区，更多的受训妇女都是少数民族，由于社会经济发展滞后、贫困、重男轻女等方面因素的影响，妇女因为缺乏受教育的机会，导致与男性在社会地位和发展能力方面的不平等。正如妇女们在访谈中感叹的一样：妇女没有读过书的人太多，这次培训为妇女们提供了第一次"摸"书的机会，过去连书都没有摸过，我们非常珍惜这次培训机会，参加培训时，怕自己记不住，让读书的孩子一起来，帮助自己记笔记。

妇女们渴望得到更多的知识：想多听老师讲知识，但说不出来想听什么，因为不懂可以学什么。金平县的1名妇女说，家里人不让来培训班（因为户口不在本村），但自己非常想来参加培训，原因是自己还年轻，有一次去邮局汇款，不会写字，请别人代写，但感觉到别人非常看不起自己，发誓一定要学会认字写字，今后不再让别人小看自己，所以向干部说明后争取到了学习的机会。

妇女们认为参加培训班很好，原因是可以识字、生病上医院知道如何找科室看药品用法、买卖东西知道如何计算、遇到纠纷知道如何找司法部门解决、懂得很多道理和知识对家庭好，等等。

参加培训的妇女，最远的要走5—6公里山路，需1—1.5小时，但是，妇女的积极性非常高。妇女们说：过去家庭子女多、贫困，大部分的女孩子都没能够得到家庭的支持上完小学，多数女孩子都只是上到小学1—2年级便回家里做活。从此以后，一辈子都受到没有文化的苦。当问到妇女不识字对妇女有什么影响时，妇女们争先恐后地说：不识字让我们不知道如何在医院里看病；如何吃药；不懂算账，买卖东西时都是两眼瞎；不会看合同、不会签合同；过去因为不识字，到集市上厕所进了男厕所；远处不敢去、不了解外面的世界……

妇女们表示，过去因为穷和妇女被歧视而使自己缺乏学习的机会，现在有了欧盟项目支持自己学习的机会，再苦再累也要坚持学习。

培训之前，有的农户曾发生过将洗衣粉作为食用盐使用的事情。通过正在开展的扫盲培训，农户掌握了一定量的词汇，不仅不会将洗衣粉作为食用盐使用，而且还会识别农药、能够读懂农药化肥的用量和使用方法等。

通常，苗族等少数民族妇女长期不出门，与外界的交流较少，汉语的掌握程度低，很多人不懂汉话。妇女们在谈到扫盲培训有什么用时，积极发言，举例说明扫盲的重要性，妇女们说：过去不懂汉话，在家招待汉族客人吃饭，想叫客人坐近桌子吃饭，表达出来却是：别客气，坐远一点吃。还有的妇女看到小偷偷自家地里的蔬菜时，本想表达偷吃别人家的东西，让你拉肚子，但是表达出来却是你偷吃了我家的东西，我拉肚子。扫盲培训的作用很大，晚上回到家，还可以指导刚上学的孩子识字、识拼音。过去想去银行存钱，但不知道的事情太多，如 100 元是一个"0"，还是两个"0"搞不清楚，所以不会去银行存钱。

在有的村项目计划招收 50 名妇女，开展扫盲培训，但是报名参加培训的人足够办 3 个班。县项目办针对妇女极高的热情、积极性和愿望，开展了3 个班的扫盲培训。妇女们说，如果不分男女都可以来参加培训，那么妇女可能争不过男子，妇女也许就没有这次参加培训的机会了。

（3）法律和家庭知识培训效果

农村妇女、特别是少数民族农村妇女对法律知识的了解很少，妇女权益受到侵害的事情非常普遍，法律相关知识的培训对于增强妇女自身的维权意识与能力取到了较好的作用。法律培训对于提高妇女地位和能力具有重要的战略意义，欧盟项目在这方面进行了较好的、有建设意义的工作。

在法律培训教学中，培训者结合当地社会及农户生产生活中权利意识淡薄、依法维权的意识和知识不足的现状，从有利于农村妇女容易学习、掌握和应用法律知识的角度，选择了与她们的生产生活密切相关的《宪法》《刑法》《婚姻法》《妇女儿童权益保障法》《未成年人保护法》等 32 个法律和法规，采用画图、列举实例、问答等形式，由浅入深进行培训，学员们认真思考，踊跃回答问题。培训气氛活跃，笑声、掌声不断。这种参与式的学习方法，使学员们在娱乐中接受了教育，深受妇女们的欢迎，培训取得了良好的效果。

　　如在跨国婚姻多的村社，开展与跨国婚姻及其相关法律知识的培训。麻栗坡县八步乡荒田村，是全县普法的重点村，全村132户苗族，与越南山水相连，但至今没有发生一起跨国婚姻，原因是村民懂法。跨国婚姻手续繁杂，事实婚姻户口问题，相关权益得不到保障。其他的乡镇，跨国婚姻就非常多。

　　培训者利用当地发生的一起杀人案件，让农户参与讨论，起到了良好的培训作用。这是一起因一名妇女长期遭到其丈夫的暴力，在不堪忍受的情况下，该妇女用绳子将其夫勒死的案件。妇女们认为该丈夫该死，妇女将其勒死大快人心。这一方面说明妇女遭到家庭暴力的情况，在农村中较为普遍，另一方面也说明了这些妇女不懂法律。通过培训人员对这个案件的分析和法律条款的讲解，以及妇女遇到家庭暴力时应该如何求助于法律援助的方法后，妇女们懂得了不应该将人勒死，而应该依法办事，求助司法援助，有效地保障妇女的合法权益。

　　培训者根据村社普遍养狗的现象，从法律上讲解，狗咬了人以后，主人要负全部责任，并赔付医药费等。过去，在村民的观念中，狗咬人是不负责任的。

　　过去不知道打骂老人、不赡养老人、不送子女上学、拐卖妇女是违法犯法的行为，通过学习后，村民们掌握了这些法律知识。

　　过去，在有些苗族村寨村里丈夫打妻子的情况比较突出（需要说明的是，苗族妇女的地位在家庭中比较低下），争吵和忍受是对待被打的态度和方式。妇女们参加培训后，不仅知道了遇到家庭暴力时可以寻求援助机构，并且认为应该让自己的丈夫也来听听法律和家庭知识课，这样对于丈夫是一个教育。

　　过去，半夜三更吵架，都要邻里相劝，通过学习法律后，知道吵架不好，要依法办事的道理。

　　培训过程中产生了许多感人的事例。如麻栗坡县马街开展法律培训期间，一位60多岁的盲人妇女，不顾路途遥远难行，让自己3岁的孙女牵引着到培训班学习，而且风雨无阻，坚持到培训班结束。她说：自己已经是盲人了，不能让心里（指知识方面）也是盲人。

　　麻栗坡县铁厂乡太和村，一位参加培训的60岁农村妇女，在培训班上道出了农村妇女渴求法律知识和法律帮助的心声：你们讲的这些法律知识，太符合我们农村的实际情况。你们早该来为我们讲这些法律知识了，我长期以来就是生活在一种被别人歧视的痛苦之中（因为她婚后一直未能生育儿女），但我一辈子不知道该如何办？现在，我知道应该如何来维护我自己的合法权益了。你们早就该来讲这些给我们听了，我们农村妇女太需要法律知识了。

法律培训对于树立妇女的法律观念和维权意识、提高妇女运用法律的能力是有较好作用的。

（4）卫生培训效果

在中国贫困地区特别是少数民族贫困村社，农村社区医疗卫生不仅缺乏设备设施，而且还缺乏医疗卫生知识。欧盟项目切合实际的医疗卫生知识培训，对于改善和提高项目区农户特别是妇女的医疗卫生观念、行为和防治疾病的能力，起到了良好的作用。

在项目区，正如妇女们所说，过去不知道下水田要注意什么？生孩子要注意什么？不知道什么是妇科疾病？因此生病和生小孩也不愿意去医院，导致生了许多的疾病。在很多民族中，如哈尼族、苗族、彝族、瑶族，孕妇常常在田地里劳动时，就把孩子生在田地里，通常使用石头将脐带砸断。孩子和产妇的疾病非常多。妇女分娩在家里接生时，通常使用未消毒的剪刀割断脐带，因此造成了婴儿感染疾病和死亡现象较多。通过学习后，妇女们懂得了这些事情的科学知识和正确的处理方法。妇女们表示教师的培训方法比较好，妇女们听不懂的地方，可以随时提问。

卫生培训期间，医务人员为农户进行义诊，受到农户的热烈欢迎，农户说欧盟项目不仅给我们带来了知识，还带来了医疗服务，我们不知如何感激。

卫生培训的内容非常实用，教师除了讲授课本内的知识外，还对妇女们提出的有关疾病防治方面的问题一一进行讲解，培训效果非常好。妇女们表示，未参加培训前，少部分妇女懂一点点疾病防治方面的知识，但更多的妇女有病也不知道。过去不知道妇科疾病是什么，还认为与自己没有关系。通过培训后，妇女们不仅知道了常见妇科疾病及防治知识，还知道了自己可能患的是什么妇科疾病，也知道了常见的妇科疾病致病原因和防治的知识。这些培训，有利于减少妇科疾病和降低医疗费用。

由于培训内容适合农户的需求，培训效果较好，前来参加培训的农户比项目计划的人数多，导致教材不够发放。没有在计划中的农户，得不到教材，虽有意见，但还是要来参加培训，农户说：我们太需要这样的培训了。如麻栗坡县的八布乡江东村，在开展妇女保健与卫生知识培训期间，原定计划培训 60 名妇女，但群众渴求卫生知识，培训期间来了 71 人。麻栗坡县前6 期（共 44 期）计划培训 400 人，但实际参加培训的人数达到了 462 人；参加培训的妇女要求年龄在 45 岁以下，但前来参加培训的妇女年龄最大的达到 87 岁。没有领到教材和误工补贴的超计划数的妇女表示：我们不是为补贴来的，只要让我们来听就行，我们是想学习一点依法保护自己的知识和本领。又如麻栗坡县董干镇盘龙村和八布乡江东村的壮族妇女们，虽然有一部分人连汉语都不懂，但是她们听说有一个欧盟项目是讲保护妇女的法律知识、妇女卫生等内容，纷纷要求参加培训班学习，在培训班里，她们请懂汉语的人给自己讲解培训的内容，年轻有文化的妇女边听边做记录。

（5）医生、保健医生和助手培训效果

到省级、州级、县级进行技术培训的医务人员，采取在医疗机构上班的方式进行学习。医疗机构指定有经验的医生，带着学员在实践中学习。学员反映，这种培训方法的效果很好，能够学以致用。通过培训，这些人员的能力能够得到有效的增强，同时也增强和提高了基层医疗卫生人员的技术能力和水平。

2. 项目实施经验

（1）培训经验

由于采用参与式教学方法，充分调动了培训者和受训者的积极性，创造出了许多较好的培训经验，更重要的是在培训过程中建立了不同相关利益群体平等对话的平台。正是由于有了这个平台，妇女有了平等的环境、有了求知的渠道、有了自信、有了提高能力的机会，最终才会有妇女发展的机会。

（2）培训组织经验

从项目实施的经验看，培训前做细致深入的动员工作，是保障受训妇女参与培训的基础。在实际培训工作中，一些村社，一开始培训时，参加培训的妇女并不多，随着动员工作的加强，参加的妇女越来越多，甚至是没有在计划数中的妇女也纷纷要求参加，导致许多培训班的人数超过计划数。

乡级根据项目计划拟订具体的培训工作计划，报县项目办审批后启动培训工作。这样便于协调、组织、提供资源、指导和监督项目工作，这是一种有效的也是较好的项目运作机制。

实施项目的乡镇，其党委和政府非常重视项目工作，成立专门的项目领导小组，负责动员和组织农户参加培训。这是项目顺利实施不可或缺的工作。

由于项目是由政府的相关职能部门具体实施，这样加深了政府与群众、特别是妇女的沟通和了解，为政府部门更好地开展工作特别是妇女工作创造了良好的条件。

（3）培训者及培训语言经验

在瑶族村社访问中，妇女说：教我们的老师是壮族，我们听不懂汉话的时候，老师就用壮族话给我们讲解，之后我们就能够掌握老师讲的知识。从访问中，我们发现在少数民族地区开展培训工作，需要考虑农户的语言问题，在汉语使用不是非常普遍的村社，利用掌握本民族语言的教师进行授课，是保证培训质量的关键因素之一。

（4）培训时间选择的经验

在农村开展活动特别是连续一段时间的活动，时间安排是一个比较重要的问题。一方面要考虑农忙季节的问题，另一方面也要考虑家务劳动与时间的问题。农村妇女不仅要承担田地里的生产活动，同时还要承担家务劳动。如麻栗坡县坪寨是一个壮族村社，这里的壮族妇女不仅是生产劳动的主要承担者，而且也是家庭生活的主持者，所以比较繁忙。扫盲培训教师针对妇女的生产生活时间和扫盲培训周期较长的因素，与妇女们讨论确定上课时间，最后确定的上课时间是在晚上进行。这样避免了与妇女的生产生活时间的冲突，保证了妇女能够最大限度地参加培训。

（5）培训效果经验

培训开始时，有部分农户是冲着补贴来的，但参加培训一段时间后，觉得老师们送知识上门，又辛苦，还给钱，觉得很不好意思。这说明只要内容是农户所需，培训方法被农户接受，培训就能够取得一定的效果。

（6）宣传经验

通过各部门编发的项目信息简报，发布项目实施的方法、结果、效果、影响。这些简报发送的过程，就是一个较好的扩大项目影响和倡导的过程。

（7）培训教材编写经验

从两个县的培训经验来看，项目编印的教材应该补充一些培训的原则（如参与性原则，以当地村社、家庭、妇女存在的问题和需求为基础设计培训内容，等等），以便在推广时指导其他地区根据当地实际情况和农户的需要灵活应用教材。这是两个县培训效果较好的一个重要原因。

（8）培训方式经验

培训者的培训、由受训后的当地人承担培训任务的方法，是一个值得总结和加以推广的经验。省级培训专家主要是在理念与方法方面给县乡的培训者知识和技能，目的是提高他们的参与意识和培训技能，这是开展培训工作的重要环节。县乡的培训者在具有一定的参与性意识和培训技能后，承当具体的培训工作，是培训能否取得较好效果的关键。因为县乡的培训者不仅了解本地的民情风土、生产、生活、语言、生产生活习惯等，而且与当地农户有密切的关系，很少有人与人之间的陌生感，有利于与农户拉近距离，对开展培训非常有利。

培训教师在培训期间，与农户一起交流社会、生产和生活的知识与经验，对于开阔妇女的眼界、提高妇女的能力非常重要。在培训中，教师利用乡土知识，将一些比较难懂的字和词用通俗的方式进行讲解，取得了良好的效果。如"亩"的概念，受训妇女难于理解，教师就用农户熟悉的房地面积与亩比较，帮助妇女将"亩"的概念弄懂。在培训过程中，项目人员根据少数民族能歌善舞的特点，在妇女们强烈要求开展娱乐活动下，适时组织妇女开展歌舞活动。这些活动，对于发动和组织妇女、加强妇女的团结、增强妇女的自信心和能力等，都取到了较好的作用。

四 项目实施的影响

该项目是一个以培训为手法的软件项目。在贫困地区开展如此大规模、内容广泛的培训项目，是一个非常好的项目尝试。对农户来讲，是一个能力与人权落实的建设过程；对项目实施机构来讲，是一个能力建设与能力提升的过程（如协调能力、组织能力、实施与管理能力、翻译能力）。

项目的影响主要是从四个方面来评估：一是对政府职能部门的影响；二是对村社传统文化的影响（因为很多项目村社都是少数民族，项目对村社的民族传统有一定的影响，这种影响对于提高妇女的能力与地位具有重要的作用）；三是对家庭的影响；四是对妇女的影响。评估影响的方法主要是通过对相关的利益群体进行访谈、检索文献资料、研讨会等方式获得。这种影响将会随着时间的推移越来越显著。

1. 项目实施对政府部门和培训者的影响

培训者来自不同的部门，在组织和开展培训活动中，相互间学习到了部门之间具体的工作内容、工作知识等，这是这个项目推动带来的一种结果。如妇联了解了司法、教育、卫生等部门的具体工作和知识，其他部门也了解了妇联的具体工作和知识，等等。更重要的是部门间的有效协调、支持与合作，使得项目能够按照目标有效地实施，在这个过程中既提高了部门的项目实施与管理的能力，同时提升了政府在村社农户心目中的形象和影响力。

项目管理中常常遇到的问题是档案管理混乱，但是在欧盟项目中，项目文件、信息、简报、政府文件、往来信函等档案的分类与管理有条不紊，显示出项目办的管理能力较强。

多部门参与，增强了部门的联系、协调与合作；省级专家开展的培训者的培训，增强了地方培训者的能力；培训所采用的方式能够让农户容易接受，取得了良好的培训效果。

卫生培训工作中，农户提出了在培训期间为妇女进行义诊，卫生部门满足了农户的要求,并成为卫生培训的一项工作,深受农村妇女的欢迎。可以说,这是欧盟项目对地方卫生工作的一种推动和影响,农户从中获得了良好的、有一定质量的卫生服务。

在麻栗坡县,县第一中学、县职业中学、县政府各级部门、乡镇政府、宾馆饭店等部门和单位认为项目中编印的《家庭知识讲义》这本书较好,都来县欧盟项目办索要《家庭知识讲义》一书,要在自己单位内进行学习。

地方政府部门对培训非常重视,都想争取多办几期这样的培训。乡政府和司法所的人员表示,这样的培训不仅方法好、内容实用,而且农户也非常欢迎。普法是我们政府相关部门的责任和工作,培训与我们的工作是完全结合的,通过培训,懂法的人多了,司法纠纷案件也会逐步少了,否则,政府和司法部门每年的压力较大。所以,我们希望这样的培训能够多办几期。

参加受训的妇女提出:扫盲教材中,如果能够将农户实用的、适合当地情况的科技知识编写到教材中最好。针对妇女提出的建议,金河镇政府计划在项目之外,独立开展几期农村实用技术培训。这是项目带来的一种影响,这种影响能够有效地调动地方政府的资源,同时,这类将要开展的培训,也能够针对农户的实际需要,因此,预期的培训效果也一定是很好的。

政府部门认为:欧盟支持的这个项目内容非常好,切合了农户的需要,培训方法新颖,培训效果较好,有利于提高妇女在家庭和社会中的地位,以及保护妇女的合法权益。希望开展更多这样的项目。

培训教师认为:项目培训内容好,适合农村妇女的实际需要,培训方法能够与受训农户进行互动,所以培训效果非常好,受训妇女从中学到了有用的知识与技能。对于培训者来说,加深了对农村,特别是妇女状况的认识。这些收获,对搞好自己的本职工作非常有利。

金平县金河镇政府提出,全镇有 107 个自然村,目前只有 9 个自然村进入到项目中,要求多增加一些培训的村社,扩大受益面。妇女们要求多开几天晚上的课程,并表示,要是能够上到初中课程就好了。

医院的培训者表示,面对妇女开展卫生知识的培训还是第一次,这为医疗人员到基层了解妇女的疾病及其面对疾病的态度和行为提供了很好的方法,很感谢项目为我们提供了一次难得的机会,同时,能为农村妇女贡献一些有用的知识,心里感到非常自豪。

教师们认为妇女太缺乏知识,渴望获得知识,对教师也特别尊重。在金平县参加培训的妇女年龄大的有 48 岁,通常都是 30 多岁的妇女。看到妇女因为缺乏医疗卫生知识而引起严重的妇科疾病,教师们非常难过。与我们一起进行评估的县医院领导表示,如果村社妇女愿意,县医院愿意无偿为妇女提供1—2个月的妇科疾病防治知识培训。

麻栗坡县司法局的副局长认为这个项目设计得非常好。原因是我们的妇女虽然说在政治上是早已解放了，但是，在农村的实际生活中解放是远远不够的。这个培训项目提高了边疆贫困地区的少数民族妇女的知识和技能，有力地推动了妇女的解放程度。

针对农村妇女文化教育（扫盲）、法律、家庭知识培训，项目整合了政府相关部门的人力、物力资源，在多部门合作中创造了一种新的、有效的、成本较小的项目运作机制。为今后外援项目、政府工作提供了可资借鉴的工作方法。这种项目运作机制除了具有良好的管理机制保障部门之间的协作与合作外，还有一些最重要的因素，就是部门之间的工作人员对欧盟项目的认同与理解、采用共同的项目操作方法（如参与性培训方式的要求等），以及项目工作人员彼此之间相互熟悉，工作中配合默契。这些条件是有效实施项目的关键所在。两个县在这方面做得比较好。

由于欧盟项目的目标、内容也是政府各职能部门的工作内容之一，因此，项目工作与政府工作能够有效地结合在一起。从政府部门反馈的项目实施信息来看，没有一个部门认为这个项目不好、是政府工作的一个累赘，都认为这样的培训对农户和政府工作都有利，要求再增加培训、扩大培训村社和受训人数。以培训为主要的项目，受到政府部门、农户（男女）一致的欢迎，在外援项目中也是不多见的。

2. 项目实施对村社传统文化的影响

乡镇一级最需要欧盟这类项目的培训，通过培训，不仅锻炼和提高了基层工作人员的能力，而且提高了农户，特别是农村妇女的意识、知识水平和解决问题的能力，更重要的是对村社及其农户传统的生活习惯、生活方式具有较深刻的影响。

苗族妇女的地位非常低下。许多人都知道苗族有一个非常有名的习惯，这个习惯可以形象地说明苗族妇女的地位非常低下的状况。苗族夫妇一起去赶集时，如果丈夫喝醉酒后，躺在路边或其他的什么地方，苗族妇女不能扔下丈夫自己回家，无论丈夫躺到什么时候，苗族妇女都必须守候在丈夫身边，直到丈夫清醒过来，再一起回家。如果妻子扔下丈夫自己回家，丈夫回到家后的第一件事情，通常就是对妻子进行一顿暴打。苗族妇女常常只能忍受。

妇女们认为法律知识非常有用，在培训期间，也叫家里的人一起来听。"三·八"妇女节时，妇女们让村民小组长来向全村妇女宣读《妇女权益保障法》《未成年人保护法》，村民小组长对妇女说：你们有妇女保护法，我们没有男人保护法，以后不能小视你们了。村社里的男子议论：那些长头发去学几天的知识，跟以前大不一样了，说话做事都文明了。

妇女们参加扫盲培训得到丈夫们的支持，男子们说：妇女多学一些知识，对家庭的发展好，过去是没有这样的机会，现在有这么好的机会，一定要支持妇女多学知识。我们也很想学，但这个项目更多的是要妇女参加，所以，我们男人的机会就少（指此次培训）。

在哈尼族社会中，传统的离婚方式对妇女不利，对男子有利，非常不平等，但按照传统，妇女也没有办法，妇女的社会、经济地位非常低。妇女嫁到夫家后，被打骂是常见的事情，最严重的是丈夫一旦讨厌妻子时，传统上是以"劈柴"的方式来解除婚姻，即由丈夫将一块普通的木柴劈成两半，将其中的一半放到妻子的箩筐中，然后说你回娘家去吧，我不要你啦。这样便解除了双方的婚约。通常妇女也不敢反抗，只能接受。离婚的妇女能够得到的财产仅仅是箩筐内的那一半柴和自己的衣物。子女和财产只能留在丈夫家。妇女们通过参加法律知识培训，第一次知道了打骂妇女是违法的，离婚不能按传统的方式，并且知道如何向司法部门寻求保护妇女自身权益的途径。妇女们将培训中学到的知识带回村里、家里进行宣传。项目村社的男子对未被列入参加培训的人员非常有意见，常常带孩子来听课。培训前，妇女不知道离婚的法律程序，大都不知道如何办理，少部分知道办理离婚手续的妇女，也仅仅知道要找谁办理，而不知道要通过什么程序、找什么部门等。法律培训的影响是深刻的，或许这种影响是具有历史意义的，这将会随着时间的推移逐步显现出来。

3. 对家庭的影响

妇女参加培训后，平时由妇女承担的家务劳动就由男子来承担，晚上放学时，男子主动来接。这在培训前是不多见的。培训活动不仅为妇女及其家庭和村社带来了知识，在少数民族村社，这是对传统的男女分工的一种挑战和影响，同时也推动了家庭及其村社的两性平等。

重男轻女是农村较为严重的问题。妇女生育女孩后，因为不知道生育知识，男子都认为是妇女的问题，妇女常常被歧视。学了生育知识后，妇女知道了生男生女是由男性决定的知识。这些生育知识，对于缓解妇女因为生育女孩而受到的歧视是有积极作用的。

农村中虐待老人的现象比较普遍且严重，很多农户并没有认为这是违法的。如在当地农村中，赡养老人通常是由子女中排行最小的男子来承担赡养老人的责任，老百姓认为这是亘古不变的法律。但是，通过培训后，农户认识到赡养老人是子女共同的责任。

男性认为妇女参加法律培训后，懂得更多的法律知识，对家庭的生产生活都好，妇女参加培训班后，说话也客气了，吵架也少了，家庭也和睦了。男性都支持妇女参加培训，妇女回家后，也常常将培训内容讲给丈夫和自己的家人听，从中也获取了一定的知识。

妇女参加培训后，回到家里给自己的丈夫讲学到的知识，丈夫开玩笑地说：这不是要剥夺我们男人的权利吗？但还是支持妇女们参加培训班。

4. 对妇女的影响

培训内容都是妇女所需求的，农户非常渴望知识。这个项目受到农户的欢迎，一方面反映了项目的活动对准了农户的需求，另一方面也反映了培训的效果是非常好的，还有就是农户太缺乏此类的培训。麻栗坡县麻栗镇的一位农村妇女与其夫离婚后，其名下的耕地变成了前夫家的耕地，该妇女失去了赖以生存的耕地，但不知道如何办。该妇女参加了此次项目法律培训后，知道了找什么部门办理，依靠法律程序，将属于自己的耕地重新收回来，维护了自己的合法权益。与我们座谈的一位妇女说她生了两个孩子都是女孩，孩子到了上学年龄，但丈夫不准孩子上学（因为是女孩），并扬言如果敢去上学，就要打断孩子的腿。通过妇女再三地做丈夫的工作，讲男女都是自己的孩子、男女都是平等的、不让孩子上学是犯法的，等等，最终丈夫同意让孩子去上学。妇女认为自己已经是没有文化的人，受了一辈子没有文化的苦，一定要送自己的孩子去上学。

妇女们说自己本身是妇女，但是不知道妇女有什么权益。过去不懂法律，遇到家庭纠纷、邻里矛盾时，常常是以吵架来解决纠纷和矛盾。通过学习法律知识后，知道了可以通过妇联、司法所等部门来解决纠纷和矛盾。同时，也知道打法律咨询热线，"12348，有事找司法"已经成为妇女的一句顺口溜。

在哈尼族的社会中，按照传统，丧夫的妇女是没有继承权的。通过学习法律知识，有一个寡妇向当地司法部门求助，通过司法部门的调解，该妇女的合法权益得到了保护。

妇女参加法律知识培训后，不仅利用法律知识处理家庭、邻里之间的纠纷，而且还针对遇到的问题，为其他人讲解相关的法律知识，帮助其他人妥善解决法律方面的问题。充分体现出妇女们从不懂法，到使用法律的能力和意识得到了增强。从中也可以看到项目的影响是深刻的，这种影响也将是持续的。

家庭知识的内容非常有用。妇女们说，过去，孩子上学不用功，常常使用武力作为教育孩子好好学习的方式。现在，通过学习家庭知识后，知道打骂不是教育孩子的好方式，而是采取讲道理的方式与孩子沟通。过去，妇女们常常聚在一起"东家长、李家短"地议论其他农户的不是，带来的问题是引起争端和不团结，现在，妇女们有空时，常常读书、组织文艺和娱乐活动，村内人与人之间的关系更加亲密了，不团结的现象少了。

妇女回家后向家里人讲述培训班里学到的知识，让家里人也多学一些知识。妇女们说卫生知识培训好，过去很多妇科方面的知识不懂，通过学习后，不仅让自己受益，还可以讲给下一代听。妇女们表示，还想多学一些关于孩子疾病防治方面的知识，多学一些字以便今后可以自学。

妇女们表示过去常常因为妇科疾病引起家庭矛盾，妇女们表示参加培训班后，知道了许多妇科疾病的发病原因，回家后把这些知识告诉丈夫，丈夫也不再怀疑妇女的妇科疾病是在外乱搞出来的。参加培训的妇女还将这些卫生知识用于调解因为妇科疾病而引起的家庭矛盾。妇女从卫生知识培训中懂得了生男生女的原理，说明生男生女的决定因素是由男子决定的。妇女觉得自己的自信心增强了。

瑶族妇女说：过去家庭困难，老人不让女孩子上学，女孩子基本上没有上过学。瑶族大多数妇女都不识字、不懂汉话，赶集时，连菜的名字也说不清楚，所以赶集基本上是男子去，妇女出门较少。现在有了学习文化的机会，我们觉得很幸运。学了知识后，对我们妇女的好处很多，比如会计算、会记账、会做生意、可以走更多的远路、可以做更多的生意、可以看更多的外面的事物、开阔我们妇女的眼界，等等。去医院看病，因为不识字，不知道应该去哪个科看病，所以，也很少到医院看病。扫盲培训使妇女们掌握了一定的实用字词，开阔了妇女的视野，提高妇女在生产生活中的交流、经营和活动的能力。

案例三　互满爱人与人元阳县沙拉托"社区发展扶贫项目"调查

案例说明：2010年笔者曾对元阳县互满爱人与人"社区发展扶贫"项目进行过基线调查。2013年末在这个项目即将结束时，笔者到项目区元阳县沙拉托乡进行调查，对该项目进行了完工总结和评估。该项目由互满爱人与人组织实施。互满爱人与人是一个境外NGO，总部设在津巴布韦，在全世界30多个国家设立了机构。互满爱人与人组织在元阳沙拉托乡投入的"社区发展扶贫项目"是该组织在中国境内开展的第二个综合性的扶贫项目。这个项目具有以下几个特点：

——项目设计的理念和目标、内容符合联合国千年发展要求。项目把增加农民收入、改善生产生活条件、增进教育卫生医疗生态改善等作为项目的目标。这些目标得到了中国基层政府和贫困人口的支持。

——项目的管理按照外资扶贫普遍采用的管理模式，建立机构、进行基线调查、制定项目的内容、目标、详细的工作计划，建立扶贫档案，进行监测评估和验收。参与式方法、社会性别意识、各种培训贯穿于项目的全过程。项目最具特点的管理方式是月报制度，这个制度保证了项目的实施进度、效率、质量、监测。

——试验和推广"农民互助组"扶贫模式，极力把这一模式做成可复制的扶贫方式，并且非常重视这一模式的示范和可持续性。参与"农民互助组"才能得到项目的资助和培训。通过这一模式把分散的农民联合起来发展生产、传递生产生活信息、培养农民的参与能力和组织能力，并以"农民互助组"为单元进行各种培训活动。通过对"农民互助组"的扶持产生示范效益，带动周边村民模仿和学习。与绝大多数外资扶贫项目一样，强调对少数民族和妇女的经济、社会、地位、健康状况的改善，并明确要求每一个"农民互助组"都要有妇女参与。

——项目在实施过程中非常重视机构组织能力和村民参与能力的培养。一是通过建立项目办公室和"农民互助组"，让不同的项目参与人员在实施项目的过程中获得锻炼，经过参观学习和培训，使组织管理能力、生产能力得到提高；二是对"农民互助组"协调员进行培养，不仅让他们得到去外地参观学习交流的机会，还把一些扶贫资源交给他们，让他们根据项目的要求分配到互助组成员的手里，以增加他们组织能力、团结能力，建立良好的人际关系；三是对农民生产能力的培养，通过无数次培训，让农民学会科学的种植养殖技术，在培训中不仅学会技能，也增加表达、沟通、组织能力。

——项目非常注重拾遗补缺和创新。由于大量的成年人外出打工，幼儿的照顾和教育成为农村普遍存在的难题。项目设计了为了解决这一难题和预防贫困的代际传递，从小养成孩子良好的生活习惯，减轻贫困妇女和老人照看孩子的劳动，腾出更多的时间发展生产，这也是改善农村妇女、老人生活质量的创新活动。互满爱人与人组织创造了这一扶贫模式，得到了贫困农民的欢迎。学前幼儿班教育在云南省镇康等贫困地方都取得了非常好的效果，是这个组织的成功项目之一。

——为了配合政府的新农村建设，项目增加了公共卫生环境项目，帮助村民建设卫生厕所、垃圾池（箱）、安装太阳能等，通过这些活动进行示范。

——除了重视每个分项目的示范外，同时也非常重视项目的可持续性，努力做到项目办撤出后，项目仍能够继续下去。项目办从一开始就考虑到了各项目的持续性，因此进行了大量的培训，真正教会农民掌握项目的技术，为"农民互助组"的持续花费了很多精力，培养协调员的能力和使其内部增加凝聚力。对于学前班，项目办与中心小学校签订协议，由中心小学接手项目。但由于扶持时间短，投入不够、机制未形成以及农村劳动力流动大等因素，"农民互助组"的持续面临着非常大的困难。

由于该项目组建了一支能吃苦耐劳的管理队伍、在扎实的基线调查基础之上对项目进行了合理的设计，"农民互助组"有多个分项目作为依托、严谨完善的管理制度，整个项目完成了设定的目标，得到了受助人群的好评，对当地政府和周边村寨起到较好启示和示范作用。虽然这个项目取得了成功，但也存在一些问题：如项目强调的示范性，除玉米、水稻、草果种植技术形成规模外，其他分项目都呈散小的情况，虽然起到了一定的示范作用，但影响面过小。

互满爱人与人组织元阳县"社区发展扶贫项目"是由欧盟委员会（EU），互满爱西班牙（HPP Spain）资助的项目。项目区确定为云南省红河州元阳县沙拉托乡。项目实施于 2010 年 1 月 1 日开始至 2013 年 12 月结束。该项目计划投资为 774052 欧元，实际投入为 597012.48 欧元（470 多万元人民币）。项目执行方为互满爱人与人组织/云南发展培训学院。项目采取"农民互助组"运行模式，取得了非常好的经济社会效益，圆满完成了所有的项目活动，达到了项目设计目标。

一　沙拉托乡的基本情况

沙拉托乡位于元阳县西部，处于元阳、红河、绿春三县六乡的结合部。乡政府驻地距县城南沙 68 公里，全乡有国土面积 102 平方公里，全是山区无一平坝，属喀斯特地质结构，年平均气温 16.5℃，境内年降雨量在 1200—2000 毫米，蒸发量大于降雨量，由于缺乏水利设施，境内虽然江河密布但都是"过路水"，致使沙拉托乡成为一个缺水的地方。全乡生物资源丰富，矿产资源匮乏。

该乡社会经济发展中最突出的问题是：生产力水平低、生产结构单一、规模小、贫困面大。全乡的经济结构单一，主要以农业为主，农业人口占到总人口的 95%，农业是沙拉托乡的经济支柱。农业内部结构也非常单一，以传统养殖业和传统种植业为主，养殖业主要是养猪。种植业品种主要是水稻、玉米，经济作物品种虽多，但均未形成规模，一般是自己消费，传统的茶叶种植业已衰落，近年来部分接近公路的地方开始发展甘蔗种植，漫江河行政村的桑蚕业正在起步。水果产业零星分散未形成商品。农民的收入主要来自养殖业，辅之以打工收入。由于场地、饲料、水的限制，养殖业发展规模非常小，最大的养殖户也就是30头左右，大部分农户在10头以下。

2009年，全乡完成国民生产总值7500万元，人均有粮370.5公斤，亩产300多公斤，农民人均纯收入2060元，实现地方财政收入6.82万元，财政预算支出345万元，自给率仅有1.98%。2010年，基线调查人均纯收入低于1196元贫困线的人口比重要比政府提供的数字高，超过了调查户的72%，见表2。

表2　　　　　　　　　沙拉托乡280户农户基线调查收入汇总

指标	总收入（户）	总纯收入（户）	人均纯收入（户）	人均纯收入占填表人数的比重（%）
1000元以下（含1000元）	8	16	160	72.39
1001—2000元	14	33	49	22.17
2001—3000元	20	44	12	5.43
3001—4000元	29	25		
4001—5000元	39	26		
5001—6000元	24	16		
6001—7000元	19	12		
7001—8000元	11	4		
8001—9000元	13	3		
9001—10000元	4	3		
10000元以上	29	16		
填写表格的总户数	197	182	221	

二　造成沙拉托乡经济落后和贫困的主要因素

1. 自然环境恶劣

山区和喀斯特地质结构，造成土壤层薄且易流失，使沙拉托乡农地呈小块分散的特点，农业生产力难以提高。2009年，沙拉托乡实有耕地面积21195亩，其中水田8116亩，旱地13079亩，水田均为人工挖掘的梯田，旱地多为山地，也就是俗称的雷响田。人均耕地面积不足1亩。

沙拉托乡境内水资源很丰富，地处藤条江、者那河上游，境内有戈奎河、阿嘎河、坝勒河、倮里河，但由于喀斯特地质结构具有不保水不聚水等特点，再加上水利设施跟不上，水资源成为了"过路水"，导致该乡成为一个水资源非常匮乏地区。由于水资源的限制，再加上喀斯特地貌，可利用发展农业的生产用水并不充足，同时要增加农田就要解决水的问题，这也是沙拉托乡耕地不足的原因。

喀斯特地质结构对于水利和公路等基础设施的建设也是十分不利的，增加了建设难度，而且投入的资金也较多，这也是沙拉托乡水利等基础设施落后的重要原因。

2. 基础设施薄弱

一是交通非常落后。沙拉托乡位于元阳县西边，是一个交通的死角，交通基础设施十分落后，制约着经济的发展。2009 年，全乡 48 个自然村只有 44 个自然村通公路（毛路），通车里程达 161.8 公里，已通车的乡村公路大多晴通雨阻，通达能力差，成为全乡经济社会发展的"瓶颈"。由于交通不畅，沙拉托乡运输成本非常高，而且异常困难和不便，发展蔬菜、甘蔗等具有一定比较优势的产业均受到了运输条件的限制，无法运出或者是运出成本过高，农民只能自种自吃。大部分有公路的地方并未通班车，主要靠私人营运，由于路况太差，存在着较大的安全隐患。

二是农田水利设施落后。农田水利设施落后是沙拉托乡经济发展的重要制约因素之一。水利设施不足使沙拉托乡的水资源不能得到利用，白白流走。水利设施不足使沙拉托乡大量的土地资源不能利用，造成人均耕地过少。2009 年，全乡人均有水田 0.35 亩、旱地 0.56 亩，实有耕地 0.91 亩。就基线调查的情况看，也印证了乡里统计的情况。人多地少、田少，制约了沙拉托乡农业发展，就现有的耕地来说，除了保人畜用水外，已很难大规模再发展其他产业了，因此农田改造和提高生产组织、经营能力是沙拉托农业发展的重要途径。

至 2010 年，全乡 48 个自然村农田灌溉仍然靠天吃饭。乡政府资料显示：人畜饮水问题得到了解决，但仅有两个自然村引水到户，农村人畜饮水的安全问题仍待解决。基线调查数字与乡政府公布的数字有较大的出入，见表 3。

表 3　　　　　　　　　基线调查 280 户问卷关于水资源的情况

指标	充足户数	基本够用户数	不够用户数	缺乏水资源户数	合计填表户数
全年基本生活用水	14	172	52	40	278
全年畜禽用水	11	166	74	21	272
田地用水来源	靠自然雨水灌溉		靠人工灌溉		人工沟渠管道
	66 户		185 户		无

由表 3 可见，全年基本生活用水不够用的人占到了填表户数的 18.7%，畜禽不够用的占到了填表人数的 27.2%。说明该乡并未完全解决人畜饮水的问题。由于没有自来水，限制了太阳能和洗衣机的使用。

三是能源设施落后。沙拉托乡已通电，并实现了全乡城乡同价，但要求发展加工业和实现农田灌溉等仍然需要投入，用来改造现有的电网设施。2009 年，村民的生活用燃料和煮猪食仍然使用柴，如果养猪较多也会影响到森林生态问题。沙拉托乡发展沼气条件较好，2009 年全乡 4934 户人家有约 1/10 的人家用上了沼气，未用上沼气的农户主要是由于宅基地太拥挤，没地方建；或是人口少，没有必要建；或是缺乏配套资金，无力建；或是生猪饲料少，没有条件建，等等。一些未建沼气池的村民认为有条件还是要建的。

3. 人口文化水平低下

科技对农村经济增长的贡献率只达 35% 左右。沙拉托乡 15 岁以上人口接受教育的年限只有 4.2 年，由于受教育年限太低，因此对新科技、新技能、新思想接受起来较困难，这也是科技对经济增长贡献非常低的原因之一。基线调查也表明农民的文化素质有待提高（见表 4）。

表 4　　　　　　　　基线调查的 280 户户主受教育的情况

受教育情况	人数（人）	比重（%）
文盲	52	18.6%
小学	171	61.1
初中	51	18.2
职中	0	0
高中	3	1.1
大专及以上	1	0.4
未填	2	0.7
小计	280	100

2009 年，沙拉托乡的基础教育基本能够满足小学教育的需要，初中以上教育到乡里和县里的中学，全乡已实现了“普九”，较为突出的是学前教育严重不足。全乡的学前教育非常薄弱，只有乡政府所在地有 1 所幼儿园，有 23 个小孩，不可能满足 7 个行政村、48 个自然村的需要。2009 年，全乡3—6 岁幼儿人口为 925 人，入园率仅为 21.6%。学龄前儿童教育对于改变民族和贫困社区是非常重要的。互满爱提供的哈佛大学儿童发展研究中心的

研究成果表明：3—6 岁是人类发展最关键的阶段，在这个年龄段，为生活、健康和经济生活进行投资，成本是最低的。早期的健康发展能为将来的生活奠定良好的基础，包括教育成果，经济生产力，公民责任感，健康的身体素质，凝聚力强的社区，对下一代的良好教育。开展 3—6 岁儿童的学前教育是一件亟待解决的问题。

4. 商品经济意识不强

由于长期自给自足的自然经济和交通限制，沙拉托乡处于封闭状态，对市场不敏感，也不知如何发展商品生产，自身创业意识欠缺，在外打工的人多，做生意的少。生猪、玉米、林木等数量较大一些的农产品大多是卖给进村来收购的外来商人，自己想办法卖的人很少，帮助别人卖的就更少。除生猪、茶、杉木、棕榈树产品生产主要是为了出售外，很少有人为卖而安排生产。商品经济的意识薄弱，对产业发展的积极性就不高，从而增加了扶贫的难度。

5. "等、靠、要"思想严重

自 20 世纪 80 年代中期以来，沙拉托乡就是政府扶贫的重点地区，20 多年后沙拉托乡还是扶贫的重点地区。在 20 多年间，政府和社会对沙拉托乡的持续扶持使干部和群众产生了非常强的"等、靠、要"思想，对于改变自身生产生活条件的主观能动性不足，凡是涉及经济发展，干部群众很自然地要求国家、社会给钱，而很少讲到贷款和自筹资金。自我发展意识低，对发展的畏难情绪大，不愿接受新的事物，是扶贫效果不佳的一个因素。

6. 医疗卫生条件落后

就医疗条件来说，全乡设有一个乡级卫生院、7 个行政村分别有 1 个卫生室。农民现在基本上都参加了新型农村合作医疗。村级（行政村）卫生所大多设在村委会，每个卫生所配有 2 名医生，建筑面积一般只有 30 平方米左右，医疗器械非常简单。"新农合"使农民感受到了实惠，在卫生所就诊的同时就可以享受到医疗费用 40% 的减免。当然，如果遇到分娩、阑尾炎等情况时，还是要到乡卫生院或县医院进行手术。农民大病看不起的情况仍然突出。乡一级保健机构和教育基本上是空白。近年来，村一级的卫生所没有发现重特大的传染病疫情，但妇科病等仍然困扰着少数民族妇女，得病不好意思说，羞于治疗的情况非常突出。

沙拉托乡村容村貌和卫生环境都很差，垃圾遍地、污水横流，全乡没有污水处理设施，也没有垃圾处理设施场所，公共厕所、垃圾箱、卫生路面十分短缺，基线调查表明：已填表的 274 户人家，只有 31 户人家有厕所，占调查户的 11%，243 户人家没有厕所，占调查户的 89%。

7. 农村组织化程度低

沙拉托乡农村社会组织非常薄弱。20 世纪 80 年代中期后，集体组织名存实亡。传统农业增产增收需要向商品化、规模化、产业化转化，才可能市场化，增加收入。但是在市场竞争非常激烈的情况下，规模化、产业化需要组织化才可能实现。目前，沙拉托乡农户面临着对大市场的困惑，不知如何增产，也不知生产什么好，这也是多年来困扰沙拉托乡村民的重大问题。

三 项目基本情况

1. 项目执行部门

互满爱人与人组织是一个发展型组织。2005 年，互满爱人与人组织与云南省政府合作以来，旨在帮助中国贫困地区发展。互满爱人与人希望能为中国缩小城乡差距、东西差距、贫困差距、男女差距作贡献。互满爱人与人组织在中国的使命是：促进人与人之间团结一致；通过项目的执行创立最广泛的发展，旨在通过向个人和社区传递知识、技能和能力，来帮助他们摆脱贫困；向贫困和最需要的人口倡导和创建更好的生活。

互满爱人与人组织中国的工作领域主要是：

——农业和环境。通过"农民互助小组项目"提供技能培训，改善产品，改变创收模式和缓解气候变化带来的影响，与农村社区一起探索可持续农业实践、水资源管理和改善土壤环境等。

——农村发展。互满爱人与人组织的"社区发展项目"与贫困群体肩并肩、手挽手，共同改善生活、健康、教育和乡村设施。

——教育项目。互满爱人与人组织"未来希望幼儿班项目"在偏远社区创建幼儿班，旨在帮助贫困儿童成长，打破贫困恶性循环。

——健康项目。互满爱人与人组织的"传染病全面控制项目"，包括"艾滋病防控项目""结核病控制项目"和"疟疾全面控制项目"，关注的是艾滋病、结核病和疟疾的感染者，在目标地区与当地社区卫生工作者和政府携手，通过健康教育、咨询和检测服务，进行基层能力建设，来预防和控制这些疾病。

云南发展培训学院是互满爱人与人组织与玉溪教育学院联合创办的培训机构。云南发展培训学院在元阳县开展的"社区发展扶贫项目"是中国互满爱人与人组织下达的项目，并且按互满爱人与人组织的要求开展工作。

2. 项目地的确定

红河州哈尼族彝族自治州元阳县是国家级扶贫县，在元阳县的 14 个乡镇中，沙拉托乡又是最贫困的乡之一，是哈尼族、彝族居住地，其他民族的比重只占总人口的 0.03%。互满爱人与人组织/云南发展培训学院选择这个乡作为项目地，主要是因为这个乡符合互满爱人与人组织在云南发展的宗旨和工作重点。

在互满爱人与人组织的支持之下，云南发展培训学院在该项目未开展以前，就在元阳县沙拉托乡实施了资助小学校建设和健康、预防艾滋病项目，有了一定的基础。为了扩大发展与扶贫的领域、加大扶贫的力度，并突出互满爱人与人组织的扶贫宗旨以及突出互满爱人与人组织在中国的工作重点和领域，决定在元阳县沙拉托乡开展"社区发展扶贫项目"，申请的项目得到了欧盟资助，在完成基线调查的基础之上设计了项目的内容和目标。每一个分项目活动的区域也是有一些要求，必须将结合项目的要求和群众的愿望来最终确定分项目地，例如：草果种植不是每一个村都合适，在7个行政村中只有小窝中条件最好；甘蔗必须在热区并且接近公路，便于运输的地方。除了自然条件、交通条件外，还要求村民必须有积极性，有一定的种植养殖经验和发展条件。

3. 项目内容

互满爱人与人组织/云南发展培训学院根据互满爱长期的发展扶贫经验，结合基线调查，确定了项目内容，项目实施采取了参与式方法和技术，让项目区群众自主决定分项目实施顺序，通过需求分析评估，筛选出每个行政村开展的项目，并按村民的意愿开展项目。开展的各分项目具体内容是：

- 玉米宽窄行技术推广
- 水稻精确定量栽培技术推广
- 草果种植与技术推广
- 大棚蔬菜种植
- 引进优良种公猪和种母猪养殖
- 建设公共卫生厕所和垃圾桶安装
- 太阳能推广
- 学前班教育
- 健康营养培训
- 建立农民互助小组
- 创建专业农民合作社

4. 项目目标

(1) 项目的总目标

- 建立农户自愿的组织（农民互助组）作为公民社会的模式，通过提高农民的生产技能，增强农业生产能力、提高农产品质量和农产品商品率、市场竞争能力，促进农民增收，实现可持续性发展。

●利用农民互助组这个平台来讨论一些对种植和贫困有着很大影响的发展问题，比如健康、营养、卫生水平的提高，妇女更多地参与公共和家庭决策。

●提高当地少数民族能力，包括农村领导能力、财务管理能力，建立符合农民兴趣的可持续性的社区组织。

●建立起地方官员、社区组织和政府支持的参与式少数民族地区减贫模式。

（2）分项目调整后在实施中要达到的具体目标

●玉米科技示范项目的目标：项目点的亩产量要实现400公斤以上，实现亩产增收30%；项目点上的农户要实现90%的农户采用科学种植方法；项目点上的农户要100%掌握玉米宽窄行技术。

● 水稻科技示范种植分项目目标：项目示范基地田亩产量要达到500公斤，即提高30%。

● 草果种植与技术推广分项目目标：逐步改善种植零散、分散等问题，形成产业化、规模化种植，实施各种科学合理的种植技术培训及现场示范指导，综合提高农民种植草果知识技术和能力，提高草果种植的经济效益；通过扶持参与种植农户创建"草果种植专业合作社"，农民自愿参加，统一收购，统一出售，从而达到使农民真正受益和经济收入提高的目的。

●引进优良种母猪养殖分项目目标：100头母猪4年共产仔猪不低于6400头，受扶持农户4年可赠送出小猪仔总数不低于720头。如果项目能够达到这个目标的话，将会大大增加该乡的收入。

●建设公共厕所、垃圾池，安装垃圾桶和太阳能分项目目标：改善公共卫生环境，解决部分人如厕难问题，为做好村容村貌工作作贡献，重要的是引导贫困人口学会讲卫生、养成良好卫生习惯，起到示范作用。

● 创建学前班教育分项目目标：从长远看，通过儿童的早期教育为贫困儿童将来的生活奠定良好的基础，增加成年后的经济生产力、公民责任感、健康的身体素质，防止贫困的代际传递。从家庭看，可以为有3—6岁小孩子的家庭解决带孩子的困难，让一些留守儿童得到较好的教育，让外出的父母放心，也使一些在家带孩子的妇女和家庭成员从带孩子的事情之中解脱出来，从事其他事情，有利于妇女收入的增加和家庭地位的提高。

●建立农民互助组分项目目标：建立农民互助组的目的是通过创造和展示基于某一个地区的扶贫模式——农民互助小组，以减少在中国少数民族地区的贫困和建立可持续发展。要在沙拉托乡建立50—60个农民互助组，项目结束时，至少70%成员的家庭增收30%，并且参加的农民个人能力有明显的提高。

● 成立专业农民合作社：专业合作社是农民建立在某种产业基础之上的自愿联合体，以自愿、公平、透明为原则，是弱者的联合体。通过这一组织，分散的农民可以抱成团，利用统购统销手段，增加抵御市场风险的能力，减少成本，增加收入，达到脱贫的目的，同时在参与合作社的过程中提高组织能力、创收能力等。该项目在设计时就强调在项目期间至少建1个合作社。

5. 项目组织机构

项目执行方为互满爱人与人组织/云南发展培训学院。组织结构见图4。

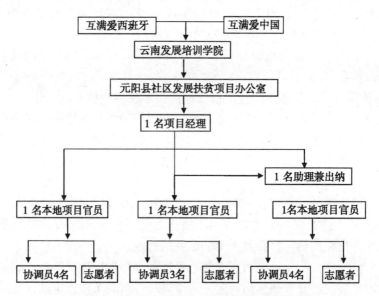

图4 互满爱人与人组织/云南发展培训学院元阳县"社区发展扶贫"项目组织结构

协调员是项目村的农民，志愿者是来自世界各地的大学生、慈善人士。

6. 项目的期限与计划

2010年1月1日—2013年12月31日（准备期1年与实施期3年）在元阳县沙拉托乡7个行政村实施。项目通过一年的准备期，于2011年正式启动实施，项目是循序渐进的。从覆盖情况看，率先在五个行政村开展，然后向其他两个行政村扩大；从具体的项目活动开展来看，率先开展了玉米、水稻、草果种植和种母猪养殖分项目，同时以项目为依托建立了农民互助组，在取得经验后于2012年、2013年扩大扶持规模，2013年12月31日项目结束。

2010 年 12 月，项目办应用参与式方法和工具，在草果洞、富寨、牛偈、坡头村利用参与式方法对项目进行了需求分析评估，邀请当地农事发展专家、村委会领导、贫困农户代表及项目办人员一起进行分析、评估，确定了项目的先后顺序。首先第一步是项目地贫困原因分析：从项目村的农业、林业、学前教育、卫生、基础设施等不同领域着手，分析贫困原因及其表现，寻找出项目村发展的需求，初步确定发展的项目。第二步是对初步确定的发展项目进行评估：一是参与的贫困农户根据自家的情况对发展项目进行优先排序打分；二是对优先排在前 4 名的项目活动进行优势、劣势、潜力、风险（SWOT）分析。第三步 SWOT 分析后确定可行的项目。第四步是利用可行性矩阵分析，最终确定 2011 年村级参与式扶贫发展项目规划。

由于资金投入的局限性，项目办决定有计划、有步骤地开展项目。通过参与式需求评估，确定了 2011 年实施的主要项目，即玉米科技示范分项目、水稻科技示范种植分项目、草果种植与技术推广分项目、引进优良种母猪养殖分项目、建立农民互助组。项目主要覆盖五个行政村：即草果洞、富寨、牛偈、坡头、小窝中。小窝中行政村由于自然环境特别适宜发展草果种植，项目办和村委会主任、当地村民经过研讨和实地考察后，认为该行政村可形成草果规模化种植，发展前景非常好，于是决定支持这种经济效益好、群众积极性高的项目，于是项目办决定支持小窝中重点发展草果种植，起到示范和增收效果。参加项目需求分析评估的人员构成，见表 5。

表 5　　　　　　　　参加项目需求分析评估的人员构成　　　　　　单位：人

行政村名	项目办	专家组	村委会	村民代表	合　计
草果洞	4	2	3	21	30
富寨	4	2	3	17	26
牛偈	4		3	18	25
坡头	4		3	16	23

草果洞、富寨、牛偈、坡头四个行政村的村民代表，根据各个行政村农户代表的打分，排序及可行性分析后，确定了发展项目和项目的先后次序，见表 6。

2011 年，项目办制定的村级发展工作计划为后两年项目活动的开展打下了基础，保证了项目开展的连续性。

表6　　　　　　　　　　2011年沙拉托乡的五个行政村开展的项目

发展项目排序		草果洞	富寨	牛倮	坡头	小窝中
种植业	玉米					
	水稻					
	甘蔗	4			4	
	草果					1
养殖业	猪	2	4	1	3	
林业						
学前班		1	2	2	1	
卫生设施	厕所	3	1	4	2	
	垃圾池			3		
基础设施	饮水		3			
	道路					
	灌溉					
能力建设						
妇女健康						

四　项目完成情况

1. 玉米宽窄行技术推广项目的实施与完成情况

经前期调研和基线调查显示：传统农业是沙拉托乡的主要经济支柱，其中传统的养猪业又是农民的最关重要收入来源，玉米产量是养猪业是否能够获得发展的最关键因素，但沙拉托乡一直沿用传统的种植方式和品种，玉米产量很低，平均亩产在400公斤左右，2011年项目办请专家面对面地培训玉米宽窄行种植技术，平均亩产同比增产了171公斤，经济收入增长了342元。2013年，项目办扶持了1500亩玉米宽窄行种植，并入户、到田间指导，培训，实施全程监管，平均每亩增产31.27%。

2. 水稻精确定量栽培技术推广项目的实施与完成情况

水稻是沙拉托乡农民的基本生存保障，水稻种植一直都在沿用传统的技术，产量不高，根据推算，亩产量在300公斤左右。2011年，实验水稻精确定量栽培技术130亩，抽样测量水稻产量亩产达到了780.87公斤，比原先增产了一倍左右。项目办截至2013年使用水稻精确定量栽培技术种植的面积已达2500亩，直接受益农户1022户，最高亩产达780.87公斤，产量普遍增收30%以上，220户问卷显示：2013年种植水稻产量没有增加的人家为零，没有种植的人家有24户，种植水稻的有196户，在这196户人家中水稻增 10% 的有 7 户，增 20% 的有 60 户，增 30% 的有 124 户，增 40% 的有 4 户，增 50% 的有 1 户。增 30% 以上的人家共有 129 户，占种植户的 65.8%，超额完成了设定的目标。

3. 草果种植技术推广项目的实施与完成情况

2011 年，项目计划扶持 20 万棵草果苗，种植 1000 亩草果，逐步改善种植零散、分散等问题，形成产业化、规模化种植，实施各种科学合理的种植培训及现场示范，综合提高农民种植草果知识和能力，提高草果种植的经济效益。项目办负责支付专家组所产生的各种费用以及支付相关人员的工资或补贴；原则上每亩扶持 200 棵草果苗，项目扶持只占 2/3，农民自筹占 1/3。2013 年，项目办又在小窝中村发放了草果苗和进行培训，发展草果种植 514 亩，覆盖 156 户。在草果洞村 30 份问卷中，得到过项目办分发的草果苗的人家就有 29 户占调查户的 97%。

项目办选择部分种植农户代表到规模化种植基地进行实用技术培训和观摩学习活动，使农户充分掌握关键环节技术，结合自家的实际情况把草果种好；制作科学种植培训材料分发给草果种植户；结合农户的实际情况，全程给予跟踪、指导和现场技术示范；自项目开始至 2013 年针对草果已种植了三年的实际情况举办了 17 场草果后期管理知识培训，2013 年末项目结束时，草果长势非常好。

4. 大棚蔬菜种植示范项目的实施与完成情况

根据蔬菜种植供应情况，2012 年，项目办修建了蔬菜大棚 6 个，占地 2—3 亩，作为温室大棚蔬菜种植示范基地，并邀请蒙自大棚公司技术人员到项目地制作大棚及培训，请专家指导，项目办人员带大棚种植示范户到蒙自绿通农业科技有限公司考察学习如何种植及管理。此外，为了调整沙拉托乡农业种植业单一的结构和扶持新产业，项目办扶持了 3 户漫江河农民种植铁皮石斛，面积 0.8 亩，并请专家指导培训，组织农民示范户到临沧学习。

5. 引进优良种母猪养殖项目的实施与完成情况

2011 年，项目办根据新成立的农民互助组主题和资金能力，结合项目地的实际，决定把扶持农户养猪做成"扶贫＋农民友好互助"的模式，计划引进 4 头优良公猪，3 头指定给沙拉托乡畜牧兽医站饲养，由防疫员负责日常饲养管理，1 头指定给小窝中村民饲养；引进 100 头二元系 LY 种母猪，分配到富寨、草果洞、牛倮、坡头、小窝中 5 个行政村的部分农户家。要求农户每头母猪每次产仔时，必须赠送一头仔猪给其他没有分配到种母猪的农户，同一受赠农户最多只能受赠两头，但受赠农户只限于沙拉托乡富寨、草果洞、小窝中、牛倮、坡头 5 个行政村。2012 年，项目扩展到全乡 7 个行政村，又扶持了种母猪 77 头、种公猪 7 头，分发给每个行政村。2013 年，引进 130 头种母猪，覆盖 130 户农户，改变了以往受赠户不出一分钱的情况。每头母猪扶持 1000 元，其余 500 元由农民自筹并交给种猪公司。同时，一年中的大部分时间都有种母猪养殖培训。

根据入户访谈和问卷调查，这个项目基本完成了预期的目标。在走访的农户家，得到过种母猪的人家只要繁殖基本上都兑现合同的规定，履行了赠送承诺，一些人家甚至送出了三只以上的小猪。问卷调查统计得出：220 户抽样调查的人家有 97 户从项目办获得了种母猪，至 2013 年已送出的小猪达到了 141 只，已销售小猪 957 只，毛收入达到了 352350 元，纯收入达到了 175200 元。

6. 公共基础设施建设项目的实施与完成情况

一是厕所、垃圾池建设项目的实施与完成情况。环境卫差不仅会影响沙拉托乡村容村貌，也会影响村民健康和生活质量。环境卫生不好的重要原因，从硬件上来说，主要是缺乏厕所和垃圾设施；从软件上来说，人们还未形成良好的卫生习惯。建设公共卫生厕所和安装垃圾桶，既是为了改善环境卫生，也是为了培养人们良好的卫生习惯作示范。2012 年，项目办在 6 个行政村的 6 个自然村里修建了 6 个公共厕所，每个厕所的建筑面积有 12 平方米。2013 年，又建了一个公共厕所共 7 个，20 个垃圾池，安装了 50 个垃圾桶，完成了计划任务。

二是太阳能推广项目的实施与完成情况。项目办为沙拉托乡扶持安装 130 台太阳能，为 130 户农民解决了洗澡困难的问题，起到了示范作用。这个乡最大的问题之一是缺水，并且公共供水设施建设跟不上需要，限制了太阳能的普及。如果这个乡的水资源能够保证，村民都能用上自来水的话，项目办还可以多扶持一些农户安装太阳能。太阳能没有完成项目计划的主要原因不在于项目办，而是当地水资源和供水设施的限制，特别是最近三年来大旱，很多地方的水源都干涸了。

三是村寨道路项目的实施与完成情况。这个项目并不在计划之内，是在村民的要求之下，项目办帮助修建了 3.5 公里的沙土路面。这 3.5 公里公路解决道路通达问题，方便了村民进出和运输物资，对于生产与生活的作用很大，得到了村民和当地政府的肯定。

7. 学前班教育项目的实施与完成情况

2012 年，富寨村委会中心小学校与项目办合作开办了第一个学前班，学前班学生数为 39 人，教师 1 名。2013 年，通过充分的准备开办了 6 个学前班，至 2013 年末一共建了 7 个班，有 195 个学生，解决了 195 个家庭 3—

6 岁孩子入学前教育的困难。学前班与计划开办任务还差 30% 的主要原因是社区的交通、办学点条件的限制，以及后继管理、可持续性等问题。目前，沙拉托乡大部分学龄前儿童还没有条件到学前班上学，群众对于开办学前班的呼声很高。

8. 创建农民互助小组的实施与完成情况

项目办以农民互助组的组织形式开展项目，形成凡是有分项目的地方就有互助组，分项目实施的同时，互助组也就成立了。截至 2013 年 10 月底，创建了 50 个农民互助小组，2274 户，从而完成了创建数，超额完成了覆盖户数。

9. 专业农民合作社项目的实施与完成情况

根据项目设计的要求，至少建立 1 个合作社。2013 年，项目办扶持的小窝中行政村的草果种植已发展成为了一个具有规模效益的产业，具备了发展专业合作社的条件，正式注册成立了草果合作社。

10. 健康、卫生、营养培训项目的实施与完成情况

2011 年，通过互助组的形式开展了 5 次健康、卫生、营养培训。2012 年，由项目办邀请乡卫生院指导员分别到阿嘎、草果洞、牛保、小窝中、坡头、富寨、漫江河村进行妇女健康知识培训，培训人数为 557 人，培训的内容有生殖道感染疾病预防及治疗、女性常见妇科病。2013 年，卫生健康营养培训 31 场，参加人数达到了 1285 人次。

五　项目的实施效果与影响评价

1. 项目的覆盖情况

项目覆盖了沙拉托乡的 7 个行政村，2013 年，从项目中直接受惠的农户有 2274 户，占总户数的 42%。具体覆盖户数的分布见表 7。

项目覆盖了 7 个行政村的 2274 户人家，他们从项目中得到了实实在在的帮助，项目示范和影响面却是全乡。项目开展的分项目主要有：玉米宽窄行技术推广；水稻精确定量栽培技术推广；引进优良种母猪养殖与传递；草果种植与技术推广；建设公共卫生厕所和垃圾池，以及安装垃圾桶；太阳能安装示范；学前班教育；建立农民互助小组；成立草果专业合作社，等等。

2. 总体评价

元阳县"社区发展扶贫项目"是在详尽的基线调查和互满爱已取得的经验成果基础之上确定的，因此切合元阳县沙拉托乡贫困人口的需要和互满爱的组织、管理、发展能力。项目在实施过程中克服了许多体制和传统上的障碍，总体上产生了非常好的效果和影响，达到了设计目标。

表 7　　　　　元阳县社区发展扶贫项目行政村农户覆盖情况统计表

编号	行政村 （户数）	玉米、草果 （2011 年、 2012 年）	水稻 （2011 年、 2012 年）	2013 年玉米	2013 年水稻	合计
1	草果洞	116	173	80	94	463
2	阿嘎	50	200	0		250
3	富寨	154	147	80	54	435
4	漫江河	72	54	61	47	234
5	牛倮	92	129	39	77	337
6	坡头	100	140	33	32	305
7	小窝中 （草果种植）	225 （草果）	25（水稻， 含在 225 户中）		156（草果与 前面重复户）	250
合计		809	868	293	304	2274

3. 分项目评价

这些设计的具体目标是为了保证总目标而设计的，这些分目标完成的好坏决定了总目标的成功与否。经过三年的项目实施，各分项目完成较好，只有学前班的数量只达到计划的 79%，大部分项目超出了预期。

（1）直接受益人群 2000 户，建立 50—60 个农民互助小组

实际上直接受益人群达到了 2274 户，覆盖达到了全乡农户的 42%，成功建立了 50 个运行正常、受到农民欢迎的农民互助小组。

（2）至少 70% 的农民互助组成员在项目实施中农产品产量或质量得到增加

220 户抽样调查表明：100% 的采用项目办推广的新技术、种子、化肥的农户都增加了产量，超额完成了预定的目标。

（3）至少 50% 的互助组成员实践可持续性种植

根据问卷调查，220 户农户中，有 200 户使用了可持续农业耕作方法，其中 183 户人家采用了堆肥达到了调查面的 83.3%、200 户人家采用了轮作达到了调查面的 90.9%、195 户人家进行了间作套种达到了调查面的 88.6%，超过了 50% 的计划目标。

（4）至少 70% 的互助组成员的家庭增收 30%

2013 年末，农民人均纯收入 3610 元，已比 2009 年大幅度提高，与官方公布的数字相比增加幅度达到了 75.5%，远超了项目预定的 30% 的目标。贫困人口发生率 45%，比官方公布的数字减少了 15%。

（5）至少 70% 的农民互助组成员的家庭成员提高了健康和营养水平，

目标家庭中的营养不良儿童减少20%

由于这个项目目标未做专业认定，本项目的评价只能建立在调查问卷基础上。220份问卷显示：有198户人家对于妇女卫生健康和儿童营养的知识是通过互助组得到的，达到了调查户数的90%；有205户农户表示参加过健康营养培训，占调查面的93.8%；觉得培训有用的农户有218户，达到调查面的99%；家里人生病与三年前相比，减少的人家有220户，占调查面的100%；生病周期减少的有220户占调查面的100%。问卷调查结论基本能够说明该分项目已达到了设计目标。

（6）提高学前班年龄段儿童的教育，扶持开办10个学前班，以及减少妇女的劳动负担和提高妇女的地位

由于村民居住分散、基础设施限制等原因，计划10个学前班，但只创建7个，已创建的学前班取得了很好的效果，受到了农民的欢迎。入户访谈和问卷调查都已证实了这个项目是一个成功的项目。因为减少了妇女带孩子的时间，必然减轻了妇女的劳动量。根据问卷，家庭决策中，共同决策的家庭占第一位，第二位是妇女，第三位才是男子；在家庭分工中，共同承担劳动的家庭占第一位，男子承担主要劳动的家庭占第二位，第三位才是妇女主要承担家庭劳动；在220户人家，男子保管钱的人家只比女子保管钱的人家多12户。这一结论说明了妇女在家庭中的地位并不是很低。

（7）提高农民的自我组织、自我管理能力来提高生产力、产品质量和销售能力

通过三年来对农民互助组的支持，以农民互助组为载体实施了所有的项目。种养业的成功意味着农民互助组在生产力和产品质量方面起到了作用。在项目实施中农民互助组成员们得到了锻炼，有了一定的组织、管理能力。沙拉托乡开展的玉米、水稻种植产业主要用于满足自身的需要，养猪产业还未形成较大的规模，而且自产自销的渠道较通畅，农民没有意愿组织统一销售。草果产业还在培育之中，2013年末形成批量产品，销售问题没有出现。

（8）提高当地少数民族年轻人的领导能力以及充分参与项目活动

由于年轻人大量外出打工，参加农民互助组的年轻人比老人、妇女、中年人少，由于这一特殊的情况，谈不上提高少数民族年轻人的领导能力。因此这一目标的实现情况不理想。

（9）项目结束后至少50%互助组正常运行，实现可持续性

在这三年中，项目办非常注重发挥互助组的作用，开展的所有项目都放在互助组中来操作，通过项目的实施使互助组获得了人心、提高了多方面的能力，从而让这个农民自愿组织得以生存、持续。从入户访谈获得的信息分

析，农民互助组得到了农民的广泛认可，认为这是好组织。但是如果没有政府的支持和项目投入，一旦项目结束，互助组运行还是非常困难的，因为这个互助组全是靠项目来支持，如果没有政府的支持，政府支持发展的"两社一会"就会冲击到互助组，只靠互助组领头人把这一自组助织运行下去是非常困难的。如果政府把互助组与"两社一会"相衔接，互助组就能全部运行下去。在与乡政府的访谈中得知，现在乡政府没有打算支持农民互助组的想法。

（10）至少建立一个注册为以增加收入，减少贫困为目的的"合作社"（专业生产合作或销售合作社）

项目办在三年中，从组织农民种植草果到后期的管理，已为这个产业的发展奠定了较好的基础，建立在草果基础之上的专业合作社也是一个农民自我组织，将在日常管理、技术服务、采购物资、培训、销售、维护农民的利益方面起到组织作用。在项目办的努力之下，草果合作社已正式注册，并得到批准，圆满地完成了预定的目标。

4. 效益与影响

（1）社会效益突出

这个项目非常注重开发式扶贫，培养贫困农民自我发展能力，从根本上摆脱贫困。这个项目在设计之时，不仅关注了项目产生的经济效益，也非常重视教会贫困的农民掌握先进的方法、理念，因此获得了较好的社会效益。

就种植养殖项目来说，改变了传统落后的生产方式，如玉米、水稻、草果和种母猪项目，从规划到实施，既产生了经济效益，也让农民真正掌握了技术，培训、指导、监测等工作一直都贯穿于项目的始终，通过三年项目的实践，农民已经掌握了新的种植养殖技术，产生了较好的社会效益。在培训、学习之中，农民互助组的成员增加了交流与合作，增长了组织能力，学会了表达自己的愿望，提高了参与意识。种母猪项目不仅产生了经济效益，起到了实实在在的减贫作用，更是传递了互助精神，增加了社会资源。

就公共基础设施建设项目来说，主要是为了获得社会效益，起到示范作用，或是从理念上、根本上对贫困进行干预。厕所、垃圾池、垃圾桶、太阳能除了解决很小一部分人的需要外，主要是实验、示范，让贫困人口改变不好的卫生习惯。学前教育是从小培养儿童良好的习惯，使之长大后能更好地融入文明社会，阻断贫困的代际传递。

就农民互助组来说，以这一农民自愿组织承载了项目组织、管理、运行、监测、验收等工作，探索了一种扶贫新模式，是一种创新的有效的模式。

各种培训除了教给受训者实用的知识外，还灌输了先进的理念，如讲卫生、讲合作等。

（2）经济效益显著

经济效益主要是针对种植养殖项目的。这些项目如果没有较好的经济效益就没有实施的必要，更不可能持续。在元阳县沙拉托乡开展的种植养殖项目主要是针对当地生产力低下和温饱问题解决程度较低展开的，切合当地的情况，因此经济效果很好，访谈与问卷调查已经获得了证实。

（3）项目影响较大，值得总结、完善

所谓影响就是超出了项目本身和项目区范围而产生的效应。这个项目最大的影响就是探索、总结出了一套以互助组为载体的扶贫发展模式，这个模式是可以复制、再推广的。可以说，元阳社区扶贫发展项目是镇康社区扶贫项目的复制板和完善板，也可以推广至其他地区。

5. 项目组织管理能力评价

（1）建立了一个合格的管理团队

这个项目之所以取得如此成功的效果，与有一支能够吃苦耐劳的项目工作队伍密不可分。沙拉托乡是一个条件很艰苦的少数民族地区，外来的项目实施人员面临着语言不通、生活习惯不同、生活条件艰苦、远离家乡的种种不便，必须有吃苦耐劳的毅力和对扶贫事业的热爱，以及较强的管理能力才能胜任，互满爱/云南发展培训学院培养了这样一支队伍，保证了项目的圆满完成。

（2）建立了一套严谨的管理制度

建立了严谨的管理制度，自2011年项目实施至2013年结束，项目办每月都有月报，详细记录了当月开展的工作、面临的问题以及改进的方案，下月的计划、要求等，月报也是项目监测和监督的方式，使整个工作和成效、问题一目了然，清清楚楚。

（3）为当地培养了一批能人和不走的扶贫队伍

这个项目中的所有分项目都是依靠互助组实施的，项目的协调员是当地的农民，互助组组长、副组长都是当地村民，通过准备期和项目实施期四年的实践，一批项目协调和互助组组长成长起来了，他们实际上已成为村里的能人，致富带头人，个别协调员正是因为参与了这个项目，获得了群众的拥护被选为行政村村委会主任。三年间，项目为沙拉托乡培养了一批懂技术、具有组织能力的社区发展扶贫人才，留下了一批不走的扶贫队伍。

（4）建立了一批社区农民自愿组织

这个项目创建了50个农民互助组和1个农业合作社。50个互助组中最长的运行年限达到了 3 年，一些达到了 2 年，已经建立了一定的运行机制和运行经验，取得了很好的效果，并且被群众所接受。专业合作社是在草果互助组基础之上成立的，由于有产业支撑和林业等部门的配合能够持续下去，并发挥了应有的作用。

六　项目实施取得的经验与存在的问题

1. 基本经验

（1）项目设计合理

项目设计是否符合项目地的实际情况是这个项目成功的第一步，也是项目得以是否顺利实施的关键环节。这个项目抓住了农民基本生活中最薄弱的地方，从传统落后的玉米、水稻种植和种母猪养殖着手，帮助这三个产业形成了良性互动关系，解决了农民温饱的同时增加了收入，得到了农民的响应和支持。项目设计的学前教育是农村中又一薄弱环节，深入人心，解决了实际问题。卫生健康也是贫困农村普遍存在的亟须解决的问题，项目作了示范，效果明显。

（2）组建了一支有力的管理队伍

项目实施是否成功关键是有一支能力强、能吃苦、负责任的管理队伍。元阳项目组建了这样一支管理队伍才使这一充满挑战性的项目得以圆满完成。

（3）管理制度健全

制度是项目得以完成的基本保障。该项目建立了全程管理、组织、指导、监督、监测的制度，并编制了月报，三年来没有任何中断。这个项目也可以说是用制度保障了项目顺利完成的典范。

（4）管理模式有效

互满爱创立的"农民互助组"扶贫模式是一个值得总结和推广的新型的扶贫模式，在项目的实施中起到了非常重要的作用，成为项目实施、取得经济与社会较好效果的保证。

（5）资金有保障

项目是否得以顺利推进，资金保障是基础。项目之所以取得了成功与资金按时按量提供保障有直接的关系。设计、管理、制度再完美，如果资金不能按时按量给予保证，项目也不能很好地进行。这个项目之所以成功也是资金保证的结果。

2. 存在的问题

（1）资金有限的情况下项目点过多、分散

项目过于分散，规模效益和最佳示范效益受到了影响。评价组认为，在这个项目已有的资金规模条件之下，如果能够把项目集中在两至三个行政村之中，形成规模效应，这个"社区发展扶贫"项目的实验示范效果就会更好，影响力也许会超过七个行政村，得到的评价会更高，更具有感召力。

（2）县乡政府支持不够

由于未能与政府签订合作协议，导致县乡政府支持不力，增加了项目办与乡政府的协调困难，使项目工作人员花费了较多的力量和克服了许许多多人为障碍才使项目得以顺利实施。在中国现有体制之下和涉外敏感性的影响下，县乡干部担心犯错误，再加上信息不对称，不敢越雷池半步，而贫困人群在长期"等、靠、要"的思想之下，也往往习惯了看干部的脸色行事，造成了项目开展初期得不到群众信任的困难。在项目开展的初期，县乡级政府对项目的实施持严重的怀疑态度，乡干部曾对评估组表示，对项目采取了"不支持、不配合、只监督"的态度。在项目的实施过程中，看到项目对贫困群众的真正帮助，产生了良好的效益后，乡政府才给予了有限的配合。

七　项目后续实施可持续性分析与建议

1. 项目后续可持续性分析

由于这个项目符合项目区的情况，实施效果较好，一些扶贫项目甚至超出了预期目标，对项目一一进行后续可持续性分析，评价组认为：

（1）种植养殖分项目能够获得持续

因为这些分项目已取得了实实在在的成效，获得了普遍增收，同时由于大规模、持续的培训、指导，农民已经熟练掌握了玉米、水稻、草果、种母猪养殖的技术。这些产业也是农民生活的基础和保证。许多农民向评估组表示，不会放弃项目推广的技术。

（2）学前班教育能够获得持续发展

在创办学前班项目的初期，项目办就考虑到了该项目的可持续问题，选择校址时考虑到农户居住的条件、人口集中度，以及是否有教学点或者小学。在项目结束前，项目办就与当地小学签订了协议，由小学校继续管理学前班。在对农民的访谈中，评价人员提出：项目结束后，是否愿意出资支持学前班，或者是让学前班关门的问题时，农户表示愿意出一些经费，这对于项目起到了关键的作用，有理由相信这一项目具有了持续性，并会获得可持续发展。

（3）小型公共设施和健康卫生项目将会继续起示范作用

卫生设施、太阳能、公路等示范设施是民心工程，获得了民心的同时，也受到了项目村的欢迎，起到了很好的示范效果。项目结束后，这些设施已有归属，公共厕所和垃圾池、垃圾桶已由当地村委会或互助组维护。健康、营养知识已为人们所掌握，运用于生活之中。

（4）互助组和专业合作社的可持续发展面临困难但不会全军覆没

互助组是互满爱组织创新的扶贫模式，在这个项目中起到了非常好的组织、管理、运作、监督、监测等作用，也是项目执行的主体，是一个好的模式，但仍需要完善、巩固，遗憾的是项目结束了，这一好的、具有可复制潜力的模式面临着许多中国体制、贫困农村社会发育不成熟、无项目支持等困难，如果再扶持一段时间，可持续的能力肯定会得到加强。就目前的情况看，这个项目已培养了一大批互助组能人，并且获得了群众广泛的认可，有了群众基础，互助组的能人实际上也是乡村民间有威信的人，他们的作用不可忽视，由此可以判断一部分合作社是可以持续的。草果专业合作社是在草果互助组基础之上建立的，得到了政府主管部门的注册，而且有产业支持，具备了可持续发展的条件和能力。

2. 项目建议

（1）与政府签订项目后续合作协议

元阳县社区扶项目没有与政府签订了合作协议，虽然项目在后期得到了政府部门的一些支持，但没有全方位的配合，如果与政府签订后续合作协议的话，使政府能够接手这些成功的项目，就可使政府的扶贫工作更有效，同时也可使项目获得可持续发展，而农民也可从这些项目中继续获利，这是一个多赢的格局。

（2）对互助组和草果专业合作社再扶持一程

农民互助组是一种新的扶贫模式值得总结、完善，可成为一个成功的可以复制的模式，如果过早放手就会夭折，使一个有前途的模式失去了可持续的可能。元阳沙拉托乡的 50 个互助组成功成立，并且起到了很好的作用，这是各方人士公认的成就，但是互助组的可持续发展面临着：没有项目支持，没有形成可持续运行机制，缺乏完善的规章制度等困难，互助组虽然有事可做，但缺乏活动经费，靠互助组自觉行为和带头人实现可持续发展有许多不可测的因素，一部分互助组有可能在项目结后而消失。

（3）学前教育还应持续一段时间效果将会更好

学前教育分项目深得人心，是最受农民欢迎的项目之一。随着农民外出打工的增多，留守儿童也会增多，教育和照看孩子的问题就会更加突出，对学前教育需求的家庭会越来越多。

案例四　云南省文山州麻栗坡县外援扶贫①的调查

　　案例说明：云南省文山壮族苗族自治州麻栗坡县与红河州哈尼族彝族自治州金平苗族瑶族傣族自治县是中国外资扶贫项目最多的两个县，自1992—2012年的20年间，外援扶贫项目在这两个县已达到了上千个项目，其中麻栗坡县就达到了500多项，外援项目对于这两个县的发展与脱贫起到了重要的作用。

　　为了较好地利用外援扶贫项目，麻栗坡县成立了县外援办公室，2013年大部制机构改革后，这个外援办公室被确定为正科级，而县扶贫办降级为副科级，可见外资扶贫在这个县的重要地位。进入新10年扶贫阶段，虽然全省外资扶贫项目处于大幅度减少之中，但麻栗坡县并未减少，来自外援的资金每年平均不少于1000万元。由于实施了500多项外资扶贫项目，这个县积累了十分丰富的利用外资扶贫的经验，对于外资扶贫项目的理念、方法、程序、管理熟稔于心，而且总结出了如何利用外资扶贫的方式方法，再由于这个县建立了专门的机构，有专门的人和专项资金对外资扶贫项目进行管理、协调、实施、监测，并且通过整合扶贫资源，使外资扶贫项目与政府、社会的扶贫项目相结合，形成有别于很多地方的特殊扶贫形式。

　　这个案例与上述三个案例不同之处在于，是从整个县的面上对外援扶贫进行了调查从中印证外资扶贫中具有的普遍特点。

　　由于麻栗坡设立了外援办，专事外援项目的管理、服务、协调，大部分国际援助组织把项目的实施交给了外援办，外援办根据国际援助组织的要求实施项目，接受援助方的监督、检查，也有一些外资项目要求设立专门办公室、招聘项目人员，但仍需要外援办协调和帮助其实现本土化运作。近年来，外援办通过与国际援助组织协商，把资金整合到国内项目中，或者把国内项目的资金整合到外援项目中，产生了更好的效果，按当地政府工作人员的说法：从外资投入方看，往往百万元的投入，由于整合了国内几百万元的资金产生了若干倍的效果，中外双方都感到很满意，这种做法相对其他地区的外资扶贫项目已经产生了很大变化。

---

　　① 本文的外援扶贫与外资扶贫的区别在于：外援扶贫包括了外交部、省外办工作人员的捐款捐物和外交部、省外办的筹款，以及境外国际援助组织和个人的资金。由于麻栗坡县没有把外交部、外办与境外资金分开，统称为外援资金。外援扶贫包括了国际援助组织和外交部、省外办、国内国际友人资助和开展的扶贫项目。

一　麻栗坡县的基本情况

麻栗麻县位于云南省文山壮族苗族自治州东南部，国土面积2334平方公里，辖4镇7乡2个农场管理区委员会9个社区93个村委会1940个村（居）民小组，总人口27.8万人，是新时期592个国家扶贫开发工作重点之一。基本县情体现了"老、少、边、穷、山、战"六大特点。"老"指的是麻栗坡县是解放战争时期的革命老区，为坚持长期的革命斗争作出了贡献。"少"指的是麻栗坡县是一个少数民族居住的地方，有汉、苗、壮、瑶、彝、傣、蒙古、仡佬8个民族，2012年有少数民族人口11.67万人，占总人口的40%。"边"指的是县境东南部有8个乡（镇）22个村委会148个村民小组直接与越南河江省的"五县一市"接壤，国境线长277公里，占云南省中越边境线总长的20.5%，居住着4696户20175人。"穷"指的是2011年年末全县地区生产总值只有30亿元，地方财政一般预算收入2.5亿元，农村居民人均纯收入3680元，按农村居民人均纯收入2300元的标准计算，全县有农村贫困人口154330人，占全县总人口的55.6%、农村总人口的60.7%。"山"指的是全县99.9%的面积为山区，其中喀斯特地貌占70%以上，有耕地28.31万亩，农民人均耕地仅1.12亩。"战"指的是由于经历了援越抗法战争、新中国成立初期的剿匪斗争、20世纪60年代末的援越抗美战争、70年代末至90年代初的对越自卫还击战等，由于受战争等历史因素的影响，麻栗坡县1993年才转入战争后恢复建设。全县社会经济发展基础差、底子薄、起步晚，居民收入低，县穷民贫仍然是麻栗坡县的基本县情。在80年代初，金平县就被云南省定为贫困县。1986年以后，一直都是国家重点扶贫开发县，得到国家的多方支持。1992年以来，外交部坚持动真情、扶真贫、真扶贫，大力支持麻栗坡县改善生产生活条件，帮助贫困群众增加收入。

二　外援扶贫项目进入麻栗坡县的由来和投入结构

90年代初期，国务院扶贫办要求还没有确立对口扶贫的中央国家机关要尽快选定扶贫单位，当时分配给外交部的任务是两个国定贫困县，外交部办公厅通过各种渠道寻找对口扶贫的地区。时任云南省外事办公室主任的冯树森得知这一消息后，立即到北京向当时的部长助理唐家璇陈述情况，要求将外交部扶贫点落在云南省，并提议帮扶贫困程度深的麻栗坡和金平两县，经钱其琛副总理（当时兼任外交部部长）同意，经上报国务院扶贫办同意批准确定。由于历史等原因，1992年，麻栗坡全县财政收入只有746万元，农民人均纯收入仅226元，有22万人生活在温饱线下，80%以上的群众缺水缺粮缺钱，生产生活非常艰难。1992年，外交部开始对麻栗坡和金平两县定点扶贫。1992 年 5 月 20 日，外交部派遣机关纪委书记陈忠诚率领一个扶贫考察组来到麻栗坡县实地考察，了解民生民情，酝酿帮扶计划和措施。1992 年，成立外交部扶贫开发领导小组，组长由部长或副部长兼任，领导小组由 37 名司局级干部组成，小组下设扶贫办处理日常扶贫事务，扶贫办属正处级单位，隶属办公厅，有专职干部 5—8 人，常驻两县代表 2 人。外交部与地方的联系渠道是云南省外办、两县外援办。从部领导到各个驻外使领馆、驻外机构工作人员都情系麻栗坡，踊跃献爱心，慷慨解囊，参与扶贫工作，积极捐资、捐物，帮助引进国际组织项目。1994 年，国家"八七扶贫攻坚会议"之后，国务院扶贫办正式确定云南省麻栗坡县和金平两县为外交部定点扶贫单位。

由于麻栗坡县是外交部和省外办的挂钩扶贫县，因此有了近水楼台先得月之便，开展的外资扶贫项目是云南省贫困县中最多的两个县之一。在外交部的努力支持下，共有德国政府、欧盟委员会、意大利政府、西班牙政府、澳大利亚政府、世界粮食计划署、联合国等国家和组织在麻栗坡县开展了外资扶贫项目。

外援项目已累计投入麻栗坡县帮扶资金 1.37 亿元，实施温饱工程、教育工程、卫生工程、整村推进工程、培训工程五大类工程及外援小额信贷等项目 521 个，惠及边疆群众 27 万人，基本上覆盖了全县农村人口。

麻栗坡县的外援扶贫项目基本上是针对该县县情和贫困人口致贫的根本原因确定的，重点投入从最薄弱、最需要解决的基础设施、教育、卫生医疗着手，在重点解决有饭吃、穿得暖、能上学、能就医，同时通过大量培训，提高农民的生产技能、增加生产生活必备的实用知识，提供小额信贷扶持农民增收，支持具有一定生产条件的茶园发展茶叶产业。截至 2012 年，外援扶贫项目累计超过了 500 项，外资扶贫实施的温饱工程共有 243 个项目，投入资金 4149.4 万元，占总资金的 30%；教育工程实施项目 142 个，投入资金 4686.5 万元，占总资金的 34%；卫生工程实施项目 67 个，投入资金 2118.9 万元，占总资金的 15%；整村推进工程实施项目 21 个，投入资金 1075 万元，占总资金的 8%；培训工程实施项目 46 个，投入资金 979.9 万元，占总资金的 7%；外援小额信贷扶贫项目投入营运资金 449 万元，杨万者阴山茶场投入资金 217 万元，以上两项占总资金的 6%。

三 外援扶贫的贡献

外援扶贫在麻栗坡县起到了非常重要的作用，虽然是在政府主导下的社会扶贫的一部分，但却占了整个投入的 1/3，至 2012 年仅资金累计投入就达到了 1.37 亿元。外援扶贫项目投入的资金不仅扶持了麻栗坡贫困人口脱贫，也改善了项目区生产生活条件，拉动了全县经济社会发展，产生的作用应是全方位的。外援扶贫投入的方向和重点决定了其作用，在麻栗坡县主要反映在以下几个方面（见图5）：

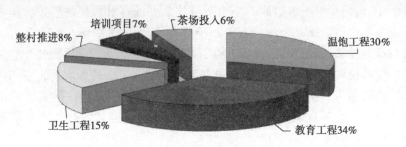

图5 外援扶贫投入结构情况

1. 改善了生产生活条件

自1992年至2011年，实施的人畜饮水工程和农田灌溉建设，解决了6万多人的饮水困难和1.6万亩农田灌溉的问题；实施了抗旱救灾、水土保持、输电、无偿援助有偿使用等项目；投入资金675万元，实施了麻栗镇牛滚塘村委会塘子边村、天保镇天保村委会苏麻湾村整村推进项目、董干镇马崩村委会毛拜村等16个整村推进项目，同时还实施了抗旱、水土保持、输电、救灾救急等项目。

2. 改善了教育条件

1992年至2011年，建成了100多所希望小学，占全县现有292所小学的36%，排除校舍危房7万平方米，新建校舍8万余平方米，使1300名教师和2.6万名中小学生搬进了宽敞明亮的教室。建立奖学基金项目，奖励优秀学生2400余人次，救助贫困学生6000余人次，奖励优秀教师1100余人次，同时还实施了图书室配置项目、多媒体教室等项目。

3. 改善了卫生医疗条件

1992—2011年，在该县投入近2000万元的资金实施了60多个卫生医疗项目，修建了8个卫生院的医技综合楼、县妇幼保健院和县皮肤病防治综合楼，建成村卫生室43个，占全县93个村委会卫生室的30%以上，同时为8万余名贫困群众解决了参合经费，实施了配备医疗设施项目和白内障复明手术等项目。卫生设施的改善，在很大程度上解决了项目区看病难的问题，总体上提高了医疗水平。

4. 提高了贫困人口的能力

1992—2011年，投入资金948.9万元，举办了澳大利亚培训项目、西班牙培训项目、美国文更中心培训项目等42个项目共计600余期，培训内容涵盖法律知识、家庭保健知识、创收技能等。通过开展培训，使许多贫困人口掌握了一至两门实用技术；少数民族妇女通过健康和法律知识的培训，知道了预防妇女疾病的知识；通过扫盲教会妇女们简单的计算，敢出远门做生意了；通过法律培训，村民们知道什么事该做什么不该做了，并且会运用法律保护自身的权益，等等。

5. 促进了贫困人口的增收

一是开展了小额信贷等增收项目。国际援助组织开展了很多增收项目，但最具特点和持续到现在的项目主要是小额信贷。小额信贷在麻栗坡县是1996 年正式启动，项目覆盖董干镇、杨万乡和铁厂乡，设 3 个外援小额信贷站，共有 9 名信贷员，其中董干小额信贷站 2 名、杨万小额信贷站 2 名，铁厂小额信贷站 4 名，县乡村经济发展协会总会计 1 名。小额信贷启动资金共 449 万元，主要来源于联合国开发计划署、国际农业发展基金会、外交部等。截至 2011 年，共滚动发放小额信贷资金 2513.44 万元，回收资金2407.82 万元，扶持农户 9780 户。

二是投入 217 万元资金到杨万者阴山茶场，种植了共 2679 亩，其中国际农业发展基金会援助扶贫贷款 167 万元、世界粮食计划署（WFP）投入了 15 万、省级配套资金 35 万元。茶场生产的品种有云抗 10 号、福云 6 号、云南大叶种等品种，有茶农 26 户。者阴山茶厂已成为文山茶叶产业第一个"无公害"农业标准化示范区。

6. 较大程度地提高了麻栗坡县的扶贫开发整体水平

麻栗坡县是中国外资扶贫项目最多的县之一，同时也成为外资扶贫在中国的最大试验场，500 多个外资扶贫项目在麻栗坡实践的过程中，带入了世界上扶贫的先进理念、方法、工具，如参与式方法几乎运用于国际组织开展的所有项目中；小额信贷自 1996 年运行至今仍在促进农民增收中起着作用；社会性别优先意识不仅在小额信贷中使用，还在培训和温饱工程实施中得到了充分体现，许多提高贫困人口能力的培训项目主要针对妇女，在一些温饱工程中妇女的意见起着非常重要的作用；在项目管理中，许多外资扶贫项目都要求全程管理、全程监测、终期评估等。

1992—2011 年，外援对麻栗坡县的投入情况，可见表8。

表 8　　　　　　　　　外援项目统计表（1992—2011 年）

	项目名称	项目类别	项目数量（个）	外援资金（元）
1	希望工程	校舍建设	106	33069830.20
		助学项目	1	6354436.89
		助奖学基金项目	1	1038421.50
		助奖学基金利息		772561.95
		其他	28	3649288.98
		小计	136	44884539.52
2	温饱工程	饮水项目	95	19266860.48
		灌溉项目	30	5038496.85
		水保项目	5	600000.00
		输电项目	3	178350
		有偿使用项目	11	1989836.10
		能源环保项目	7	680000
		其他	43	11069999.90
		备用金	1	200000.00
		小计	195	39023543.33
3	整村推进	整村推进	16	6750638
		小计	16	6750638
4	卫生工程	卫生院（室）新农合、其他	62	19349050.58
5	培训工程	澳大利亚培训项目	6	832000.00
		西班牙培训项目	7	1916452.13
		美国文更中心培训项目	5	402524.35
		科技人员赴昆培训项目	8	458992.00
		英语干部赴外交学院培训	6	150000.00
		其他培训项目	10	5729096.06
		小计	42	9489064.54
6	小额信贷	运营资金	1	4490416.61
7	者阴山茶厂	投入资金	1	2170000.00
		合计	453	126157252.58

通过 500 多项高密度的外援扶贫项目，一是使全县扶贫部门提高了扶贫水平，学到了世界上先进的扶贫方法，促进了全县扶贫工作水平整体提高，

如果把麻栗坡县与周边县的扶贫工作相比，不难发现这里的扶贫工作较为严谨，管理井井有条，而且有一大批熟知外资扶贫管理方法和熟练与国际援助组织打交道的干部。二是在实施外资扶贫项目的过程中，促进了县级各部门的协作与合作，也加强了麻栗坡县与州、省扶贫部门的联系与合作，提高了管理能力。三是通过实施外援扶贫项目，使贫困人口学会了很多东西，打开了眼界，会从多角度看问题。

四　麻栗坡县政府和外援办对于外援扶贫的感受

通过实施500多项外资扶贫项目，麻栗坡县虽然没有从理论上对外援扶贫项目进行过分析、总结，但在实践中感到和学习到了许多好的理念、方法，主要有：

1. 外援扶贫更能体现务实的精神

麻栗坡政府和民众经过近20年来实施的外援扶贫项目，认为外援扶贫项目不会考虑政绩、作秀，只做雪中送炭，不做锦上添花的项目，几乎所有的外援扶贫项目都是针对麻栗坡县的实际情况开展的。通过调查了解，外援扶贫项目把重点放在了切实帮助当地改善基础设施条件，提高当地农民在教育、卫生、科技、法律等方面的意识上，既体现了改善生产生活条件的硬设施，也不放弃提高贫困人口能力的软投入，起到真正脱贫的作用。

2. 政府和受助群众都非常尊重外方的要求

作为县级政府和县级扶贫部门，由于权限、信息有限，对于外资扶贫项目的国际背景不可能了解，但只要是上级政府和外交部把过关的国际援助组织，麻栗坡县政府和扶贫部门都会尊重与积极配合外资扶贫项目要求。一般来说，麻栗坡外援扶贫项目的程序是县外援办通过调研、立项、上报项目建议书至外交部扶贫办，外交部扶贫办通过各种渠道争取项目，项目获捐资者同意后，县外援办及时组织相关部门实施项目，并根据捐资者要求做好项目进度报告及资料收集等工作。

一些项目的实施模式、方法仍是按国内通常的做法，只是在项目实施的过程中做好实施进度表、财务支出表、建立监测报表等，接受捐赠者或出资方的检查、验收等。一些项目则是按外方的要求成立实施机构，招聘实施人员，按外方提出方案实施，模式与方法按照外方提出的进行。无论是按中方或者是按外方提出的模式、方法实施项目，与国内项目相比，仍然有很大的差距，一般来说，外方项目实施的效果要好于中方，这是由于实施人员对于外方的项目更认真。

3. 外援扶贫项目实施要求严格，资金划拨渠道通畅

麻栗坡县政府和外援办的工作人员反映，虽然外援扶贫项目要求非常严

格，特别是在财务管理方面不能有半点马虎，必须专款专用，但是在与外方合作实施的项目中，必须严格按照项目建议书规划组织实施，项目批准后绝不能轻易更改既定项目，项目实施中严格保障项目质量，并做好相关项目的后期跟踪服务工作，资金管理上严格执行专款专用，杜绝挪用现象，但是项目一经确定，资金划拨渠道通畅，不会出现无法落实、挪用、占用的情况，也不会拖延。

4. 外援扶贫缺乏灵活性，促使中方实施人员认真对待

麻栗坡县政府和外援办工作人员认为，中方扶贫项目由于是国内资金，往往是有了资金渠道和内容再申报，一旦情况发生变化，也可更改，具有很高的灵活性，因此在申报过程中，为了获得资金或者获得更多的资金，虚报假报项目或者夸大实施能力、实施效果的情况都会发生，只要资金拨下来后再说，造成了国内国外同样的扶贫项目实施的效率和效果不一样的情况。

外援扶贫项目操作一般是先报项目争取资金，资金到位后按照申报要求组织实施。在项目的实施中，外方的目的非常明确，项目的目标和计划一经确定，一般不允许改变，因为进行调整非常麻烦。麻栗坡政府、外援办和各部门，在了解这一点后，在项目申报和项目计划时，都很注意项目的可行性和可操作性，在实施中都严格按计划进行。自 1996 年至今，总体上来说，外援扶贫项目实施的情况都较好，中期调整和实施不下去情况很少发生。

5. 外援扶贫社会效益明显

麻栗坡县政府和外援办工作人员一致认为，外援扶贫项目的社会效益非常好，原因主要有：一是无论是项目实施人员，还是项目的受助者，对于外方捐赠款在心理上都有一种崇敬之心，用外国人的钱扶贫中国人，作为中国人绝不能马虎，作为管理者认真负责，农民投工投劳全力以赴。二是外援扶贫项目都是针对贫困人口最需要解决的基础设施和脱贫需要素质、技能、知识进行的，不讲政绩只讲实效，因此项目的效果能够看到、感受到，起到了实实在在的作用。三是项目实施过程透明度高，使贫困人口感到项目是为了他们的生产生活和后代的教育才进行的，因此参与的积极性较高，对于项目的维护也很主动。

五　外援扶贫项目对于少数民族的影响

麻栗坡县少数民族人口占 40%，农村人口中有一半多的人口是少数民族，贫困人口中少数民族达到了 70% 以上，深度贫困人口基本上都是边境一线的少数民族。针对少数民族的贫困情况，外援扶贫项目主要布局在少数民族村寨，特别是边境一线的村寨，因此外援扶贫项目对于少数民族影响较大。外援扶贫项目主要是帮助贫困人口改善交通道路、人畜饮水、农田灌

溉、坡改梯、教育卫生医疗条件，提高健康、技能、法律意识水平，也帮助少数民族保护和发展少数民族文化等。外援扶贫项目对于麻栗坡少数民族的脱贫起到了非常重要的作用。在民族居住的边境一线随处可见外援扶贫项目建设的小学校、卫生所、蓄水池、水窖等。

外援扶贫在少数民族村寨没有负面的事情出现，也未削弱政府的威信，反而是增加了政府在少数民族群众中的得分，因为外援扶贫项目如果没有政府工作人员的全力配合与尽力实施，就不可能取得成就，少数民族群众对于政府干部在外援项目中所起的作用非常认可，给予了好评。

在麻栗坡的个别寨子中，出现个别外籍人士借扶贫项目进入麻栗坡县一些信教的少数民族村寨从事宗教宣传，个别人帮助境外反华组织联系境内的少数民族。这些行为都是外籍人士个人的行为，与国际援助组织和项目没有关系。对于个别外籍人士的行为不能与外援扶贫项目挂钩，应分开来看，通过中国政府批准进入的国际援助组织基本上都去宗教化、政治化，不可能成为传教的工具，或为境外反华势力充当联络员等角色。

六 外援扶贫项目中存在的问题

1. 开展项目的难度越来越大

随着外援扶贫项目在麻栗坡县贫困地区的逐步深入，项目实施点由原来的交通相对便利的地区向地处偏远的山区腹地移动，调研、检查、考察等工作难度加大，造成申报难度增大。一旦项目申请下来，由于交通困难，成本高，贫困人口综合素质较低等种种因素，实施的难度也就更大。

2. 项目可持续性仍是一个难以解决的问题

基础设施项目在外援扶贫的500多个项目中占很大的比重，其中一些项目实施多年后，由于没有后续资金进行维护和维修，很难持续发挥社会效益，成为外援扶贫项目中最难解决的问题。这一问题也是使用外援的难点问题，虽然一些设施移交给了使用者和相关部门、项目地的村委会，但由于无法筹集维修资金，而难以持续。由于缺乏管理与维护资金的投入，加之项目区群众"等、靠、要"的观念、责任意识差，导致这部分建成项目后续管理工作不到位，项目的扶贫效益未能充分发挥。

七 实现外援扶贫可持续的对策

1. 坚持国家为主、自力更生、社会帮扶的扶贫战略

麻栗坡县社会经济在国家和社会的帮助下，进入了快速发展的历史时期，但与发达地区的差距越拉越大，2012年，按人均农民纯收入2300元的标准，农村有60.7%的人口处于贫困线之下，要脱贫仍然需要国家的扶持和社会帮扶。自20世纪90年代以来，麻栗坡县的扶贫一直都是在国家主

导、自力更生、社会帮扶之下进行的，以后仍然要坚持第二个 10 年扶贫
《纲要》提出的基本原则："政府主导，分级负责；突出重点、分类指导；
部门协作，合力推进；自力更生，艰苦奋斗；社会帮扶，共同致富；统筹兼
顾，科学发展；改革创新，扩大开放"来进行麻栗坡县的扶贫开发事业。

从 2011—2012 年麻栗坡县的扶贫开发项目来看，也体现了新 10 年扶贫
《纲要》的精神，政府和部门、社会帮扶都加大了力度，为完成"到 2020
年，稳定实现扶贫对象不愁吃、不愁穿，保障其义务教育、基本医疗和住
房。贫困地区农民人均收入增长幅度高于全国平均水平，基本公共服务主要
领域指标接近全国平均水平，扭转发展差距扩大趋势"的总目标而努力奋
斗。除各级政府、各部门、上海帮扶等投入的资金力度加大外，麻栗坡县在
外交部和省外办的支持下，作为社会扶贫一部分的外资扶贫也增加了力度，
2011 年外援资金达到 1117.87 万元，援建项目 34 个，2012 年外援项目比
2011 年又有所增加。

2. 重视管理，强化长效机制建设

麻栗坡县政府和外援办提出，为扎实抓好外援扶贫项目，使项目区农村
贫困群众真正得实惠，按照《外交部扶贫项目和资金管理规定》《外交部对
两县贫困学生助奖学金管理规定》及各级各部门关于项目建设的相关要求，
修改完善《麻栗坡县外援扶贫项目管理办法》《麻栗坡县外援扶贫资金管理
办法》《麻栗坡县外援扶贫助奖学金管理办法》《麻栗坡县小额信贷管理办
法》等制度，明确责任，实行"统一领导、条块结合、任务到部门、责任
到个人、责权利相结合"的组织管理体制，通过建立完善相关制度，既能
保证项目的顺利实施又让项目长期发挥效益。

3. 加强督促检查，强化项目建设

按照《外交部关于加强扶贫项目和资金管理的规定》，加强外援帮扶项
目的督促检查，严格财经纪律、严格执行国家工程建设质量管理法规和
"工程技术方案"，保证帮扶项目质量，严格资金使用；按照《外援扶贫项
目后续管理办法》，明确项目责任制，为项目后续管理工作提供依据，确保
建成项目长期发挥效益；同时加强与县纪委监察局派出第六纪工委监察分局
的联系，及时报送项目相关信息、简报，项目执行情况，专项资金使用情况
等材料，并邀请第六纪工委参与外援项目的验收与监督工作。通过采取一系
列措施，进一步强化了项目建设工作，保证了项目工程质量。

4. 建立档案，强化项目数据库管理

结合全县扶贫开发工作重点及社会主义新农村建设实际，在实地走访、
调研论证、立项规划、科学编报的基础上，做好急需建设项目的推介工作；

严格按照工程档案管理的有关规定，安排专人将历年外交部下达实施的外援扶贫项目规划图纸、项目建议书、进度报告、竣工报告等材料分实施年限、项目类别进行建档归档，完善历年扶贫项目数据库管理工作，同时不断补充和更新外援项目库，以便及时向外交部和捐资者提供项目建议书，并积极向外交部、捐资者及时反馈项目建设信息，既做到了项目的纵向衔接，也实现了对项目和资金的科学化、规范化、信息化和透明化管理。

5. 积极探索，强化扶贫工作新模式

在继续做好温饱、教育、卫生、培训和整村推进五大项目的基础上，积极拓展帮扶领域，坚持救助式扶贫与开发式扶贫相结合，扶贫与扶智相结合的扶贫模式，努力寻找产业开发的新切入点，使项目区群众实现效益最大化、效益持续化、效益长足化。

参考文献

1. 世界银行：《2000/2001 年世界发展报告 与贫困作斗争》，中国财政出版社 2001 年版。

2. 《人民画报》：《中国外资扶贫 路在脚下》，《外资扶贫特刊》2010 年。

3. 云南省 PRA 网社区发展与土地利用小组编：《PRA 在社区发展和环境恢复中的实践与探索》，云南科学技术出版社 2005 年版。

4. 国务院扶贫办外资扶贫管理中心：《反贫困国际合作在中国》，2004 年 5 月。

5. 《200 国际 NGO 在中国 特别报告 中国发展简报》2005 年 1 月，英国大使馆文化教育处。

6. 英国 ITAD 公司、云南大学、英国国际发展部：《中国参与式扶贫项目经验和视角 案例分享研讨会》，2009 年 3 月。

7. 刘坚主编：《中国农村减贫研究》，中国财政经济出版社 2009 年版。

8. 郭来喜主编：《贫困——人类面临的难题——云南民族地区贫困类型研究》，中国科学技术出版社 1992 年版。

9. 国务院扶贫办外资扶贫项目管理中心、亚洲开发银行：《中国农村扶贫方式研究》，中国农村出版社 2002 年版。

10. 云南省外资扶贫项目管理中心：《云南省贫困农村社区发展项目完工报告 2005—2011 年》，2011 年 6 月。

11. 《社区的迷思——参与式发展的社会性别问题》，社会科学文献出版社 2004 年版。

12. 云南省小额信贷协调领导小组办公室、云南省社会科学院：《农村小额信贷：扶贫成功之路》，云南教育出版社 1977 年版。

13. 云南省人民政府扶贫开发领导小组办公室：《扶贫专论》，云南人民出版社 1997 年版。

14. 张磊主编：《中国扶贫开发案例选编第一辑》，中国财政经济出版社

2007 年版。

15. 欧青平、夏更生主编：《外资项目花鲜艳 扶贫开发果甘甜"改革开放进程中的外资扶贫"有奖征文活动获奖作品集》，中国农业科学技术出版社 2009 年版。

16. 云南省科技咨询评估中心、云南省扶贫办外资项目管理中：《世界银行与英国政府混合贷款"贫困农村社区发展项目"云南省可行性研究报告》，2005 年 3 月。

17. 云南省人民政府扶贫开发领导小组办公室、《云南省扶贫开发志》编纂委员会：《云南省扶贫开发志 1984—2005》，云南民族出版社 2007 年版。

18. 李小云主编：《参与式发展概论 理论—方法—工具》，中国农业大学出版社 2001 年版。

19. 云南省扶贫开发办公室外资扶贫项目管理中心、云南省世界银行扶贫贷款项目领导小组办公室编：《云南省世界银行西南扶贫项目验收评估报告》，2002 年 12 月。

20. 总 1、2、3、4、5、6 号，国家统计局农村社会经济调查总队、国务院扶贫办项目管理中心：《中国扶贫西南世行贷款项目贫困监测报告》。

21. 云南省扶贫办管理中心中德合作项目办公室：《流动的贫困——中德合作云南城市贫困研究报告》，中国社会科学出版社 2006 年版。

22. 范小建主编：《扶贫开发形势和政策》，中国财政经济出版社 2008 年版。

23. 中国欧盟小项目便捷基金项目、云南省国际民间组织促进会：《中国欧盟云南省大理州下岗失业人员再就业培训项目终期总结结合报告》，2004 年。

24. 云南省人民政府扶贫开发领导小组办公室、《云南省扶贫开发志》编纂委员会编：《1985—2005 年贫困地区主要经济社会指标绩效情况汇总表 云南省贫困地区扶贫开发成效汇编》，2006 年 9 月。

25. 商务部、联合国儿童基金会：《十年纪实 带给妇女的情 献给儿童的爱》，2006 年 5 月。

26. 世界银行部门发展战略：《农村发展 从观念到行动 环境社会可持续发展局研究与专题论著系列丛书之十二》，1998 年 4 月。

27. 世行/英国国际发展部：《贫困农村社区发展项目第一、二、三、四、五、六次项目检查云南项目实施进展情况报告》，云南省外资扶贫项目管理中心，2008 年 3 月。

28. 刘建华、董岗等：《他山之石——云南利用国外金融组织及外国政府贷款二十年》，云南科学技术出版社 2006 年版。

29. 世界银行/英国政府农村社区发展项目（PRCDP）：《云南项目区项目工作案例》，云南省外资扶贫项目管理中心，2008 年 6 月。

30. 《全国外资扶贫工作座谈会交流材料》，2008 年 11 月。

31. 《全国外资扶贫工作座谈会获奖选编》，2008 年 11 月。

32. 刘胜安：《社区自主型发展：国际经验与中国实践》，光明日报出版社 2012 年版。

33. 简小鹰、刘胜安：《社区自主型发展理论与实践》，光明日报出版社 2012 年版。

34. 云南省扶贫办：《云南省新阶段扶贫开发思路研究》，2010 年。

35. 云南省人民政府扶贫开发领导小组办公室：《扶贫工作指南》，1995 年。

36. 由 ITAD 公司与 PRCDP 项目共同起草、提交 DFID/世界银行：《农村贫困社区开发项目参与式手册》，2005 年 1 月。

37. 云南社会性别与发展小组：《参与式发展中的社会性别足迹》，中国社会科学出版社 2005 年版。

38. 云南省人民政府扶贫开发办公室：《云南省扶贫开发重点县 2009 年度扶贫开发情况报告汇编》，2010 年 2 月。

39. 云南省人民政府金融办公室：《云南省利用外资及政府外债管理研究（决策咨询报告）》，2010 年 12 月 8 日。

40. 云南省扶贫办、云南省社科院：《希望之路　云南小额信贷扶贫工作十年回顾与展望》，2008 年。